U0560419

二〇二一年度國家古籍整理出版專項經費資助項目

儀禮節解

九部經解

〔明〕郝敬　撰
廖明飛　點校

長江出版傳媒
崇文書局

圖書在版編目（CIP）數據

儀禮節解 / （明）郝敬撰 ； 廖明飛點校. -- 武漢 ：
崇文書局， 2022.12
（九部經解）
ISBN 978-7-5403-7121-0

Ⅰ. ①儀… Ⅱ. ①郝… ②廖… Ⅲ. ①《儀禮》—研
究 Ⅳ. ①B222.25

中國國家版本館 CIP 數據核字（2023）第 021374 號

出 品 人　韓　敏
選題策劃　李豔麗
責任編輯　胡　欽　李慧娟　王　璇
責任校對　董　穎
責任印刷　李佳超

儀禮節解

出版發行　長江出版傳媒　崇文書局
地　　址　武漢市雄楚大街 268 號 C 座 11 層
電　　話　(027)87677133　郵政編碼　430070
印　　刷　湖北新華印務有限公司
開　　本　880㎜×1230㎜　1/32
印　　張　15.75
字　　數　358 千
版　　次　2022 年 12 月第 1 版
印　　次　2022 年 12 月第 1 次印刷
定　　價　118.00 圓

（如發現印裝品質問題，影響閱讀，由本社負責調換）

本作品之出版權（含電子版權）、發行權、改編權、翻譯權等著作權以及本作品裝幀設計的著作權均受我國著作權法及有關國際版權公約保護。任何非經我社許可的仿製、改編、轉載、印刷、銷售、傳播之行爲，我社將追究其法律責任。

整理前言

《儀禮節解》十七卷、首一卷《讀儀禮》，爲郝敬《九部經解》中第六部，是有明一代《儀禮》學的代表性著作。

一、郝敬的生平與《九部經解》的成書

郝敬（一五五八—一六三九），字仲輿，號楚望，又署康樂園主人，湖廣（今湖北）京山人，學者稱京山先生，是晚明著名的經學家、思想家。萬曆十七年（一五八九）舉進士，明年任浙江縉雲知縣，又明年調永嘉知縣，并有政聲。萬曆二十三年（一五九五）升禮科給事中，翌年乞假歸養。萬曆二十五年（一五九七）冬還朝候補，翌年四月除補户科給事中，敢言直諫，十月之内諫草凡十二上，曾因所謂「抗旨黨庇」奪俸一年。萬曆二十七年（一五九九）春京察，以「浮躁」降宜興縣丞。萬曆二十八年（一六〇〇）遷江陰知縣，萬曆三十二年（一六〇四年，四十七歲）考績復以「浮躁」列下下等，再降，遂掛冠而歸。自是杜門著書，不通賓客，所著除《九部經解》一百七十七卷外，尚有《山草堂集》内、外編二十八種、一百五十二卷。傳附《明史》卷二八八《文苑傳·李維楨傳》後，事迹又詳敬自撰《生

狀死制》（《小山草》卷九）以及鄒漪《啓禎野乘一集》卷七所載《郝給事傳》、佘廷燦《存吾文稿》所載《郝京山先生傳》、章學誠《［嘉庆］湖北通志檢存稿》卷二所載《郝敬傳》等。

《九部經解》，又稱《九經解》，起草於敬棄官還鄉後的次年即萬曆三十三年（一六〇五）冬，卒業於萬曆四十二年（一六一四）春，「十年不窺户」，爲解一百六十七萬言。其自述編撰之先後次第，曰：「餘力下帷課兒學《詩》。家世《詩》，守師説，古序不講，爲著《毛詩原解》已，乃及《春秋》《周易》《三禮》《論》《孟》，各著爲解，共九部。」（《生狀死制》）由此可知，敬以其家世傳《毛詩》之學，首解《毛詩》，次及《春秋》《周易》諸經。唯此但爲編撰之先後，書成，敬部次全書，則固以「《周易正解》部第一」，即以《周易正解》二十卷爲《九部經解》第一部，次爲《尚書辨解》十卷、《毛詩原解》三十六卷、《春秋直解》十五卷、《禮記通解》二十二卷（以上所解五種即懸爲功令之「五經」）、《儀禮節解》十七卷、《周禮完解》十二卷、《論語詳解》二十卷，而以《孟子》爲「《五經》之都護」，乃殿之以《孟子説解》十四卷，是爲「九部經解」，凡一百六十六卷。每經卷首分别冠以通論性質的《讀易》《讀書》《讀詩》《讀春秋》《讀禮記》《讀儀禮》《讀周禮》《讀論語》《讀孟子》各一卷，其中《論語》《孟子》卷前又分别冠以《先聖遺事》《孟子遺事》各一卷，與經解正文合計一百七十七卷。另外，《讀易》以下九篇文字，又匯集爲一編，初名「經解緒言」，先於《九經解》付刻單行，後改題「談經」，收入《山草堂集》，爲内編第一種。由於郝氏將自宋以來與《論語》《孟子》合爲「四書」的《大學》《中庸》二篇還之《禮記》，重新作解。從結果來看，他的《九經解》除了涵蓋《五經》《四書》之範圍，又納入了《儀禮》《周禮》二經。他以一人之力遍解《三禮》，仿佛東漢鄭玄之兼注《三禮》，是尤其值得我們關注的。

郝敬晚年回顧自己的爲學歷程，曾説「早歲出入佛老，中年依傍理學，垂老途窮，輸心大道」（《跋時習新知》），顯然他不僅以爲佛老所言非「大道」，理學（朱子學與陽明學）同樣無關「大道」，而《九經解》的撰作不妨看作是其開闢新路求索「大道」之一端。《九經解》殺青後，敬有如下一段自白：「經教之衰，亦無如今日者矣。三百年來，雕龍繡虎，作者實繁，而含經味道，羽翼聖真，寂乎無聞，是子衿之羞，聖代之闕典也。某一介腐儒，有志未酬，十年閉户，揣摩粗就。」（《小山草》卷七《送九經解啓》）可見他對有明開國以來的經解著作皆致不滿，其以「羽翼聖真」自任的志向與自信亦躍然紙上。正如乃師李維楨（一五四七—一六二六）所云，郝敬「病漢儒之解經詳於博物而失之誣、宋儒之解經詳於説意而失之鑿，而自爲解」（《舊刻經解緒言跋》）。整部《九經解》對以鄭玄、朱熹爲代表的漢、宋經學都予以嚴厲批評，實有摧陷廓清之功，自是一代偉著。可以説，郝敬經學是其滿懷自信，在揚棄漢、宋經學的基礎上形成的自得之學。易言之，郝敬《九經解》在漢、宋經學之後，樹立了明儒解經的典型，是以知友夏樹芳（約一五五一—約一六三五）有言曰：「漢、宋諸儒而後，又有京山郝氏之《九經》傑然標幟於將來矣！」（《消暍集》卷三《與郝楚望》）郝敬《九經解》獨樹一幟，最能體現晚明經學的新風格，也最能代表此一時期經學研究達到的水準。如果將明代經學史粗略劃分爲前半期與後半期兩階段，前半期應以永樂官修《五經大全》《四書大全》爲代表性作品，後半期即當以郝敬《九經解》爲標誌性成果。

二、《儀禮節解》的體例與學術特點、價值及其影響

明代禮學展開的顯著趨勢，至少有以下三個方面：一是繼承朱子《儀禮經傳通解》以來編纂禮書的傳統，對古禮文獻進行重編重構；二是實用類禮儀指南（手册）、家禮類著作編纂與研究的興盛；三是在《周禮》學上「冬官不亡説」的持續流行及補亡著作的不斷涌現。明代全解《儀禮》十七篇的著作無多，其中一部分作品托身於第一方面即禮書重編類著作中。此類著作入清以後已較少爲人所留意，後又多被摒於《四庫》之存目，對清代《儀禮》學展開的實際影響有限。本書《儀禮節解》允稱明人注釋《儀禮》十七篇的代表作，被公認爲郝敬《九經解》中學術水準最高，對後世影響最大的力作。要了解郝敬經學與明代《儀禮》學，自然首先就要閱讀《儀禮節解》。爲方便讀者對郝敬的《儀禮》學與《儀禮節解》有一初步了解，以下對本書的編撰體例與學術特點、價值及其影響稍作介紹。

（一）編撰體例

《儀禮》凡十七篇，本書篇自爲卷，故爲卷十七，首又冠以《讀儀禮》一卷。《讀儀禮》凡二十一條（《談經》卷六所載無「今人用字尚象」條），内容涉及《儀禮》學的方方面面，其中大部

分觀點都散見於十七篇的注解或按語中，濃縮了郝敬有關《儀禮》學的基本認識。讀者觀此，即可快速領會全書大旨。

本書的體例是，經文下以小字注音，往往使用直音，又有注一「句」字以明句讀者，繼於一節經文之後，總爲之解。如《士冠禮》篇首「士冠禮」三字至「宗人告事畢」爲一節，其下即爲之注解，首云「此擇冠日也」，揭明本節經文之主旨，以下訓釋字詞句義，兼串講大義。因爲《儀禮》「辭繁而事瑣，或强世而違情，昔之讀者，苦於艱深」，現在通過這樣「支分節解」的方式，將經文按儀節爲單位劃分段落，加以訓釋，於是「盤錯可尋也」（《九部經解叙》）。這也是書名「節解」之由來。在郝敬以前，《儀禮》的注釋著作主要有東漢鄭玄《儀禮注》，唐賈公彦《儀禮疏》，宋朱熹、黄榦《儀禮經傳通解》（兼載注疏），楊復《儀禮圖》，宋末元初敖繼公《儀禮集説》等。然而，在本書的注解中基本未見明引前人注釋的地方，乍看起來似乎字字皆出於郝敬獨創。但是事實上，他的注解中有部分内容是承用鄭玄、賈公彦、敖繼公等人的訓詁注釋。因此，在閲讀、參考本書時，需要注意分辨哪些内容源於前人舊説，哪些内容屬於郝敬原創。

除了直接對經文進行注解，郝敬還以附加按語的形式直抒己見，發表議論。他在注解經文的時候，一般并不攻駁經文與前人説法，而是在解釋完一節經文之後，另起一行領之以「按」字，專門出按語予以討論。按語的内容十分豐富，既有對經文的質疑，對舊説的商榷，對時事、風俗的褒貶，也有對本節注解中未盡之義的申述，或者對某一名物、制度、儀節的探討，乃至校勘經文字句（校勘基本襲取敖繼公之説）等，其中，又以對鄭玄注（鄭玄禮説）的批判所占比重最大。需要提請讀者注意的是，郝敬經常把賈疏與陸德明《釋文》的説法直接當作鄭注加以批判。

總之，注解是直接針對經文進行解釋，按語則是縱横議論，商榷得失，是注解的重要補充，二者功能有别而又相輔相成。

（二）郝敬的《儀禮》觀

《禮記·明堂位》云：周公攝政，「六年，朝諸侯於明堂，制禮作樂」。前人即以爲周公所制之禮爲《周禮》《儀禮》。郝敬亦有云「先儒謂《周》《儀》二禮皆周公作」（《論語詳解》卷七），但他并不認同這一傳統説法。他説：「周衰禮亡，昔賢纂輯見聞，著爲斯儀，非必盡先聖之舊。然欲觀古禮，舍此末由矣。」（本書卷一大題解）他主張《儀禮》是周衰禮亡之後，由賢人根據見聞輯録編纂而成。《儀禮》在漢代稱「禮」「禮經」「士禮」「曲禮」等，大約東晋以後始稱今名，歷史上一直被視爲「經」。北宋王安石改革科舉制度，「廢罷《儀禮》而獨存《禮記》之科」，朱子批評此舉是「棄經任傳，遺本宗末」（《乞脩三禮劄子》）。朱子所説的「經」即是《儀禮》，爲「本」；「傳」即是《禮記》，爲「末」。這一主張得到元明清三代學者的廣泛支持，郝敬却不以爲然：「朱仲晦『欲以《儀禮》爲經』。夫儀之不可爲經，猶經之不可爲儀也。」（《讀儀禮》）他認爲《儀禮》衹是「禮之儀」，不得爲「經」，「經」與「儀」判然有别，不容混淆。他説：「經者萬世常行，儀者隨時損益。父子、君臣、夫婦、長幼、朋友，經也；禮儀三百，威儀三千，儀也，皆以節文斯五者。」（《讀儀禮》）也就是説，父子、君臣、夫婦、長幼、朋友五倫才是萬世常行不變之經，「《儀禮》十七篇，禮之節文耳」（《九部經解叙》），是具體化禮的儀節、規範，可以因時因地加以損益變化。同時，郝敬獨重禮義，對於記載禮儀節目的《儀禮》卑視之，在《三禮》中推尊「多名理微言」的《禮記》，適與朱子相反。他説「《戴記》（即《禮記》）所載，尚存禮義。若《周》《儀》二禮，瑣瑣節目，其義已微」（《論語詳解》卷一五），「二禮（《周禮》《儀禮》）詳于器，而《記》詳于義。義可兼器，器不可兼義。如以義耳，寧獨《記》」。因此，「《三禮》以《記》爲正」（《讀禮記》），亦以《禮記》爲先（本書卷一大題解）。在郝敬看來，《三禮》首《禮記》，其次《儀禮》，因爲《儀禮》「合下有實地」，「較《周禮》切近」，而《周禮》「懸空鋪張」「多疑竇」，位最末。這樣一來，郝敬不僅反對朱子以《儀禮》爲「經」的觀點，又與朱子以《禮記》爲「末」的主張針鋒相對，更與鄭玄禮學以《周禮》爲「經禮」的立場迥不相侔（《讀周禮》：「鄭玄謂《周官》爲『經禮』。夫官可以爲禮乎！」），其「不肯苟同於先儒」（全祖望《題郝仲輿諸經解後》）也如此。

（三）對《儀禮》文本形成的認識

毋庸諱言，郝敬對《儀禮》文本形成的認識，有比較荒謬的意見。如他説「記，即作《儀禮》者記之」（卷一），主張《儀禮》各篇經後記文的作者即爲《儀禮》經文之作者，其誤自明。但他對《覲禮》篇成立的分析，雖然論證邏輯略顯簡单，結論却相當有説服力。在《讀儀禮》第十九條，郝敬云：「《儀禮》成于後儒手，而古籍亡矣，不復見先王朝會盛典，故《覲禮》祇述其梗概，較諸篇爲略，而愚顧喜其近情，足以折《周禮》四時朝見之謬。」在《覲禮》篇題解下，郝敬又有云：「諸侯朝見天子曰覲。周衰禮廢，文武攸同之迹，不可詳考。後儒纂輯舊聞，摹爲《覲禮》，記其大略耳，未若《燕》《射》《聘》《食》——諸侯、大夫禮言之娓娓然，而反足信。《周禮·大宗伯》春朝、夏宗、秋覲、冬遇，皆名家以臆鑿説。諸侯見天子，禮唯有覲。」誠如所論，《覲禮》（八三九字）在《儀禮》十七篇中篇幅之短小僅次於《士相見禮》（七五三字）。郝敬認爲，後儒既無法親見先王朝會之盛典，在纂輯《覲禮》篇時又無足資參考的文獻，因而祇能略述覲禮之梗概，存其大體。在指出《覲禮》篇記述簡略的同時，郝敬又將之與叙述詳細生動的《燕禮》《大射》《聘禮》《公食大夫禮》諸篇對比，意在强調《覲禮》篇文本保留了較原始的面貌，甚少加工修飾的成分，合乎情理，因此反而更加可信。《周禮·大宗伯》有「春見曰朝，夏見曰宗，秋見曰覲，冬見曰遇」的記載，在覲禮之外，尚有朝、宗、遇三時之禮。鄭玄即據以爲説，謂覲禮是「諸侯秋見天子之禮」「三時禮亡，唯此（覲禮）存爾」（賈公彦《覲禮》篇題疏引鄭《目録》文）。與鄭玄不同，郝敬以《覲禮》爲本，主張諸侯朝見天子祇有覲禮一種，《大宗伯》四時朝見名義不同的記載，明顯有鋪排敷衍的痕迹，是「名家」憑臆穿鑿之説。郝敬的這一觀點應當與其對《周禮》性質的判斷有關：「《周禮》一書，儒者雜陰陽、名、法家所爲治天下之法，根本術數，而依附禮經。」（《周禮完解》卷一大題解）所以他説《大宗伯》的「鑿説」

出自「名家」，未可信據。

郝敬主張《覲禮》篇的記載簡略，近情可信，體現一種合理主義的精神。他對《覲禮》篇的認識與鄭玄迥异，也因爲二者在解釋原則上存在根本對立（詳下）。

（四）對鄭注的批判

在《讀儀禮》第二十條，於服色制度，謂「自《周禮》五冕之説興，鄭康成極力附會，影響猜度，未必盡合古人之舊」；於宫室制度，謂「鄭注皆未分曉」；於坐跪之禮，謂「鄭注皆未分曉」；於婦人拜禮，謂「鄭注皆未了然」。而在《讀儀禮》第十七條，郝敬更集中檢舉鄭注「紕漏處」三十九例，并云「他如此類，不可勝記」。實際也是如此，在這裡列舉的衹是其中具有代表性的例證，更多詳細的駁難都見於正文的按語中。正如上述，在按語的部分，對鄭注的批判佔了相當大的比重。郝敬屢屢批評鄭注「迂也」「迂鑿之説」「鑿説也」「鑿也」「拘也」「臆説也」「穿鑿附會」「附會多端」「附會之説」「無據」。從這些十分刺眼的評語，也可看出郝敬對鄭注的强烈不滿。如在關於服色的討論中，郝敬批評道：「古人衣冠隨宜變通，世儒言服色多本鄭説。夫《儀禮》已非古矣，而鄭注又非《儀禮》，言禮于今，所以難也。」（卷一）也就是説，鄭注的服色理論與《儀禮》的記載不盡合，衹是鄭玄的一家之説而已，况且《儀禮》本身又不全是「先聖之舊」，要探索古禮，何其難也！郝敬又尖鋭地指出：「世儒耳食康成以爲知禮，不復思索，轉相傳習。凡今之禮，非古之禮，皆鄭康成之禮也。」（《讀禮記》）

前人用「禮是鄭學」來概括鄭玄在禮學上的獨尊地位，郝敬則批判學者迷信鄭玄、學而不思的因循苟且。他認爲歷代學者學禮，止於傳習鄭玄的禮學理論，但鄭玄《三禮注》并未準確解釋、如實體現經典文本《三禮》所記載之禮，而衹是經學家鄭玄建構之禮。相沿至於今日，學者習得、掌握的衹是鄭康成建構之禮，而不是「古之禮」。

再以上述的《覲禮》篇爲例。在「入覲」節下郝敬有按語云：「此節叙覲禮，簡而直，情而信，無『交擯三辭』、親迎親送、賓主對立遠近步數之法。鄭氏僻信《周禮》，穿鑿粧飾，過也。嗟乎！天冠地履，萬古常新，雖無此文，覲禮可知，況彰彰如是，乃引衰世下堂之事，以爲三時禮闕，豈不謬哉！」這是批判鄭注偏信《周禮》，主據《周禮·大宗伯》《齊僕》《大行人》《司儀》諸職解《覲禮》，附加上許多《覲禮》篇原本所無之「禮」。又於「諸侯覲于天子」以下一節的按語中云：「鄭于此節，引《周禮》四時之説與《禮記·明堂位》，牽合《秋官·司盟》，謂天子設壇郊外，與諸侯同盟。本文自明曉，被其附合割强，不可讀，甚無謂也。」這是批判鄭注牽合《周禮·大宗伯》《司盟》與《禮記·明堂位》勉强作解，使原本清楚明白的《覲禮》經文變得不可讀。在《覲禮》篇末的按語中，他又有一段總結性的話：「《覲禮》在十七篇中獨簡，當近情可信。鄭注强補，遂使天尊地卑、明白易見之迹，反謂殘缺未備。自騁胷臆，增百世禮學疑障，可怪也。」他認爲《覲禮》本來簡略，「近情可信」，鄭玄作注自逞胸臆，牽合《周禮》《禮記》强加補綴裝飾，《覲禮》本來面目反爲其所亂。又如關於《聘禮》賓退節「賓不顧」，他批評鄭玄根據《論語》進行解釋，是牽强附會，「本文絶無此意」。由此可見，郝敬極力反對鄭玄在「本文」之外，牽合他經「附會」爲説的解經方法。他還有這樣一段議論：「讀禮切忌附合。凡禮家言非出一人一手，世遠傳疑，安得盡同？但據本文解釋，同者自然脗合，异者不妨并存。牽强比附，失之愈遠，鄭玄諸人所以多爲之説而愈紛也。」（《讀儀禮》）郝敬主張禮文獻并非出於一時一人之手，其間有同有异，不得勉强牽合比附，而是應當祇就「本文」加以解釋；若如鄭注《三禮》所爲，牽强比附，結果祇會愈加悖離經文本旨。如所周知，鄭玄禮學是以《周禮》爲本（「經禮」），彌縫調和《三禮》記載之間的歧互矛盾，進而貫通《五經》《七緯》的龐大精深的解釋體系。這種體系性，很大程度上即表現爲郝敬所云「牽强比附」。那末，郝敬所激烈批判的恰是鄭玄禮學最具創造性的部分。站在郝敬的立場，不打破鄭玄禮學的牢籠，就無法探索「古禮」之真相。根據禮文獻「非出一人一手」、歧互錯雜的特點，在批判鄭注的基礎上，郝敬提出了「但據本文解釋」的新路徑，乃其解釋《儀禮》的核心原則。上述鄭玄之所以認爲覲禮是「諸侯秋見天子之禮」，春、夏、冬「三時禮亡」，是本《周禮·大宗伯》爲説，而郝敬以爲諸侯朝見天子祇有覲禮一種，無所謂四時不同之禮，是據《覲禮》本文立論，正是兩種解釋原則的對立。郝敬對《覲禮》篇的分析研究多有可取之處，所作解釋平易樸實，講求合理性，即是「但據本文解釋」的典範。

（五）在《儀禮》學史上的影響

根據比郝敬稍晚輩的錢謙益（一五八二—一六六四）的記述，《九經解》問世後，「當世師述之」，甚至取得了「與漢、唐諸儒分壇立墠」的尊崇地位，然而主張治經「必以漢人爲宗主」的錢謙益却譏貶郝敬經學爲經學「謬種」（《初學集》卷七九《與卓去病論經學書》）。換言之，從一開始，人們對郝敬經學的評價就呈現出褒貶不一的態勢。究其原因，除了學術立場不同之外，也必須承認郝敬經學本身純駁互見，確實不無可議之處，但終屬瑕不掩瑜。略晚于錢謙益的黄宗羲（一六一〇—一六九五）即稱《九經解》「疏通證明，一洗訓詁之氣」，推許郝敬在「明代窮經之士」中「實爲巨擘」（《明儒學案》卷五五），又將郝敬與黄道周（一五八五—一六四六）、何楷（一五九四—一六四五）三人并推爲「百年以來窮經之士」（《思舊録》「何楷」條）。以黄宗羲爲領袖，萬斯大、萬斯同兄弟爲核心成員的甬上講經會（成立於康熙六年〔一六六七〕），就將《儀禮節解》列爲他們共讀《禮經》的主要讀本之一（李鄴嗣《杲堂文鈔》卷三《送萬充宗授經西陵序》）。萬斯同（一六三八—一七〇二）爲郝敬立傳，稱《九經解》「超然朗詣，不襲先儒成説，窮經者盡宗之」，又謂「自古儒者，釋經之勤，未有若敬者」（《明史稿》卷三八五《郝敬傳》），而歷來懷疑假手斯同而成的徐乾學《讀禮通考》亦頗引《節解》之説。明季學者朱朝瑛（一六〇五—一六七〇）著《讀儀禮略記》十七卷，「所録多敖繼公、郝敬之説」（《四庫全書總目》卷二三），而集中反映其禮學思想的《三禮總論》（《讀禮記略記》卷首附），其中有不少觀點來源於郝敬，如開篇首云「《禮經》亡矣。《儀禮》者儀也，不可以爲經」，就完全是在重複郝敬的意見。另一位明末清初學者張怡（？—一六九五）的禮學思想亦深受郝敬的影響，其《三禮合纂》一書約成於康熙初年，四庫館臣稱「大抵其解出於郝敬」（《四庫全書總目》卷二五）。清初學者姚際恒（一六四七—一七一五？）尤爲推崇郝敬經學，他撰《九經通論》，直接受到郝敬《九經解》的影響，而於《九經解》又特重《節解》，稱其「訓釋詳明，爲《儀禮》第一書，亦其《九經解》中第一書也，優於《儀禮》注、疏多矣」（《儀禮通論》卷前《儀禮論旨》），認爲《節解》的學術水準超過鄭注、賈疏，是《儀禮》注釋第一書，給予了至高無上的評價。他的《儀禮通論》徵引前人舊注，取自《節解》者多達「十之五六」。雍正四年（一七二六）舉人蔡德晋《禮經本義》亦大量引用《節解》，或者直據《節解》之文爲解。成書於乾隆前期盛世佐（一七一九—一七五五）的《儀禮集編》對鄭玄注以下歷代注釋與各家學説，都能以持平的態度進行去取，并無後來漢學家偏袒鄭注、宗主康成的庸俗習氣。世佐指出郝氏「尤好立异」（《儀禮集編凡例》），有故意與鄭注爲難的傾向，而對於《節解》的合理之處，亦絶不埋没，如明確説「皆爲注誤，惟郝氏之言庶乎近之」（嘉慶本《儀禮集編》卷二），「郝説似勝」（《儀禮集編》卷三），「郝説得之，注疏及張説皆非是」（《儀禮集編》卷一五），甚至在他的案語中，也有直據郝説爲己説者。乾隆中期以後，考據學的發展如日中天，學者標榜「漢學」旗幟，黨同伐异，對郝敬經學的負面評價逐漸增多，《九經解》亦被摒於《四庫》之存目。館臣稱「敬所作《九經解》皆好爲議論，輕詆先儒」，指摘《節解》「所解亦粗率自用，好爲臆斷」，雖然肯定「敬之所辨，亦時有千慮之一得」，轉而又説「然所見亦罕矣」（《四庫全書總目》卷二三），基本否定《節解》的學術價值，然猶不得不承認是書爲「稍著於世者」（《四庫全書總目》卷二〇）。學術立場之争終究不能代替學術本身的討論，清代《儀禮》學的代表人物胡培翬（一七八二—一八四九）就能保持開放的心態，擯除偏見，他的名著《儀禮正義》於《節解》多有采擇，且對郝説之是非類能公正評斷，如既云「郝氏敬解『卿擯』爲食卿之擯，非」（《儀禮正義》卷一九），又有云「馬氏云……郝氏敬云……今案：二説發明傳義是也」（《儀禮正義》卷二四），「郝氏敬云：祝立南……是也」（《儀禮正義》卷二八），「郝説與注异，然似是」（《儀禮正義》卷三一），等等。近人曹元弼（一八六七—一九五三）志在賡續鄭學，思以禮教救世，在他的著作《禮經校釋》中，於郝敬不僅削其姓以絶之，且於「敬」上加「妄人」二字，貶稱「妄人敬」云云。秉持頑固宗鄭立場的他攻擊郝敬「離經叛道，喪心病狂」，甚至對盛世佐、胡培翬徵引、擇從郝説横加指責，委實不可理喻。

綜上，郝敬《儀禮節解》對明末、清代《儀禮》學的展開影響甚巨，其在《儀禮》學史上的重要地位不容置疑，值得我們認真加以研究探討。

三、《九部經解》的刊行與《儀禮節解》的版本

《九經解》的刊刻前後歷時六年，大約開雕於成書之年即萬曆四十二年（一六一四），依《周易》《尚書》《毛詩》《春秋》《禮記》《儀禮》《周禮》《論語》《孟子》之部次刻梓行世，至萬曆四十七年（一六一九）孟夏刻成《孟子説解》止，乃得蕆事。各經卷前皆署「京山郝敬著□男千秋千石校刻」，

卷一首俱署「郝敬習」，書末均附刻刊記，如《周易正解》卷末附刻刊記云「時萬曆乙卯季夏京山郝氏家刻」。這就是《九經解》的首次刊刻，習慣稱爲郝氏家刻本。另據日本國立國會圖書館藏《尚書辨解》（書號：ね-二五）封面題署云「京山郝氏九經堂刻」，顯示郝氏堂號爲「九經堂」，可以作爲版本著録的明確依據，以下即稱該本爲「京山郝氏九經堂刻本」。

京山郝氏九經堂刻本有早印、後印之别，後印本校訂了早印本的部分誤字，在内容上亦有修訂。凡是卷端署「郝敬習」者，可以認爲是早印本，署「郝敬解」者，可以認爲是後印本。蓋漢儒注經每自謙曰「學」（如何休注《公羊》署「何氏學」），郝敬初效之曰「習」，而後印本爲了與《九部經解》的題名一致，故皆剜改作「解」。值得注意的是，即使同署「郝敬習」之早印本，仍存在先印、後印的區别，而同署「郝敬解」的後印本，後來又有經郝洪範重校修印者，卷端改署作「京山郝敬著男千秋千石洪範較」者即是，姑且稱之爲「重校修本」。如所周知，「較」是避明熹宗朱由校（年號天啓）的帝諱。千秋、千石爲郝敬正室孫氏所生之長男、次男，洪範則爲側室管氏所生之季男。千秋、千石皆早於郝敬而逝，千秋卒於《九經解》刻成的萬曆四十七年（一六一九），千石卒於五年後的天啓四年（一六二四）。洪範約生於萬曆四十四年（一六一六）抑或萬曆四十五年，天啓（一六二一—一六二七）時尚爲少年，大概到了崇禎年間，他從事了《九經解》的重校修印工作，故添入自己的名字印行。依目前所掌握的版本資料，至少可以確認《周易》《尚書》《毛詩》《禮記》《周禮》《春秋》《論語》七經皆有郝洪範的重校修本，然則不妨推測崇禎以降洪範重校修印了全套《九經解》。要之，京山郝氏九經堂刻本可以大致分爲早印本、後印本、重校修本三種。現在世界各地公私藏書機構所藏以及《四庫全書存目叢書》《續修四庫全書》所景印之《九經解》，多呈現出混合早印本、後印本與重校修本的面貌，無言地訴説着該書刊、印、修的歷史。

此後，至遲在清順治十六年（一六五九）前後，已有校定重刊《九經解》之議，江西籍學者張自烈（一五九七—一六七三）曾受囑「重定」，同時郝敬門人余正公（湖廣人，「正公」當爲字號，未詳其名）亦有志「重鋟」（張自烈《復余正公論〈山草堂集〉書》《復友人論〈字彙辨（辯）〉書》，《豫章叢書》本《芑山文集》卷九），後遂不果。直到清光緒十七年（一八九一），《九經解》中的《尚書辨解》《毛詩原解》二種以及《春秋直解》的後二卷《春秋非左》（又收入《山草堂集·内編》）刻入《湖北叢書》，是繼京山郝氏九經堂刻本之後的第二次刊刻。《九經解》流傳到日本後，頗受歡迎，學者争相傳鈔，至今有多家藏書機構庋藏《九經解》的鈔本（或者刻本混配鈔本），而《尚書辨解》有文化六年（一八〇九）三浦源藏（吶齋）校刻之本，僅刻前八卷解伏生書者，而未刻後二卷辨僞古文者，故書名改題《郝京山尚書解》，略去「辨」字。

以上就是《九經解》刊行的概况。就本書《儀禮節解》而言，版本情況并不複雜，僅有京山郝氏九經堂刻本，刻成於萬曆四十五年（一六一七）孟夏，且僅見早印本與後印本，暫未見郝洪範重校修本。《續修四庫全書》影印復旦大學圖書館藏本（以下簡稱「《續修》本」）、《四庫全書存目叢書》影印湖北省圖書館藏本（以下簡稱「《存目》本」）卷端署「郝敬習」爲早印本，日本國立國會圖書館藏本（書號：ね－二五，以下簡稱「國會本」）卷端署「郝敬解」爲後印本。後印本不僅改正誤字，而且内容也有修訂。如卷五第十五葉右闌第六行，《續修》本、《存目》本作「偃，猶僕也」，國會本則作「偃，仰卧也」。又如卷一六第十一葉左闌第一行，《續修》本、《存目》本作「漢人云」，國會本改作「漢賦云」。另外，相對而言，雖然同爲早印本，《續修》本的印製又似先於《存目》本，後者訂正了前者的部分形譌字。如卷一第十一葉左闌第二行，《續修》本「舉手推西進也」的「西」字，《存目》本訂正作「而」，後印本如國會本亦同作「而」。又如卷一四第十六葉右闌第一行，《續修》本作「此以復」，《存目》本改正作「此以後」，國會本同。據此似可推測，《九經解》的每次印製，事先都經過不同程度的文字校訂。

根據以上版本調查的結果，可知屬於後印本的國會本文本質量較優，故此次整理即以之爲底本，校以《續修》本、《存目》本，首一卷《讀儀禮》并酌情參校《山草堂集》所收《談經》本，點校細則另見後附《凡例》。整理者承乏點校本書，雖勉力爲之，謹慎從事，然學識譾陋，誠不能無謬誤，懇請讀者和專家們批評指正。

壬寅神無月，瑞金廖明飛謹識於三山寓所

參考文獻

小野和子《清初の講經會について》，《東方學報（京都）》第三十六號，一九六四年十月。

小島毅《明代禮學の特色》，林慶彰、蔣秋華主編《明代經學國際研討會論文集》，中研院中國文哲研究所籌備處，一九九六年。

池田秀三《鄭學の特質》，渡邊義浩編《兩漢における易と三禮》，汲古書院，二〇〇六年。

井上進《明清學術變遷史——出版と傳統學術の臨界點》第七章《漢學の成立》，平凡社，二〇一一年。

校點凡例

一、此次整理，以日本國立國會圖書館藏京山郝氏九經堂刻後印本《儀禮節解》十七卷、首一卷《讀儀禮》（書號：ね－二五，東京島田氏舊藏書，有島田翰手書題記）爲底本。

二、本書整理所用校本及簡稱如下：

（一）《續修》本：《續修四庫全書》影印復旦大學圖書館藏京山郝氏九經堂刻早印本；

（二）《存目》本：《四庫全書存目叢書》影印湖北省圖書館藏京山郝氏九經堂刻早印本，印製略後於《續修》本；

（三）《談經》本：《四庫全書存目叢書》影印中國國家圖書館藏明崇禎間郝洪範刻《山草堂集·内編》所收《談經》；

（四）閩本：東京大學東洋文化研究所藏明嘉靖中李元陽、江以達校刻《十三經注疏》本《儀禮注疏》十七卷。

三、本書刻本經注皆經圈斷，但不無錯謬，難以盡從。凡經文斷句，酌參《黄侃手批白文十三經·儀禮》（上海古籍出版社，一九八三年），標點參考了陳戍國點校《周禮·儀禮·禮記》（嶽麓書社，一九八九年）中的《儀禮》、彭林注譯《儀禮》（中州古籍出版社，二〇一一年）、張濤校點《儀禮鄭注句讀》（收入《儒藏·精華編》四六，北京大學出版社，二〇一四年）、賈海生點校《儀禮注疏》（收入《中華禮藏·禮經卷》，浙江大學出版社，二〇一六年）等的處理。

四、凡標點經文，都關照郝敬注解的叙述，同樣的經文，由於注文表述有异，可能作出不同的處理。

五、本書所據《儀禮》經文與明嘉靖中李元陽、江以達在福州校刻的《十三經注疏》本《儀禮注疏》所載經文文字最爲接近，同時亦參考了别本、他書加以校訂。總體來説文本質量欠佳，不乏譌脱衍倒之處。但郝敬既以之爲正字作注，今亦不敢以所謂「善本」之文字輕易改變其文本面貌。是以凡經文校勘，除非是本書刻印過程中産生的譌誤，否則不出校；在確有必要的情况下，雖出校亦不輕易改動底本。今校郝書，自當以郝氏爲宗故也。

六、鑒於上述原因，凡校訂經文，即以東大東文研藏閩本《儀禮注疏》爲據。

七、首一卷《讀儀禮》酌情參校《談經》卷六所載文本，但一般止出校記，不直接改動原文。

八、凡底本不誤而校本誤者，一般不出校，但可以反映作者對原稿内容進行修訂的重要异文，即可以反映早印本、後印本的顯著差异之處，酌情出校。

九、凡出校，校本與底本一致，則略而不言。

十、對於本書中的异體字、俗字、譌用字等，如其可能影響到讀者對文義的理解，則酌情進行規範化處理。如已、己、巳，比、北等，古書往往混用不别，皆徑改不出校。

十一、古人引書往往不嚴格依照原文，本書亦不例外。爲便於讀者閲讀，即使引文并非完全與原文一致，亦斟酌加標引號，以提示引文起止。

十二、書中存在編撰不夠謹嚴之處，如引文與其所提示之篇名不符等。嚴格來説，此類疏失不在校勘範疇，唯爲方便讀者參考，間亦出校，但一般不改動原文。

十三、前一行文字至行底，另起行爲下一條内容時，底本使用了小圓圈（「○」）作爲區隔的標記。今重新排版，其區隔前後之功能殆失，但仍保留不删。

目録

讀儀禮……一

儀禮節解卷一

士冠禮第一……一六

儀禮節解卷二

士昏禮第二……三八

儀禮節解卷三

士相見禮第三……六三

儀禮節解卷四

鄉飲酒禮第四……七二

儀禮節解卷五

鄉射禮第五……九四

儀禮節解卷六

燕禮第六……一三八

儀禮節解卷七

大射儀第七……一六二

儀禮節解卷八

聘禮第八……一九九

儀禮節解卷九

公食大夫禮第九……二四六

儀禮節解卷十

覲禮第十……二六三

儀禮節解卷十一

喪服第十一……二七二

儀禮節解卷十二

士喪禮第十二……三二七

儀禮節解卷十三

既夕禮第十三……三五八

儀禮節解卷十四

士虞禮第十四……三八三

儀禮節解卷十五

特牲饋食禮第十五……四〇二

儀禮節解卷十六

少牢饋食禮第十六……四三〇

儀禮節解卷十七

有司徹第十七……四五〇

儀禮節解

京山郝敬著　男千秋、千石校刻

讀儀禮

夫道莫大于禮。天高地下，萬物散殊，而禮制行矣。故夫禮未可一端盡也。聖賢以禮脩身，以禮教人，而不舉其數，惟曰非禮勿視、聽，非禮勿言、動，斯須不可去身，非擇目而行禮也。有冠、昏、喪、祭則禮行，無冠、昏、喪、祭則禮廢，如是，則禮之行者寡矣。凡禮之無目者，目所不能盡也。

聖人盛德至善，從心所欲，自然周旋中禮。如《論語·鄉黨》一篇，皆聖人從心之矩，曲禮三千，悉由此出。惟其有温、良、恭、儉、讓之意，而後有鞠躬、踧踖之容。虛文浮格，似是而非，是象恭也。承迷習醉，可由而不可知，是凡民也。故聖人教人以禮，而其言禮以約。得其要，即一拜一揖，見古人之精神；不得其要，雖三千三百，木偶而衣冠耳。

禮非强作，是人道之經緯，無禮則無人道。孔子曰：「仁者，人也，親親爲大；義者，宜也，尊賢爲大。親親之殺，尊賢之等，禮所生也。」仁義生尊親，尊親生等殺，等殺生禮。「天地之大德曰生」，知生之説者則知天，知天之説者則知禮。天者，莫之爲而爲；禮者，亦莫之爲而爲。凡是書所言冠昏喪祭、品節秩序，皆天理之不得不然。其間牽强拘泥、煩瑣迂僻、强世難行者，則時勢古今之異，學禮者所以貴達也。

聖學端本澄源，先立乎其大，而小者不能奪，故賢人用禮執其上。凡民識卑累重，既失其大而益忽于小，鹵莽滅裂，乃禽乃獸，故凡民學禮執其下。飲食衣服、升降裼襲、坐起拜立，别其嫌而明其微，制其外而養其中，故曰：「人之所以異于禽獸者幾希，庶民去之，君子存之。」學禮者所當默識也。

不讀《儀禮》，不見古人周詳縝密之思。然善讀者，舉其一篇而十七篇要領皆可知，讀十七篇而人倫日用、品節度數，無不在其中矣。不善學者，執數求多，按迹摸擬，如鄭玄諸人，十七篇猶以爲未足耳。

《儀禮》較《周禮》切近。《周禮》懸空鋪張，《儀禮》周旋裼襲，合下有實地。然止于十七篇者，用禮之家十七副局面耳。推而演之，三千三百皆可義起。作者借爲式樣，使天下後世知禮之爲儀詳密如此，非謂世間禮法一一皆有題目如十七篇也。

《鄉射》即《鄉飲酒禮》，《大射》即《燕禮》，《既夕》即《士喪禮》，《有司徹》即《少牢饋食禮》，其實止十有三〔一〕篇，然不啻詳已。昔之作者舉所嘗聞，潤色補綴，使後世知禮之儀文如是、

〔一〕「三」，原作「二」，乃誤數，今改。

古人陳迹如是，非責後世一一拘守，亦非士大夫禮存、天子諸侯禮亡之謂也。大抵冠、昏、喪、祭、朝、聘、燕、饗，禮之大物止此；飲食男女，養生送死，人生日用止此；升降進退、周旋裼襲，行禮節文止此。天子、諸侯同此人倫，同此儀則，隆殺多寡，因時制宜，孔子所謂「殷因於夏禮，周因於殷禮，所損益可知」，而人主爲禮法之宗，天子、諸侯禮難預設。若一一定爲常制，使百世共守，則是禮有因無損益，雖二帝三王不能矣。即今十七篇中，世守者能幾何哉？

十七篇不言天子、諸侯禮，鄭康成因《冠》《昏》《喪》《虞禮》皆稱「士」，遂謂禮獨士存，拘也。士先四民，禮義由士出，故言禮繫之士。公、卿、大夫皆士之仕者，上而諸侯，又上而天子，可引而伸矣。故夫《特牲》不言「士」，《少牢》不言「大夫」，士用特牲而不止士也，大夫用少牢而不止大夫也，但舉隆殺爲例耳。讀《禮》者固執不通，遂謂天子、諸侯禮亡，亦猶夫《禮經》存而《樂經》亡之陋說也。

《儀禮》非盡先聖之舊也。後儒纂述舊聞，雜以歷代儀注，薈蕞成書，皆士大夫行禮節目。朱仲晦「欲以《儀禮》爲經」，夫儀之不可爲經，猶經之不可爲儀也。經者萬世常行，儀者隨時損益。父子、君臣、夫婦、長幼、朋友，經也；禮儀三百，威儀三千，儀也，皆以節文斯五者。五者三代相因，而儀者所損益可知也。世儒耳食朱説，争騁胸臆，爲纂爲考，其破裂不足觀也。

昔子游譏「子夏之門人小子，洒掃、應對、進退，抑末矣」，説者病其言過高，然亦足以見聖門教人有本，未嘗屑屑儀文可知。子曰：「禮云禮云，玉帛云乎？」言禮則曰「復」、曰「約」，言教則曰「一」、曰「不多」。繁文縟節，非聖人「語上」之教，是商、師之學也。

《儀禮》皆古人虛影，學者精神淹貫，方有理會。若但尋行數墨，如鄭康成輩較勘同異，辨正文字，按本演習，如傀儡登場，無生機血脉，老聃所謂「芻狗」，莊生所謂「蜩甲」，辜負聖人雅言之意。

是書詳處太瑣，如「祭醴，始扱一祭，又扱再祭」；「執皮，内文；兼執足」「三分庭，一在南」；《鄉飲》工「左荷瑟，後首，挎越，内弦」；牲體肩、臂、脊、脇、肫、胳，一骨、二骨之類，何其瑣也。及其行禮大節目，如冠于廟而竟不及其祖禰，既冠，見母，見君，見鄉里親戚士大夫，而竟不及其父；婚禮自壻迎婦降西階，以至入室同牢，燭出燕息，而竟不言夫婦拜至，明日新婦見舅姑，饋食醴饗，而竟不及夫壻，此類又何〔一〕略也。如謂但舉其槩而已，則後儒讀禮，何爲往往添補之乎？

作《儀禮》者亦未及親見古人，故其辭多罔象。如凡禮行于廟，竟不言告廟之儀，冠冕衣裳皆不定其制度物色，廟寢堂階、房室户牖皆不明言其向背，使後人猜度影響，迄無定論。每于篇終引記聞參伍，其無畫一之見可知。親見古人必不爾。

《儀禮》作于衰世，故其儀文雖詳而大綱不清，雖不及天子之禮而時或雜越，以大夫亂諸侯、諸侯亂天子，往往有之。如《燕禮》稱君爲「公」，是諸侯之禮也。諸侯稱「公」，已爲僭矣，而其臣又有稱「諸公」，位在卿大夫上者。惟天子有三公，諸侯之臣貴無加于卿而稱公，是亂天子也。鄭玄謂爲「大國之孤」四命，此《周禮·典命》之説。《周禮》亦非古也。稽古以《孟子》爲正。《孟子》

〔一〕「何」下《談經》本有「其」字，與上「何其瑣也」句式一致。

曰：「天子一位，公一位，侯一位，伯一位，子男同一位，凡五等。君一位，卿一位，大夫一位，上士一位，中士一位，下士一位，凡六等。」此周班也，何嘗諸侯有臣稱公、大國卿上有孤稱諸公者乎？《鄉射禮》〔一〕：「諸公席三重，大夫席再重。」按《尚書·顧命》王席亦三重，《周禮·司几筵職》亦云王席三重，而《禮運》〔二〕曰「王席五重，諸侯席三重」，今云「諸公席三重，大夫再重」，亦亂也。《周禮》天子射三侯九節，諸侯七節；《大射禮》，諸侯也，而侯道九十弓，是亂天子也。惟天子之事稱大，與諸侯射，則用大侯，稱大射；諸侯與其臣射，用大侯，稱大射，亦亂也。説者謂《士冠》《士昏》《士喪》皆士禮，然冠用爵弁，婚乘墨車，遣馬有繁纓，遣奠用五鼎，容非僭與？周衰禮廢，諸侯强梁，大夫士無等，作者承襲其訛，非盡先聖之舊也。昔夫子作《春秋》，于諸侯名號、禮樂亡等，皆因之而不變，欲直其事以存亂亡之迹，示後世是非之公耳。《禮經》正名辨分，别嫌明微，烏可以相倣？禮襲其謬，是訓亂也。言禮與言《春秋》異，世儒未達耳。

讀《禮》切忌附合。凡禮家言非出一人一手，世遠傳疑，安得盡同？但據本文解釋，同者自然脗合，異者不妨并存。牽强比附，失之愈遠，鄭玄諸人所以多爲之説而愈紛也。

世儒欲以《儀禮》爲經，割諸禮附之。嗟夫！諸禮家言，雖聖人復生不能盡合矣。虞、夏、殷、

〔一〕「鄉射禮」，當作「鄉飲酒禮」，所引乃《鄉飲酒禮》文。

〔二〕「禮運」，當作「禮器」，此乃節引《禮記·禮器》之文。

周因革損益，尚不相襲。以孔子之聖，學夏、商之禮，無徵不信，而曰「吾從周」，況世儒款啓，欲彌縫新故不同之迹以通之百世，所謂「愚而自用，烖及其身者也」。就使補輯完備，校勘精切，能必一一可用之今日乎？略舉其近者：如《士冠》不論有爵無爵輒用命服，今可乎？士親迎乘大夫車馬，今可乎？女子既許嫁笄矣，出教于宗室三月，今可乎？納采使者至門外，主人迎拜不答，入拜又不答，今可乎？主人迎賓門外，先入，及階，又先升，今可乎？主人門外送賓，再拜，賓遂去不顧，今可乎？男女相拜，男拜手伏地，女子直立肅拜，今可乎？士相見，賓五請，始得主人一出，又不升堂，止于大門内一拜，今可乎？臣侍食于君，不待君命，先飯，徧嘗飲食，今可乎？侍食于先生異爵者，先飯而後已，今可乎？盛服行禮，忽爾袒衣，旋襲，又袒，又襲，如是數十次不已，今可乎？尊、俎、爵、篚供饌之具，不設几案，錯諸地，今可乎？食飯不用箸，以手，今可乎？書必刀，文必篆，册必竹簡、木板，今可乎？人死三日然後殯斂，今可乎？明器苞、筲等無用之物，併納諸壙中，今可乎？凡送幣獻酬之類，賓主不同拜，送者立俟受者拜，而受者又立俟送者答拜，雖君臣父子皆然，今可乎？賓酢主人，不親舉爵，主人自酌以飲，今可乎？食不設主席，主人亦不陪食，今可乎？孫爲祖尸，父拜其子；明日儐尸，則子爲父客，受其獻酬，今可乎？舅下堂親洗爵獻新婦，今可乎？婦翁出門再拜送新壻，今可乎？子冠，懷脯見母，母再拜受，今可乎？父母爲子喪三年，父在母喪與妻同服，庶子後父爲其母緦麻，今可乎？國君燕卿大夫僅屠一狗，今可乎？君父死，臣子爲謚，幽曰幽，厲曰厲，今可乎？其他大事朝聘祭享，小事拜起坐立，難通行者不可盡舉。必欲一一可信可傳，使人必從，雖聖人復起，能乎？

昔人謂《儀禮》難讀，未知文辭難耶？義理難耶？義理不奧于他經，文辭煩瑣，詳思自解。《三禮》惟《戴記》多名理，《周禮》多疑竇，《儀禮》差易。鄭康成拘泥〔一〕，名理殊非所長，人見其附會多端，以爲特詳于制〔二〕，然紕漏處難可一二數也。每憑管見，時加檢舉，貴使學者自得，非敢與之角短長也。如《冠禮》「緇布冠缺項」，本謂冠後有缺未合，約之以組，鄭謂：「『缺』，讀如《詩》『有頍者弁』之『頍』，圍髮際也。」又白屨「以魁柎」之「魁」，屨頭也；「柎」與「跗」同，足底也，即今之鞾樣反頭爲底，是也。鄭解「魁」作「蜃」，「柎」作「注」，謂以蜃蛤附屨使白也。又既冠見母于東壁，東壁者，廟中東偏室。東爲東壁，西爲西壁，《士虞禮》云「饎爨在東壁，西面」，《特牲記》云「饎爨在西壁」。子冠，母亦在廟，鄭謂「母在闈門外」，廟中通宮中門曰「闈門」，則是以闈門之外爲東壁也。古制左廟，如鄭説，廟不在宅之右乎？東壁爲闈門，西壁又何門乎？《昏禮》「姆纚笄、宵衣」，宵衣，謂玄色衣也。故《特牲饋食禮》亦云婦「宵衣」，以其繼喪祭後，吉尚玄，變于素也。鄭改「宵」作「綃」，引《詩》「素衣朱繡」之「繡」。又舅姑醴婦，「婦疑立于席西」，凡不正相向曰疑，《士相見禮》亦云「不疑君」，謂不敢邪向君也。鄭解「疑」爲「定立之貌」。又「上大夫

〔一〕「拘泥」，《談經》本作「偏固自用」。
〔二〕「制」下《談經》本有「度」字。

相見，以羔，四維之，如麛」，麛，小鹿；羔，小羊。鹿野物難馴，執之須繩維其足，執羔亦當如小鹿四維也。鄭謂執麛有成禮，執羔如之。《鄉飲酒禮》主人「再拜崇酒」，崇者，奬藉之意，賓告旨，故主人謝其崇奬己酒。鄭云：「崇，充也。酒惡相充實也。」又「主人釋服。乃息司正」，謂主人朝服拜謝，賓歸，釋服，即治具勞司正，非謂息司正不用朝服也，猶《聘記》云「幣之所及，勞，不釋服」，皆敏速意。鄭謂「脱朝服，更服玄端」，而不知玄端即朝服也。《鄉射記》云：「君，射于國，則皮樹中；郊，則閭中。大夫，兕中。士，鹿中。」中者，盛算之器，刻木似獸形，閭中似驢，皮樹中似馬，即《易》所謂「駮馬」也。馬有駮，樹亦有駮，《詩》云「隰有六駮」，駮樹皮班駁似馬，故云「皮樹」。鄭知閭之爲驢，而不知皮樹之爲馬也。《燕禮》主人「媵觚于賓」，「媵」與「賸」通，猶副也，正獻之外謂之媵爵。鄭解「媵」爲送，又疑爲「騰」字之誤。《燕禮記》云：「栗階，不過二等。」栗，與「歷」通。凡歷階者一足踐一級，故曰「不過二等」，過二等則超越失儀。鄭謂不盡階二等，左右足一發升堂也。《大射禮》連設三侯，有干侯、參侯、大侯。參侯立二侯中，故曰「參」。干侯在內，近而易犯，故曰「干」，猶水邊曰河干也。鄭謂「參」作「糝」，「干」作「豻」。《鄉射記》侯道，「弓二寸以爲侯中」。中，即鵠也。《考工記》云：「侯，三分其廣，而鵠居一。」鄭疑其過大，乃以「侯中」爲全侯。不知古人射主行禮，大其鵠，使人易中，故鵠本大鳥也。鄭云：「鵠，小鳥。」又「簨倚于頌磬，西紘。」紘者，簨兩旁懸耳繩，如冠之有紘，而鄭以紘爲懸磬。《聘記》「飧，賓不拜，沐浴而食之」，本謂飧熟食，禮輕，不以君命，故賓不拜，道途風塵，至館沐浴，乃食。鄭謂「沐浴」，尊君也。尊君，則何以不拜？又「上介不襲，執圭。賓襲，執圭。公授宰玉、裼。還玉，賓襲。還璋，賓裼」，凡執玉，單藉曰裼，重包曰襲。玉有繅而赤手執之曰裼，以衣掩其手而併繅執之曰襲。故《曲禮》及《聘記》曰：「執玉，有藉者裼，無藉者襲。」鄭泥《玉藻》「見美」「充美」，以衣裘解，謂執玉時或裼裘，或襲裘也。又「君使大夫還玉。賓升自西階，自大夫左受玉，退，負右房而立」，右房，即東房。升堂以東爲右，猶「入門東」之言入門右也。鄭謂右房爲西房。古宮室制未有西房者。又《聘記》「大夫來使，無罪，則饗之；過，則餼之」，本謂大夫以謝罪通好來，與假道經過者，或饗之，或餼之。鄭謂嘉賓則與饗，有過則不饗而餼之，將以附合《聘義》「愧厲」之説，其實非也。既飯而飲酒曰酳。酳者，胤也，繼續之意。鄭謂：「酳之言演也，演安其所食也。」《公食大夫禮》鼎「鼏若束若編」，本謂陳鼎門外，防不潔，故鼏蓋其鼎，而以繩編之束之。鄭謂以茅爲鼎冪。茅可以爲冪乎？《覲禮》「匹馬卓上，九馬隨之」，謂十馬以一馬居前爲上首，九馬并列于後，所謂「庭實之旅」也。鄭云：「卓，如『卓王孫』之『卓』，猶的也。以素的一馬爲上，書其國名，後當識其何産。」引晋屈産之乘爲證。《喪服》「斬衰，苴絰、絞帶」，本謂以苴麻絞爲首絰，又絞爲帶。絞帶與絰同，故謂之要絰。所謂布帶，則禮服之大帶也，與要絰異。而鄭云「要絰象大帶，絞帶象革帶」，則是以布帶爲要絰也。又「朝一溢米，夕一溢米」，溢，盈也。盈一握曰溢，溢之言搤也。一手所握曰搤，與「搹」通。鄭謂：「二十兩曰鎰，二十四分升之一也。」又繼母服齊衰，「與因母同」。因母者，嫡母也。因嫡而後有繼，故繼謂嫡曰因。鄭訓「因」，「親也」。又「女子子在室，爲父，布總，箭笄，髽，衰，三年」，不言裳，同衰可知。鄭云：婦人衣裳不殊。按《詩》「緑兮衣兮，緑衣黄裳」，又云「衣錦褧衣，裳錦褧裳」，非婦人衣裳殊與？又「無服之殤，以日易月」，本謂長殤大功九月者爲喪九日，中殤小功七月者爲喪七日，如不飲酒、不作樂之類。鄭謂：「生一月者哭一日。」有如八歲殤，無服，不當哭百日乎？是毀過于斬衰〔一〕矣。又大功章「爲夫之昆弟之婦人子適人者」，即同居繼父之子也，叔伯兄弟俱死，而叔伯母猶爲之服。鄭以「婦人子」爲「女子子」。《喪禮》「幎目，用緇」，幎與「冪」同，遮蔽也；「握手，牢中」，牢猶籠也，本謂空其中以籠尸手。鄭謂「幎」讀如「縈」，「牢」讀如「樓」。又「屨，綦結于跗」，跗，足下也，如花跗、弓跗。前云屨「魁柎」，正與此同，謂屨底也。死者著屨，連底束之，使牢固。鄭以「跗」爲「足上」。又襲尸，「設決，麗于掔，自飯持之；設握，乃連掔」，本謂將飯含，先以決繫，麗其指于腕間，使手不旁垂，乃施握，交臂如生時也。鄭于此段文義全不解。又大斂饌，「毼豆兩，其實葵菹芋」，芋，即所謂蹲鴟。鄭謂齊人語，「全菹爲芋」。又卜喪日，「宗人受龜，示高」，高，猶上也，本謂龜甲上可兆之處，先以示主人而後灼。《周禮·大卜》亦云「眡高」，猶俗言上頭高處云爾。鄭謂龜甲高起。龜板平，未聞有高處也。《喪禮》有遺車，即送葬之乘車，鄭謂爲土木偶車納于壙中者。又《喪禮》「主人脱髦」，猶言散髮也。髦，與「毛」同。始死，孝子投冠，留笄纚；小斂，解去笄纚，以麻括之；既殯成服，解其麻，加冠絰，皆所謂「脱髦」也。鄭以「髦」爲子事父

〔一〕「斬衰」，《談經》本作「齊斬」。

母之飾。又「隷人涅厠」，滌死者便器也，鄭謂閉塞溷厠。又「籩豆，實具設，皆巾之」，謂既實菹醢、果脯之具，設必加巾。鄭訓「具」，偶也，成偶乃巾，一籩一豆不巾。《既夕記》：「朔月，薦新，則不饋于下室。」下室，即室也，對堂上言曰下。鄭謂：下室，內堂也。又祭前三日筮尸，常禮也，《特牲》與《少牢》同。鄭不解《少牢》「宿」與「前宿」之文，遂謂士祭前三日筮，大夫祭前一日筮，避君禮也。夫用筮同，何爲又避其日乎？《少牢》「主婦被錫衣」，「錫」通作「緆」，細布也，與「錫衰」之「錫」同。朝服布十五升，用其半，爲錫衰，此錫衣則用朝服布也。主人朝服，故「主婦被錫衣」，漢人謂〔一〕「曳阿錫」是也。鄭欲附會《周禮・追師》之文，謂「錫衣」〔二〕當作「髲鬄」。他如此類，不可勝記，而隱僻譸張，皆似此。附見各章。

今人用字尚象，古人用字尚音。尚象者辨其點畫，尚音者切其意響，二者不同。然文字以義理爲主，苟恣意假託，則愈譸張失真。如「角柶」之「柶」爲「匙」也，「賓厭介」之「厭」爲「壓」也，

〔一〕「漢人謂」，《談經》本作「子虛賦」。按：《少牢》「主婦被錫衣」下，郝注作「漢賦云」，《續修》本、《存目》本則作「漢人云」。

〔二〕「錫衣」，當作「被錫」。鄭玄以「被錫」連讀，「衣」屬下讀，郝敬則「被錫衣」連讀，此偶誤書耳。下條亦有「『錫衣』之變而爲『髲鬄』也」之語，誤同。按：《少牢》「主婦被錫衣」下，郝氏按語云「鄭注『被錫』作『髲鬄』」，與鄭注合，不誤。

孝子「圭爲」之「圭」爲「蠲」也，「苴刌茅」之「苴」爲「藉」也，「一溢米」之「溢」爲「搤」也，「栗階」之「栗」爲「歷」也，「閭中」之「閭」爲「驢」也，「錫衣」之「錫」爲「緆」也，「交錯以辯」之「辯」爲「徧」也，「酳爵」之「酳」爲「胤」也，「綏祭」之「綏」爲「墮」也，「面枋」之「枋」爲「柄」也，〔一〕若此類，響切而意合，故古人隨宜用之。若夫「緇布冠缺項」之「缺」以爲「頍」也，「騰羞」之「騰」以爲「媵」也，「媵爵」之「媵」以爲「騰」也，「握手，牢中」之「牢」以爲「樓」也，「幎目」之「幎」以爲「縈」也，「酳爵」之「酳」以爲「演」也，「純衣」之「純」以爲「緇」也，「崇酒」之「崇」以爲「充」也，「旅酬」之「酬」以爲「周」也，「參侯」之「參」以爲「糝」也，「錫衣」〔二〕之變而爲「髲鬄」也，「芋」之變而爲「全菹」也，若斯之類，風影附合，譸張爲幻，不可從也。鄭之訓詁多此類，俗儒一切耳食，引以證文字。後生不察，轉相師承，其誤可勝窮乎！

《儀禮》成于後儒手，而古籍亡矣，不復見先王朝會盛典，故《覲禮》秖述其梗槩，較諸篇爲略，而愚顧喜其近情，足以折《周禮》四時朝見之謬。篇末又記天子率來朝諸侯祭告羣神，未必盡合古，然大概可覩已。鄭康成偏執《周禮》《明堂位》之説，補葺附會，甚無謂也。至如《喪服傳》解經，

〔一〕「『面枋』之『枋』爲『柄』也」，《存目》本作「『窆棺』之『窆』爲『封』也」，《續修》本有讀者塗抹，不易辨識，當與《存目》本同。

〔二〕「錫衣」，當作「被錫」，説見上。

一一明允，鄭牽强引證，反疑傳文爲誤。近代儒者纂《三禮》，併傳割棄之，鄭始作俑也。

凡古人禮服通謂之朝服，禮服衣、裳通謂之端。衣多玄、緇，亦有纁者；裳多用纁，亦有素，有黄，有雜色；及大帶與韠色時或變易，而衣色則少有不玄、緇者矣。即龍衮亦以玄帛刺繡，故曰玄衮；無繡文者，皆所謂玄端、緇衣耳。首服，自士以上，凡大事皆得用弁；自大夫以上，凡大事皆得用冕；至于玄冠，則自士庶人以至天子皆用之。此其大較也。古人服色，原不煩瑣。《少牢饋食》「主人朝服」，即是祭服。昏禮、卜筮、鄉飲、燕、射、聘、享皆用朝服，故古人禮服皆稱朝服，爲其可以見君，則無禮不可用也。自《周禮》五冕之説興，鄭康成極力附會，影響猜度，未必盡合古人之舊。愚于《周禮·司服》辨之詳矣。讀者舉所知，闕所疑，不必如鄭强質也。古人廟制，前爲堂，堂北爲室，室西南隅爲奥；房與室接，室東爲房，而户、牖皆南向。房室之外，即是堂之北。房室皆有牖有户，户皆在牖東，牖皆在户西，室牖當堂正中，所謂「負依」處也。堂前爲階，階不中堂，東階當房牖之南，西階當堂之西南。主賓雖行禮于兩階，而堂前無復牖户之隔，其實皆堂上也。自堂上直下東西〔一〕兩墻謂之序。序之外，堂之下，〔二〕東西相對，各有堂有室，是爲夾室，即今廂房也。堂下爲庭，庭中有碑以定日晷；

〔一〕「直下東西」，《談經》本作「東西直下」。按：本書卷一五郝氏按語有云：「堂東西兩牆直下爲東西序。」

〔二〕「序之外，堂之下」，《談經》本作「堂之下，序之外」。

庭南爲門，門内有途，分左右，東西行各數武，折而北，當東西階，賓主由此揖讓升堂。門内外東西各有堂有室，謂之塾。此其大略也。鄭注皆未分曉。古者燕會席地，坐則兩膝著地，以股貼足，是謂安坐；以兩膝著地，直身起跪，謂之危坐。安坐，即尸、賓及先生長者坐，獻酬畢脱屨升堂坐之類，是也。危坐，如《聘禮》「賈人西面坐啓櫝」「不起而授宰」，《特牲》《少牢》「宗婦執籩，户外坐」之類，即今之跪是也。鄭注亦未分曉。又古者婦人無跪拜，唯喪則稽顙。《少儀》云：「婦人，雖君賜，肅拜。」肅拜者，立拜也。君賜且立拜，他可知已。故篇中凡婦人拜皆立，而男子答拜則頓首。故婦人必俠拜，初一拜，男子答而起，婦人又一拜。故凡男子拜手，則必奠贄、奠爵；婦人立拜，執贄、執爵。《昏禮》「婦執笲棗栗，進拜，奠于席」，《特牲禮》主婦致爵，「左執爵，拜」，《有司徹》尸酢，主婦亦「執爵拜」，是也。惟《昏禮》新婦三月廟見，則稽首著地，故《禮》文曰「拜扱地」。特言「扱地」者，明其殊于常拜，亦如男子稽顙也。鄭注皆未了然。

飯之品，黍、稷、稻、粱〔一〕，鄭注未分曉。凡稻、粱皆粳米，其粒長而大，古人以方器盛之，曰簠；黍、稷之粒小而圓，古人以圓器盛之，曰簋。稻品甚多，其粒最長者可半寸，故以粱名，如「屋粱」「强粱」之「粱」。粳米亦取强梗之意，食之强益人也。又粱者良也，精鑿意。凡米之精而粒長大者皆稱粱，故美食曰「膏粱」。又穀亦有粱，其稈穗如蘆葦，品最下，楚人謂之高粱，亦以秸長實大得名也。《禮

〔一〕「粱」，原譌作「梁」，今改。下同者徑改。

記》「君沐粱」，則粱米，而士亦「沐粱」，則高粱耳。凡言黍、稷、稻、粱者，皆高粱也。稻宜水，黍、稷、高粱宜陸。稻南方卑濕處多，黍、稷、高粱北地高陸處多。中原地饒黍、稷，而稻則希有。凡宜陸者皆可稱粱，言其亮而高也；宜水者皆可稱稻，言其滔而濕也。故古者酒醴多用黍，大夫饋賓無稻也。黍最早熟，暑月可食，故名；而稷秋熟，則今之粟也。粟、稷二字音義通。稷之言謖也。尸起曰謖，嚴肅之意。《詩》云「既齊既稷」，亦肅意，蓋秋氣也。粟〔一〕秋成，故曰稷。百穀皆秋成，故粟者，百穀之總名也。黍、稷、稻、粱、麥爲五，加菽爲六，分二麥爲七，分二菽爲八，加麻爲九。九種之類，又細分，是謂百穀。

〔一〕「粟」，原作「穀」，《談經》本作「粟」，今據改。

儀禮節解卷一

郝敬　解〔一〕

《儀禮》者，禮之儀。周衰禮亡，昔賢纂輯見聞，著爲斯儀，非必盡先聖之舊。然欲觀古禮，舍此末由矣。篇凡十有七。學者苟無恭敬之心，讀此書，則如觀傀儡耳。《三禮》所以先《記》也。

士冠禮第一

冠爲成人之始，故諸禮首冠。古之有德行道藝已仕未仕者，通謂之士。人未有生而貴者，其初皆士也。故禮多由士設。惟士習于禮，所謂「由賢者出」也。據士觀禮，而禮皆可知。解者遂謂天子、諸侯禮全亡，不盡然也。

士冠禮：筮于庿古廟字門。主人玄冠、朝服、緇帶、素韠，即位于門東，西面。有司如主人服，即位于西方，東面，北上。筮與席、所卦者，具饌于西塾。布席于門中，

〔一〕「解」，《續修》本、《存目》本原作「習」，此出於剜改，下同者不悉校。

闑西閾外，西面。筮人執筴，抽上韇獨，兼執之，進受命於主人。宰自右少退，贊命。筮人許諾，右還旋，即席坐，西面，卦者在左。卒筮，書卦，執以示主人。主人受眡，反之。筮人還，東面，旅占，卒，進告吉。若不吉，則筮遠日，如初儀。徹筮席。宗人告事畢。

此擇冠日也。筮，揲策求卦也。筮吉日，重其事也。廥，禰廟也。筮于門外，不于廟中者，不敢必神意也。主人，將冠者之父也。玄冠，周人委貌之冠，玄繒爲之。朝服，見君之禮服，十五升麻布爲之。古人禮服，通謂之朝服，亦即所謂玄端、緇衣也。帶，大帶，以繒爲之。韠，蔽膝，以韋爲之。門，廟門。有司，羣吏也，即宰、宗人與筮人、卦者之屬。西方，廟門西。北上，以次立而南也。筮，筮策。席，蒲筵。所卦者，畫爻記卦，刀筆、木簡之類。具，備也。饌，陳也。門中，西扉之中。闑，當兩門閒，置木室門者也。閾，門限。筴，蓍策。韇，藏筴器。上韇，韇蓋也。兼執，左執筴，右執韇，進而東向受主人問筮之命也。命，命筮也。宰，家臣之長。自右，傳命自右出。《少儀》云：「贊幣自左，詔辭自右。」少退，不敢并主人也。贊命，贊相主人，以擇日冠子之意命筮也。右還，回身右轉，就門中之席，西面坐，行筮事也。必西面者，求神向陰方也。卦者，執簡畫爻之人，居筮人左。卒筮，十八變畢，卦成也。反，以卦還筮人，使占吉凶。旅占，衆共占也。筮遠日，上旬不吉，則改筮中旬〔一〕，如問甲子不吉，則改問甲戌之類。如初儀，如前所行禮儀也。宗人，有司掌禮者。告事畢，告主人也。

按：上古冠制小，止撮髮，字從「寸」，《詩》謂「緇撮」是也。夏冠毋追，殷冠章甫，制皆小。周人變爲委貌，其制始大。此「玄冠」則委貌也。古人行禮之服，通謂朝服。鄭氏謂君臣朝視之服，玄衣素裳，衣從冠色，裳從韠色，考之不盡然；又謂朝與廟異服，今筮于廟亦朝服，是廟、朝服未嘗不相通也。大抵周人服色多尚赤，纁、緇、玄皆由赤入，故禮服多用之。殷人尚白，則其所勝色也，用最少。凡素與白稍異，白者素之净練如雪，而素則白之近蒼者耳。今人衣無文繡亦稱素。吉主玄，凶主素，故玄冠、緇衣不以弔，白衣冠不以處吉，古今同也。鄭謂朝服裳、帶、韠皆白，亦恐未盡然。《玉藻》云君與大夫、士帶皆素，此云「緇帶」，疏謂素帶而緇裨，曲爲附合，禮家言難盡同也。

按：古之卜筮者，盛服將事致敬而已，無迎神拜送之禮。蓋蓍龜〔二〕本受命于人，吉凶禍福，由人自主，蓍龜以象告耳。今世俗反聽命于蓍龜，而禮亦異矣。

〔一〕「中旬」，原作「下旬」，據下注「如問甲子不吉，則改問甲戌之類」，甲戌距甲子旬有一日，則此「下旬」當作「中旬」也，故敢改之。

〔二〕「蓍龜」，原作「筮龜」，下注兩言「蓍龜」，不云「筮龜」，此不宜有異，今改從之。

主人戒賓，賓禮辭，許。主人再拜，賓答拜。主人退，賓拜送。前期三日，筮賓，如求日之儀。乃宿賓。賓如主人服，出門左，西面再拜。主人東面答拜，乃宿賓。賓許，主人再拜，賓答拜。主人退，賓拜送。宿贊冠者一人，亦如之。

此肅賓、贊也。戒，預告也。賓謂衆賓，主人之友也。主人既筮得吉日，將冠其子，預告于朋友，望其來教也。賓禮辭，謙讓也。一辭曰禮，再辭曰固，三辭曰終。賓一辭遂許也。主人再拜，拜其許也。賓拜送，拜于主人去後，主人無答也。後倣此。前冠期三日，筮加冠之正賓，與筮日禮同。宿與肅、速意皆通。事在越宿，故曰宿。既筮賓即速，是先信宿也。賓如主人服，亦朝服也。賓西面再拜，拜辱也。主人乃宿賓，致辭也。主人再拜，拜其許也。贊冠者，佐賓行冠事者，尊次正賓，故主人亦親宿。若衆賓，戒或不宿，或使人宿之也。

厥明夕，爲期于廟門之外。主人立于門東，兄弟在其南，少退，西面，北上。有司皆如宿服，立于西方，東面，北上。擯者請期，宰告曰：「質明行事。」告兄弟及有司句。告事畢。擯者告期于賓之家。

此冠之先夕爲期也。厥明，宿賓之明日。夕，向暮也。期，明日行禮之期。既戒、宿，又爲期者，恐臨事不虞，致審也。于廟門外，冠禮行于廟也。兄弟，主人之親戚。少退，不竝主人立也。北上，以次南也。有司皆如宿賓之朝服，則主人、兄弟同可知也。西方，門西。擯者，主人之相禮者，請明日之期于主人，主人之宰代主人答以「旦日正明行冠事」。質，正也。擯者以「質明」告兄弟及有司。宗人告禮畢，衆遂退。擯者以「質明行事」往告賓與衆賓之家。

夙興，設洗，直于東榮，南北以堂深；水在洗東。陳服于房中西墉下，東領，北上。爵弁服：纁裳，純衣，緇帶，韎昧韐各。皮弁服：素積，緇帶，素韠，玄端，玄裳、黃裳、雜裳可也，緇帶，爵韠。緇布冠缺項，青組纓屬于缺。緇纚晒，上聲。廣終幅，長六尺；皮弁笄；爵弁笄；緇組紘，纁邊：同篋。櫛實于簞丹，蒲筵二，在南。側尊一甒醴，在服北；有篚實勺、觶、角柶；脯醢，南上。爵弁、皮弁、緇布冠，各一匴算，執以待于西坫南，南面，東上；賓升則東面。

此陳設服器也。夙興，冠之日早起。設洗，設器盛盥手、洗爵之水。直，當也。榮，屋檐也。周人屋四注，東西皆有榮。洗設于堂下東，自洗北望，與東榮直對；自階至洗，如堂之深，故曰「南北以堂深」也。陳服，陳設將冠者之衣服。堂北東偏閒曰房。冠于阼階，故陳于東房。墉，牆也。西墉，房西牆。東領，衣領向東。北上，以次陳設，自北而南也。首爵弁服，次皮弁服，次緇布冠服。爵、雀通，燕爵玄色，以玄繒爲弁，士之上服也。弁言服者，首戴爵弁，則身著絲衣、纁裳也。服在東房，弁與冠在西坫，服則冠者自阼階入房自著，冠、弁則賓自西階取以加之也。纁，赤色。《考工記》：「三入爲纁。」下曰裳，上曰衣。純，帛也。衣以帛爲之。古禮服多用布，爵弁貴服用帛。不言色，即玄端也。凡禮衣色多玄、緇。三冠同衣，但爵弁衣帛耳。先言裳後言衣者，衣、帶同緇，故連帶言之。「七入爲緇」，即玄色之深黑者。韎，赤色。韐，合皮爲蔽膝，即韠也。大古無衣，以獸皮蔽其前，後聖制禮不忘初，用皮爲蔽膝。此以上皆爵弁服也。皮弁，以皮爲弁，亦存古也。色與爵弁同而飾以玉石。素積，即素裳。積折其要閒曰積。積素而衣亦玄端也。不言裳言積者，裳不恒素，言素積，别于諸裳也。周以白爲勝色，惟所宜則用之。玄端，玄衣也。禮衣制方曰端。玄、黄、雜裳皆以配玄端，爲皮弁服者也。玄端，素積，緇帶，素韠可也；玄端，玄、雜等裳亦可也，但素積則素韠，而雜裳則爵韠耳。緇布冠即玄冠，所謂「委貌」也。緇布冠不言服，同上「玄端，玄裳，緇帶，爵韠」，與皮弁服通，故承上接下言之。冠後曰項。冠武後缺不屬，以青組二條繫缺端，束之，垂餘爲纓也。組，絛也。纚，以緇色繒韜髮。古帛廣二尺四寸，纚寬用全幅，其長六尺，與髮齊也。笄，簪也，所以貫弁。冠無笄而有纓，弁纓曰紘，在旁，纓在後。纓之組染麻爲青色，紘則緇組，側飾以纁。邊，側也。竹器方曰篋。纚與二笄、紘，四物同篋。紘屬于笄首，笄横弁上，紘下繞項而右，上結于笄末，不如冠纓屬于缺，故别與笄、纚同藏也。櫛，梳也，以理髮。竹器圓曰簞。蒲筵，蒲草席，用二：東序冠子一，户西醴子一也。簞、席皆在所陳衣服之南。側，獨也。無并曰側，置酒曰尊。一甒醴，異于醮之設兩甒也。甒，瓦器，以盛醴。醴，體也。酒連糟曰醴，貴初質也。尊在爵弁服北，既服而後用醴也。篚，竹器。

勺以酌酒。觶，飲酒器，爵屬。柶、匙通，形如刀匕，長六寸，祭以挑醴，醴有糟，故須柶；角爲之，取滑也。《士喪禮》「楔齒用角柶」，即此。脯，乾肉；醢，肉醬也。南上，以尊爲上。自南而北，首尊，次篚，次脯醢也。二弁一冠，各以竹器承之。匴，竹器。坫言奠也，閣物曰坫。西階下設坫，以三匴承冠、弁奠其上，賓至，使三人執之以待也。南面，賓自南入也。東上，以次立而西也。坫在西階西，賓入，自西階升堂，行禮于阼。賓未升，執匴者階下南向，自東立而西；賓升，三人轉向東，自北立而南也。

按：冠三加，備三代之禮：初用緇布冠，服玄端、玄裳，夏禮忠也；再加皮弁，服玄端、素積、素韠，商禮質也；三加爵弁，服玄端、纁裳，周禮文也。鄭謂爵弁爲士之貴服，是也；謂爵弁亦以皮爲之，非也；謂爵弁服絲衣，是也；謂皮弁服全不用絲，亦非也。自諸侯以上至天子，皆用皮弁，豈盡布衣乎？又謂皮弁專服素衣裳，與弁色同，因《論語》「素衣，麑裘」，麑子色白，故謂弁用鹿皮，衣從弁色。夫弁用皮，存古意耳。據《周禮》采璂等制，皮弁亦華美之甚，豈純用獸皮如野服乎？獸皮去毛皆白，何必鹿子？如謂鹿子毛色白，弁可以不去毛爲之乎？又謂素積則素衣。夫素端、素裳，惟凶禮可用。玄端，素積、玄、黄等裳，皆吉禮也。朝服、玄端，皆皮弁服。故《聘禮》皮弁、朝服，賓主通用。《玉藻》云：「皮弁以日視朝。」朝服冠即皮弁，玄端即緇衣，未聞素衣也。惟蜡爲送終之祭，衣裳皆素。冠禮成人貴初質，裳、韠用素，衣、帶亦不純素也。《明堂位》「皮弁素積，裼而舞《大夏》」，是衣猶見美也。其他朝祭吉禮，雖素積、素韠亦不用，而爲皮弁服同。大抵吉衣皆玄、緇，而弁與冠服通用。大夫以上用弁，則謂弁服；士以下用冠，則謂冠服。故《士喪禮》襲尸「皮弁服，褖衣，緇帶」，《特牲饋食記》云「朝服，玄冠，緇帶，緇韠」，《少牢禮》主人皆朝服，是皮弁、玄冠朝服同也。緇布冠不言服，承「玄端，玄裳」，與皮弁同服甚明，非謂素衣獨皮弁而玄衣獨緇布冠也。蓋玄爲天色，故禮衣冠用之，即黑色之微赤者，又謂之爵色。緇，即玄色之深黑者，故緇衣即玄端，又謂燕衣。《王制》云：「夏后氏燕衣養老。」燕，玄鳥，故得名。名雖四，黑則一也，故緇冠即玄冠。古布今帛，上下通用，鄭獨以爲莫夕君之服，拘也。《論語》云「羔裘、玄冠不以弔」，《檀弓》云「羔裘、玄冠者，易之而已」，可也。「易之」云者，但不純玄，即玄冠、素衣亦可。古人衣冠隨宜變通，世儒言服色多本鄭説。夫《儀禮》已非古矣，而鄭注又非《儀禮》，言禮于今，所以難也。

主人玄端、爵韠，立于阼階下，直東序，西面。兄弟畢袗玄，立于洗東，西面，北上。擯者玄端，負東塾。將冠者采衣，紒，在房中，南面。賓如主人服，贊者玄端從之，立于外門之外。

此内外賓主即位也。玄端、爵韠，即篇首所謂「玄冠、朝服」也。直，當也。東序，堂東牆。行禮負牆序立，故曰序。兄弟，主人親戚。畢，盡也。袗，單也，禮衣皆單，即玄端也。洗在堂下東南，兄弟輩皆立洗東。北上，自北以次立而南也。擯，主人使迎賓者。負，背立也。塾，門外堂。負堂南面立，以俟賓也。采衣，未冠者之服。童子尚華飾，未加冠，猶童子也。紒、髻通，即總角。房，東房。古者廟制，堂北爲室，室東爲房。房中南面立，當户牖也。賓，加冠之正賓。如主人服，「玄端、爵韠」也。贊者，贊冠者。玄端不言韠，可知也。從之，從正賓也。外門，廟門之外大門也。古者廟在大門内左。

擯者告。主人迎，出門左，西面，再拜。賓答拜。主人揖贊者句。與賓揖，先入。每曲揖。至于廟門，揖入。三揖，至于階，三讓。主人升，立于序端，西面；賓西序，東面。

此迎賓也。擯者以賓至入告主人，主人出迎于大門之外。再拜，拜迎也。揖贊者，不拜，殺于賓也。主人揖，先入，導行也。曲，曲徑也。凡廟在大門内東，入大門向東行爲一曲，望廟門向北行爲二曲，每曲主賓相揖。至廟門，又揖。既入門，分東西，主賓相背一揖；當塗向北，主賓相見一揖；東西行當碑，碑在堂下庭中稍北，過此一揖。前及階，相讓三，主尊則主先升，賓尊則賓先升，敵則主升一等導賓，賓乃升。凡賓之道難進也。序端，堂東牆盡頭。賓西序負西牆，主人負東牆稍南，避冠位也。

贊者盥于洗西，升，立于房中，西面，南上。主人之贊者筵于東序，少北，西面。將冠者出房，南面。贊者奠纚、笄、櫛于筵南端。賓揖將冠者，將冠者即筵坐；贊者坐，櫛，設纚。賓降，主人降；賓辭，主人對。賓盥，卒，壹揖，壹讓，升。主人升，復初位。

賓筵前坐，正纚，興，降西階一等。執冠者升一等，東面授賓。賓右手執項，左手執前，進容，乃祝；坐如初，乃冠；興，復位。贊者卒。冠者興，賓揖之，適房，服玄端、爵韠；出房，南面。賓揖之，即筵，坐，櫛，設笄。賓盥，正纚如初；降二等，受皮弁；右執項，左執前，進祝；加之如初，復位。贊者卒紘。興，賓揖之，適房，服素積、素韠；容，出房，南面。賓降三等，受爵弁；加之。服纁裳、韎韐。其他如加皮弁之儀。

此三加冠也。贊者，贊冠者。盥，將行事潔其手也。洗在東榮南，既盥，復西由賓階升，過東房，立房户内西面，將冠者之左稍南也。以南爲上，冠席、主、賓俱在南也。主人之贊者，家臣或親戚輩。設冠席于東序，適子冠于阼也。少北，主人在序端，却避也。將冠者出房户外，南面立，聽賓命也。贊冠者取纚、笄、櫛，置席南端。奠，置也。于席端，避升降也。揖，舉手推而進也。即，就也。古者坐曲膝，即今跪也。冠者坐，贊者亦坐，爲櫛髮加纚也。賓將加冠，降西階，往東榮盥。主人不安其位，亦降。賓辭主人，主人對，不敢不降也。賓既盥，復由西階升堂，過東序，筵前坐，爲冠者正纚，起，還西，下賓階一級，取緇布冠。執匴者自西階升一等，東面以冠授賓。冠後曰項，冠面曰前。進，進筵前。容，從容也。將致祝辭，從容整儀也。祝，祝願冠者吉祥也。辭見後。賓既祝，復坐，以緇布冠加冠者首。賓起，復西序之位。贊者爲結冠纓，卒事。冠者起，賓揖使入房釋采衣，著玄端、爵韠。不言裳、帶，即前所陳緇帶，玄、黄、雜裳皆可也。出房南面立者，始成人，觀衆以容體，且待賓再命。

此初加之禮也。賔再揖就席，將加皮弁也。脱緇布冠，再櫛髮。未弁而先設笄者，笄在筵端，不與弁同處，笄首有紘，須先設而理之也。賔降西階二等，受皮弁，皮弁尊于冠，降禮重也。賔加皮弁，還西序。贊者爲之結紘于笄末，卒事。冠者起，賔又揖使入房著皮弁服，玄端、帶如故，但裳、韠易素耳。容，從容。整儀出房，南面立，觀于衆。此再加之禮也。「賔降三等」以下，三加爵弁也。服以纁裳易素積，以韎韐易素韠。不言衣，亦玄端，但純耳。不言賔揖即筵及適房等，禮同也。「賔降三等」者，爵弁尤尊，降愈重也。

徹皮弁、冠、櫛、筵，入于房。筵于户西，南面。贊者洗于房中，側酌醴，加柶，覆之，面葉。賔揖，冠者就筵，筵西，南面。賔受醴于户東，加柶，面枋柄，筵前北面。冠者筵西拜受觶，賔東面答拜。薦脯醢。冠者即筵坐，左執觶，右祭脯醢，以柶祭醴三，興；筵末坐，啐醴，捷建柶，興；降筵，坐奠觶，拜；執觶興。賔答拜。冠者奠觶于薦東。

此既冠而醴冠者也。三加冠畢，徹東序之筵。冠者服爵弁，脱皮弁、緇布冠于筵閒。徹筵則并皮弁、冠、櫛俱徹而納之房中。更設筵，醴冠者于室户西牖閒南向，即堂中客位也。醴于客位，以成人尊之也。贊冠者洗觶于房中，甒醴在房，就房中酌之。側，特也。特一酌，無三醮也。柶，匙也，所以挑醴，横覆于觶上。葉，匙首寬薄如葉。以葉向前、柄在後授賔，賔以授冠者，則柄仍在後，便執也。冠者就筵西，南面立。賓往户東受醴，加柶，柄居前。枋、柄通。賓以醴來筵前北面，將授冠者。冠者南向，拜于筵西，受醴。賓還西序，東向答拜。贊者薦脯醢。冠者取脯醢少許，置豆閒祭先食，又以柶葉挑醴，祭之者三。祭則坐于筵閒，飲則坐于筵末。啐，微飲也。捷，當作「建」，立也。未祭覆觶上待用，既祭插于觶中醴閒也。降筵，出筵西也。既飲，執觶起。出筵，跪置觶于筵閒。拜，復跪。取觶起，奠于薦東。賓答拜，答于西序也。薦東，脯醢東。南向以左爲東。凡觶，飲則奠于饌右以便舉，不飲則奠于饌左。

按：酌醴，惟贊者洗觶于房中，賓不降洗于東榮，禮質而簡，與醮異也。鄭解「側酌」謂無人爲薦，非也。言贊者一酌醴，與醮賓三酌酒于房户閒異，故側尊與兩甒亦異也。「捷柶」，《昏禮》作「建柶」，鄭謂「捷」當作「插」，亦通。

降筵，北面坐取脯，降自西階，適東壁，北面見于母。母拜受，子拜送，母又拜。

此既冠見于母也。醴畢，冠者降筵，將入見母，跪取席閒脯爲贄。降自西階，父在不敢由阼也。東壁，廟東側室。冠子，則父主外事在東序，母主内事在東壁。子既冠，入見也。拜受、拜送，皆脯也。母拜受而後子拜送，母先拜也。古者婦人肅拜。《少儀》云：「婦人，雖君賜，肅拜。」肅拜者，立拜也。男子跪拜，婦人立拜，故古婦人與男子爲禮，必俠拜。俠拜者，婦人先一拜，男子答拜，婦人又一拜也。「子拜送，母又拜」，即俠拜也。

按：父尊母親，故凡禮母殺于父。禮，下餕上餘，子受薦祭脯，即子之餘也，豈堪爲贄？懷脯啖母，勞其母拜而又拜，謂敬成人乎？何至拜其子乃爲敬也？父在阼未拜，而先拜母，不後其父乎？諸家多爲之辭，未見其允。鄭注「東壁」爲闈門外，古廟在宅東，由廟中入宅曰闈門。果爾，當云「適西壁」，何爲反「適東壁」乎？有事于宗廟，宜夫婦共親之，豈父在廟母獨在宅乎？非也。

賓降，直西序，東面。主人降，復初位。冠者立于西階東，南面。賓字之，冠者對。賓出。主人送于廟門外，請醴賓；賓禮辭，許。賓就次。

此既冠而賓字冠者也。醴事畢，賓降西階下，當西序，東面立。主人降東階下，復初即之位，直東序，西面對賓立，待字也。冠者立于西階下之東，南面，賓之東北，聽賓命也。字以代名也，辭見後。對，應也。賓出，出廟門也。請醴賓，主人請設醴酒飲賓也。次，設醴之處。

按：「主人降，復初位」，鄭謂「初至階讓升之位」，非也。

冠者見于兄弟，兄弟再拜，冠者答拜。見贊者，西面拜，亦如之。入見姑、姊，如見母。

兄弟先拜者，見而起敬也。時正賓與主人先出，兄弟與贊猶在廟。見贊者，以客禮拜謝，贊者亦答再拜。父之姊妹曰姑。女兄曰姊。如見母，亦北面再拜，姑、姊亦俠拜也。此以前皆爵弁服，將見

乃易服，服玄冠、玄端、爵韠，奠贄見于君。遂以贄見于鄉大夫、鄉先生。

君與大夫、長者，則易緇布冠服。玄冠，即緇布冠。玄冠、玄端，即士之朝服。奠贄，謂執贄奠于地，乃再拜稽首，不敢親授，見尊者之禮也。鄉大夫，司一鄉之大夫在位者也。鄉先生，致仕居鄉者也。

按：鄭謂「贊者後賓出」，則是拜贊者于廟中也。拜贊者于廟，則拜兄弟亦于廟。兄弟在廟則拜，而父且未拜也。贊在廟則拜，而賓且未拜也。姑、姊不必皆在廟，亦往拜；鄉先生不在廟，亦往見，則是拜者又不必皆在廟中者也。豈拜父、拜賓又別有禮與？冠于廟而無拜祖考之禮，則是書所言，亦禮之太略，通其義而可矣。爵弁，士服之貴者。初冠無爵，自不敢以貴人之服見君、大夫，禮也。鄭謂助祭然後得服，夫助祭則有爵矣，初冠何助祭之有？古者士之子常爲士，子雖無爵，而成人之始，以世業望其子，可也。若謂獨助祭可服，豈可以私服其子乎？鄭又謂「易服不朝服，非朝事也」，然則玄端與朝服異矣。要之，朝服之緇衣即是玄端，玄冠即是緇冠，但古用布，今用帛。若緇冠外別有玄冠，則三加何獨遺之邪？

乃醴賓，以壹獻之禮。主人酬賓，束帛、儷皮。贊者皆與去聲**。贊冠者爲介。賓出，主人送于外門外，再拜；歸賓俎。**

醴賓，以醴獻賓也。一獻，謂主人一酌獻賓，賓酢主，主酬賓畢，即升席燕。以幣送酒曰酬。十端曰束。凡帛一匹從兩端卷至中，十端爲五匹也。儷，雙也。皮，獸皮有毛者。贊者皆與，謂凡贊佐冠事者皆得與燕也。介，次賓也。外門，大門也。賓既去，主人再拜送，徹燕賓之俎，隨賓歸也。

按：醴用「一獻」，即「側尊」「側酌」之意，尚質，故簡。鄭謂一獻「無亞獻」，以主婦不從，非也。主婦獻賓，莫先于冠子。獻冠賓無主婦，他賓又何必婦人乎？此禮非古，何獨無婦人爲一獻也。即有婦人在，如《昬禮》「舅姑共饗婦」，亦謂之「一獻」耳。

若不醴，則醮用酒。尊于房户之閒，兩甒，有禁，玄酒在西，加勺，南枋。洗，有篚在西句，南順。始加，醮用脯醢。賓降，取爵于篚，辭降如初；卒洗，升酌。冠者拜受，賓答拜如初。冠者升筵，坐，左執爵，右祭脯醢，祭酒，興；筵末坐，啐酒，降筵，拜。賓答拜。冠者奠爵于薦東，立于筵西。徹薦、爵，筵、尊不徹。加皮弁，如初儀；再醮，攝酒，其他皆如初。加爵弁，如初儀；三醮，有乾肉折俎，嚌祭之，其他皆如初。北面取脯，見于母。

此既冠醮子之儀。醴有變爲醮者，醮，釂也，盡飲之名。醴一酌，醮三酌，加折俎，盛者殺牲，較醴多文矣。凡禮先質而後文。醴與醮，皆歷世已行之迹。若者，隨時不定之辭。若醴則用醴，若醮則用酒。醴濁而酒清。醴設尊于房内，醮則尊于堂東房户閒，筵之東，賓主共之也。醴一甒，無禁，無玄酒，有勺在篚，不加于尊；醮酒則兩甒，有禁，有玄酒在西，加勺尊上，南其柄，便執也。承尊之器曰禁，禁傾危也。水曰玄酒，不忘本也。玄，水色。洗設東榮，與醴同，但醴盥手不洗爵，篚盛爵洗于房内，醮則篚盛勺、觶堂下洗之西也。南順，猶南向，賓、贊由西階下自南取爵便也。醴則三加畢後酌，薦脯醢；醮則始加即醮，用脯醢也。醴則贊者洗爵，側酌于房中；醮則賓降西階，過東榮，取篚中爵，主降賓辭，洗爵畢，西升，酌酒堂上，與醴異也。冠者升筵，坐祭，啐酒于筵末，拜賓，奠觶于薦東，立筵西，與醴同也。醴三加畢，一酌即徹；醮則每加一醮，始醮所徹者惟脯醢之薦與既奠之爵，其筵與尊不徹，以待再醮、三醮也。再加皮弁，醮儀與初同。攝，重也，如「官事不攝」之「攝」。一爵重酌，無酬酢，不更爵再洗也。加爵弁，三醮，有乾牲斷折爲俎，醴則惟脯醢而已。嚌，嘗也，取乾肉祭而嘗之。他皆如初醮之儀。用乾肉，不殺也。三醮畢，北面取脯見母，與醴同。

按：鄭云酌而無獻酬謂醮，然則醴有獻酬乎？謂醮從俗，醮古禮，非俗也。或謂醮不祝，或謂醮爲庶子冠，皆非也。醮與醴同，而質文異耳。

若殺，則特豚，載合升，離肺實于鼎，設扃鼏密。始醮，如初。再醮，兩豆：葵菹、蠃螺醢；兩籩：栗、脯。三醮，攝酒如再醮，加俎，嚌之，皆如初，嚌肺。卒醮，取籩脯以降，如初。

此詳言醮禮也。上所云醮，止于「乾肉折俎」而不殺牲，此言其盛則殺牲，牲用豚。特豚，一豕也。載，載之俎。升，自鑊升鼎也。鑊無足而卑，鼎三足而高，故曰升。殺牲解體煮于鑊，熟而升于鼎，和之以薦也。合，合左右體。離，割也。肺，即豕肺。周人尚肺，火德勝金，祭食先肺。扃，鉉也。

鼎兩旁有鉉，反向上，以木横貫蓋上而舉之，且以壓制鼎蓋，如門之扃。鼏、冪通，密閉也。始加緇布冠之醮，如前醮儀。再加皮弁之醮，前用脯醢，此則脯醢外加兩豆：一葵菹，一蠃醢。葵菹，以肉和葵，淹爲菹。蠃，蛤屬。圓者爲蠃，剉而漬之以酒爲醢。外加兩籩：一栗，一脯。此再醮異于前者也。三加爵弁之醮，始洗爵，再攝酒，三如再，所異者加豚俎也。其嚌之，與前嚌乾俎同。嚌肺，謂祭肺嚌之，嚌同而肺異。醮畢，取脯降見母，與前同，但前取薦脯，此取加籩之脯。薦脯既嚌，籩脯未嚌。他皆如前儀。

按：此殺豚合升，所以異于前之「乾肉折俎」也。乾肉之體不必全，特殺則全體。凡用牲體，吉取右，凶取左。此合左右同升，貴偶也。凡言嚌，必先祭，未有嚌而不祭者。既云「加俎，嚌之」，又云「嚌肺」，則祭不言可知。鄭謂「嚌」當作「祭」，非也。

若孤子，則父兄戒、宿。冠之日，主人紒而迎賔，拜，揖，讓，立于序端，皆如冠主；禮於阼。凡拜，北面于阼階上，賔亦北面于西階上答拜。若殺，則舉鼎陳于門外，直東塾，北面。若庶子，則冠于房外，南面，遂醮焉。冠者母不在，則使人受脯于西階下。

此孤子與庶子冠及母不在廟之儀。孤子無父則自爲主，在家則成尊，在外則童子，不可與成人爲禮，故戒、宿賔客則諸父與諸從兄爲之也。主人，即將冠者。紒，總角也。出迎賔，拜，揖，讓，入廟，升階，立于東序端，皆如父在爲主之儀。三加皆于阼階主位行禮，不于房户外也。凡醴醮拜受、拜謝，主皆北面拜于阼階上，賓皆北面答于西階上，據主賓正位，異前冠者拜于筵西南面、賓拜于西序東面也。若用醮禮，殺牲，舉鼎陳于廟門外，當東塾之南，鼎北面。禮，君陳鼎南面，喪鼎西面，餘皆北面也。陳于此，舉而後入也。父在醮子，鼎陳於內，私之也。孤子自主，陳于外，盛之也。他儀如前。此孤子冠之禮。庶子非適，醮不別設筵，不于客位，即房户外冠筵醮之，三加三醮同也。凡冠子于廟，父在東序，母在東壁，如母偶有故不在，子取脯降自西階，將往見；母使人即西階下受脯，俟他日再見。必于西階者，客之也。

戒賓，曰：「某有子某，將加布於其首，願吾子之教之也。」賓對曰：「某不敏，恐不能共恭事，以病吾子，敢辭。」主人曰：「某猶願吾子之終教之也。」賓對曰：「吾子重蟲有命，某敢不從？」宿，曰：「某將加布於某之首，吾子將莅之，敢宿。」賓對曰：「某敢不夙興？」始加，祝曰：「令月吉日，始加元服。棄爾幼志，順爾成德。壽考惟祺，介爾景福。」再加，曰：「吉月令辰，乃申爾服。敬爾威儀，淑慎爾德。眉壽萬年，永受胡福。」三加，曰：「以歲之正，以月之令，咸加爾服。兄弟具在，以成厥德。黃耇苟無疆，受天之慶。」醴辭曰：「甘醴惟厚，嘉薦令芳。拜受祭之，以定爾祥。承天之休，壽考不忘。」醮辭曰：「旨酒既清，嘉薦亶時。始加元服，兄弟具來。孝友時格，永乃保之。」

再醮，曰：「旨酒既湑，嘉薦伊脯。乃申爾服，禮儀有序。祭此嘉爵，承天之祜。」三醮，曰：「旨酒令芳，籩豆有楚。咸加爾服，肴升折俎。承天之慶，受福無疆。」字辭曰：「禮儀既備，令月吉日，昭告爾字。爰字孔嘉，髦士攸宜。宜之于假，永受保之，曰伯某甫。」仲、叔、季，唯其所當。

此行禮之辭。上敘其儀，此述其辭。戒，謂既筮日預告之也。加布，加冠也。古冠用布。病吾子，猶言辱吾子。宿，謂冠前一日速賓。始加，加緇布冠。元服，首服也。再加，加皮弁。令，善也。胡，與「遐」通。三加，加爵弁。黄，黄髮。耇，老人句僂貌。亶，誠也；時，猶新也。時格，猶言是至。湑，清也。楚，齊貌。髦士，幼俊之稱。攸宜，猶言相稱。假，大也。甫，丈夫之稱。伯、仲、叔、季，兄弟之序。各稱其序字之也。

按：祝辭雜用《詩》語，多後人補撰。《爾雅》「耇、老，壽」，《説文》「老人面凍棃色若垢」，承「黄」字作解，鑿也。

屨，夏用葛。玄端黑屨，青絇（渠）、繶（意）、純，純博寸。素積白屨，以魁柎之；緇絇、繶、純，純博寸。爵弁纁屨，黑絇、繶、純，純博寸。冬，皮屨可也。不屨繐（歲）屨。

此記三加冠之屨，不與前并敘者，冠、屨之别也。若夏月冠，則葛屨。屨色各從其裳與韠色。緇布冠服，玄端、玄裳，爵韠，黑屨。飾以青絇，屨頭飾也。絇，鉤也，屨形上曲如鉤。又，絇，拘也，戒行也。上下縫際曰繶。緣邊曰純。三者皆用青色。博，寬也。白屨，與素積、素韠色同。魁，頭也。柎、跗同，底也，即《士喪禮》「綦結于跗」之「跗」。以魁跗之，謂以頭爲底，如今鞾頭反底向上也。白屨繶飾，惡純素近凶也。爵弁服，纁裳、韎韐，故纁屨。三屨黑、白、赤，兼三代之尚。冬屨非定用皮，温不厭厚，皮可也。若夏暑，止可用葛。其麻布四升有半者曰繐。喪服有繐衰，以繐爲屨近凶。大功未可冠子，故冠不用繐屨。

按：鄭解「魁」爲「蜃蛤」，以蜃灰附屨上使白，近鑿。《本草》因之，遂名大蛤爲「魁蛤」。魁，大也。凡物大者皆名魁，何獨蛤邪？

記○《冠義》：始冠，緇布之冠也。大古冠布，齊（齋）則緇之。其緌（蕤）也，孔子曰：「吾未之聞也。」冠而敝之可也。適子冠于阼，以著代也。醮于客位，加有成也。三加彌尊，諭其志也。冠而字之，敬其名也。委貌，周道也；章甫，殷道也；毋（牟）追（堆），夏后氏之道也。周弁，殷冔，夏收。三王共皮弁、素積。無大夫冠禮而有其昏禮，古者五十而後爵，何大夫冠禮之有？公侯之有冠禮也，夏之末造也。天子之元子猶士也，天下無生而〔一〕貴者也。

〔一〕「而」，原脱，今據閩本補。

繼世以立諸侯，象賢也。以官爵人，德之殺也。死而謚，今也。古者生無爵，死無謚。

記，即作《儀禮》者記之。《冠義》，《禮記》篇名。凡言記者，記前文所未備。後倣此。始冠，謂始加冠。上古白布冠，祭而齊則緇布，鬼尚幽也。後世冠用緇帛。緌，冠纓之餘而垂爲飾者。緇布冠無緌，尚質也。《雜記》曰太白與緇布之冠不飾，故引孔子言未聞布冠有緌者。敝，壞也。冠而敝之，言但始冠一用布，敝即不再製，故不用文飾也。「適子冠于阼」以下，別記所聞。冠必行于東階，主位也。著，明也，以明適子成人將代父爲主也。客位，室户西牖閒。加，嘉也。三加彌尊，謂皮弁尊于緇布冠，爵弁又尊于皮弁。諭其志，謂教立志大成也。敬其名，以字諱名，敬不敢斥名也。委貌、章甫、毋追，三者皆緇布冠；弁、冔、收，三者皆爵弁，而制各異。惟皮弁三代共之，貴質也。古緇布冠小，夏爲毋追，猶言牟堆，小貌。殷制稍起而爲章甫。「甫」舊作「斧」，制如斧，方而小也。至周而大，可籠首，曰委貌，言下委成貌也。弁，槃也；槃，大也，制大于冠。《詩》云「有頍者弁」，頍，傾也，覆額貌。冔言詡，亦大也。收，斂也，斂髮也。周制大于殷，殷制大于夏。弁用皮，不忘古也。積用素，尚其質也。「無大夫」以下，明冠禮所以獨士之義。古者男子二十成人始冠，十九以下猶童，三十而室，四十而仕，五十爲大夫。年五十，艾矣，故大夫無幼、無冠禮，而有昏禮者，五十再娶則有之。大夫既然，諸侯可知。古者諸侯二十以前，雖繼世猶用士禮，必既冠受王命，然後得爲諸侯。至夏末，傳賢風藐，家、國、天下皆以世繼，諸侯有未冠繼立者。于是始爲諸侯冠禮，非古也。微獨諸侯，古天子適長子猶士也，其冠亦以士；未有人始生即貴爲天子、諸侯者，須有德然後爵以位。天子之子，非生即宜王，必爲士脩德，德成繼立，所以幼而冠亦士禮也。天子且然，諸侯可知。諸侯必年長有德，象先世之賢，然後命爲諸侯。方其爲世子冠，亦以士，而大夫又可知。故先王以官爵人，因德大小爲降殺。生以有德命爵，死以有德命謚。生無爵而死有謚，皆私意，今之失禮，非古也。故古者非成人有德，不得爲大夫，所以無大夫冠禮耳。

按：古無大夫冠禮，亦附會之説。禮所以獨有士者，禮莫不始于士也。明乎士禮，而大夫以上，可引而伸之；加其等，益其數，天子、諸侯皆可知矣。今謂五十爲大夫，故無大夫冠禮。天子、諸侯未聞必五十而後爲，其亦無冠禮，又何也？《玉藻》云：玄冠朱組纓，天子之冠；緇布冠繢緌，諸侯之冠。《大戴記》云：諸侯冠禮，四加玄冕。《春秋傳》云：公冠，用祼享之禮行之，金石之樂節之。此禮謂皆起于夏末乎？焉知士冠之獨始于古也？古有士，即有大夫；有士冠，即有大夫冠，而諸侯、天子所損益可知也。

儀禮節解卷一終

儀禮節解卷二

郝敬　解

士昏禮第二

士昏禮者，士娶妻之禮也。娶妻以昏爲期。日入三商謂之昏。必于昏者，陽往陰來，象男往女來也。冠者成人之始，昏者生人之始。古者冠而後昏，故《昏禮》次《冠》。

昏禮：下達。納采用鴈。主人筵于户西，西上，右几。使者玄端至。擯者出請事，入告。主人如賔服，迎于門外，再拜，賔不答拜。揖入。至于廟門，揖入。三揖，至于階，三讓。主人以賔升，西面。賔升西階，當阿，東面致命。主人阼階上北面再拜。授于楹間，南面。賔降，出。主人降，授老鴈。擯者出請。賔執鴈，請問名，主人許。賔入、授，如初禮。擯者出請，賔告事畢。入告。

昏禮，一篇總名。下達，自天子達于庶人。男女之合，莫不有禮。納采爲六禮之始，次問名，次納吉，次納徵，次請期，次親迎。施受曰納，陰陽合之義。采，擇取也。媒氏先通言，男父母使人以鴈爲贄，采擇此女也。鴈鳥隨陽，日南而南，日北而北，故昏禮用之，象婦從夫也。用鴈，用爲贄也。主人，女父也。筵，設神席也。户西，謂禰廟室户之西。以西爲上，神道尊右也。几以安神。右几，几在筵上右。昏禮特設神席，重祖考遺體，不敢專也。使，男氏使，即賓也。玄端，吉服。至，至大門外。擯，女父所使迎賓者。出請使者來事，入告于主人。凡賓不宿至，必請問所事也。主人出迎，再拜，尊陽之義也。凡爲人使者，不敢承拜，故不答也。揖入，主揖賓入大門。至廟門、升階、揖讓之節，詳見《冠禮》。阿，檐内深處。《詩》云「有卷者阿」，阿者，親附之名。東面致命，致其主采擇之命。主人東階北面拜命，亦尊陽之義也。授，授鴈于主人，當堂中兩楹柱間，神几之南也。主北面，賓南面，陽尊陰卑也。賓既授鴈，降西階，出廟門外。主人亦下東階，以所受鴈授家老。老，家臣之長。此以上，納采之儀也。主人又使擯者出請賓，將復有事也。賓別執鴈，請問女姓氏。擯入告，主人許，而後賓入，授鴈。降，出，如前。擯者又出請事，入告事畢。此問名之儀也。二禮同時俱舉，采其女，必問其名，歸而加諸卜也。先采後問，先通其意，而后敢問其名，禮之序也。

出請醴賓。賓禮辭，許。主人徹几改[一]**筵，東上；側尊甒醴于房中。主人**

〔一〕「改」，原譌作「攺」，今據《儀禮》原文及《節解》文義改。下同此。

迎〔一〕賓于廟門外，揖讓如初，升。主人北面再拜，賓西階上北面答拜。主人拂几，授校，拜送。賓以几辟，北面設于坐左句，之西階上答拜。贊者酌醴，加角柶，面葉，出于房。主人受醴，面枋柄，筵前西北面。賓拜受醴，復位。主人阼階上拜送。贊者薦脯醢。賓即筵坐，左執觶，祭脯醢，以柶祭醴三；西階上北面坐，啐醴；建柶，興；坐奠觶，遂拜。主人答拜。賓即筵，奠于薦左；降筵，北面坐取脯；主人辭。賓降，授人脯，出。主人送于門外，再拜。

此問名畢主人醴賓也。徹几改筵，謂徹去初所設神几，改席醴賓，仍在户牖間，但以東爲上，人道貴左也。側、尊、甒、醴，俱詳《冠禮》。房中，東房中。此主人再拜，專爲使者，故使者答之，異前也。几，即前所設神几，今以優賓，拂之以袂，致潔也。校，几足。以足授賓，受使也。賓以几避，不敢當也。北面設于席東，往西階上答拜，示不敢即席就几也。主人之贊者酌醴，加柶，前葉，出房授主人。主人以醴就筵前，西北面獻賓。賓就筵拜受，還西階，主人東階上拜送。贊者薦脯醢。賓就筵坐，祭畢，還西階，北面坐嘗醴，奠觶，遂拜；主人答拜。賓以觶就筵，奠于薦東，降筵前，北面跪取脯，將持歸，以復命于其主。主人辭以不腆，且示不敢勞親徹也。賓降西階，以脯授從者，遂出。

〔一〕「迎」，原譌作「拜」，今據閩本改。

主人送于大門外，賓去而再拜也。角柶、面葉、面枋、薦東，俱詳《冠禮》。建柶謂立柶，直插匙于觶中也。

按：此以下納吉諸禮，使者至，主人皆醴之，儀同。

納吉，用鴈，如納采禮。納徵，玄纁束帛、儷皮，如納吉禮。請期，用鴈。主人辭句**；賓許**句**，告期**句**，如納徵禮。**

納吉，謂問名歸卜得吉，使使告于女家也。徵，聘也。男氏使人奉幣爲質徵，以聘女也。玄，黑色，象陰；纁，赤色，象陽。皆帛也。五兩爲束。《周禮・媒氏》：「嫁子娶妻，入幣純帛無過五兩。」儷，雙也。有皮帛，故無鴈。請期，男氏既卜昏期，未敢專，請期于女氏。女氏主人辭從男，使者許辭，乃以昏期告女氏也。

按：問名而後納吉，慎重不迫，禮之序也。乃昏姻之約，自納采、問名時定矣。故昏辭曰：吾子有惠貺室，請納采。如必問名始卜，倘卜不吉，可中廢乎？故用禮通其義而已。

期句**，初昏**句**，陳三鼎于寢門外東方，北面，北上。其實：特豚，合升，去蹄**句**，舉肺、脊二**句**，祭肺二**句**；魚十有四；腊一肫**純**，髀不升。皆飪**句**。設扃鼏。設洗于阼階東南。饌于房中：醯醬二豆，菹醢四豆，兼巾之；黍稷四敦，皆蓋。大羹湇**泣**在爨。尊于室中北墉**

下，有禁；玄酒在西；綌冪，加勺，皆南枋。尊于房户之東，無玄酒。篚在南，實四爵、合巹謹。

此將昏而陳設之儀也。期，娶妻之日。三鼎，豚、魚、腊也。寢，壻所居室。北面，鼎面向北也。北上，自北陳而南，豚鼎在北也。實，鼎中實。小豕曰豚。特豚，一豕也。合升，全體解折，熟于鑊而升于鼎。去蹄，去四蹄甲。舉猶食也，手舉食之也。肺爲氣之主，脊爲體之正，食先舉之，將食先祭之。所食之肺、脊，與所祭之肺，皆升之鼎者也。皆二，夫婦各一也。魚一鼎十四尾。凡魚正數十五，如《特牲》《少牢》之魚皆十五，此少一，貴偶也。全禽之乾者曰腊，謂兎也。肫，當作「純」。一純，一雙也，《少牢》云「腊一純而鼎」是也。髀，尾骨。《内則》云「兎去尻」，故不升于鼎，而亦飪于鑊，不若豚蹄全去也。飪，熟也。扃以移鼎，鼏以覆鼎，見《冠禮》。洗，盛水以洗爵。房中，東偏間也。兼巾，六豆共一巾覆之，禦塵也。黍稷，飯也。敦，器名。皆有蓋，欲其温也。大羹湆，肉汁未和者。湆、泣通，羹沸如泣。在爨，欲其熱也。尊，設酒尊。室，寢室。東爲房，西爲室，西主陰，尤密于房也。墉，牆也。室中之尊，夫婦酌之。禁以承尊。玄酒，水也。葛之麤者曰綌，覆尊之巾曰冪。勺以取酒，南其柄，酌者自南取便也。尊于房户之東，外尊，媵、御酌之也。無玄酒，略也。篚，竹器，以實爵與巹也。巹，酒器。破一匏爲兩巹，象夫婦之合也。合實于篚中，故曰合巹。四爵、兩巹爲六，夫婦各三酳。此陳設之儀也。

主人爵弁，纁裳、緇袘移。從者畢玄端。乘墨車，從車二乘，執燭前馬。婦車亦如之，有裧襜。至于門外。主人筵于户西，西上，右几。女次，純衣，纁衻然；立于房中，南面。姆纚笄、宵衣，在其右。女從者畢袗玄，纚笄，被纇絅黼，在其後。主人玄端，迎于門外，西面再拜；賓東面答拜。主人揖入，賓執鴈從。至于廟門，揖入。三揖，至于階，三讓。主人升，西面。賓升，北面，奠鴈，再拜稽首；降，出。婦從，降自西階。主人不降送句。壻御婦車，授綏；姆辭不受。婦乘以几，姆加景，乃驅。御者代句。壻乘其車先，俟于門外。

此親迎也。主人，壻也。據男女家室而言，則男爲主人。爵弁，士服之貴者。纁，赤色。緇袘，緇衣。袘言施也，衣在上，象陽，主施也。從者，壻之從行者也。畢玄端，謂服皆玄端也。墨車，黑漆車。從車，從者所乘車。執燭先馬，炤昏行也。婦車，壻家往迎婦之車，亦「執燭前馬」也。裧、幨通，車衣也。門外，婦家門外。主人，女父也。筵于户西，西上，右几，設神位于禰廟也。女，即出嫁之女。次，首飾，《周禮·追師》「爲次」，今髲鬐也。純衣，絲衣，錦屬。衻，裳也，字與「襜」通，《詩》云「終朝采緑〔一〕，不盈一襜」，今裙也。立于房中，婦人所有事也。南面，向陽也。姆，乳母。纚，黑繒裹髮也。

〔一〕「緑」，當作「藍」。《毛詩·采緑》：「終朝采緑，不盈一匊。予髮曲局，薄言歸沐。終朝采藍，不盈一襜。」

笄，加簪以縚髻也。宵衣，黑色衣。女子宵衣，猶男子玄端。宵，小也。列采爲夏，全黑爲宵，猶俗謂青衣爲小衣也。在其右，在女右，詔婦禮也。女從者，姪娣之從嫁者。畢袗玄，解見《冠禮》。被，猶著也。潁、絅通，麻布襌衣。白黑雜文曰黼。在其後，隨女後也。主人，女父。賓，謂壻。女父拜迎，壻答拜。女父先入，壻執鴈從。入廟，女父先升東階，壻隨升西階。女父西面立，壻北面奠鴈于地，再拜稽首，叩地盡禮也。主人不答拜，彼有所迎之致敬盡禮者，非專爲主人，故不答也。彼有所爲主而從之行者，故主人升則導，降則不送也。升車之索曰綏。尊者升車，僕人授綏。壻親授婦綏，敬之也。姆代爲婦辭，示不敢受，婦履几以升也。景、褧通，明衣也，《詩》云「衣錦褧衣」。古婦人盛服，必尚以明衣，《中庸》謂「惡其文之著」，《周禮・内司服》謂之「素紗」者也。驅，壻驅婦車。既行，然後僕代。壻自乘其車先歸，大門外俟婦也。

按：《周禮・春官・巾車》：「大夫乘墨車，士乘棧車。」今士親迎，亦墨車，則此禮通士以上，皆可知也。鄭以「墨車」「爵弁」爲「攝盛」，鑿也。又謂袡與衻皆緣飾。言裳不及衣，而言裳之緣；言衣不及裳，而言衣之緣，文義未似。又謂「宵衣」猶《詩》云「朱綃」。新婦衣纁，老婦被繡，未見其稱。女氏主人玄端，壻從者亦皆玄端，豈僕從與婦翁同服？然則禮所謂「玄端」可知也。凡吉事皆玄，凡禮服皆端。主人玄衣裳固謂端，僕從玄色禮衣，亦謂之端。如鄭謂玄端必緇帶、爵韠然後可，則壻之從者盡緇帶、爵韠乎？納采、問名，女父亟拜，使者不答，崇陽抑陰，以明夫婦之分也。壻親迎，再拜稽首，女父亦不答，使男女自爲將送，所以伸女父之尊也。壻迎婦必再拜稽首，所謂「男下女」也。

壻拜于西階，然後女出于東房〔一〕，所謂「不致敬盡禮，不得亟見」。貞女自重與賢士自守，君臣之義，夫婦之别，其初不苟合如此。讀禮者達其義，則禮無不行，故曰「義以爲質」。「禮所尊，尊其義」，此也。

婦至，主人揖婦以入。及寢門，揖入，升自西階。媵布席于奥。夫入于室，即席句；婦尊西，南面句；媵、御沃盥交句。贊者徹尊冪句。舉者盥句，出，除鼏，舉鼎入，陳于阼階南，西面，北上。匕、俎從設句，北面載句，執而俟句。匕者逆退，復位于門東，北面，西上。贊者設醬于席前，菹醢在其北。俎入，設于豆東；魚次腊，特于俎北。贊設黍于醬東，稷在其東；設湆于醬南。設對醬于東，菹醢在其南，北上。設黍于腊北，其西稷。設湆于醬北。御布對席，贊啓會，卻于敦南，對敦于北。贊告具。揖婦即對筵，皆坐；皆祭，祭薦、黍、稷、肺。贊爾黍〔二〕，授肺、脊；皆食，以湆、醬，皆祭舉、食舉也。三飯，

〔一〕「東房」，原作「東方」，今據文義改。按：上經云女「立于房中」，即指東房而言，此時則出東房也。雖「東方」似亦無不可，然究以「東房」於義爲長，故敢改之。

〔二〕「黍」下原有「稷」字，今據閩本删。按：注内云「贊爲移黍就近」，知其所據經文必無「稷」字，蓋手民誤衍耳。

卒食。贊洗爵，酌酳主人，主人拜受，贊户内北面答拜。酳婦亦如之。皆祭。贊以肝從，皆振祭，嚌肝，皆實于菹豆。卒爵，皆拜。贊答拜，受爵。再酳如初，無從句；三酳用巹，亦如之。贊洗爵，酌于户外尊句，入户句，西北面奠爵拜；皆答拜。坐祭，卒爵拜；皆答拜。興。主人出，婦復位。乃徹于房中，如設于室句；尊否句。主人説脱服于房，媵受；婦説脱服于室，御受，姆授巾。御衽于奥，媵衽良席在東，皆有枕，北止。主人入，親説婦之纓。燭出。媵餕主人之餘，御餕婦餘，贊酌外尊酳之。媵侍于户外，呼則聞。

此婦至成昏之儀。主人，謂壻也。導婦升由西階，父在子不由阼也。媵，女從者，入室布壻席于西南牖下。媵布席，入室則婦爲主也。夫先入室，就奥間席上，東面。婦入，立于尊西，南面。尊在室北墉下，婦立當西北隅也。西北爲乾，西南爲坤，婦乾夫坤，交泰之象也。御，夫從者也。沃，酌水也。盥，洗手也。夫婦將飲食，先盥手。御進夫盥，媵爲沃；媵進婦盥，御爲沃，故曰「交」。贊，相禮者，徹去覆尊之巾。舉鼎之人將舉鼎，先盥手于阼階東南洗中。鼏，鼎蓋也。出寢門外，去鼎蓋，以鼎入陳東階，西向，豚、魚、腊〔一〕以次自北而南。匕以出鼎實，俎以載鼎實也。執匕、俎者，各從其鼎入設，北面阼階，取實載于俎，執匕俟室中設豆，乃以俎入。三鼎，匕三人序進，比退，則後

〔一〕「魚、腊」，原倒作「腊、魚」，今據文義乙正。按：魚尊於腊，不當次腊後，顯然誤倒。

者先出便，故曰「逆退」也。復位，始陳鼎門外東方北面之位也。西上，北面以西爲上也。贊者先設醬，醬爲味主也。席，謂夫奥間席東向者也。席前，坐席前，筵間也。《玉藻》云：「食坐盡前。」設食不于坐席。菹醢在醬北。豆，謂菹醢也。豆既陳，俎入，設于豆東，在豆之外也。腊在菹東；魚在醢東，次腊；豚在魚北特設，無豆并也。黍設于醬外，稷又設于黍外，漸東也。羹汁在醬南。此設夫席也。對醬，謂婦對席之醬。東，東席西向者也。夫席在西，婦席在東，西席醬在南，則東席醬在北，故曰「對醬」也。菹醢在醬南，以北爲上，醬在菹醢北，所以尊醬也。黍在腊北，當醬之西。黍西爲稷，在黍外也。湇設醬北，西席湇在南，東席湇在北也。〔一〕饌陳坐席前。夫饌，媵先布坐席，夫立席上而後設饌。婦則贊先設饌，御後布坐席，婦猶立北墉下也。贊設饌畢，開黍稷敦蓋。會，蓋也。卻，仰置也。夫席置會敦南，婦席置會敦北。贊告具備。壻乃揖婦就東席對坐，夫婦皆祭菹、醢、黍、稷、肺。贊爲移黍就近。爾、邇通，近也。又爲授俎間肺、脊。夫婦皆食黍，啜湇、醬，祭則同祭，食則同食也。祭舉，即前所設「祭肺二」。食舉，即前所設「舉肺、脊二」。祭之而後食之也。三飯，三舉食。卒食，飯畢也。酌，酌内尊。酳言胤，繼也。既飯，酌酒繼之，慇懃接續也。三酳皆贊者，男女初遇，代爲獻酢，作之合也。户内，室户内。祭，祭酒也。肝從，以肝從獻。振，以手揮振使净潔，如「振幣」之「振」。後凡言「振祭」倣此。嚌，嘗也。所嚌之餘，以實于盛菹之豆。再酳無從，無從獻也。三

〔一〕「西席湇在南，東席湇在北也」，原作「西席湇在北，東席湇在南也」，今據文義改。

酳用巹，不用爵也。巹，解見前。三酳始用巹，三接始合也。亦如之，亦無從獻也。贊洗爵，將自酢也。夫婦不酢，贊自酢，亦以作之合也。酌户外尊，不敢參内尊也。入户，入室户。西北面拜，兼拜兩席也。皆答拜，夫婦答也。同牢畢，夫出室，婦復西北隅之位。乃徹饌，移于東房，如設于室之儀。唯尊不徹，房有外尊也。説、脱同。夫婦皆脱禮服也。巾，帨也，婦所以自爲潔。姆授，授婦也。衽，卧席。御爲婦設衽于奥，媵爲夫設衽于奥東，同奥而有東西，變于坐席，示交也。良，良人。至是始成夫婦焉，稱良，戚之也。止、趾同。北止，趾向北，首向陽也。主人入室，親脱婦纓。纓，組屬，婦所以自斂飭也。燭出，晦息也。餕，食餘也。媵餕夫之餘，御餕婦之餘，交勞也。贊酌户外尊酳之，如室禮也。媵侍于户外，寢室户外也。呼，謂有事召呼。呼則聞，釋所以「侍于户外」之義。

按：自親迎以至同牢燭出，夫婦初見，竟無一拜，何以明禮？是書所言，詳處太瑣，略處太疎，故知非古之舊矣。鄭釋「媵、御沃盥交」，謂「夫婦始接，情有廉恥，媵、御交道其志」，此言非也。男女之際，不患不接，患其狎邪無禮。始接而媵、御、贊者周旋其間，正導之以禮，何謂有廉恥而反交道之？惡俗因緣此意，媟嫚百出矣。匕者「復位于門東，北面」，即初陳鼎門外東方北面，鄭謂「至此乃著其位，略賤」，鑿也。凡既飯繼以酒曰酳。酳者，胤也，繼也。鄭謂酳爲演，以漱口安食，迂也。《曲禮》曰「女子許嫁，纓」，言既許嫁則成人，衣服佩纓，自斂飭也。鄭謂示有所繫屬，主人所以入脱婦纓，附會之説也。

夙興，婦沐浴，纚笄、宵衣以俟見。質明，贊見婦于舅姑。席于阼，舅即席；席于房外，南面，姑即席。婦執笲卞棗栗，自門入，升自西階；進拜，奠于席。舅坐撫之，興，答拜。婦還，又拜。降階，受笲腶脩，升；進，北面拜；奠于席。姑坐舉以興，拜，授人。贊醴婦。席于户牖間，側尊甒醴于房中。婦疑立于席西。贊者酌醴，加柶，面枋柄，出房，席前北面。婦東面拜受，贊西階上北面拜送，婦又拜。薦脯醢。婦升席，左執觶，右祭脯醢，以柶祭醴三；降席，東面坐，啐醴，建柶，興拜。贊答拜。婦又拜。奠于薦東；北面坐取脯；降，出，授人于門外。

此婦初見于舅姑也。夙興，昏之明日早起也。沐浴，潔敬之至也。纚笄，脱次也。宵衣，解見前。不敢純衣、纁袡，降如姆服，卸靡麗，示執役也。俟，俟于舅姑寢門外。質明，正明。贊見，贊者以婦入見也。舅席在阼，示爲主也。姑席在東房户外南面，爲内主也。即席，立于席上。笲，竹盤，盛棗栗爲贄也。門，舅姑之寢門。自門入，不敢由便户也。升自西階，不敢由阼也。手捧贄，進至舅席前，東面立拜。古婦人拜不著地，故執贄拜而後奠于席。奠贄者，不敢親授，見尊者之禮也。舅坐以手撫摩棗栗，示受也，起而後答拜。婦退席前，還向席立拜。此見舅之儀也。婦降西階，取笲所盛腶脩，升，進至房户外姑之席前，北面向姑立拜，乃奠腶脩于席。姑坐舉笲起答拜，亦立拜也，乃以腶脩授執事者收之。不言「又拜」者，婦人相與拜皆立，無俠拜也。見畢，舅姑使贊代爲賓以醴婦，亦猶冠之醴子，嘉其成也。用醴，貴初也。設婦席于室户牖間，客位也。疑立，立不安貌，敬之至也。冠賓醴子，南面受觶，此東面受者，舅與姑在東，故向之而拜也。贊西階上北面拜送觶，如賓也。婦又拜，贊者男子，故婦俠拜也。

按：新婦見舅姑，不敢盛服，此禮甚善。宵、小通，説見前。首去次，故身著微服，示執役卑賤也。凡禮用醴貴初質，真率之意。設醴言「醴」，猶設尊言「尊」也。鄭于「醴子」「醴婦」輒變作「禮」，非也。「婦疑立于席西」，以舅在阼，姑在房外南面，已不敢并立，常以身邪向舅姑，曰疑，即《士相見禮》「不疑君」之「疑」。鄭謂「疑者，正立自定之貌」，亦非也。醴，贊用男子，故新婦俠拜。男女不親授受，今使男子酌新婦，而禮文不言用何等男子。婦見父母，而其子不以婦入，于禮似闕。《少儀》云「婦人吉事，雖君賜，肅拜」，言婦人無坐拜也。故新婦手棗栗、腶脩，拜而后奠。若男子坐拜，必先奠后拜，誠有如《少儀》所云者矣。然以新婦拜舅立，而使其舅坐拜答之，于禮未當。且舅姑死，廟見，婦拜扱地，今舅姑生，拜不當扱地邪？鄭注皆未分曉。

舅姑入于室，婦盥饋。特豚，合升，側載，無魚、腊，無稷。并南上。其他如取女禮。婦贊成祭，卒食，一酳，無從。席于北墉下。婦徹，設席前如初，西上。婦餕句，舅辭易醬句，婦餕姑之饌，御贊祭豆、黍、肺，舉肺、脊句，乃食，卒。姑酳之，婦拜受，姑拜送。坐祭，卒爵；姑受，奠之。婦徹于房中，媵、御餕句，姑酳之，雖無娣句，媵先句。於是與始飯之錯。

此婦始饋舅姑也。婦人之禮，孝養舅姑，故始至有饋。舅姑既醴婦，入室。婦將致饋，先自盥其手。特豚、合升，解見前。側，獨也。側載猶「側尊」，謂俎載獨豚肉，無魚與腊也。無稷，獨黍也。并南上，舅姑并席于奥，東向坐，與饌皆自南而北也。其他陳設皆如同牢之禮。婦贊，謂舅姑將食而祭，則婦爲贊以成禮也。三飯既畢，婦酳酒一酳，不三也。無從，無肝從獻。此以上，饋舅姑之禮畢，婦餕舅姑之餘，乃布席室中北墉下。婦親徹饌，移設于北墉席前，如初設之禮，但以西爲上，饌皆自西而東，上舅姑也。婦先餕舅之饌，舅尊也。舅辭易醬，示別也，託謂醬己食餘，使更也。于是婦乃餕姑之饌，從類也。御，男侍者。贊祭，助婦祭也。豆中之黍與切肺，俎上之舉肺與脊，皆御贊之以祭也。既祭，乃食，三飯畢；姑酌酒酳婦，婦拜受，姑亦拜送，敬其初也。婦跪祭，卒爵；姑受爵，奠之。此婦餕舅姑餘之禮也。婦既餕，而后媵、御餕。婦自徹饌，出布于房中。媵與御餕，姑亦酳之，以媵初至也。妾從嫁曰媵。女弟嫂者曰娣。諸侯夫人有二媵：長曰娣，次曰姪。大夫、士妻，或有姪無娣，爲媵同也。有娣則當先御食，無娣獨姪亦媵也，亦當先御食。媵既餕，於是御乃與食，如始同牢交錯，媵餕舅餘、御餕姑餘也。始飯，謂昨夕同牢燭出，媵、御餕也。同牢不言「媵先」者，在婦室則媵、御皆從主，在舅姑室則媵初至，有客禮也。

按：鄭謂「側載」爲「右胖載舅俎，左胖載姑俎」，非也，禮文凡「側」皆訓獨。又謂「始飯」

之「始」作「姑」，亦非也。士禮而言「無娣」，槩士以上可知也。

舅姑共饗婦以一獻之禮。舅洗于南洗，姑洗于北洗，奠酬。舅姑先降自西階，婦降自阼階。歸婦俎于婦氏人句**。舅饗送者以一獻之禮，酬以束錦。姑饗婦人送者，酬以束錦。若異邦，則贈丈夫送者以束錦。**

此舅姑饗婦與饗送者之禮。既受饋而遂饗婦，同日嗣舉也。一獻之禮，謂主人獻賓，賓酢主人，主人又酌自飲，復酌以酬賓，賓奠爵，禮遂終。舅姑共成一獻也。不言牲饌，文省也。有歸俎，亦特豚也。南洗設于堂下。北洗設于堂上之北，婦人洗不下堂也。奠酬，酬畢奠爵也。舅姑先降自西階，婦降自主階，舅姑以客自處，以主授新婦，示代己也。歸俎，舅姑使人以饗婦之俎送婦歸。尊前卑名，故稱氏也。人，婦從者。此以上饗婦之禮也。送者，女父母所遣送女者也。男子送者，舅饗之酬之。婦人送者，姑饗之酬之。若女自他邦來嫁，婦人送者不踰境，丈夫送者贈之如前禮，而饗可知。

按：舅姑于新婦，既醴之，又從而饗之。醴以成昏之終，饗以成婦之始。成終者，明其既爲婦；成始者，明其將爲代也。

若舅姑既没，則婦入三月，乃奠菜。席于廟奥，東面，右几。席于北方，南面。祝盥，

婦盥于門外。婦執笲菜，祝帥婦以入。祝告，稱婦之姓，曰：「某氏來婦，敢奠嘉菜于皇舅某子。」婦拜扱插地，坐奠菜于几東席上；還，又拜如初。婦降堂，取笲菜，入；祝曰：「某氏來婦，敢告于皇姑某氏。」奠菜于席，如初禮。婦出，祝闔牖户。老醴婦于房中，南面，如舅姑醴婦之禮。壻饗婦送者丈夫、婦人，如舅姑饗禮。

此舅姑既没，婦廟見之禮。必三月者，宗廟之祭，三月一舉，祭則主婦助獻，故先見而後祭也。席于廟，設席于禰廟。室西南隅曰奥。右几，設几于席南安神。此舅席也。席于北方，南面，無几，姑席也。祝主贊辭，巫屬。祝將帥婦入，皆盥于廟門外，象生時沐浴而後見也。菜，荇藻之類。皇，大也，尊稱。某子，字若謚號也。婦拜扱地，猶男拜頓首伏地也。古婦人拜不坐，惟爲喪主拜稽顙。此言「拜扱地」，異于常拜，哀敬之至也。扱、插同，即《曲禮》以箕扱地之「扱」，俯伏之狀。奠菜于几東席上，席中几北也。還，回身向席也。又拜，如舅存見之儀。如初，亦扱地。此見舅之禮也。降堂，自室降也。由堂下階曰降，由室出堂亦曰降。如初禮，如見舅禮。此見姑之儀也。祝闔牖户，鬼神尚幽，無事則閉之。老，家臣之長。醴婦如舅姑存，達神意也。不于阼階、房户右，無以爲主也。饗丈夫、婦人送者，皆如舅姑存之禮也。

按：三月廟見，以夫婦共爲祭主，非以三月爲限也。苟未三月而及祭期，婦可以不與于祭乎？與于祭，可以不先見乎？醴婦雖待三月廟見，饗送者昏畢壻即饗之矣，説者謂亦三月後，拘也。

記○士昏禮，凡行事必用昏昕句**，受諸禰廟，辭無「不腆」，無「辱」。摯不用死，皮帛必可制。腊必用鮮，魚用鮒，必殽全。**

此以下雜記昏禮，補前文之未備者。凡行事，謂行六禮之事。莫曰昏，晨曰昕。親迎用昏，納采、問名、納吉、納徵、請期皆用昕。昕，陽始也；昏，陰終也。父廟曰禰。男娶女嫁，六禮皆受命于禰廟，重親之胤也。辭，謂六禮相通之辭，不稱「不腆」，不稱「辱」。腆，厚也。辱，汙也。以物贈人，自稱「不腆」，謙言薄也。賔至，主人稱「辱」，謙己汙也。男女匹合，不得言薄言汙，示誠信也。摯，謂鴈，必用生。儷皮、束帛，用可爲衣物者。同牢、醴、饗，用腊必新乾者。鮒，鯽魚。性相依附曰鮒。殽用全，牲體備也。

按：「辭無『不腆』，無『辱』」，惟自六禮言耳。如壻三月後見婦父，亦稱「辱」矣。鄭遂以「不謝來辱」解，恐非。

女子許嫁，笄而醴之，稱字。

女子年十五以上，十九以下，皆得許嫁。既許，則加笄而後嫁。笄則父母醴之，字之，亦若男子之冠也。

祖廟未毀，教于公宫，三月。若祖廟已毀，則教于宗室。

宗法，五世共高祖者，相爲緦麻，六世則親盡而高祖之主遷，其廟毁，其子姓兄弟不相爲服，則疏矣。如族人女在同高祖五世内，適子雖貴爲公侯，族人士之女將嫁，必引置宫中，教以婦德、婦言、婦容、婦功，三月而後嫁。若在五世外，不與諸侯同高祖，則各于大宗家教之。大宗，諸侯庶子始封爲大夫者，族人始祖也。大宗之子，世爲大宗，其廟百世不毁，子姓世世宗之，故族人士女，皆教于其家也。

按：此禮今難行。

問名：主人受鴈，還，西面對句**：賓受命乃降。祭醴，始扱一祭，又扱再祭。賓右取脯，左奉之；乃歸，執以反命。納徵：執皮，攝之，内文；兼執足，左首；隨入，西上；參分庭一，在南。賓致命，釋外足，見文。主人受幣，士受皮者自東出于後，自左受，遂坐攝皮，逆退，適東壁。**

前言問名，未言主人對賓，故于此詳之。主人于楹間受鴈，還，阼階西面，乃以女名對，賓受命降。祭醴，謂主人醴賓，賓以醴祭也。扱，以柶插取醴也。始扱一祭，再扱分二祭，禮成于三。祭雖三而扱惟再也。賓降筵，以右手取脯，左手奉之以歸，復命于男父也。納徵用儷皮、束帛，帛則賓自將，皮則從者執之，兩皮用兩人。攝，兼也。曲其中，以兩手兼執四足，毛文向内，防損傷也。左手攝前兩足，右手攝後兩足，皮首向左，如執生禽然，《曲禮》云「執禽者左首」，是也。兩人相隨入，不并行，恐礙户也。執皮立于庭，以西爲上，北向西爲左也。參分其庭之深，立處當北二分、南一分之間，蓋中庭稍南也。堂前曰庭。賓奉束帛致命堂上，則庭中執皮者手釋外兩足，見其毛文。主人于堂上受帛，則主人之士受皮，自庭東出執皮者之後，前一人受西，次一人過受東。執者既釋外足，以内兩足授之，受者坐而攝其四足，執以逆退，歸東壁。先受者後行，故曰「逆退」也。東壁，猶《冠禮》之「東壁」，廟中東側室也。

父醴女而俟迎者，母南面于房外。女出于母左，父西面戒之，必有正焉，若衣若笄。母戒諸西階上，不降。婦乘以几，從者二人坐持几，相對。

親迎之日，父設醴以禮其女于房中，而俟壻親迎至。母出房户外，南面立。女出于母左，父在阼，西面戒之。正，整也。爲整其衣若笄，教以正也。婦登車用几，從者二人相對持几，防傾也。

婦入寢門，贊者徹尊冪，酌玄酒，三屬于尊，棄餘水于堂下階間，加勺。

婦至，贊者始啓玄酒尊之冪，外取玄酒，注于尊者三。玄酒，水也，水色玄。屬，猶注也。酒始于水，古人不忘初。用醴必以水涚之。水貴新，昏禮尚新，故尊先設，注水于臨事。酌成于三，故三屬。棄餘水，不以他用褻也。于堂下階間，即行禮之處也。加勺待酌，同牢之用也。

笲句，緇被纁裏，加于橋。舅答拜，宰徹笲句。婦席句，薦饌于房。饗婦，姑薦焉。婦洗在北堂，直室東隅；篚在東句，北面盥。婦酢舅句，更爵句，自薦句；不敢辭洗，舅降則辟于房；不敢拜洗。凡婦人相饗，無降。婦入三月，然後祭行。庶婦則使人醮之。婦不饋。

笲，以盛摯見舅姑者也。被以覆摯。緇爲表，纁爲裏。橋，笲蓋曲起如橋，以被覆其上，奉以進。《曲禮》「奉席如橋衡」，《聘禮》「勞以二竹簋[一]方，玄被纁裏，有蓋；其實棗、栗」，與此同。宰，家臣之長。前言舅撫摯耳，此記宰收之也。婦席，婦設饋舅姑之席。薦，俎豆之屬。饌，陳設也。先設于房中，而後薦于室。《公食大夫禮》亦云：「凡宰夫之具，饌于東房。」舅姑饗婦，姑薦脯醢，獻爵則舅也。婦將酢舅姑，洗爵在北堂，與姑共洗。室在堂北，洗在室户外東南隅，房户之西。室外即堂，故曰北堂。篚以盛爵，在洗之東。婦酢舅，更爵，不敢用舅獻己之爵，爲己飲而褻也。脯醢自薦，不敢使人代也。舅姑將獻婦，洗爵，婦不敢辭。舅降往洗，婦不敢降，但避之房中；舅既洗，婦亦不敢拜謝。蓋降階從洗，升堂拜洗，賓主之禮，婦不敢當賓也。凡婦人相饗，禮無下堂洗，篚俱陳堂上，故無降。婦入三月，然後祭行，申明所以三月廟見之故。四時之祭，三月一舉也。庶子之婦，醮之以酒，

〔一〕「簋」，據本書卷八《聘禮》經文當作「筥」，此或引用之際，徑從所參考之本而作「簋」歟？

舅姑不親醴也。婦亦不盥饋，養統于適也。

按：槗制無深義，鄭云「未聞」，又以「婦席薦」爲句，謂舅姑「醴婦，饗婦之席、薦」，非也。醴婦之席，不在房中。尊于房，則饌可知，何必再記？本爲新婦之饋自外來，明其停止之處耳。房與室接，皆在堂北，室居中而房在東。鄭往往以房室混言，由未達古人之制也。

昏辭曰：「吾子有惠，貺室某也。某有先人之禮，使某也請納采。」對曰：「某之子惷愚，又弗能教。吾子命之，某不敢辭。」致命曰：「敢納采。」問名曰：「某既受命，將加諸卜，敢請女爲誰氏？」對曰：「吾子有命，且以備數而擇之，某不敢辭。」醴曰：「子爲事故，至於某之室。某有先人之禮，請醴從者。」對曰：「某既得將事矣，敢辭句。」「先人之禮，敢固以請句。」「某辭不得命，敢不從也？」納吉曰：「吾子有貺命，某加諸卜，占曰『吉』，使某也敢告。」對曰：「某之子不教，唯恐弗堪。子有吉，我與去聲在句。某不敢辭。」納徵曰：「吾子有嘉命，貺室某也。某有先人之禮，儷皮束帛，使某也請納徵。」致命曰：「某敢納徵。」對曰：「吾子順先典，貺某重禮，某不敢辭，敢不承命？」請期曰：「吾子有賜命，某既申受命矣。惟是三族之不虞，使某也請吉日。」對曰：「某既前受命矣，唯命是聽。」曰：「某命某聽命于吾子。」對曰：「某固惟命是聽。」使者曰：「某使某受命，吾子不許，某敢不告期？」曰「某日」。對曰：「某敢不敬須？」

凡使者歸，反命，曰：「某既得將事矣，敢以禮告。」主人曰：「聞命矣。」

昏辭，昏禮使者將命與擯傳主人之辭。吾子，使者稱女父也。貺，賜也。男以女爲室。某，壻名也。某有先人之禮，謂壻父有先世舊禮。禮必稱先，不忘初也。使某，使者自名。此門外告擯者之辭。對，謂擯入告主人，受命出對使者之辭。下倣此。某之子，女父自稱己女也。致命，使者入，升堂，致其主之命于女父。下倣此。醴，謂使者問名畢出，擯請獻醴也。使者辭，擯再請，使者乃許。「子有吉，我與在」者，言男氏得吉，女氏同吉也。既申受命，謂自納采以來，重受女父之命也。三族，謂父昆弟、己昆弟、子昆弟。不虞，意外不測也。三族有死喪不測，則不可以昏。惟此一時無虞，其期吉也。既前受命，謂前此皆聽男氏之命，今亦聽命也。女父再辭，使者乃以男氏所卜期告之。凡使者致六禮歸，反命于主人，必言己奉命而往，得成事而歸。凡在彼交際之儀，酬答之辭，饗勞之物，皆以告于主人也。

按：古人行禮，信以成之，非爲口給應對耳。有恭敬辭讓之心，則信由衷出，無所因襲，而語必中度。凡禮辭，撰葺以訓蒙士，非典要也。苟誦習陳言，實意不副，心口相違，所謂「鸚鵡能言」「忠信之薄」，烏可與行禮乎？

父醮子，命之，辭曰：「往迎爾相，承我宗事。勗帥以敬先妣之嗣，若則有常。」子曰：「諾。唯恐弗堪，不敢忘命。」賓〔一〕至，擯者請，對曰：「吾子命某，以兹初昏，使某將，請承命。」對曰：「某固敬具以須。」父送女，命之曰：「戒之敬之，夙夜毋違命！」母施衿結帨，曰：「勉之敬之，夙夜無違宫事！」庶母及門内，施鞶，申之以父母之命，命之曰：「敬恭聽句，宗爾父母之言。夙夜無愆，視諸衿鞶！」壻授綏，姆辭曰：「未教，不足與爲禮也。」

此父命子親迎之辭。凡子親迎，父命也。醮，謂以酒醮之，解見《冠禮》。子親迎，父先以酒食告于禰而醮其子。爾相，謂婦也。婦，相夫者也。宗事，宗祀之事。勗，勉也。帥、率同。先妣，祖母也。嗣，繼也。若，順也。則，法也。有常，不變也。賔至，壻至也。擯，主人使迎壻者。請，請所事。吾子，謂婦父。命某，命壻父也。使某，壻自稱父使己也。將，行也。某敬具以須，婦父敬備以待也。衿、紟通，即帨也。帨，紟之垂者。予之紟而結其帨，以誌不忘，猶書紳、佩弦韋之意。宫事，内政也。庶母，父妾也。鞶，大帶也，男子以革，婦人以絲；或曰囊也，即《内則》所謂「鞶袠」。宗爾父母，謂尊奉父母之命。常視衿鞶，則省記也。

〔一〕「賓」，原譌作「擯」，今據閩本改。按：注内複述經文作「賓」不誤。

宗子無父句，母命之；親皆没，己躳命之。支子，則稱其宗。弟，則稱其兄。若不親迎，則婦入三月，然後壻見，曰：「某以得爲外昏姻，請覿。」主人對曰：「某以得爲外昏姻之數，某之子未得濯溉於祭祀，是以未敢見。今吾子辱句，請吾子之就宫，某將走見。」對曰：「某以非他故，不足以辱命，請終賜見。」對曰：「某以得爲昏姻之故，不敢固辭，敢不從！」主人出門左，西面。壻入門，東面，奠摯，再拜，出。擯者以摯出，請受。壻禮辭，許句，受摯，入。主人再拜受；壻再拜送句，出見主婦。主婦闔扉，立于其内。壻立于門外，東面。主婦一拜，壻答再拜，主婦又拜，壻出。主人請醴，及揖讓入，醴以一獻之禮。主婦薦，奠酬，無幣。壻出，主人送，再拜。

此孤子不親迎之禮。凡昏禮，皆父命親迎，則父醮子而遣之。宗子，嫡長子。父没，則母命之。父母皆没，則子不親迎，而躳命使往迎之。支子，庶子。支子無父母者，六禮皆以適子命遣使。若弟遣使，則稱兄命。既不親迎，壻亦不得遂往見婦父母，俟三月婦廟見，壻乃往。女氏曰昏，壻氏曰姻，謙言「外」者，異于内也。面見曰覿。壻以辭告擯者，擯者以主人意對。某之子，主人自謂其女。辱，猶枉也。就宫，就舘舍。某以非他故，壻言己不同賓客，不足枉婦翁就見也。主人出門、壻入門，皆大門也。主人以迎賓之禮出，壻不敢當，先入門内，東面，奠摯，再拜，如父子禮，不敢親授也。主人不答拜，示不敢受也。壻奠贄再拜即出，將往見主婦也。擯者復以贄出門，請壻受，改行賓禮也。壻一辭而許之，遂以贄入。主人乃再拜受贄，壻再拜送贄，然後乃出見主婦。門扇曰扉。闔扉，合一扇也。合左扉，立于内，遠別也。壻立門外，東面，主婦在東扉也。主婦先一拜，禮尊陽也。壻再拜，主婦又拜，俠拜也。壻出，既見主婦出也。及，主人及壻也。主婦薦，薦豆也。奠酬，謂一獻畢奠爵也。無幣，殺于賓也。凡醴賓，皆有幣。

按：「宗子」以下，論孤子無父母者不得親迎之禮。或謂止五禮遣使，親迎不廢，非也。蓋娶妻本父母之命，不告而娶之謂不孝。父母亡而遣使納采、問名，猶不忍直行，况親迎，誰適爲主乎？親迎則男往見女父母，而婦來不得即見舅姑，所以必俟妻廟見，然後壻可往也。此謂爲古禮未可知，據文義當然耳。記云昏辭「無『辱』」，而主人辭壻又云「吾子辱」，是亦自背其説也。雖在六禮之外，而婦翁未見，猶是昏辭，不宜異同，故鄭以「不謝辱」爲解。其實禮文湊輯，記言參伍，難盡求合也。

儀禮節解卷二終〔一〕

〔一〕「儀禮節解卷二終」，此行原在書葉闕損處，今據《續修》本、《存目》本補。

儀禮節解卷三

郝敬　解

士相見禮第三

士相見禮，士君子初相接之禮也。古之君子，論行而結交，行苟同矣，未遽合也。必有介以相見，有辭以相命，有摯以相將，有儀以相敬，然後無苟合，而免失身之悔。無禮而接，其交不固。獨舉士者，分卑莫如士，守禮莫如士。春秋時孔子不見楊貨〔一〕，七國時孟子不見諸侯，皆以其無相見之禮也。

士相見之禮：摯，冬用雉，夏用腒。左頭奉之，曰：「某也願見，無由達。某子以命命某見。」主人對曰：「某子命某見句，吾子有辱句。請吾子之就家也，某將走見。」賓對曰：「某不足以辱命，請終賜見。」主人對曰：「某不敢爲儀，固請吾子之就家也，某將走見。」賓對曰：「某不敢爲儀，固以請。」主人對曰：「某也固辭，不得命，將

〔一〕「楊貨」，即指陽貨，《禮記通解》卷一四郝注亦有稱「楊貨」者，知其原稿當如此，今仍之。

走見。聞吾子稱摯，敢辭摯。」賓對曰：「某不以摯，不敢見。」主人對曰：「某不足以習禮，敢固辭。」賓對曰：「某也不依於摯，不敢見，固以請。」主人對曰：「某也固辭，不得命，敢不敬從！」出迎于門外，再拜。賓答再拜。主人揖，入門右。賓奉摯，入門左。主人再拜受，賓再拜送摯，出。主人請見，賓反見，退。主人送于門外，再拜。

摯，至也。見尊者，無由達，因物自至也。士用雉，象文明在野也。腒，乾雉也。執禽以頭向左。「曰某也」以下，賓與主人擯者相對之辭。主人使擯請事于門外，賓告以求見之意。某子，指所先容之人。賓先有人道意于主人，主人許，因以主人之命命賓來見。蓋賓之謙辭，明不敢徑見也。主人對，擯者傳主人意以對賓也。下倣此。某子，亦謂先容之人。命某見，命己往見。不敢爲儀，言己真欲就見，非爲虛文也。此以上，擯傳主人之命辭賓，而賓再三請見也。將走見，言將奔走就見。稱摯，舉摯也。不足以習禮，謙己不足當隆禮也。不依摯，謙己卑賤，因摯乃敢見也。此以上，主人辭摯，賓再請稱摯也。禮隆意篤，情至辭恭，故主人乃許見。入門，入大門。主人入大門右，賓入大門左，以東爲右，西爲左也。摯則東西訝授于門內，拜則東西相向也。出，謂見畢賓出。既出，主人又請見，賓反見，主人畱仲款曲也。退，反見畢退也。

按：禮辭，即行禮之心。辭讓之心，人皆有之。作者以是道人心所本有，達其恭敬之意云爾。苟徒依倣其辭，無其心，是相習爲僞耳。故曰：「非禮之禮，大人弗爲。」其人可與，何必三辭？不可，雖謬爲恭敬，終弗屑也。賔五請，然後一見；見又于大門内，不歷階，不升堂，不交一語，輒出；既出，又請見，賔又反見。始何其難，而終何其亟也！鄭謂爲將與燕，然則始入不延之堂室，俟其出而后召之，此類煩複，于人情未可强通。大抵此節之儀，春秋戰國以來，士之抗節者，公、卿、大夫造門請見，其辭如此。苟士見于士，無貴爲此矣。

主人復見之，以其摯，曰："嚮者吾子辱，使某見。請還摯於將命者。"主人對曰："某也既得見矣，敢辭。"賔對曰："某也非敢求見，請還摯於將命者。"主人對曰："某也既得見矣，敢固辭。"賔對曰："某不敢以聞，固以請於將命者。"主人對曰："某也固辭，不得命，敢不從？"賔奉摯入。主人再拜受，賔再拜送摯，出。主人送于門外，再拜。

此報見之儀。以其摯，即以賔初來見雉、腒爲摯。"曰嚮者"以下，擯者請事相告之辭。言向者吾子枉辱，使我得見子，今者之來，以原摯還于將命者，謙辭也。主人，即前求見之賔。言己既得見吾子矣，不敢再見以瀆尊也。亦三請後出，受其摯。不言入門左右等儀，與初同也。

士見於大夫，終辭其摯。於其入也，一拜其辱也。賔退，送，再拜。若嘗爲臣者，則禮辭其摯，曰：「某也辭，不得命，不敢固辭。」賓入，奠摯，再拜；主人答壹拜。賓出。使擯者還其摯于門外，曰：「某也使某還摯。」賓對曰：「某也既得見矣，敢辭。」擯者對曰：「某也命某：『某非敢爲儀也』，敢以請。」賓對曰：「某也，夫子之賤私，不足以踐禮，敢固辭！」擯者對曰：「某也使某，不敢爲儀也，固以請！」賓對曰：「某固辭，不得命，敢不從？」再拜受。

此士見大夫之禮。終辭其摯，以將不親答也。受而不答則疑于君，答則疑于敵，使人還則疑于待舊臣，故終不受也。入，入大門内。一拜，不再拜也。士答必再拜。拜辱不再而拜送再者，凡送拜必再也。送而一拜，惟喪爲然。嘗爲臣，謂士昔嘗爲大夫家臣。禮辭，一辭也。辭而后受，異于現在爲臣者直受之不辭也。奠摯，奠其摯于地，不敢授也。主人不送，又不終受摯，皆待舊臣之禮。「某非敢爲儀」，擯者述主人命己之辭。賤私，家臣也。踐禮，行賓客之禮也。

按：朋友新知，操一禽以將意，非傷惠也；受其物而稱物以報，亦非傷廉也。况以卑見尊，尤不可無藉，而必辭之，是不與其進也；必使人還之，是終不納其款也。于人情未宜，然亦足以見古人交際之嚴。取予之節，辭受不苟，則人己各得。與朋友交，終身無怨悔，賴有此耳。舉世昏濁，清士乃見，斯禮所以爲衰世維風而作。孟子云：交以道，接以禮，雖孔子受之矣。

下大夫相見以鴈，飾之以布，維之以索，如執雉。上大夫相見以羔，飾之以布，四維之，結于面，左頭，如麛執之，如士相見之禮。始見于君，執摯，至下，容彌蹙。庶人見于君，不爲容，進退走。士、大夫則奠摯，再拜稽首，君答壹拜。若他邦之人，則使擯者還其摯，曰：「寡君使某還摯。」賓對曰：「君不有其外臣，臣不敢辭。」再拜稽首，受。

下大夫，對卿而言「下」也。摯用鴈，取識時有序也。飾之以布，衣之也。維之以索，束縛之也。如執雉，左其首也。上大夫，謂卿也。摯用羔，取其難進也。結于面，謂以繩維四足，出背上，結于胸前也。麛、麑通，鹿子也。《周禮·獸人》夏獻麋鹿。野物難馴，執必四維之，獻羔如獻鹿也。如士相見者，謂大夫相見摯異，而賓主拜送與士同也。此以上，大夫相見之儀。始見于君，謂大夫、士、庶人見君也。至下，至堂下。容，容貌。蹙，恭敬不寧也。不爲容，不尚容飾也。走，疾行也。此以上，臣見君之儀。他邦之人，鄰國之臣也。還摯，以將不答，故不受也。賓不辭，非其臣也。此以上，異邦人見國君之儀。

按：士相見禮通大夫以上，大夫亦士之仕者耳。故達于士禮，而所損益皆可知矣。

凡燕見于君，必辯君之南面。若不得，則正方句，不疑君。君在堂，升見無方階句，辯君所在。

燕見，謂私見，非公朝行禮之時。君南面，臣北面，禮也。燕見，則君有時不南面，臣必辯方，君不南面，臣自正北，不疑立邪向也。凡言「疑」者，立不定之貌。君在堂，臣升堂見，不論東西階，但視君所在。君在堂東，則升東階；在堂西，則升西階，故曰「無方」。此燕見君之禮也。

凡言非對也，妥而後傳言。與君言，言使臣。與大人言，言事君。與老者言，言使弟子。與幼者言，言孝弟於父兄。與衆言，言忠信慈祥。與居官者言，言忠信。凡與大人言，始視面，中視抱，卒視面，毋改句。**衆皆若是。若父，則遊目，毋上於面，毋下於帶。若不言，立則視足，坐則視膝。凡侍坐於君子，君子欠伸、問日之早晏、以食具告、改居，則請退可也。夜侍坐，問夜、膳葷，請退可也。**

言非對，謂自與人言，非應答也。必坐定從容，而後傳言。傳，猶出也。言使臣，言禮也。言事君，言忠也。言使弟子，言慈也。言忠信慈祥，各惟其宜也。祥，善也。仕者患不誠，故與言忠信。始視面，觀色而後言也。抱，胸懷閒，面之下、帶之上也。終又視面，察其色之從違也。毋改，凝視不遊目也。不言，衆，不止士也。若子與父言，主孝不主敬，遊目可也。然上不過面，下不過帶，致愛致慤也。不言，謂侍坐無言之時。視足、視膝，皆自視也。張口曰欠，氣乏也；舒體曰伸，形疲也。問日蚤晚，坐久也。侍者以食具告，將飲食也。改居，體移動也。有一于此，侍者請退可也。禮，卑幼於尊長，請見不請退，如此則請退亦可。問夜，問刻數也；膳葷，食辛物以止睡，皆倦徵也。

若君賜之食，則君祭，先飯、徧嘗膳、飲而俟；君命之食，然後食。若有將食者，則俟君之食，然後食。若君賜之爵，則下席，再拜稽首，受爵；升席祭，卒爵而俟；君卒爵，然後授虛爵。退，坐取屨，隱辟而後屨。君爲之興，則曰：「君無爲興，臣不敢辭。」君若降送之，則不敢顧辭句，遂出句。大夫句，則辭句，退句，下句，比及門句，三辭。

君賜食，謂侍食于君也。主賓敵，賓先祭；臣侍食，則君祭，臣不敢祭也。先飯，不待祭而後飯也。飯，黍稷也。膳，肴品也。徧取先嘗，如宰夫嘗食，君乃食也。飲，水漿，所以澆飯。三飯告飽而飧則用飲，君未飧，臣飲而俟。君命之食，乃食也。將食，進食也。進食者，宰夫也。有宰夫，則侍食者不先嘗，惟俟君之所食，然後食之。君食飯然後食飯，君食羞然後食羞，君未食，不敢先也。賜爵，酌酒賜也。臣受賜即飲，敬君命也。授虛爵，授于司爵者。退，既飲食退也。始升席，脱屨西階下，退則跪取著之。隱辟，隱藏迴避，《曲禮》謂「屏于側」也。君爲之興，爲臣退而起也。不顧辭，不回顧君告辭也。大夫貴，與士異禮，顧辭而後退，退則君興，下階則君降，及門則君送，皆三辭于君也。

按：臣不敢當賓是已，然君未飲食，而先食、先飲、偏嘗，不近于草野而饕餮者與？此襲《論語》「君祭，先飯」之迹，而緣飾之過，未可用也。《曲禮》云「長者舉未釂，少者不敢飲」，故《燕禮》

公卒爵而後飲。此先卒爵而俟，蓋燕主行禮，以讓爲文；賜爵主飲，以敏爲恭也。

若先生、異爵者請見之，則辭；辭不得命，則曰：「某無以見，辭不得命，將走見。」先見之。○非以君命使，則不稱寡句，大夫、士則曰「寡君之老」。凡執幣者，不趨，容彌蹙以爲儀；執玉者，則唯舒武，舉前曳踵。凡自稱於君，士、大夫則曰「下臣」；宅者，在邦則曰「市井之臣」，在野則曰「草莽〔一〕之臣」；庶人則曰「刺草之臣」。他國之人則曰「外臣」。

先生，長者也。異爵，爵之尊于士者。卿大夫致仕居鄉論齒，故曰「先生」。請見，見士也。辭，辭其以尊就卑也。無以見，謙己無足以見也。走，疾行也。先見之，先往見也。以君命使，謂出使他邦，致君命稱「寡君」，代君稱也。若非君命，以己意與他邦人言，則不得稱「寡君」。若言及大夫、士，則稱「寡君之老」可也。老者，臣僕之長也。執幣，謂執幣行禮。趨者步數直前，不趨，緩步也。容彌蹙，容貌愈恭謹也。執玉，執圭璋之類。舒，徐也。武，步也。舉前，起足趾也；曳踵，足跟不離地，舒行之貌。自稱於君，君前臣自稱也。士、大夫，現仕者也。宅者，致仕家居者也。在邦，在城郭也。

〔一〕「莽」，閩本及《儀禮》諸版本皆作「茅」，無作「莽」者。按：《孟子·萬章下》有云：「孟子曰：『在國曰「市井之臣」，在野曰「草莽之臣」，皆謂庶人。』」此與之同耳。

市井，街衢縱横成井。在野，居郊外也。刺草，猶言「採薪」也。

按：「凡言非對」以下三節，雜舉士、大夫言語、交際、飲食之儀，雖有尊卑平等之殊，皆士相見之禮也。

儀禮節解卷三終〔一〕

〔一〕「儀禮節解卷三終」，此行原在書葉闕損處，今據《續修》本補。

儀禮節解卷四

郝敬　解

鄉飲酒禮第四

鄉飲酒禮者，鄉之人有事相與飲酒，皆得行此禮也。鄭謂：「諸侯之鄉大夫三年大比，獻賢、能者于其君，以此禮賓之。」賈氏謂《周禮·黨正》大蜡，州長春秋習射于州序，與鄉大夫士飲國中賢者，皆所謂鄉飲酒禮也。

鄉飲酒之禮：主人就先生而謀賓、介。主人戒賓，賓拜辱；主人答拜，乃請賓。賓禮辭，許。主人再拜，賓答拜。主人退，賓拜辱。介亦如之。

此始謀賓也。先生，卿大夫致仕居鄉者。惟賢知賢，故就而謀之。大賢爲賓，其次爲介，又次爲衆賓。謀定，主人親往戒賓。戒，預告也。請，謂致辭。始拜辱，迎之也。終拜辱，送之也。介亦如之，衆賓不親戒。

乃席句：賓、主人、介、衆賓之席，皆不屬焉。尊兩壺于房户間，斯禁；有玄酒，在西。設篚于禁南，東肆。加二勺于兩壺。設洗于阼階東南，南北以堂深，東西當東榮；水在洗東，篚在洗西，南肆。

此陳設也。席，設筵席。鄉飲于公舍，設席于堂上：賓西北，介西南，遵東北，主人東南，衆賓在賓西，席皆不相連屬，各專席也。壺以盛酒。設酒尊，當東房户閒，示賓主共也。禁以承酒尊。斯禁，禁無足者。玄酒，水也，在兩壺西。篚，竹器，以盛爵。東肆，向東陳也。洗，盛水洗爵之器，設于主階下東南。洗在階南，自階至洗，如堂之深，此南北之節也。榮，屋檐。周人屋四注，有東西檐。洗在堂下東南，與堂東檐直對，此東西之節也。篚在洗西，盛既用之爵也。堂上之篚，盛待用之爵也。南肆，向南陳也。

按：古者大饗，必于宗廟。廟堂後中爲室，室東爲房，室與房皆有牖有户。牖皆居中，户皆在牖東，皆南向，故户牖閒爲堂中，賓席在焉。賓所立位在堂西階上東向，主席在堂東階上西向。此廟中之禮也。鄉飲酒不行于廟，于學宫諸館舍，其位次與在廟殊。饌席皆在堂上，而拜立之位仍在東西階，故或退而復位，進而升席也。

羹定。主人速賓，賓拜辱；主人答拜，還；賓拜辱。介亦如之。賓及衆賓皆從之。

主人一相去聲，迎于門外，再拜賔，賔答拜；拜介，介答拜；揖衆賔。主人揖，先入。賔厭押介，入門左；介厭衆賔，入；衆賔皆入門左，北上。主人與賔三揖，至于階，三讓。主人升，賔升。主人阼階上當楣北面再拜，賔西階上當楣北面答拜。

此迎賔也。羹定，肉熟也。肉與湆同在鑊謂之羹。速賔以羹定爲節，不欲勞賔久候也。主人親往速賔，賔拜辱，拜迎也；還，又拜辱，拜送也。介亦如之，亦親速也。主人往速介，則正賔已率衆賔至。主人不親速衆賔，使人代也。一相，一人贊相也。主人揖，先入門東，西面，導賔也。厭、壓同，行先衆曰壓。《周禮》「厭翟」，《檀弓》「畏、厭、溺」，《論語》「天厭」，字與此同。賔在介上厭介，介在衆賔上厭衆賔也。門左，謂門西。入門北面，以西爲左。北上，以北爲尊也。賔〔一〕、介、衆賔皆入門西，東面立。主先揖賔升堂行禮，而介與衆賔立于門内也。三揖，謂賔主東西分背一揖，當堂塗一揖，當碑一揖也。三讓，讓升階也。主人先升，導賔也。楣，檐前横梁也。主人再拜，拜賔至也。

〇鄭謂：「推手曰揖，引手曰厭。」推手向前，揖并行者使進，今猶然；引手向身，厭隨行者進，則鑿説矣。

〔一〕「賔」上原有「主」字，今據文義删。按：郝注上云「主人揖，先入門東，西面」，此誤衍耳。

主人坐取爵于篚，降洗；賓降。主人坐奠爵于階前，辭；賓對句。主人坐取爵，興，適洗，南面坐，奠爵于篚下，盥洗。賓進，東北面辭洗。主人坐奠爵于篚，興對句。賓復位，當西序，東面。主人坐取爵，沃洗者西北面。卒洗，主人壹揖，壹讓，升。賓拜洗。主人坐奠爵，遂拜，降盥。賓降，主人辭；賓對，復位，當西序。卒盥，揖讓升。賓西階上疑立。主人坐取爵，實之句，賓之席前，西北面獻賓。賓西階上拜，主人少退。賓進受爵，以復位。主人阼階上拜送爵，賓少退。薦脯醢。賓升席自西方。乃設折俎。主人阼階東疑立。賓坐，左執爵，祭脯醢；奠爵于薦西，興；右手取肺，卻左手執本；坐，弗繚，右絶末以祭；尚左手，嚌之，興，加于俎；坐挩帨手，遂祭酒；興，席末坐，啐酒；降席，坐奠爵，拜，告旨；執爵興。主人阼階上答拜。賓西階上北面坐，卒爵，興；坐奠爵，遂拜，執爵興。主人阼階上答拜。

此主人獻賓也。坐，跪也。古人席地陳設，取爵、奠爵必跪。取爵于篚，于堂上尊南之篚也。洗在東階南下，主人降東階往洗爵，將酌獻賓。賓降西階，從主人降也。主人臨階跪，奠爵階上，起，辭賓降。賓對以不敢不降，如《聘記》「辭曰：『非禮也，敢。』對曰：『非禮也，敢。』」後倣此。主人復跪取爵，起，下階，往洗北，南向跪奠爵于篚下，起而盥手，遂洗爵。凡洗必盥。凡盥、洗皆立。

後倣此。賓初降立西序南，東面，至是又進至洗所，東北向主人辭洗。主人跪奠爵于篚，起對。賓復還西階下降立之位，東面俟。主人跪取爵篚中，酌水者西北面，兼向主賓也。洗畢，主人與賓一揖一讓東西升堂。賓拜謝洗，主人坐奠爵于尊南篚內，答拜，起，復降階盥手，將酌酒也。洗、酌二事，禮不相襲，故再盥。賓降，復升，與洗同。主人將酌，故賓西階上疑立。疑者，立不定貌。《檀弓》曰：「其反也如疑。」後倣此。主人既盥手，升，跪取爵，起，酌酒，獻賓于席前。賓席西北，故主人西北面獻賓。賓西階上拜受獻，主人手爵不得答，少退避。賓起，進向席前受爵，退還西階。主人退還東階拜送爵，答前拜也。賓手爵，亦少退避。主人贊者薦脯醢于賓席。賓升席自西方。執事者解折牲體爲俎以進。賓方升席，未卒爵，主人西北向賓疑立。賓跪，左手執爵，右手祭脯醢，奠爵于脯醢西，起，以右手取肺俎上，以左手下執肺本提之。郤，猶下也。遂跪席中以祭。繚，從旁繚取也，《周禮·大祝》有「繚祭」。弗繚，謂橫絶之，絶肺末少許以祭也。末，肺端也。左手執之，右手絶而祭之，神道貴右也。既祭，上其左手，舉肺嚌之，人道貴左也。尚、上同。嚌畢，起，還肺于俎上，復坐挩手。挩、帨通，以帨拭手。遂祭酒，起，就席末跪啐酒。乃出席西，跪奠爵，拜，告酒旨，因啐而知其旨也。執爵起，還西階。主人于阼階上答拜。賓于西階上北面跪盡飲，起，跪奠爵，遂拜，執爵起。主人于阼階答拜。此主人獻賓之儀也。

賓降洗，主人降。賓坐奠爵，興辭；主人對。賓坐取爵，適洗南，北面。主人阼階東，

南面辭洗。賔坐奠爵于篚，興對。主人復阼階東，西面。賔東北面盥，坐取爵，卒洗，揖讓如初，升。主人拜洗。賔答拜，興；降盥，如主人禮。賔實爵主人之席前，東南面酢主人。主人阼階上拜，賔少退。主人進受爵，復位；賔西階上拜送爵。薦脯醢，主人升席自北方，設折俎，祭如賔禮，不告旨。自席前適阼階上，北面坐[一]，卒爵興；坐奠爵，遂拜，執爵興。賔西階上答拜。主人坐奠爵于序端，阼階上北面再拜崇酒。賔西階上答拜。

此賔酢主人也。賔降洗爵，即洗主人所獻之爵。主人降，從賔也。洗在堂東階下。主降立東序下，西面。賔以爵往洗南，北面。主人于阼階下東，南面辭洗。賔對不敢不洗。主人還東階下之位，西面立俟。賔盥，洗，升，拜；賔又降盥，皆如主人獻之禮。酢主人東南面者，主席居東南也。主拜酢，賔答拜。薦脯醢、折俎，祭，皆與獻同。主升席自北方，由下升也。不告旨，酒自主出也。席前，席南也。阼階上北面跪卒飲，奠爵，拜酢，賔答拜，皆與獻禮同。主奠爵于東序端，將拜也。前賔拜告主人酒旨，此主人拜賔崇奬己酒。奠于其所而拜，嫌于拜卒爵；奠于其篚而拜，嫌于禮畢。故以爵奠于序端，若己飲之知其薄，而謝賔之過奬云爾。鄭解「崇酒」之「崇」爲「充，酒惡相充實」，鑿也。

〔一〕「坐」，原脱，今據閩本補。按：注内云「阼階上北面跪卒飲」，言「跪」，則其所據經文必有「坐」字，此偶脱耳。

主人坐取觶于篚，降洗。賓降，主人辭降。賓不辭洗，立當西序，東面句。卒洗，揖讓升。賓西階上疑立。主人實觶酬賓，阼階上北面坐奠觶，遂拜，執觶興。賓西階上答拜。坐祭，遂飲，卒觶，興；坐奠觶，遂拜，執觶興。賓西階上答拜。主人降洗，賓降辭，如獻禮，升，不拜洗。賓西階上立。主人實觶賓之席前，北面；賓西階上拜；主人少退，卒拜，進，坐奠觶于薦西。賓辭，坐取觶，復位。主人阼階上拜送。賓北面坐奠觶于薦東，復位。主人揖，降；賓降，立于階西，當序，東面。

此主人酬賓也。凡酬，先酌自飲，而後酌以奉賓。獻用爵，其實一升；酬用觶，其實三升。後倣此。篚，房户間尊南之篚。主降洗觶，賓亦降而不辭洗者，主將自飲也。主既獻賓，愛敬無已，將再獻而懼其瀆也。慇勤致拜，先酌自飲，再洗而後敢酌賓。賓不拜洗，不疑立，禮殺于獻也。主向賓席酌酒，賓拜于西階上，敬之也；卒拜而不進受觶，示辭也。主人不敢親授，進而跪奠觶于豆西，奉以尊者之禮也。賓辭，不敢當奠，且辭不能飲，故跪而舉其觶，復西階之位，以示親受也。受而不飲，仍以觶跪奠于豆東，示不復舉也。賓既奠觶，復西階之位。主人揖賓，降東階下之位，將升介也。賓亦降西階下，當西序端，東面立，俟介升也。

按：酬之言仇也。嘉耦曰仇，怨耦亦曰仇。酒以導和，亦以伐德，不可以不仇也。故曰：「君子不盡人之歡，不竭人之忠。」是故主居東南，生氣之陽也，好施而不倦；賓居西北，陰氣之肅也，堅栗而有節。故賓者冰也，介者甲也，主者吐也，僎者順也。古人制禮，飲以和之，禮以節之。顧名思義，于禮幾矣。鄭謂「酬之言周」也，酬何以言周乎？

主人以介揖讓升，拜如賓禮。主人坐取爵于東序端，降洗；介降，主人辭降；介辭洗，如賓禮，升，不拜洗。介西階上立。主人實爵介之席前，西南面獻介。介西階上北面拜，主人少退；介進，北面受爵，復位。主人介右北面拜送爵，介少退。主人立于西階東句。薦脯醢，介升席自北方，設折俎，祭如賓禮；不嚌肺，不啐酒，不告旨。自南方降席，北面坐卒爵，興；坐奠爵，遂拜，執爵興。主人介右答拜。

此主人獻介也。承前「主人揖，降」，介與衆賓猶在門内，主人降至門東，與介三揖三讓，東西升，當楣拜，與賓禮同。獻用爵，前奠爵序端，今坐取之。介統于賓，仍用前爵也。介降，辭洗，與賓同，而升不拜洗，立不疑，禮殺于賓也。主人實爵于介之席前。席在堂上西南，介立西階賓之南，主人獻于席前。介拜于西階，進，北面受爵，還西階之位。主人即介右北面拜送爵。北面而右，是介東也。介復位，主人猶立席前，是西階之東也。贊者薦脯醢，介乃自北升席。席西南，以北爲下也。不嚌肺，不啐酒，不告旨，殺于賓也。降席自南方，以南爲上，《曲禮》所謂降由上，便也。卒爵不還西階上，主拜亦不還東階，即席成禮，皆殺于賓也。

介降洗，主人復阼階，降辭如初。卒洗，主人盥。介揖讓升，授主人爵于兩楹之閒。介西階上立。主人實爵，酢于西階上介右句，坐奠爵，遂拜，執爵興。介答拜。主人坐祭，遂飲，卒爵，興；坐奠爵，遂拜，執爵興。介答拜。主人坐奠爵于西楹南介右句，再拜崇酒；介答拜。主人復阼階句，揖降句。介降句，立于賓南。

此介酢主人也。介降西階洗爵，將酢主人。主人復阼階，自介席復也。降辭如初，如賓酢也。介洗爵畢，主人盥手，將爲介酌酒酢己也。介與主東西揖讓升堂。兩楹閒，主、介二席之閒也。介以爵授主人，不親酌，尊惟賓主共，介以下不得專也。介還西階上立，俟主人自酌酒于西階上，當介右，跪奠爵，拜受，祭，飲，拜崇酒，皆與賓酢同。介不告旨，而主人拜崇酒者，拜其卒獻爵而酢己，是亦崇重己酒也。奠爵西楹，將獻衆賓西階也。介降于賓南，賓立西階下當序，介次之也。

主人西南面三拜衆賓，衆賓皆答壹拜。主人揖，升，坐取爵于西楹下；降洗，升實爵，于西階上獻衆賓。衆賓之長，升拜受者三人。主人拜送。坐祭，立飲，不拜既爵；授主人爵，降，復位。衆賓獻句，則不拜受爵句，坐祭，立飲。每一人獻，則薦諸其席。衆賓辯有脯醢。

主人以爵降，奠于篚。

此主人獻衆賓也。介升而衆賓猶在門内，今主人下東階，往門内向西南三拜，將獻衆賓拜也。衆賓之長唯三人，故三拜。《鄉飲酒義》云：「三賓，象三光。」衆賓皆答壹拜，答者衆也。升堂受爵，不拜于堂上，禮殺人衆也。主人與三賓揖，先升，取西楹下初奠之爵，降洗，升實酒，于西階上獻三賓，餘衆賓不升受也。三賓祭則坐，飲則不坐，受爵拜，卒爵則不拜，不酢主人，禮殺也。以爵授主人，降，復堂下之位，立于介南也。餘衆賓獻之堂下，受爵亦不拜，既爵可知，又殺于三賓也。每一人獻，謂獻三賓，皆席于堂上，皆有脯醢之薦。不言「設」而言「薦」，無折俎也。辯、徧通，獻徧及也。言「有脯醢」，不言「席」，各薦于位也。主人以爵降，獻禮畢也。奠爵于堂下洗西之篚，示不用也。

揖讓升。賓厭介升，介厭衆賓升，衆賓序升，即席。一人洗，升，舉觶于賓；實觶，西階上坐奠觶，遂拜，執觶興；賓席末答拜。坐祭，遂飲，卒觶，興；坐奠觶，遂拜，執觶興；賓答拜。降洗，升實觶，立于西階上；賓拜。進，坐奠觶于薦西。賓辭，坐受以興。舉觶者西階上拜送，賓坐奠觶于其所。舉觶者降。

此獻禮成而旅酬始也。揖讓升，主人與賓揖讓升堂也。厭，解見前。衆皆升，將旅酬也。一人，主人之贊者也。自堂下升西階，舉堂下篚中之觶，將以酬賓也。酬先自飲，實觶而拜，而祭，而飲，而卒爵，又拜，皆行禮自飲以導賓也。復降洗觶，酌酒奉賓。賓拜受，舉觶者立西階俟拜畢，進，跪奠觶于薦西，不敢親授也。賓辭，辭奠也。跪而受觶興，示親受也。舉者西階上拜送，賓未飲，復跪而奠觶于原所，即薦西也。不奠于薦東，俟樂作立司正，將以酬主人也。舉觶者降，事暫已，下西階也。

設席于堂廉句，東上句。工四人句：二瑟句，瑟先句。相者二人，皆左何去聲瑟，後首，挎口孤反越，内弦；右手相。樂正先升，立于西階東。工入，升自西階。北面坐。相者東面坐，遂授瑟，乃降。工歌《鹿鳴》《四牡》《皇皇者華》。卒歌，主人獻工。工左瑟句，一人拜句，不興受爵句。主人阼階上拜送爵。薦脯醢。使人相祭句。工飲句，不拜既爵，授主人爵句。衆工則不拜受爵句，祭飲；辯有脯醢，不祭。大師，則爲之洗。賓、介降，主人辭降。工不辭洗。笙入，堂下磬南，北面立；樂《南陔》《白華》《華黍》。主人獻之于西階上。一人拜句，盡階，不升堂，受爵句；主人拜送爵。階前坐祭，立飲，不拜既爵，升，授主人爵。衆笙則不拜受爵，坐祭，立飲；辯有脯醢，不祭。乃閒歌《魚麗》，笙《由庚》；歌《南有嘉魚》，笙《崇丘》；歌《南山有臺》，笙《由儀》。乃合樂，《周南》：《關雎》《葛覃》《卷耳》；《召南》：《鵲巢》《采蘩》《采蘋》。工告于樂正，曰：「正歌備。」樂正告于賓，乃降。

此作樂也。設席，爲樂正設也。堂廉，堂邊，西階上也。東上，統于主也。工四人，二瑟二歌也。

樂入，瑟居先。相，扶瞽工者。二瑟，故二人荷。何、荷通。左何，荷以左肩也。後首，瑟首向後。挎，猶摳也。越，瑟底孔。内弦，以瑟弦側向身。右相，以右手扶瞽也。樂正，統樂工者。相授瑟，授瞽工也。降，相降也。《鹿鳴》《四牡》《皇皇者華》，《小雅》三詩篇名。工歌則鼓瑟。主人酌酒，獻工。工置瑟于左，自右受爵，惟衆工之長一人拜，即坐受，不更起，瞽不備禮也。工拜受爵于位，主人必反阼階上拜送，不拜于其右也。使人相祭，教祭酒與薦也。四工卒飲不拜，以爵授主人，不備禮也。衆樂工受爵亦不拜，酒則祭，脯醢則不祭，又簡于四工也。大師，樂工之長，主人獻，則洗爵。主人降洗，賓、介皆降，禮優于四工也。工，即大師也；不辭洗，瞽不備禮也。笙，以笙吹《詩》。堂下之樂，笙爲主，磬亦在堂下。《南陔》《白華》《華黍》，皆《小雅》逸詩篇名。樂，即笙、磬。主人獻，獻衆樂師。一人，衆笙之長也。盡階，升盡階也。階前，階下也。立飲，不拜卒爵，禮殺于大師也。衆笙，謂一人外衆吹笙者。受爵不拜，脯醢不祭，又殺于一人也。閒歌，更代而歌。堂上鼓瑟一歌，則堂下吹笙一曲，歌、吹皆《詩》。《魚麗》《南有嘉魚》《南山有臺》，《小雅》三詩篇名。《由庚》《崇丘》《由儀》，皆《小雅》逸詩篇名。合樂，謂歌與衆音合作。《關雎》以下三章，《周南》之篇；《鵲巢》以下三章，《召南》之篇，皆樂章也。正歌，獻酬正用之歌，異于燕終無算樂也。備，猶完也。

按：樂以和禮，禮即有樂。世儒言樂與禮二之，謂《樂經》亡，非也。《詩》三百，《風》《雅》《頌》皆可弦可歌，可吹可舞，始非爲《鄉飲》《燕》《射》而作。後世節取用之，豈其牽强附合，謂某《詩》取某義合某事，如鄭説也。大抵《小雅·鹿鳴》《四牡》《魚麗》、《國風·關雎》《葛覃》

等篇，正志雅音，無所不宜。

主人降席自南方，側降；作相爲司正。司正禮辭，許諾。主人拜，司正答拜。主人升，復席。司正洗觶，升自西階；阼階上北面受命于主人。主人曰：「請安于賓。」司正告于賓，賓禮辭，許。司正告于主人。主人阼階上再拜，賓西階上答拜；司正立于楹閒以相去聲拜。皆揖，復席。司正實觶，降自西階，階閒北面坐奠觶；退共拱，少立；坐取觶，不祭，遂飲，卒觶，興；坐奠觶，遂拜；執觶興；洗，北面坐奠觶于其所，退立于觶南。

此立司正。禮多時久，樂作而情洽，防其懈也，故主人立司正監之。降，下東階也。側，獨也。賓、介不降，主人獨降，曰「側降」。作，使也。後倣此。使相禮者一人爲司正，記云「使能，不宿戒」也。升自西階，阼階上北面者，西升過東也。請安，畱賓也。主人再拜，安賓也。賓主交拜，司正立楹閒相拜，通其意也。階閒，東西兩階閒，堂下庭中也，《鄉射禮》云「中庭北面」是也。北面跪奠觶酒庭中，表其所事也。退拱，少立，示嚴重也。復跪取觶酒，不祭，自飲，拜，復洗觶，北面奠觶庭中，退立觶南，以糾失禮者也。

按：介不得自實觶，司正得自實觶者，介不敢同于賓，而司正不妨同于主，司正得專罰也。

賓北面坐取俎西之觶，阼階上北面酬主人。主人降席，立于賓東。賓坐奠觶，遂拜，執觶興；主人答拜。不祭，立飲；不拜卒觶，不洗；實觶，東南面授主人。主人阼階上拜，賓少退。主人受觶，賓拜送于主人之西。賓揖，復席。主人西階上酬介。介降席自南方，立于主人之西，如賓酬主人之禮。主人揖，復席。司正升相旅句，曰：「某子受酬，受酬者降席。」司正退，立于序端，東面。受酬者自介右，衆受酬者受自左，拜、興、飲，皆如賓酬主人之禮句。辯句，卒受者以觶降，坐奠于篚。司正降，復位。

此終前旅酬之禮。司正既揚觶，賓乃取前一人酬己之觶奠于薦西者，往阼階上酬主人。拜，先自飲，不祭，不拜卒觶，不洗，酬禮殺也。酌，授主人東南面，向主席也。主人拜受觶，賓拜送于主階西。凡旅同階，亦殺也。主人得賓觶，未飲，西階上酬介。主、賓、介酬畢，將及衆賓，司正升，察衆人失禮者。相旅，相視旅酬。曰某子受酬，以序呼而進；受酬者降席，未受者不得越次，皆司正之令。立序端，立于西序盡頭，東面以相也。介以觶酬衆賓，受介酬者自介右，尊介在左也。衆人轉相酬，則受酬者在左，酬者尊受者如賓也。辯、偏通，謂旅酬交偏。末一人無所酬，以觶降堂下，跪奠于洗西篚内。司正降，復堂下之位，旅畢也。

使二人舉觶于賓、介，洗，升實觶；于西階上，皆坐奠觶，遂拜，執觶興；賓、介席末荅拜。皆坐祭，遂飲，卒觶興；坐奠觶，遂拜，執觶興；賓、介席末荅拜。逆降，洗；升實觶，皆立于西階上；賓、介皆拜句。皆進，薦西奠之；賓辭，坐取觶以興。介則薦南奠之；介坐受以興。退，皆拜送，降。賓、介奠于其所。司正升自西階，受命于主人。主人曰：「請坐于賓。」賓辭以俎。主人請徹俎，賓許。司正降階前，命弟子俟徹俎。司正升，立于席端。賓降席，北面。主人降席，阼階上北面。介降席，西階上北面。遵者降席，席東，南面。賓取俎，還旋授司正；司正以降，賓從之。主人取俎，還授弟子；弟子以降自西階，主人降自阼階。介取俎，還授弟子；弟子以降，介從之。若有諸公、大夫，則使人受俎，如賓禮。衆賓皆降。説脱屨，揖讓如初，升句，坐句。乃羞句。無算爵。無算樂。賓出，奏《陔》。主人送于門外，再拜。

此禮將終，徹俎升坐而燕以畢也。使二人，司正以主人意使也。二人，主黨，代主人致敬。一人舉觶于賓，一人舉觶于介，皆先自飲，後酧以進。逆降，先升者後降。立于西階上，避賓、介拜也。皆進，二人皆奉觶進。薦西奠之，奠于賓席西也。賓辭，辭奠也。賓奠薦西，介奠薦南，皆右，便舉也。賓曰「坐取」，介曰「坐受」，尊卑異辭也。退，皆拜送，二人退，拜送觶也。降，二人降。賓、介受，不飲，仍以觶奠于初處也。主人使司正「請坐于賓」，行禮久而安之也。賓辭以俎，俎，禮之盛也。《少儀》

云：「有折俎，則不坐。」當俎而坐，是輕之也。故賓以俎辭，主人遂請徹也。弟子，卑幼輩。降席，俟徹俎也。賓、介、主皆北面，尚其肅也。遵，諸公、大夫來觀禮者，爲主人所遵從，曰遵。立席東，南向，尚其和也。此言遵而獻酬不及，或至或不至也。還授，轉與也。賓從之，從司正降西階也。諸公、大夫，即《周禮·地官》鄉老、鄉大夫也。脱屨，脱于西階下也。屨賤不居堂上，褻穢不陳坐側，故降脱乃升也。揖讓如初，謂三揖三讓，升，如初迎賓也。坐，主、賓皆坐席上，跪而以股帖足也。羞，謂胾醢、餅餌、果核之類。無算爵，爵行無數，以醉爲節，猶《論語》云「酒無量」也。爵無算，樂亦無算。向者獻酬有節，歌、笙、間、合皆三終，燕樂無算，不拘三也。賓出，飲畢退也。《陔》，《陔夏》，樂章名，《周禮》有「《九夏》」。客醉出，奏《陔夏》。陔言戒也，戒失禮也。主送門外再拜，賓去，故無答也。

賓若有遵者諸公、大夫句，則既一人舉觶句，乃入句。席于賓東，公三重，大夫再重。公如大夫入，主人降，賓、介降，衆賓皆降，復初位。主人迎，揖讓升。公升如賓禮，辭一席，使一人去之。大夫則如介禮，有諸公，則辭加席，委于席端，主人不徹；無諸公，則大夫辭加席，主人對，不去加席。

此待遵之禮。遵，即僎。僎，選也。言威儀選擇，可遵從也。諸，衆也。遵來觀禮，俟賓主獻酢成，「一人洗，升，舉觶」，旅酬將行，樂將作，然後入，不干主人之正禮也。席于賓東，設席東北也。三重、再重，公、大夫席之等也。公如大夫入，謂公入門禮亦如大夫，嫌壓賓，殺也。大夫入禮，見《鄉射》。主、賓、介與衆賓皆降，復初入門左之位，〔一〕待公入也。主人門外再拜迎，揖讓升堂、獻、辭洗、拜洗、坐祭、坐啐、告旨之類，皆與賓同。辭一席，公欲如大夫席再重，主人乃使一人徹去加席。大夫如介禮，不拜洗，不嚌肺，不啐酒，不告旨也。有諸公同在，則大夫辭加席，主人不徹，亦不對，但委其加席于席末而已。無諸公在，則大夫辭加席，主人對不敢，終不去也。蓋公三重可去，大夫再重去，無以異于衆人矣。

按：遵者分尊，故居賓左。必後至，不奪主人之敬也。從命曰遵，以尊奉名也。從行亦曰遵，以後至名也。一謂之僎。有至有不至，故《鄉飲酒義》賓北，介西，主人東，無僎也。有僎必後至。今世鄉飲僎與賓、介偕至，非古也。《周禮·春官·司几筵職》：天子席三重，諸侯再重。《尚書·顧命》王席亦三重。今云諸公席三重，是諸侯之孤用天子席；「大夫再重」，是大夫用諸侯席也。《禮器》又云：天子席五重，諸侯席三重。若是，則諸侯之孤與諸侯同席，亦僭也。是書所言，多衰世之意。春秋以來，

〔一〕「主、賓、介與衆賓皆降，復初入門左之位」，主人雖與賓、介、衆賓皆降，但其初入之位不在「門左」，上經「迎賓」節郝注云「主人揖，先入門東，西面」，是位在門右也。此混而言之，「主」字當删。

大夫皆稱公。鄭解「公如大夫」謂「公若大夫」，非也。

明日，賓服鄉服以拜賜，主人如賓服以拜辱。主人釋服句。乃息司正。無介，不殺，薦脯醢，羞唯所有。徵唯所欲，以告于先生、君子可也。賓、介不與。鄉樂唯欲。

此賓主相報謝之禮。明日，鄉飲之明日。鄉服，鄉飲之服，即朝服。記云「朝服而謀賓、介」，是也。拜賜，拜主人飲己之賜。不言介，禮統于賓也。拜辱，拜賓枉辱。不言賓主相迎，拜賜不見也。主人釋服，事畢也。乃，嗣舉也。息，猶勞也，飲以酬其勞。「主人」以下，詳其禮。無介，獨賓司正也。不殺，不特殺也。徵，召也。衆賓唯其所欲召，不如前謀賓、介也。先生、君子，指所欲徵者也。告之，不宿戒也。賓、介不與，獨息司正也。鄉樂，即昨日工歌之樂。唯欲，隨意也。

按：《鄉飲》之朝服，即玄端、玄裳、緇帶。鄭云「釋朝服，更服玄端」，非也。《聘記》「勞，不釋服」，謂聘享畢即勞賓，不及釋服，敏于事也。此云「釋服。乃息司正」，謂暫釋朝服治具，從容之辭，行禮則仍服之，非謂息司正遂不朝服也。「主人釋服」句結上，「乃息司正」句起下，鄭混作一意解，失之。鄉樂，即《小雅》《國風》歌笙等詩。鄭云《小雅》用之諸侯，此獨《國風》，亦非也。《關雎》《鹿鳴》等篇，用無不宜也。

記○鄉，朝服而謀賓、介。○皆使能，不宿戒。○蒲筵，緇布純。尊綌冪，賓至徹之。

○其牲，狗也；亨于堂東北。獻用爵，其他用觶。薦脯，五挺，横祭于其上；出自左房。俎由東壁，自西階升。賓俎：脊、脅、肩、肺。主人俎：脊、脅、臂、肺。介俎：脊、脅、胳格、肺。肺皆離。皆右體，進腠。

記，解見前。自此至末皆記也。鄉，鄉飲。朝服，禮服。謀賓、介，謀可以爲賓、介者。皆使能，謂諸有司供事輩，惟能者即使，非如賓、介先期告戒也。蒲筵，蒲席。純，緣邊。尊，酒尊。綌冪，粗葛布巾，以覆尊也。賓至徹之，待酌也。《易》象「艮爲狗」，東北艮方，陽氣所發生。飲以養生，故牲用狗。烹于東北，象陽也。獻賓、介及衆賓皆用一升之爵，酬及旅酬皆用三升之觶。初相敬用爵，久相歡用觶。脯，乾肉。數脯以挺，脯乾則挺直。籩實五脯，皆横設。《曲禮》：「脯脩置者，左朐右末。」半挺直加其上以祭，故曰「横」。左房，即東房。脯自房出。俎載牲體。東壁，東側室。烹狗于東北，熟而實于俎，故自東壁出，由西階升堂也。凡俎貴骨，骨貴正與前。脊，正骨也。脅、肩，前骨也。臂，肩下骨也。胳，骼通，後脛骨也。賓俎用貴，主人次之，介又次之。周人尚肺，肺皆離，割而不絶也。右體，牲脊、脅等骨用右也。進腠，肉皮向上也。

按：鄭解牲狗爲「取其擇人」，迂也。

以爵拜者不徒作句。坐卒爵者拜既爵句，立卒爵者不拜既爵。凡奠者於左句；將舉句，

於右句。**衆賓之長，一人辭洗，如賓禮。立者，東面，北上；若有北面者，則東上。樂正**句，**與立者**句，**皆薦以齒。凡舉爵三作而不徒爵，樂作，大夫不入。獻工與笙，取爵于上篚；既獻，奠于下篚。其笙，則獻諸西階上；磬，階閒縮霤，北面鼓之。**

以爵拜，謂受爵拜飲已者。徒，空也；作，起也。拜起必將酢之，無空作者。跪而飲，其禮隆，故既爵拜；立而飲，其禮殺，故既爵不拜。凡爵不舉者奠於薦左，將舉者奠于薦右。右，便取也。左，不妨後奠也。衆賓之長，一人辭洗，如賓禮，餘衆不辭，禮殺也。凡東面立者，皆賓、介之屬，以北爲上，其序自北而南，統于賓也；若有北面立者，則以東爲上，統于主也。不言南東〔一〕面者，賓與主當尊也。樂正與衆賓立堂下者，有獻爵，則皆有薦豆，以長幼爲薦之先後也。舉爵三作，謂獻賓、獻介、獻衆賓。不徒爵，謂樂作也。禮成于三，三爵既備，禮宜少變，遵者可入。遵者入，而後樂作，以觀德也。樂既作，則遵不入。大夫，即遵也。獻歌工、笙師，取上篚之爵，與賓、介同；既獻，奠于下篚，與賓、介異，禮降也。歌工席于西階上，故主人于阼階上拜送爵。笙在堂下，故主人即西階上拜送爵，與歌工異也。磬懸于堂下階閒。縮，從也。霤，檐閒承溜，以東西爲從。磬順霤設，北向鼓之。此申明前言「笙入，堂下磬南，北面立」之處。

〔一〕「東」，疑衍。

按：鄭解「舉爵三作」謂「獻賓、獻大夫、獻工」，「不徒爵」謂「有薦」，非也。

主人、介，凡升席自北方，降自南方。○司正，既舉觶而薦諸其位。○凡旅，不洗。不洗者，不祭。既旅，士不入。○徹俎：賓、介、遵者之俎，受者以降，遂出授從者；主人之俎，以東。○樂正命奏《陔》；賓出，至于階，《陔》作。○若有諸公，則大夫於主人之北，西面。主人之贊者，西面北上句，不與去聲，句；無算爵，然後與。

主人席東南，介席西南，皆以南爲上，北爲下，故升席皆自北，降皆自南。升由下，順席也；降由上，便也。司正，主人之屬，主人無獻爵，于揚觶自飲時，薦脯醢于庭中觶南之位。旅，旅酬。不洗，不洗觶也。不洗則不祭，疑不潔也。既旅則禮將終，士欲觀禮，及未旅，入可也。賓、介、遵徹俎以降，有司子弟受之，上文所謂「使能」也。受者出廟門外，乃授從者。主人之俎，以東，不出廟門也。賓出，樂奏《陔夏》。司正命奏《陔》，則賓起，及階，然後《陔夏》作。陔者，有階級次第，示醉而不亂也。鄉飲有諸公、大夫同在，則公席東北，大夫席主人之北，西面，統于公也。主人之贊，如徹冪、沃盥、薦俎等，皆主人之屬，亦上文所謂「使能」也。西面北上立，近主人右也。以北爲上，遵席在北也。不與，不與于獻酢也。無算爵，脱屨升席，始得與燕。

按：《論語》云「鄉人飲酒」，即鄉飲酒也。鄭氏謂爲鄉大夫興賢、能而賓之，因記有「使能」

之文，而失其解也。歲時伏臘，賓朋宴集，鄉士君子有酒，何時不可行禮，而奚必于賓興？禹惡旨酒，周公作《誥》，兢兢焉，至其行禮必以酒，此禮所以防流居敬而作也。飲食男女，人之性情。聖人因人情易流者，爲節其嗜好，裁其恣睢，而人道庶幾矣。孔子大聖人，自惟不爲酒困，「無量，不及亂」，盛德之至，從心不踰之矩，是以難也。故行禮以酒，其器以一升之爵，二升之觚，三升之觶，四升之角，五升之散，終燕而飲至石，醉而歸，奏《陔夏》而出，庸詎非盛德之至者與？則禮之功用大矣。是以其人曰賓曰介：賓，冰也；介，戒也。位乎西北，西北者，嚴凝之方，敬義之至也。能爲賓、介，然後可與飲酒。故觀人者，醉之以酒而試其守。聖人約人情而制爲斯禮也。

儀禮節解卷四終

儀禮節解卷五

郝敬　解

鄉射禮第五

洪荒之初，禽獸逼人，聖王以弧矢爲威，教民自衛，其來尚矣。此男子之業，故古者天子至庶人莫不有事于射。比其敝也，相角而争，聖人制爲禮以教之讓，於是乎射禮興焉。其爲鄉射，何也？朝廷之上謂之國，邦國之中謂之鄉。鄭氏附會《周禮》，以《鄉飲酒》爲鄉大夫賓興，《鄉射》爲州長教民。士大夫欲習射，孰不可用此禮者，何必鄉大夫與州長？禮主善俗，冠、昏以士，飲酒、習射以鄉，皆化民成俗之意。鄭謂鄉飲于庠，庠，鄉學；習射于序，序，州學。庠、序、學、校，同地異名。養則爲庠，射則爲序，豈養老一學，習射又一學也？

鄉射之禮：主人戒賓。賓出迎，再拜。主人答再拜，乃請句。賓禮辭，許句。主人再拜，賓答再拜。主人退，賓送，再拜。無介。

此戒賓也。射必有賓，教民序也。不謀賓，無介，禮主射，將觀德焉，非專禮賓也。自此以下至立司正，多與《鄉飲酒禮》同。

乃席句：賓南面，東上；衆賓之席，繼而西；席主人於阼階上，西面。尊於賓席之東，兩壺，斯禁，左玄酒，皆加勺。篚在其南，東肆。設洗於阼階東南，南北以堂深，東西當東榮；水在洗東，篚在洗西，南肆。縣玄于洗東北，西面。乃張侯句，下綱不及地武，不繫左下綱，中掩束之。乏，參侯道，居侯黨之一句，西五步。

此陳設也。正賓席在堂上，南向。衆賓以次相繼而西〔一〕，皆南向，與《鄉飲》席四隅相對不屬異。東上，賓統于主也。惟神席上西。尊在賓席東，是主席西，所謂「賓主共」也。「兩壺」以下，解見前篇。縣，謂鐘鼓之屬。射布曰侯，形似猴也。綱，張侯繩。武，足迹。中人足迹長尺二寸。不及地武，謂侯下去地尺餘。侯北面，西爲左。先張三方，不繫左下綱，以左下角向上，反掩束之，至射而後司馬命繫之也。乏，以皮爲之，形如曲屏，唱獲者所隱蔽。一名容，容身于內，以避矢。矢至此乏，故名乏。黨，偏近也。《玉藻》云：侍坐，引去君之黨。鄉侯去射位五十步，蓋三十丈也，三分之而乏偏近侯一分，則去侯十丈，去堂上二十丈也。西五步，謂去侯西三丈，避矢道也。

按：鄭謂士縣惟磬，附會《周禮》「士特縣」，然記云「不鼓不釋」，周制鼓亦縣也。射用樂，

〔一〕「西」，原譌作「東」，今據文義改。

樂豈獨一磬與？又謂侯形像人，不知其爲像猴，是以名侯。象人而射，聖人不爲；象諸侯而射，聖王尤不爲也。皆迂鑿之説。

羹定。主人朝服，乃速賓。賓朝服出迎，再拜；主人答再拜，退。賓送，再拜。賓及衆賓遂從之。及門，主人一相去聲，出迎于門外，再拜；賓答再拜。揖衆賓。主人以賓揖句，先入句。賓厭押衆賓，衆賓皆入門左，東面，北上。賓少進。主人以賓三揖，皆行。及階，三讓。主人升一等，賓升。主人阼階上當楣北面再拜，賓西階上當楣北面答再拜。

此迎賓也，解見前篇。以賓，猶言「與賓」。賓少進，先衆賓進也。皆行，主人與正賓同行也。正賓升堂，而衆賓立門内左以俟。

主人坐取爵于上篚，以降；賓降。主人阼階前西面坐奠爵，興，辭降句；賓對句。主人坐取爵，興，適洗，南面坐奠爵于篚下，盥洗。賓進，東北面辭洗。主人坐奠爵于篚，興對句；賓反位。主人卒洗，壹揖，壹讓，以賓升。賓西階上北面拜洗；主人阼階上北面奠爵，遂答拜，乃降。賓降，主人辭降句，賓對句。主人卒盥，壹揖，壹讓，升；賓升，西階上疑立。主人坐取爵，實之，賓席之前，西北面獻賓。賓西階上北面拜，主人少退。

賓進受爵于席前，復位。主人阼階上拜送爵，賓少退。薦脯醢。賓升席自西方。乃設折俎。主人阼階東疑立。賓坐，左執爵，右祭脯醢；奠爵于薦西，興取肺，坐絶祭；尚左手，嚌之，興，加于俎；坐挩帨手，執爵，遂祭酒，興，席末坐啐酒；降席，坐奠爵，拜，告旨，執爵興。主人阼階上答拜。賓西階上北面坐卒爵，興；坐奠爵，遂拜，執爵興。主人阼階上答拜。

此主人獻賓也。上篚，堂上尊南之篚。以降，以爵降，往洗也。盥洗，盥手而後洗爵。既洗，升，又降，將酌酒，又盥手也。詳見前篇。

賓以虚爵降，主人降。賓西階前東面坐奠爵，興，辭降；主人對句。賓坐取爵，適洗，北面坐奠爵于篚下，興，盥洗。主人阼階之東，南面辭洗。賓坐奠爵于篚，興對句。主人反位。賓卒洗，揖讓如初，升。主人拜洗；賓答拜，興，降盥，如主人之禮。賓升，實爵主人之席前，東南面酢主人。主人阼階上拜，賓少退。主人進受爵，復位；賓西階上拜送爵。薦脯醢，主人升席自北方，乃設折俎，祭如賓禮，不告旨。自席前適阼階上，北面坐卒爵，興；坐奠爵，遂拜，執爵興。賓西階上北面答拜。主人坐奠爵于序端，阼階上再拜崇酒；

賓西階上答再拜。

此賓酢主人也。興，盥洗，凡盥手洗爵必起也。主人反位，反從降之位。主人升席自北方，席在阼，北爲下也。降席自前，自南降，便也。餘見前篇。

主人坐取觶于篚，以降；賓降。主人奠觶，辭降；賓對句，東面立。主人坐取觶，洗；賓不辭洗。卒洗，揖讓升。賓西階上疑立。主人實觶，酬之，阼階上北面坐奠觶，遂拜，執觶興。賓西階上北面答拜。主人坐祭，遂飲，卒觶，興；坐奠觶，遂拜，執觶興。賓西階上北面答拜。主人降洗，賓降辭，如獻禮，升，不拜洗。賓西階上立。主人實觶賓之席前，北面。賓西階上拜。主人坐奠觶于薦西。賓辭，坐取觶以興，反位。主人阼階上拜送。賓北面坐奠觶于薦東，反位。主人揖，降；賓降，東面立于西階西句，當西序。

此主人酬賓也。取觶，將酬更爵也。賓不辭洗，主先自飲也；再洗辭，以將酌己也。升，不拜洗，禮殺于獻也。餘見前篇。

主人西南面三拜衆賓，衆賓皆答一拜。主人揖，升，坐取爵于席端，降洗，升實爵，西階上獻衆賓。衆賓之長，升拜受者三人。主人拜送。坐祭，立飲，不拜既爵；授主人爵，降，復位。衆賓皆不拜受爵，坐祭，立飲。每一人獻，則薦諸其席。衆賓辯有脯醢。

主人以虚爵降，奠于篚。

此獻衆賓也，解見前篇。

揖讓升。賓厭衆賓升，衆賓皆升，就席。一人洗，舉觶於賓；升實觶，西階上坐奠觶，拜，執觶興；賓席末答拜。舉觶者坐祭，遂飲，卒觶，興；坐奠觶，拜，執觶興；賓答拜。降洗，升實之，西階上北面；賓拜。舉觶者進，坐奠觶于薦西。賓辭，坐取以興。舉觶者西階上拜送，賓反奠于其所。舉觶者降。

此獻禮既備，而將旅酬之始，解見前篇。賓反奠于其所，復奠于薦西也。不于薦東者，將俟射後舉酬主人也。

大夫若有遵者，則入門左。主人降，賓及衆賓皆降，復初位。主人揖讓，以大夫升，拜至；大夫答拜。主人以爵降，大夫降。主人辭降。大夫辭洗，如賓禮。席於尊東。升，不拜洗。主人實爵席前，獻于大夫。大夫西階上拜，進受爵，反位；主人大夫之右拜送。大夫辭加席；主人對，不去加席。乃薦脯醢，大夫升席，設折俎，祭如賓禮；不嚌肺，不啐酒，不告旨，西階上卒爵，拜。主人答拜。大夫降洗。主人復阼階，降辭如初。卒洗。主人盥，揖讓升。大夫授主人爵于兩楹間，復位。主人實爵，以酢于西階上，坐奠爵，拜；大夫答拜。坐祭，卒爵，拜；大夫答拜。主人坐奠爵于西楹南，再拜崇酒；大夫答拜。主人復阼階，揖降句。大夫降句，立于賓南。

此遵至之禮也。大夫，即鄉大夫，掌一鄉之政者。《鄉飲酒禮》曰「賓若有遵者，既一人舉觶，乃入」，又曰「樂作，則大夫不入」，此一人舉觶，樂將作，故遵入。大夫不俟于門外，主人迎亦不于門外，別于正賓也。賓皆降，復初位，復初入門左東向立之位。席于尊東，在堂東北，與賓夾尊，亦南面也。「升，不拜洗」以下，獻酢之禮，與《鄉飲》介禮同，別于正賓也，解見前篇。大夫降洗，將酢主人也。大夫降，立于賓南，不以貴奪正賓，故立于賓下。

按：飲與射，皆有待遵之禮。然遵有至有不至，故《鄉飲酒》序遵于旅酬禮畢後，以不至者而言也；《鄉射禮》序遵于樂未作之前，以至者而言也。其義互備。世儒于《鄉飲酒禮》改補與《射禮》同，則是以遵爲必至者矣。

主人揖讓，以賓升；大夫及衆賓皆升，就席。席工于西階上，少東。樂正先升，北面立于其西。工四人：二瑟，瑟先句；相去聲者皆左何去聲瑟，面鼓，執越，内弦，右手相；入，升自西階，北面，東上。工坐。相者坐授瑟，乃降。笙入，立于縣中，西面。乃合樂，《周南》：《關雎》《葛覃》《卷耳》；《召南》：《鵲巢》《采蘩》《采蘋》。工不興，告于樂正，曰：「正歌備。」樂正告于賓，乃降。主人取爵于上篚，獻工。大師，則爲之洗。賓降，主人辭降。工不辭洗。卒洗，升實爵。工不興，左瑟句；一人拜受爵。主人阼階上拜送爵。薦脯醢。使人相祭。工飲，不拜既爵，授主人爵。衆工不拜受爵句，祭飲句；辯有脯醢，不祭句；不洗。遂獻笙于西階上。笙一人拜于下，盡階，不升堂，受爵；主人拜送爵句。階前坐祭，立飲句，不拜既爵句；升，授主人爵。衆笙不拜受爵，坐祭，立飲；辯有脯醢，不祭。主人以爵降，奠于篚；反升，就席。

此作樂而獻樂工也。《鄉飲禮》云：「樂正先升，立于西階東。」此云工席西階東，樂正立工西，則是樂正立處西階猶在西也。面，猶前也。鼓，謂手彈處，瑟首也。荷瑟以首居前，變于飲燕之禮。執越，猶「挎越」也。笙入，吹笙者入。立于縣[一]中，當鐘磬之間也。縣在東階下，立者西面，蓋縣之東也。《鄉飲》之樂歌、笙、閒、合，此不歌、不閒、不笙者，射禮繁，樂略也。工不興，瞽不備禮也。

〔一〕「縣」，原作「樂」，今據經文改。按：雖以「樂」代稱「縣」亦無不可，然下注亦止言「縣」，此似不宜有異。

獻大師洗爵，主、賓皆降。不言大夫，有至有不至，禮重主、賓也。一人拜受爵者，獻衆樂工也。不笙亦獻笙者，合樂有笙，但不獨奏耳。獻笙略于工，獻衆笙又略于笙。

主人降席自南方，側降；作相爲司正。司正禮辭，許諾。主人再拜，司正答拜。主人升，就席。司正洗觶，升自西階；由楹内適阼階上，北面受命于主人；西階上北面請安于賓。賓禮辭，許。司正告于主人，遂立于楹間以相拜。主人阼階上再拜，賓西階上答再拜，皆揖，就席。司正實觶，降自西階，中庭北面坐奠觶；興，退，少立；進，坐取觶，興；反坐，不祭，遂卒觶，興；坐奠觶，拜，執觶興；洗，北面坐奠于其所，興；少退，北面立于觶南。

此將旅酬設司正也，射則以爲司馬。主人自南方降席，下東階便也。司正由楹内適阼階者，樂工坐階際，故由楹内。餘解見前篇。司正由西階降，往堂前庭下，奠觶于庭中，表所有事也。反坐，反于退立處，坐而飲也。奠于其所，仍奠于庭中也。退立觶南，立于庭中少南，北面察失禮者。

未旅，三耦俟于堂西，南面，東上。司射適堂西，袒決遂，取弓于階西，兼挾乘矢，升自西階，階上北面告于賓，曰：「弓矢既具，有司請射。」賓對曰：「某不能句。爲二三子句。」許諾。司射適阼階上東句，北面告于主人，曰：「請射于賓，賓許。」

此始請射也。凡燕飲之禮，既立司正，即行旅酬。此禮主射，故未旅先請射。凡射，二人爲耦。天子六耦，諸侯四耦，大夫、士三耦，謂之正耦。鄉射正耦三，用六人，司射選賓子弟有行藝者充之。未旅酬，先俟于堂下之西，南面立，長幼以東爲上，序立而西。雖有三耦之數，尚未定同耦之人，立于此，待司射比耦也。司射，掌射事者。堂西，堂下西。袒，露左臂也。凡禮吉凶皆袒左，惟罪人袒右。決，以象骨爲之，著于右手大指以鉤弦。遂，以韋爲之，一名韝，著于左臂以遂弦。取弓在手，挾矢指間。挾之言夾也，夾于第二、三指間。乘矢，四矢。每射必四矢，象四方也。有司，主人之執事者。不能，謙己不善射也。

司射降自西階，階前西面，命弟子納射器。乃納射器，皆在堂西。賓與大夫之弓倚于西序，矢在弓下，北括。衆弓倚于堂西，矢在其上。主人之弓矢，在東序東。

此納射器也。射器，弓、矢、決、拾之類。西序，堂上西牆。括，矢端受弦處。括言會也，矢與弦會也。括向北，鏃向南，順也。衆耦之弓倚于堂西階下，矢在階上。主人弓矢在堂東牆之東。

司射不釋弓矢，遂以比三耦句，於堂西三耦之南句，北面命上射，曰：「某御於子。」命下射，曰：「子與某子射。」司正爲司馬。司馬命張侯，弟子説脱束，遂繫左下綱。司馬又命獲者：「倚旌于侯中。」獲者由西方，坐取旌，倚于侯中，乃退。樂正適西方，命弟子贊工，遷樂于下。弟子相工，如初入；降自西階，阼階下之東南，堂前三笴(藁)，西面北上坐。樂正北面立于其南。

此比耦、抗侯、遷樂待射也。司射自初取弓挾矢，至是不釋，執所事也。後倣此。三耦俟于堂西，南面，耦尚未定；今司射于其所立之南，北向命之。凡耦，尊者立右爲上射，武事尚右，左爲下。御，猶侍也。前立司正爲旅酬，今未旅射，即以司正充司馬供射事。前張侯「不繫左下綱，中掩束之」，今司馬命解其束，繫之也。射中曰獲，報中之人曰獲者。旌，獲者所執。矢中，揚旌唱獲。時司射將誘射，司馬命獲者取旌倚侯北正中。取旌由西方，射器在堂西也。坐取旌，偃在地也。退，既植旌，退立也。樂正前降立西階，至是適堂西，命弟子相瞽，遷樂于下，避射位也。相工如初入，「左荷瑟，右手相」，同也。工降自西階，往阼階下東南，離堂三笴，西面坐。矢幹曰笴，長三尺，是離堂下九尺也。必空三笴者，避往來堂東之路也。工坐向西，以北爲上。樂正立于工南，北向也。

司射猶挾乘矢，以命三耦：「各與其耦讓(句)，取弓矢拾(句)！」三耦皆袒決遂。有司左執弣，右執弦，而授弓，遂授矢。三耦皆執弓，搢三而挾一个。司射先立于所設中之西南，東面。三耦皆進，由司射之西，立于其西南，東面北上而俟。司射東面立于三耦之北，搢三而挾一个，揖進；當階，北面揖；及階，揖。升堂，揖；豫序則鉤楹内，堂則由楹外；當左物，北面揖句；及物，揖。左足履物不方足句，還旋視侯中俯正足句。不去旌句。誘射句，將乘矢句。執弓不挾句，右執弦。南面揖，揖如升射句；降句，出于其位南句；適堂西，改取一个挾之。遂適階西，取扑搢之，以反位。

　　此三耦既比，司射先自射教之。射者禮儀未閑，司射挾乘矢，命各與其耦揖讓，迭取弓矢，勿相雜越，皆司射命也。拾，更迭也。弣，弓把也。前納射器，弓矢皆在堂西，至是，有司以授三耦。搢，插也。插三矢于帶間，挾一矢于第二指間，備先射也。一个，謂一矢。凡奇曰个。後倣此。中，器名，木爲之，以盛筭。射中釋筭，故謂中，設堂下當西序。司射先就設中西南，東面立。三耦自堂西進，由司射之西，司射立于三耦北，三耦立于司射南少退，故曰「西南」。「司射東面立」以下，皆司射自射以教射也。揖進，即所立之次，東向一揖；進當西階塗，北向一揖；及西階下一揖。此堂下三揖也。盡階升堂，一揖。「豫」作「序」，軒、榭之類。楹，檐柱。序淺堂深。升序自西階，遶楹内，東至射位；堂則自楹外，東至射位。鉤，遶也。畫地爲射位曰物。左右二物在堂上，并南向，上射右，下射左。司射一人誘射，則虚上物，立左物。升堂東行，當左物，北向一揖；及物一揖。此堂上三揖也。以左足先履物，右足且不及比方左足，立尚未定，及轉身南面，視堂下侯中遥對，乃俯視正足。凡射，獲者持旌侯西唱獲，此教射不計獲，故旌倚侯不去也。誘射，司射〔一〕也。誘，教也。將乘矢，發四矢也。將，送也。《詩》云：「抑縱送忌。」執弓不挾矢，矢發盡也。南面揖，謂既射揖，出物也。揖皆如升，謂當階、下堂等揖，與升同也。出于其位南，謂司射始立于設中西南三耦北，今降西階，出于原位之南。西行適堂西，改取一矢挾之，示教習也。扑以撻犯教者，《書》云：「扑作教刑。」搢，謂插之帶間。反位，反三耦北之原位，將作射也。

按：鄭解「豫」作「庠序」之「序」，以附會鄉州之學，非也。楹，即今廳中四柱負棟者。鉤楹，謂近檐兩楹内可鉤行。古人堂、牖、户皆在後楹間，室與房在堂之北。後楹中間户牖，室也；後楹東間户牖，房也。所謂東西階位，皆在堂深處，而前當兩階，非就檐下布席也。「左足履物」以下二語，皆七字成文。

司馬命獲者執旌以負侯。獲者適侯，執旌負侯而俟。司射還旋，當上耦，西面作上耦射。司射反位。上耦揖進，上射在左，并行；當階，北面揖；及階，揖；上射先升三等，下射從之，中等。上射升堂，少左；下射升，上射揖，并行；皆當其物，北面揖；及物，揖；皆左足履物，還旋視侯中，合足而俟。司馬適堂西，不決遂，袒執弓，出于司射之南，升

〔一〕「司射」，原作「司正」，今據文義改。

自西階；鉤楹，由上射之後，西南面立于物間；右執簫，南揚弓，命去侯。獲者執旌許諾，聲不絕，以至于乏；坐，東面偃旌，興而俟。司馬出于下射之南，還旋其後，降自西階；反句，由司射之南，適堂西，釋弓，襲，反位，立于司射之南。司射進，與司馬交于階前，相左；由堂下西階之東，北面視上射，命曰：「無射獲！無獵獲！」上射揖。司射退，反位。乃射，上射既發，挾弓矢；而后下射射，拾發以將乘矢。獲者坐而獲，舉旌以宮，偃旌以商；獲而未釋獲。卒射，皆執弓不挾，南面揖，揖如升射。上射降三等，下射少右，從之，中等；并行，上射於左。與升射者相左，交于階前，相揖。由司馬之南，適堂西，釋弓，說決、拾，襲而俟于堂西，南面，東上。三耦卒射，亦如之。司射去扑，倚于西階之西；升堂，北面告于賓，曰：「三耦卒射。」賓揖。司射降，搢扑，反位。

此誘三耦初射也。旌先倚侯，三耦將射，乃命獲者執旌，北向背侯立，俟司馬命也。時三耦猶在西階下西南，與司射俱東面立，司射旋身，西向上耦二人作射。還、旋通，轉也。作，使也，使升堂射。上射左，升堂西爲左也。上射尊，先升階三級，下射隨之，中間一級。上射升堂少西，避下射，且趨右物便也。上射揖，揖下射也。并東行，向物也。上射履右物，下射履左物。履物、正足之儀，皆如前司射所教也。俟，俟司馬、司射命也。上射立右物，司馬由其後趨兩物中間。時獲者南負侯，所居乏在西，故司馬〔一〕西南面命之。籥、弰同，弓末也。揚，舉也。以弓弰向南舉之，命獲者離侯去，避矢也。獲者應不絶聲，且諾且趨，西至乏，跪而偃〔二〕旌于地。東面，乏在西也。偃，仰臥也。〔三〕興而俟，起立俟射也。司馬既命獲，乃由兩物之間南出，遶左物，東旋其後，降自西階；復由司射位南，往堂西，釋弓矢，襲衣，復立西階西東向之位。司馬自北降階轉西，司射自西過東，司馬在北，以司射爲左；司射在南，以司馬爲左，故曰「交于階前，相左」。司射不升堂，由西階東，北向上射，命曰：「射無計獲！善射者正己無争勝之心，則發必中度！」獵，猶争也。不由拾發，獵次争勝，射者所戒。蓋初射誘習，不釋筭計獲，故以此曉之。不命下射，統于上也。上射揖，受命也。上射先發一矢，俟再挾矢于弓，下射后發。拾，更迭也。下射既發，挾矢于弓，上射又發。將乘矢，各送四矢也。射中，則獲者跪而取旌于地，舉以唱獲，復偃于地。舉旌聲高，偃旌聲下。聲高爲宫，聲下爲商，一唱而聲再變也。此三耦初射，雖有中否而不計勝負，唱獲而不釋筭，故曰「未釋獲」。卒射，執弓，南向揖，出物西行揖，及階揖，皆如升。上射先降三等，下射間等從之，亦如升。并行，上射在左，南下東爲左。初耦自堂上降，次耦自堂下升，交遇于西階前。南下就西，以東爲左；北升趨東，以西爲左，故亦曰「相

〔一〕「司馬」，原作「司射」，今據文義改。
〔二〕「偃」，《續修》本、《存目》本原作「仆」。
〔三〕「偃，仰臥也」，《續修》本、《存目》本原作「偃，猶仆也」。

左」。升者與降者遇，相揖。降者由司馬位南適堂西，釋弓，脱決、拾，襲衣，南面立，東上，以俟，如未旅時三耦始俟之位也。三耦卒射，降，亦南面東上立，同也。司射去扑，三耦受教終事，將升見賓也。賓揖，答司射告也。退，復搢扑，執其事也。

按：鄭解「射獲」爲「矢中人」，「獵獲」爲矢傍及獲者。獲者去侯居乏遠，矢自不及，何爲諄諄命之？蓋弟子初耦，禮度未閑，故初射不釋獲，使從容比禮，以息其張皇好勝之心，因事而爲之節文也。子云「其爭也君子」，亦有取于此也夫。

司馬適堂西，袒執弓，由其位南，進；與司射交于階前，相左；升自西階，鉤楹，自右物之後，立于物間；西南面揖弓句，命取矢。獲者執旌許諾，聲不絶，以旌負侯而俟。司馬出于左物之南，還旋其後，降自西階；遂適堂前，北面立于所設楅幅之南，命弟子設楅。乃設楅于中庭南句，當洗，東肆。司馬由司射之南，退，釋弓于堂西，襲，反位。弟子取矢，北面坐委于楅；北括，乃退。司馬襲進，當楅南，北面坐，左右撫矢而乘之。若矢不備，則司馬又袒執弓，如初，升，命曰：「取矢不索！」弟子自西方應曰：「諾！」乃復求矢，加于楅。

此正射設楅受矢也。司射自堂降，司馬將升堂，交遇西階前，相左。司馬升堂，自右物後進立兩物間，獲者在侯西，故西南面舉弓推手揖，命取發矢于侯。獲者應諾，執旌趨侯，北向立，示弟子取矢也。司馬由兩物間南行，東遶左物，旋兩物後，降自西階，東行至中庭，北面立，使弟子設楅。楅言幅，整齊意，盛矢使齊也。設當中庭南，東與洗并。肆，陳也。楅形如交龍，前後兩首，南北直設。弟子委矢楅中，括在北，鏃在南。手循曰撫。矢在楅中，司馬以兩手左右分四數之。乘，四矢，每發乘矢。矢不備，有遺也。三耦二十四矢乃備。索，盡也。不索，即不備。

司射倚扑于階西，升，請射于賓，如初。賓許諾。賓、主人、大夫若皆與射，則遂告于賓，適阼階上告于主人，主人與賓爲耦；遂告于大夫，大夫雖衆，皆與士爲耦，告于大夫曰：「某御于子。」西階上，北面作衆賓射。司射降，搢扑，由司馬之南適堂西，立比衆耦。衆賓將與射者皆降，由司馬之南適堂西，繼三耦而立，東上；大夫之耦爲上。若有東面者，則北上。賓、主人與大夫皆未降。司射乃比衆耦，辯徧。遂命三耦拾取矢，司射反位。

此將正射比耦也。與射言「若」，或射或否也。告賓則曰「主人御于子」，告主人則曰「子與賓射」，主人耦賓，尊賓爲上射也。大夫耦士，以貴下賤也。士即衆賓也。西階上作衆賓射，使衆賓降堂西，比耦待射也。衆賓，即《鄉飲》三賓。司射降，適堂西，立比衆耦，如初誘射三耦南面立，司射北面命也。衆耦，衆賓及大夫之耦。欲射者皆降，不射者否。初，三耦誘射畢，立堂西，南面，東上；

今衆賓欲射者降，繼三耦立，以次西也。大夫之耦，衆賓爲大夫之上射者，又立于三耦之上東也。人衆地狹，南面不足，則折而東面，以北爲上也。賓與主人、大夫不與衆賓同降，司射先告，比于堂上，至射乃降也。衆賓降畢，立定，司射乃比衆耦，告上射，曰：「某御于子。」告下射，曰：「子與某子射。」不言命辭者，與初比三耦同也。辯，徧通。比耦既徧，遂命三耦遁取矢。司射反立西階東面、司馬北之位也。

按：鄭謂賓、主人、大夫未降，「志在射」，非也。衆賓欲射者，孰不志在射？未降者爲志，則降者爲無志乎？

三耦拾取矢，皆袒決遂，執弓，進立于司馬之西南。司射作上耦取矢，司射反位。上耦揖進；當楅，北面揖；及楅，揖。上射東面，下射西面。上射揖進，坐，橫弓；卻手自弓下取一个，兼諸弣，順羽，且興；執弦而左還旅，退，反位，東面揖。下射進，坐橫弓；覆手自弓上取一个，興；其他如上射。既拾取乘矢，揖句，皆左還，南面揖句；皆少進，當楅南句，皆左還，北面句，搢三挾一个句；揖句，皆左還，上射於右；與進者相左，相揖；反位。三耦拾取矢，亦如之。後者遂取誘射之矢，兼乘矢而取之，以授有司于西方，而后反位。衆賓未拾取矢，皆袒決遂，執弓，搢三挾一个；由堂西進，繼三耦之南而立，東面，北上；大夫之耦爲上。

此正射三耦取矢于楅也。始誘射，三耦與司射共矢二十八个，是三耦餘一乘也。皆收委于楅，故就楅取之。拾取，上射取一，下射取一，彼此更迭至四也。進立，由堂西南面之位東進，立于司馬西南，東向也。三耦進立，司射惟作上耦，餘以次進。作，使也。于上耦前西面作之，既作，反西階下東面之位。上耦出次，東向揖；進當楅，北面揖；楅在堂下庭中，進至楅所揖。二人分東西夾楅：上射立西，東面；下射立東，西面。上射東面揖，進楅所跪，左手執弓弣横楅北。楅直設，加弓爲横。東西以左爲上，右爲下。右手卻向弓下，取楅中矢一个，仰納左手，兼弓弣執之。卻，下而仰也。弣，弓把也。順羽，矢羽在北，右手卻取矢，身左轉向南，羽順在北。東面南爲上，故左轉，順楅前首也。且興，順羽時且起也。執弦，右手執也。退，反楅西東面之位，揖下射進也。下射進，左手執弣，坐横弓，右手自弓上覆取矢，仰納左手。其他兼弣、順羽、左轉、反位，與上射同。獨覆手者，仰則羽在南也。下射左體北轉，西面北爲上，順楅後首也。耦二人各四矢，拾取畢，東西相對揖，皆左還，向南。上射在西，左旋即南；下射在東，左旋自北而東，乃南。皆揖，少進，當楅南，二人東西進至中，皆左還，北向楅，各以三矢插帶間，挾一矢于右手食指間；相揖，又左還，向南，并行，西復位。上射于右，武事尊右也。上耦退，西行，中耦繼進東行。上耦在北，中耦在南，相爲左。進者、退者相遇揖，上耦退，反司馬西南之位。三耦拾取矢畢，楅中餘誘射四矢，第三耦下射兼取，不必拾，以授納射器之有司于堂西，而后反司馬西南之位。三耦外，衆賓未拾取矢，蓋楅中委矢，止給三耦，衆皆如初誘射，授矢堂西，不取于楅中也。

司射作射如初，一耦揖升如初。司馬命去侯，獲者許諾。司馬降，釋弓，反位。司射猶挾一个，去扑，與司馬交于階前，升，請釋獲于賓；賓許。降，搢扑，西面立于所設中之東句，北面句，命釋獲者設中，遂視之。釋獲者執鹿中，一人執筭以從之。釋獲者坐設中，南當楅，西當西序，東面；興受筭，坐實八筭于中，横委其餘于中西句，南末句；興，共而俟。司射遂進，由堂下，北面命曰：「不貫不釋！」上射揖。司射退，反位。釋獲者坐取中之八筭，改實八筭于中，興，執而俟。乃射。若中，則釋獲者坐而釋獲，每一个釋一筭，上射於右，下射於左。若有餘筭，則反委之。又取中之八筭，改實八筭于中；興，執而俟。三耦卒射。

此三耦正射也。作射、揖升，與初誘射儀同。司射自誘射後，改挾一个，至是不釋，恒于教也。去扑，將升見賓也。前誘射，三耦無射獲，故不釋筭；正射筭獲，故請于賓也。釋獲，釋籌于地，計射者所中。獲，射中也。盛筭之器曰中，設于堂下，當西序。司射先立于東，示以設處，使不過東也；北面，使不過南也。視之，示以設中、實筭、釋獲之法，如下所云也。鹿中，中刻木爲鹿形。記云：

「士，鹿中。」筭，籌也。南當楅，楅在庭中，設中與設楅，東西相并，南與楅齊；西當西序，直對也。釋〔一〕獲者設中起，立中西東面，受筭于執筭者，實八筭于中。中制鑿背，可容八筭，一耦八矢，一筭直一矢也。餘筭横委中外西地上，筭末向南也。共、拱同，恭貌。俟，俟射執筭也。不貫，矢不穿布也。禮，射布侯，中必貫布，則釋筭；不中不貫，則不釋。上射受命揖。司射退，反堂西東面之位。釋獲者坐取中内八筭，執以待射，改取中末餘筭八實于中，待再耦也。俟，俟中也。坐而釋獲，釋手内筭于中左右地上也。每一个，謂每中一矢，上射釋于中右，下射釋于中左。八矢不皆中，則筭有餘在手者，反委于中西，與餘筭同處。又取中内八筭，執俟二耦射，更取中末餘筭八實中，備三射也。執而俟，俟二耦中也。三耦言「卒射」，不及射儀，與一耦同也。

賔、主人、大夫揖，皆由其階降，揖。主人堂東袒決遂，執弓，搢三挾一个。賔於堂西亦如之。皆由其階，階下揖，升堂揖。主人爲下射，皆當其物，北面揖，及物揖，乃射；卒，南面揖，皆由其階，階上揖，降階揖。賔序西，主人序東，皆釋弓，説決、拾，襲，反位；升，及階揖，升堂揖，皆就席。大夫袒決遂，執弓，搢三挾一个，由堂西出于司射之西，就其耦。大夫爲下射，揖進；耦少退。揖如三耦。及階，耦先升。卒射，

〔一〕「釋」，原無，今據文義補。

揖如升射，耦先降。降階，耦少退。皆釋弓于堂西，襲。耦遂止于堂西，大夫升就席。衆賓繼射，釋獲皆如初。司射所作，唯上耦。

此賓、主、大夫及衆耦射也。將射，則下堂取弓矢，袒，揖讓，比耦，而后升。賓、主人先射，大夫次之。賓主降，則大夫亦降。皆由其階，謂主人東階，賓與大夫西階也。堂東，堂下東。賓、主人之弓，各倚于其序，矢各在其下，各往于其所，有司各授之也。屢言「皆由其階」，別于衆耦升降同西階也。主人爲下射，下賓也。皆當其物，賓由西階升當右物，主人由東階升當左物也。皆由其階，階上揖，東西降，臨階相揖也。賓序西，主人序東，釋射器，襲衣，各于故處也。反位，反各階下，當序，少立，相待而升也。皆就席，主人就阼階西面，賓就堂上南面也。此以上，賓與主人射之儀也。大夫與賓主同降，止于堂西。賓射畢，大夫乃袒，執射器。由堂西出，受射器于堂西也。衆耦立于司射西南，大夫之耦俱在，故大夫出司射西就之也。大夫爲下射，士爲上射，貴下賤也。揖進，出次揖也。耦少退，士行少後，尊大夫也。揖如三耦，謂堂下三揖，禮與三耦同也。及階，至西階也。耦先升，謂上射先升三等，大夫間等從之。升堂近射事，上射以序得先也。卒射，揖如升射，三揖同也。射禮，堂上下升降皆三揖。耦先降，上射之序也。降階，耦少退，堂下去射遠，尊大夫也。釋弓堂西，反其故處也。耦遂止于堂西，復初立南面之位也。大夫升就席，升堂上南面尊東之席也。此以上，大夫之射儀也。衆賓繼射，皆不言儀，與三耦同也。釋獲皆如初，如三耦也，通上賓、主人、大夫言「皆」也。

司射所作，唯上耦，自二、三耦至賓、主、衆耦以次進，不須作也。

卒射，釋獲者遂以所執餘獲，升自西階，盡階，不升堂，告于賓，曰：「左右卒射。」降，反位，坐委餘獲于中西；興，共拱而俟。司馬袒決執弓，升命取矢，如初。獲者許諾，以旌負侯，如初。司馬降，釋弓，反位。弟子委矢，如初。大夫之矢，則兼束之以茅句，上握焉。司馬乘矢如初。司射遂適西階西，釋弓，去扑，襲；進由中東，立于中南，北面視筭。釋獲者東面于中西坐，先數右獲；二筭爲純，一純以取，實于左手；十純則縮而委之，每委異之；有餘純，則横於下，一筭爲奇，奇則又縮諸純下。興，自前適左，東面坐，兼斂筭，實于左手；一純以委，十則異之，其餘如右獲。司射復位。釋獲者遂進取賢獲，執以升，自西階，盡階，不升堂，告于賓。若右勝則曰「右賢於左」，若左勝則曰「左賢於右」，以純數告；若有奇者，亦曰「奇」。若左右鈞，則左右皆執一筭以告，曰「左右鈞」。降，復位，坐，兼斂筭，實八筭于中，委其餘于中西；興，共而俟。

此正射畢而取矢筭獲也。卒射，謂三耦、賓、主、大夫、衆耦射畢。所執餘獲，謂餘籌在手未釋者。升，盡階，不登堂，禮降于司射、司馬也。左右，上射、下射也。拱而俟，俟司射視筭乃數也。四言「如初」，謂射畢取矢、委楅等，皆與初射同。惟大夫之矢束以茅，使大夫并取，不煩拾取也。握，手執處。束上于握，近鏃勿傷羽也。司馬乘矢，以四數之，如初射也。司射立西階西，東面，今往堂西釋射器也。進由中東，轉南，乃北面視筭。釋筭者于中西東面跪，取中左右所釋筭數之。先數右，尊上射也。東向南爲右。「二筭爲純」以下，皆數法也。純，雙也。一純以取，以雙數取筭于左手執之。執滿十雙，則縮委于地。縮，直也。順中東西爲縮，南北爲横。每委異之，十雙爲一處也。餘純，雙不滿十者，横委于十純下。零一曰奇。有奇，又直委于餘純下。此數右獲之法也。數者起，過中左。東面北爲左。亦東面跪，但右則取筭，數歸左手，左則總收地上筭歸左手，數以委地，其餘縮横，皆與右同。賢，猶勝也。執賢獲，執其勝黨多獲之筭，以告勝也。以純數告，明言勝幾雙，有零數則言勝幾隻。鈞，同也。既告而降，總收地上既數之筭，取八筭實中内，以待再射，委其餘于中西。釋獲者立中西以俟，如初禮也。

按：筭獲之法，槩左右三耦通計勝負。左右非一人，而中有多寡，或全中，或全不中。不中者得隱芘，而多中者蒙枉罰，何以别乎？據罰觶，勝者與不勝者升，是以各耦爲勝負也。逐耦而筭，何至十純？通三耦左右，不過十二矢。本文或有疑誤，不然，何告獲與飲罰殊不相應也？豈筭獲則併三耦，而飲不勝仍分各耦與？

司射適堂西，命弟子設豐。弟子奉豐升，設于西楹之西，乃降。勝者之弟子洗觶，升酌，

南面坐奠于豐上；降，袒執弓，反位。司射遂袒執弓，挾一个，搢扑，北面于三耦之南，命三耦及衆賓：「勝者皆袒決遂，執張弓；不勝者皆襲，説脱決、拾，卻左手，右加弛弓于其上，遂以執弣。」司射先反位。三耦及衆射者皆與其耦進立于射位，北上。司射作升飲者，如作射。一耦進，揖如升射，及階，勝者先升，升堂少右。不勝者進，北面坐取豐上之觶；興，少退，立卒觶；進，坐奠于豐下；興，揖。不勝者先降，與升飲者相左，交于階前，相揖；出于司馬之南，遂適堂西；釋弓，襲而俟。有執爵者。執爵者坐取觶，實之，反奠于豐上。升飲者如初。三耦卒飲。賓、主人、大夫不勝，則不執弓，執爵者取觶，降洗，升實之，以授于席前。受觶，以適西階上，北面立飲；卒觶，授執爵者，反就席。大夫飲，則耦不升。若大夫之耦不勝，則亦執弛弓，特升飲。衆賓繼飲射爵者句，辯句，乃徹豐與觶。

此罰飲不勝者也。豐形似豆，一謂之坫，以大木爲之，取豐厚安重，承罰爵也。楹，梁下柱。酌不授爵，以明罰也。弟子降，袒執弓，其初升袒執弓可知。反位，反于堂西。有執爵者繼酌，故不復升也。三耦卒射降，皆南面立于堂西，勝與不勝者俱在，至是，司射往，北面命之：「勝者袒，執張弓，以示武；不勝者襲，執弛弓，以示不振。卻左手在下仰承，而右手取弛弓加左手上，遂以執弣，兩手并承弓把。」

皆司射之命。反位，反西階東面與司馬并立之位。司射先反，衆隨進也。射位，始序立作射之位，司射與司馬位之西南也。及階，勝者先升，不論上射也。及階乃先，則堂下行猶如初射也。先升，先三等；不勝者從，間一級也。升堂北面，以東爲右。少右，避飲者，使當豐也。立飲，謂不祭不拜，不備禮，示罰也。奠觶于豐下，奠于地，不反于豐上也。不勝者先降，則勝者少後。升後降先，以明罰也。先飲者降，繼飲者升，故交相左，相揖也。下階過司馬位東而南而西，釋弓于堂西，南面東上立，俟終射也。有執爵者，謂勝者弟子既升酌，反位，主人有執爵者繼酌也。賓、主人、大夫不勝飲，不執弛弓，不親取觶，觶必洗，必授之席前，不反奠，殊尊也。然飲不于席，于西階，亦北面，亦立飲，其示罰同也。惟大夫飲，耦不升，賓、主人飲，勝者同升可知。大夫耦飲，大夫不同〔一〕，則賓、主人耦飲同可知。射爵，即罰觶。辯、徧同。

〔一〕「不同」，盛世佐《儀禮集編》卷五、胡培翬《儀禮正義》卷九引作「不升」。按：王文錦先生爲胡培翬《儀禮正義》撰《校勘記》，指出「作『不升』或『不同』，均不可通」，謂：「大夫與其耦射畢，遂先後降階，釋弓于堂西，其耦止于堂西，而大夫升堂就席。及至其耦升飲罰爵，大夫固在座席自若也，焉得謂之不升邪？若作『大夫不同』者，謂大夫飲罰爵與之不同邪？抑謂大夫耦飲大夫不陪同邪？又『賓、主〔人〕耦飲同可知』者，此『同』何謂？『同升』之謂與？抑同于大夫耦飲之禮邪？」（〔清〕胡培翬撰、〔清〕胡肇昕、楊大堉補《儀禮正義》附録王文錦撰《校勘記》，廣西師範大學出版社，二〇一八年，第三三五五—三三五六頁）此說可參。

司馬洗爵，升實之，以降，獻獲者于侯。薦脯醢，設折俎，俎與薦皆三祭。獲者負侯，北面拜受爵，司馬西面拜送爵。獲者執爵，使人執其薦與俎從之；適右个，設薦、俎。獲者南面坐，左執爵，祭脯醢，執爵興；取肺，坐祭，遂祭酒；興，適左个，中亦如之。左个之西北三步，東面設薦、俎。獲者薦右東面立飲，不拜既爵。司馬受爵，奠于篚，復位。獲者執其薦，使人執俎從之，辟設于乏南。獲者負侯而俟。司射適階西，釋弓矢，去扑，説決、拾，襲；適洗，洗爵；升實之，以降，獻釋獲者于其位句，少南。薦脯醢折俎，有祭。釋獲者薦右東面拜受爵，司射北面拜送爵。釋獲者就其薦坐，左執爵，祭脯醢；興，取肺，坐祭，遂祭酒；興，司射之西，北面立飲，不拜既爵。司射受爵，奠于篚。釋獲者少西辟薦，反位。司射適堂西，袒決遂，取弓于階西，挾一个，搢扑，以反位。

此獻獲者與釋獲者。獲者受命于司馬，故司馬主獻。獲者負侯，故就侯所獻之。三祭，謂祭侯左、右、中。俎之肺與脯之半膱，皆用三。右个，侯北向，以東爲右，偏側爲个。獲者因侯受獻，故祭侯。南面坐，侯北向也。左个，侯西偏。中，侯中間。侯形四肢牽掣，故左、右、中間，宛轉祭之。三祭畢，移薦、俎，設于侯西北三步。東面立飲，盡爵不拜，禮簡也。獻畢，司馬受爵，奠于篚，北行，復位。獲者亦移薦、俎北行，設于乏南。乏在侯西北十六步有奇。辟、避通。不當乏前，避舉旌、偃旌也。

負侯而俟，俟終射也。此以上，獻獲者也。其釋獲者聽命于司射，故司射主獻。其位在中之西，東面。薦、俎設于其位之南。薦右，薦西也。就其薦坐，即薦西坐祭，起，立于司射之西，北面立飲。司射亦北面立，當薦南。釋獲者與司射并立在西，司射在東也。獻畢，釋獲者西行避薦，反于薦北東面之位。

按：獲者〔一〕與釋獲者分卑，而獻爵、薦俎之禮均。蓋射以侯爲主，以中爲賢，獲者司侯，釋獲者司中，敬其事，因重其人。雖以歌工、笙師爵無不徧，獻無不拜；旅酬終燕，雖主人之贊亦與焉。古人飲食之際，情至禮恭如此，可以達禮之義矣。

司射去扑，倚于階西，升請射于賓，如初。賓許。司射降，搢扑，由司馬之南適堂西，命三耦及衆賓：「皆袒決遂，執弓就位！」司射先反位。三耦及衆賓皆袒決遂，執弓，各以其耦進，反于射位。司射作拾取矢。三耦拾取矢如初，反位。賓、主人、大夫降揖如初。主人堂東，賓堂西，皆袒決遂，執弓，皆進階前揖，及楅揖，拾取矢如三耦。卒，北面搢三挾一个，揖退。賓堂西，主人堂東，皆釋弓矢，襲；及階揖，升堂揖，就席。大夫袒決遂，執弓，就其耦；揖，皆進，如三耦。耦東面，大夫西面。大夫進，坐說脱矢束，興，

〔一〕「者」，原無，今據文義補。

反位。而后耦揖進，坐兼取乘矢，順羽而興，反位，揖。大夫進坐，亦兼取乘矢，如其耦；北面搢三挾一个，揖退句。**耦反位。大夫遂適序西，釋弓矢，襲；升即席。衆耦**〔一〕**繼拾取矢，皆如三耦，以反位。**

此終射取矢于楅也。司射與司馬并立西階西東面，司射在北，將適堂西，乃出司馬之南而西也。時三耦及衆賔〔二〕皆在堂西南面立，司射往，北面命之，使就射位。司射既命，先反位。衆隨之進，各以其耦，謂上射先，下射從也。射位，即司馬西南東面之位。立于此，而後升堂射，故謂射位。云「反」者，初射立此，今復于此也。司射作拾取矢者，就射位西面使之也。惟作初耦，其餘以次進也。前射委楅唯二十八矢，故三耦拾取，餘皆取諸堂西。今賔、主、大夫、衆耦矢皆委楅，故自三耦至衆賔，皆取矢于楅。三耦爲正，先拾如初，反射位。賔、主耦繼進，主自堂東，賔自堂西，進至東西階相俟，南面相揖行也。卒，北面，謂拾取矢畢，北面向楅搢矢也。揖退，謂賔主皆北面揖，左還，退，如初也。賔主既拾取矢，各就堂東西脱射器，升堂就席待射，不與衆同立射位也。大夫耦繼進，大夫爲下射，其耦爲上射，立于堂西，故大夫袒決遂，往堂西就之也。揖，進，如三耦，并行，不如初升降上射少

〔一〕「衆耦」，閩本及《儀禮》諸版本皆作「衆賓」。按：注内複述經文同作「衆耦」，知其原稿如此，故仍之。

〔二〕「賔」，原無，今據經文補。

退也。耦東面，上射立楅西也；大夫西面，下射立楅東也。大夫矢以茅束委楅，欲其兼取；至是，大夫坐而脱之，欲與衆拾取也。説、脱通。既起，反西面之位。其耦揖，進楅前，坐兼取四矢，順羽左轉興，不欲煩大夫拾。故大夫亦進跪，兼取四矢，北面搢三挾一，揖退，禮與衆同，詳前。其耦反射位，大夫獨適堂西，暫脱射器，升堂即席，與賓主同。衆耦繼之，拾取與三耦同。反位，反射位也。

司射猶挾一个以進，作上射如初。一耦揖升如初。司馬升，命去侯，獲者許諾。司馬降，釋弓，反位。司射與司馬交于階前，去扑，襲；升，請以樂樂于賓。賓許諾。司射降，搢扑，東面命樂正，曰：「請以樂樂于賓，賓許。」司射遂適階間，堂下北面命曰：「不鼓不釋！」上射揖。司射退反位。樂正東面命大師，曰：「奏《騶虞》，間若一。」大師不興，許諾。樂正退反位。乃奏《騶虞》以射。三耦卒射，賓、主人、大夫、衆賓繼射，釋獲如初。卒射，降。釋獲者執餘獲，升，告左右卒射，如初。

此終射作樂以射也。衆既取矢，司射進射位，作一耦上射使升。司馬命去侯，如初。司射請以樂樂，言以樂相樂，非止樂賓也。樂正先還東階下北面立，今司射降西階下東面，以賓命命之。又適兩階間庭中，北向堂上命上射曰「發矢不與鼓節相應，雖中不釋筭」，即所謂「無獵獲」也。上射揖，受命。鼓以節歌，鄉射樂歌五終，鼓五節。每耦八矢，每節二矢拾發，八矢四節，多一初節以聽也。矢行應節，而中比于樂，射之善也。樂正東面命大師，大師西面坐，樂正自北面轉向命之也。《騶虞》，《國風·召南》篇名。奏，以鼓奏歌。間，猶節也。若一，謂五節均調，長短希數如一。大師不興，坐而應，瞽不備禮也。乃奏《騶虞》以射，謂三耦、賓、主、大夫至衆耦，皆以樂射也。

按：《周禮·射人》：王射以《騶虞》。今鄉射用王樂，則是士、大夫用天子樂也。鄭引《射義》云「《騶虞》，樂官備」，謂用此以樂賢，附會之説。總之，《詩三百》皆可弦歌，而《國風》《小雅》上下通用。天子歌《騶虞》，不必天子獨用也。

司馬升，命取矢，獲者許諾。司馬降，釋弓，反位。弟子委矢，司馬乘之，皆如初。司射釋弓、視筭，如初。釋獲者以賢獲與鈞告，如初。降，復位。司射命設豐，設豐、實觶如初；遂命勝者執張弓，不勝者執弛弓，升、飲如初。

此終射畢，取矢筭獲，罰飲不勝也。禮各如初，但釋獲者不復「實八筭于中」，以射事終也。

司射猶袒決遂，左執弓，右執一个，兼諸弦，面鏃；適堂西，以命拾取矢，如初。司射反位。三耦及賓、主人、大夫、衆賓皆袒決遂，拾取矢，如初；矢不挾，兼諸弦弣以退，不反位，遂授有司于堂西。辯拾取矢，揖，皆升就席。司射乃適堂西，釋弓，去扑，說決、拾，襲，反位。司馬命弟子説侯之左下綱而釋之，命獲者以旌退，命弟子退福。

司射命釋獲者退中與筭，而俟。

此射畢授射器于有司也。執一矢，兼諸弦，示不用也。凡矢將用，於指間挾之；不用，并弦弣執之。面鏃，鏃向内也。矢用則北括，内羽外鏃，不用反是。適堂西，謂射耦既降，皆復立堂西南面之位。司射命各拾取既用之矢，還有司也。有司，即初誘射授弓矢之有司。辯、徧通，衆拾取徧也。賓、主、大夫以下席在堂上者，皆復升。司射、司正皆弟子輩，卒事，皆反堂下初立之位。凡侯，未射，左下綱不繫，掩束之；將射，脱束繫之；射畢，又脱繫復掩之。命獲者與釋獲者，皆司馬命之。退，皆退于堂西。俟，俟旅酬也。

司馬反爲司正，退，復觶南而立。樂正命弟子贊工即位。弟子相工，如其降也，升自西階句，反坐句。賓北面坐取俎西之觶，興，阼階上北面酬主人。主人降席，立于賓東。賓坐奠觶，拜，執觶興；主人答拜。賓不祭，卒觶，不拜，不洗；實之，進東南面。主人阼階上北面拜，賓少退。主人進受觶句，賓主人之西句，北面拜送。賓揖，就席。主人以觶適西階上酬大夫；大夫降席，立于主人之西，如賓酬主人之禮。主人揖，就席。若無大夫，則長受酬，亦如之。司正升自西階，相旅，作受酬者，曰：「某酬某子。」受酬者降席。司正退立于西序端，東面。衆受酬者拜、興、飲，皆如賓酬主人之禮。辯，遂酬在下者，皆升，受酬于西階上。卒受者以觶降，奠于篚。司正降復位。

此射畢復飲，舉旅酬也。初司正揚觶，退立于中庭觶南，未旅而射，改爲司馬；今射畢旅行，復爲司正，仍立觶南，以監旅也。樂正初自西階命弟子贊工遷東階下避射，今射畢，復命弟子贊工升西階東，北面坐如初。如其降，謂如降往東階時，左荷右相也。不言樂正者，正樂告備，則降立堂下，今工反而樂正仍立階下縣間可知也。「賓北面坐取觶」以下，皆旅酬之事，與《鄉飲酒》同。俎西之觶，先一人所舉以酬賓，賓奠之薦西者也。主人酬大夫，與《鄉飲》酬介禮同，解見前。長，衆賓之長。《鄉射》無介而有三賓，以長幼之序受酬也。相旅，相視旅酬。賓、主、大夫酬畢，司正升，防卑幼失禮也。某，謂酬者。某子，謂受酬者。稱子以尊之，達酬者之敬也。司正退立序端，避後升也。在下，謂子弟輩立堂下者。卒受者，謂末一人。司正降復位，降反庭中觶南之位也。

使二人舉觶于賓與大夫。舉觶者皆洗觶，升實之，西階上北面，皆坐奠觶，拜，執觶興。賓與大夫皆席末答拜。舉觶者皆坐祭，遂飲，卒觶，興，坐奠觶，拜，執觶興。賓與大夫皆答拜。舉觶者逆降，洗，升實觶，皆立于西階上，北面，東上。賓與大夫拜。舉觶者皆進，坐奠于薦右。賓與大夫辭，坐受觶以興。舉觶者退，反位，皆拜送，乃降。

賓與大夫坐，反奠于其所，興。若無大夫，則唯賓。司正升自西階，阼階上受命于主人，適西階上，北面請坐于賓。賓辭以俎。反命于主人，主人曰：「請徹俎。」賓許。司正降自西階，階前命弟子俟徹俎。司正升，立于序端。賓降席，北面。主人降席自南方，阼階上北面。大夫降席，席東南面。賓取俎，還旋授司正。司正以降自西階，賓從之降，遂立于階西，東面。司正以俎出，授從者。主人取俎，還授弟子。弟子受俎，降自西階，以東。主人降自阼階，西面立。大夫取俎，還授弟子；弟子以降自西階，遂出授從者；大夫從之降，立于賓南。衆賓皆降，立于大夫之南，少退，北上。主人以賓揖讓，説脱屨，乃升。大夫及衆賓皆説屨，升，坐。乃羞。無筭爵。使二人舉觶。賓與大夫不興，取奠觶飲，卒觶，不拜。執觶者受觶，遂實之。賓觶以之主人，大夫之觶長受，而錯，皆不拜。辯，卒受者興，以旅在下者于西階上。長受酬，酬者不拜，乃飲，卒觶，以實之。受酬者不拜受。辯旅，皆不拜。執觶者皆與預旅。卒受者以虚觶降，奠于篚；執觶者洗，升實觶，反奠于賓與大夫。無筭樂。

此旅酬畢，徹俎坐燕以終也。使二人舉觶，司正使也。二人，主人之贊者。正禮既成，時久賓勞，主人欲安賓坐燕，先使二人舉觶再酬，與《鄉飲禮》同，解見前。賓、大夫辭，不即飲者，先已一人舉觶酬矣，今主人殷勤有加，客不欲盡主人之懽，奠于其所，而主人遂請徹俎以安賓，解見《鄉飲酒》。再言「使二人舉觶」，即使前二人申請前未飲之觶奠薦右者，賓與大夫乃取而飲之。禮，凡坐卒爵，必拜既爵。此爲燕坐，故卒觶皆不拜。執觶者，即二人。賓、大夫既飲，二人受觶，實酒。賓觶以酬主人，大夫觶以酬衆賓之長者，即席間受之，交錯以徧，皆坐不拜。賓、主、大夫、衆賓席間相酬徧，末受者起席，往西階上酬賓主之黨在堂下者。衆賓之末酬主黨，大夫之末酬賓黨，皆其長先受，以次相及。酬者不拜，受酬者亦不拜，徧旅皆然。執觶者，主人之黨，皆與酬，則酬無不及矣。卒受者以虚觶降堂下，奠于篚。執觶者取所奠觶洗，升酌，復奠于賓、大夫席前，即無筭爵也。無筭樂，不限三終也。

按：禮文多互舉。未射以前舉觶云「一人」，以無大夫言也；有大夫則亦二人可知，故繼云「大夫若有遵者」。射以後舉觶云「二人」，以有大夫言也；無大夫則亦一人可知，故繼云「若無大夫，則唯賓」。凡旅同賓主，故觶必用二。

賓興，樂正命奏《陔》。賓降及階，《陔》作。賓出，衆賓皆出，主人送于門外，再拜。此禮畢送賓也。《陔》，樂章，《九夏》之一。陔，戒也，言有階級不陵亂也，解見《鄉飲酒禮》。

明日，賓朝服以拜賜于門外，主人不見。如賓服，遂從之，拜辱于門外，乃退。主人釋服句。乃息司正。無介。不殺。使人速。迎于門外，不拜；入，升。不拜至，不拜洗。

薦脯醢，無俎。賓酢主人，主人不崇酒，不拜衆賓；既獻衆賓，一人舉觶，遂無筭爵。無司正。賓不與。徵唯所欲，以告於鄉先生、君子可也。羞唯所有。鄉樂唯欲。

此射之明日相報謝也。朝服，禮服。主人不見，凡拜賜無相見也。遂從之，主人即從賓後，往謝賓。拜賓于門外，謝辱臨也。主人釋服，解見前篇。無介，獨司正爲賓也。使人速，不親速也。《鄉飲》云「不殺」，此云「無俎」，俎亦有乾肉者，《士冠》《士虞》是，今并無也。主人不崇酒，則賓不告旨可知。射飲獻衆賓後，一人舉觶乃旅酬，又二人舉觶乃無筭爵；今一人舉觶，即無筭爵矣。無司正，惟擯者耳。賓不與，謂昨日射禮之賓不與。餘見前。

記○大夫與預，則公士爲賓。○使能，不宿戒。○其牲，狗也；亨于堂東北。○尊綌幂，賓至徹之。○蒲筵，緇布純。○西序之席，北上。○獻用爵，其他用觶。○以爵拜者，不徒作。○薦脯用籩，五膱職，祭半膱，横于上；醢以豆，出自東房。膱長尺二寸。○俎由東壁，自西階升。賓俎：脊、脅、肩、肺。主人俎：脊、脅、臂、肺。肺皆離。皆右體也，進腠。○凡舉爵，三作而不徒爵。凡奠者於左，將舉者於右。○衆賓之長，一人辭洗，如賓禮。若有諸公，則如賓禮，大夫如介禮；無諸公，則大夫如賓禮。樂作，大夫不入。○樂正，與立者齒。三笙一和而成聲。獻工與笙，取爵于上篚。既獻，奠于下篚。其笙，

則獻諸西階上。〇立者，東面，北上。〇司正既舉觶，而薦諸其位。

自此至終篇襍記前文之未備，而此一節與《鄉飲酒禮記》大同。鄉射禮賔主皆鄉之處士，若有鄉大夫與射，則鄉之爲公士者爲正賔，不以鄉人加尊者也。公士，公朝之士。西序之席，謂衆賔之長三人席堂上者。北上，順西序東面，自北而南也。薦脯用籩，乾物實于竹器也；醢以豆，濡物實于木器也。膱，脯也。五膱，猶《鄉飲記》云「五挺」。半膱横其上，待祭也。諸公，大國之孤卿，爵大夫上。三笙一和，謂三人吹笙，一人歌以和之也。上篚在堂上，下篚在堂下。獻獲者與釋獲者取下篚之爵。餘解見前篇。

按：天子上公九命，諸侯之最貴者。鄉人行禮，安得有公在？周之衰也，名器無等，諸侯僭王，而其臣皆比于天子，稱諸公，如楚巫臣稱申公、沈諸梁稱葉公之類。故《儀禮》之文，非先王之舊矣。「三笙一和」，鄭據《爾雅》「笙小爲和」。《爾雅》多後人附會，三大笙，一小笙，于義何取？豈四笙并吹，無一歌者乎？朱元晦謂「笙有聲無辭」，本此。

三耦者，使弟子。司射前戒之。〇司射之弓矢與扑，倚于西階之西。〇司射既袒決遂而升，司馬階前命張侯，遂命倚旌。

射者三耦居先，必使弟子爲之，以司射將教之也。未旅酬先，司射預戒，所謂「未旅，三耦俟于堂西」，是也。司射弓、矢、扑皆倚于西階前，升降便也。司射袒決遂而升，即前「請射于賔」之時。

司馬階前命張侯，命倚旌，乃在司射比耦之後，此云司射升，司馬遂命，申明前言所未備也。

凡侯，天子熊侯，白質；諸侯麋侯，赤質；大夫布侯，畫以虎豹；士布侯，畫以鹿豕。凡畫者，丹質。○射自楹間，物長如笴槀**，其間容弓，距隨長武。序則物當棟，堂則物當楣。**

熊侯、麋侯，侯以熊、麋皮爲鵠，外仍布。質，正也。侯中曰鵠，鵠心曰正。虎豹、鹿豕，則純用布，但畫其形耳。其正色皆丹。淺赤曰丹。楣下柱曰楹。兩楹之間，堂、序中央也。畫兩楹間地爲左右物，射者二人，分立物中，南向以射。物長如笴，矢幹曰笴，長三尺，與人步一跬相應。三尺爲跬，六尺爲步。從長半步，不言横，同也。其間，謂兩物相去，中間可容弓。六尺曰弓，即一步也。兩人麗立，中空一步，以便射也。左足先履物，拒其外曰距，右足來合曰隨，足迹曰武。武長尺有奇，兩足收斂迫狹，方可一武也。堂、序，解見前。棟，脊梁也。楣，檐上横梁。序淺堂深，棟當堂中央，楣則檐宇下矣。

按：《周禮·天官·司裘》云：王射，虎侯、熊侯、豹侯；諸侯，熊侯、豹侯；卿大夫，麋侯。《夏官·射人職》云：士豻侯。皆與此異。或云：彼大射，此鄉射。然不應大夫、士鄉射用天子物也。鄭謂「虎豹」「鹿豕」，一侯畫二物，臣數用偶，鑿説也。畫虎則無豹，畫鹿則無豕。

命負侯者，由其位。○凡適堂西，皆出入于司馬之南。唯賓與大夫，降階遂西句**，取弓矢。**

命獲者負侯，司馬命也。由其位，謂不出位遥命之，命賤者之禮也。司馬立于西階下西南，東面。

凡司射、三耦、衆耦往來堂西，皆由司馬之南而西。惟賓與大夫取弓矢于堂西，下階即折而西，不由司馬之南。尊者可直，遂不出卑者之下也。賓、大夫非取弓矢，不往堂西，故申明之。

旌，各以其物。無物，則以白羽與朱羽糅句**，杠長三仞，以鴻脰韜上，二尋。○凡挾矢，於二指之間横之。**

《周禮·春官·司常》云：析羽爲旌，雜帛爲物，大夫、士建物。《春秋傳》曰：「采謂之物。」無物，謂士之未命者。旌無帛，則不得畫物。糅，雜也。杠，旌竿。八尺曰仞，亦曰尋。以白朱二色羽雜綴竿首。竿長三仞，二丈四尺也。鴻，大鴈，長頸。脰，頸也。韜，以綃籠杠如鴈頸。三分其竿，韜上二尋，爲一丈六尺，餘下不韜者八尺也。挾、夾同。二指，食指、中指也。大指與食指間亦謂夾。夾者，或一矢，或四矢。二指，或左或右，皆是。

司射在司馬之北。司馬無事不執弓。○始射句**，獲而未釋獲**句**；復**句**，釋獲**句**；復**句**，用樂行之。○上射於右。**

司射、司馬位，并立西階下，東面，而司射在司馬之上。司射常執弓挾矢，司馬攝職，惟有事升堂乃執弓。始射，謂初誘射，雖中不釋筭計獲。復，謂二翻射，乃筭獲。復，用樂，謂三翻射，乃用樂。行，行射也。位以左爲尊，耦以上射爲尊，而上射立右物者，賓階在西，禮統于賓，武事尚右，侯在南，右爲左也。

楅，長如笴，博三寸，厚寸有半，龍首，其中蛇交，韋當。楅：髤休，横而奉之，南面坐而奠之，南北當洗。

楅以受矢，其長如之，三尺也。博三寸，其寬也。厚寸有半，其深也。龍首，刻首爲龍形也。中，謂腹受矢處。蛇，猶龍也。兩龍顛倒，交合併腹，首居兩端。韋，皮也。當，中也，與「襠」通。中衣袴曰襠。兩腹各半圜，交處脊起如衣襠。撫矢乘之，則分委兩腹，以韋鞔之，如襠衣也。髤，漆也。横奉，兩手横舉也。奠，安置中庭也。南北當洗，洗在庭東，楅與洗東西相對，爲南北之節也。

射者有過則撻之。○衆賓不與去聲射者，不降。○取誘射之矢者，既拾取矢，而后兼誘射之乘矢而取之。○賓、主人射，則司射擯句，升降卒射，即席而反位，卒事。

有過，謂進退失儀。撻之，謂司射以扑擊之也。衆賓席于堂上，與射則降，不與射則觀禮堂上，不降也。取誘射之矢，謂二翻射三耦末一人兼取楅中誘射四矢歸堂西。前文已具，此復記者，明先取己四矢畢，退更進也。擯，相禮也。賓與主人射，降拾取矢，升；及射又降，揖升；卒射又降，釋弓矢，升；即席反位，以至卒事，皆司射爲擯相也。

按：鄭注「射者有過」謂揚矢中人，非有傷人之心，故輕其刑，撻之于庭，非也。士君子以禮樂射，萬無傷人之事，有則必非無心，豈司射之楚可謝其罪乎？司射無官守，焉能討罪人用輕刑？蓋附會「無射獲！無躐獲」之解，而不知兩謬也。

鹿中：髤，前足跪，鑿背容八筭。釋獲者奉之，先首。○大夫降，立于堂西以俟射。大夫與士射，袒纁襦。耦少退于物。司射釋弓矢句，視筭句，與獻釋獲者句，釋弓矢。

中以盛筭，刻爲鹿形。奉之，先首，首居前也。大夫將射，先降立堂西，不與衆并立射位。堂西則南面，射位則東面也。袒，露左臂也。纁，赤色。襦，裏衣。袒禮衣，見襦，不肉袒也。大夫射于君所，而后肉袒。耦，謂士爲大夫耦，則士居右物爲上射，每既發一矢，輒少退，避尊也。司射主射，故終事不釋弓矢；未終事釋弓矢，惟視筭、獻釋獲者則然。蓋視筭，衆方射畢，事少間，獻則洗酌拜，必暫去弓矢也。

禮射不主皮。主皮之射者，勝者又射，不勝者降。○主人亦飲于西階上。○獲者之俎，折脊、脅、肺、臑儒。東方謂之右个。釋獲者之俎，折脊、脅、肺。皆有祭。○大夫說矢束，坐說之。○歌《騶虞》，若《采蘋》，皆五終。射無筭。○古者於旅也語。凡旅，不洗。不洗者，不祭。既旅，士不入。○大夫後出。主人送於門外，再拜。

禮射，即鄉射、大射之類，張侯射之，禮讓爲主，崇文德也。主皮，張獸皮射之，貫革爲主，如《周禮·司弓矢職》云「射甲革、椹質」，尚勇也。子云「射不主皮，爲力不同科，古之道」，是也。皮與熊、麋、虎、豹皮侯異。此所謂皮，無尺度，惟獸皮堅厚者，射之能貫者勝，不能貫者爲不勝。勝者更與射，不勝者即不復與射，不如禮射再三揖讓升降也。主人位阼階，若受罰爵，亦與衆同飲于西階上。獻獲者之俎，折牲體脊、脅、肺與臑爲之。臂下骨曰臑。獲者之俎視釋獲者加臑，以祭侯左、右、中三處也。東方，侯東邊，北向東爲右，解見前。皆有祭，通獲者言也。大夫説矢束，解見前。《騶虞》《采蘋》，《國風》，《詩》篇名，凡鄉樂皆用之。五終，即五節，解見前。射無筭，言衆賔欲與射，唯所欲，無定數也。於旅也語，謂旅酬時衆始交語，前此靜默爲敬。言古，見今不然也。不洗，不祭，情洽禮殺也。既旅，燕將終，故士不宜入。大夫後出，與後入義同，使主人得各盡其敬，而賔與大夫得各伸其尊也。

鄉侯，上个五尋，中十尺。侯道五十弓，弓二寸以爲侯中。倍中以爲躬。倍躬以爲左右舌。下舌半上舌。箭籌八十，長尺有握，握素。楚扑長如笴，刊本尺。

鄉侯，鄉射之侯，以布爲之。上个，上邊横幅。八尺曰尋。五尋，横亘四丈也。中，中幅，侯心也。十尺，方一丈也。侯中心，視侯道遠近爲廣狹。鄉侯去射位五十弓，故侯中十尺。每弓以二寸爲侯中，一弓二寸，五十弓二五十尺也。躬，侯身，謂中心之上下。倍中，謂上下各二丈。舌，即个也。倍躬，謂四丈，即「上个五尋」也。以其東西各長出一丈，故謂之舌，以屬綱也。下舌，謂下邊横幅。半上舌，謂上舌左右出躬一丈，則下舌出躬五尺，横長三丈也。箭，小竹。籌，即筭。每耦八筭，以十耦爲率，八十也。握，手把處，猶膚也。何休《公羊注》云：「側手爲膚。」膚四指，指寸，握四寸。長尺有握，長一尺四寸也。握素，謂手捉處刊削使素，握外加髹飾也。楚，荆也。楚爲扑，其長如矢，三尺也。刊本尺，謂削扑手執處盈尺也。

按：侯形像猴，猴性善伺候，取立以伺射也。猿猴臂長，上兩舌如舒臂，下兩舌稍短如足，性黠捷，善援矢，故射以像之。禮家言射中者得爲諸侯，《考工記》因爲「寧侯」「不寧侯」之辭，非古人尚象之義。鄭解「弓二寸以爲侯中」云弓「骹中之博」，非也。

君射，則爲下射。上射退于物一笴，既發，則答君而俟。君，樂作而后就物。君，袒朱襦以射。小臣以巾執矢以授。若飲君句，如燕句，則夾爵。君，國中射，則皮樹中，以翿旌獲，白羽與朱羽糅；於郊，則閭中，以旌獲；於竟，則虎中，龍旜。大夫，兕中，各以其物獲。士，鹿中，翿旌以獲。唯君有射于國中，其餘否。君在，大夫射，則肉袒。

君與臣射，則君爲下射，與大夫爲士下射義同，貴下賤也。上射與君耦立，退物一笴，不敢履物中與君并也。上射先發，每發一矢，轉身向君，以待君發。答，猶向也。君樂作而后就物，爲耦者先就物待也。君射袒朱襦，爲耦者肉袒也。君不搢矢，臨射，小臣以巾襲矢，執授君也。飲君，謂君不勝當飲，則耦勝者如燕禮，賔媵觶，先自飲，奉君，君飲，又酌自飲，故曰「夾爵」也。國中，城中也。君燕射于國中。皮樹，馬也。馬皮毛斑駁如樹。《易・説卦》云：乾爲駁馬。《詩》云：山有六駁。榆樹有蘚痕如駁，刻中爲駁馬，故云「皮樹」。翿，以鳥羽飾旌也。獲，謂執翿旌唱獲也。白羽、朱羽糅而雜之，即上所謂「杠長三仞，以鴻脰韜上，二尋」者也。於郊，大射於郊外。閭、驢通，刻中爲驢形也。旌，旌之有物者。於竟，與鄰國君射於境上也。會同尚文，刻中爲虎，畫旌帛爲龍。單帛曰旜。大夫以物獲，旌用雜帛也。士翿旌，與君國中旌同。無物有羽，故謂之翿，而制或有差等耳。唯君有射于國中，臣無射于國中，近朝市，不恭也。大夫與君射則肉袒，不袒纁襦，疑于君也。

按：弓矢，五兵之屬。射者，殺人之事。事之争者，射爲甚。子云：「君子無所争，必也射乎！」射而争，君子不免。羿、奡、逢蒙之濟惡，夫非以射與？古人制爲斯禮，委曲周詳，其慮深遠，善學者，達其義可也。若夫朝服而彎弓，揖讓而袒臂，于文亦未甚稱。命侯取矢，五十步之内非遥，而登堂揚弓，疾呼至再。終射時久，列席未徹，而薦右一觶，直待三射畢，登席復舉。獲者之俎，委諸道旁，列饌成塵，人不可飲食矣。至于拾矢于楅，郤手覆手，如斯之類，虛文多而實意少，强世而行，其失也勞。故夫禮也者，非徒習其節文，達制作之義而已矣。

儀禮節解卷五終

儀禮節解卷六

郝敬　解

燕禮第六

燕禮者，諸侯與其臣燕飲之禮。

燕禮：小臣戒與去聲者。膳宰具官饌于寢東。樂人縣玄。設洗篚于阼階東南句，當東霤；罍水在東，篚在洗西句，南肆句。設膳篚在其北，西面句。司宮尊于東楹之西，兩方壺，左玄酒，南上句。公尊瓦大泰兩句，有豐句，冪用綌若錫句，在尊南句，南上。尊士旅食于門西，兩圜壺。司宮筵賓于户西，東上，無加席也。

此將燕陳設也。小臣，《周禮》大僕之屬，諸侯亦有之。戒，猶宿也。與，與燕諸臣，未定爲賓，皆曰與。膳宰，掌治膳羞。具，備也。官饌，猶言官府酒饌。寢東，路寢東房，《鄉飲》亦云「東壁」，云「左房」，養由東出也。縣，縣鐘磬之屬，備作樂也。洗以盥濯，篚以承爵觶。阼階東南，謂東階下之南，即《鄉飲酒禮》所謂「南北以堂深」也。霤，檐際也。雨水下溜，謂之霤。當東霤，《鄉飲酒禮》所謂「東西當東榮」也。罍水，以罍注水，所以沃洗，在洗與篚之東；篚在洗西，三物并陳也。南肆，向南陳。此篚實諸臣飲器，取南面之義。膳篚實君飲器，在其北，西向陳，君席西面也。司宮，掌宮内之事。尊，設酒尊。東楹之西，堂上近中也。兩方壺，一酒一玄酒，皆以飲諸臣。左玄酒，水居壺南也。南爲上，上玄酒也。公尊，君飲之尊。瓦大，即瓦甒。兩，亦一酒一玄酒。豐形如豆，木爲之，取豐重安穩，承瓦大也。冪，覆尊之巾。綌，粗葛也。錫，麻布之洗治光澤者。在尊南，謂兩瓦大在兩方壺南。南爲上，上瓦大也。士旅食，謂衆士食廩于官者，《周禮》謂府、史、胥、徒，《孟子》謂「庶人在官者」也。設尊門内西，兩圜壺，皆酒也。筵賓，設賓席。室户西牖間，客位也。東上，統于主也。加席，席上更加坐席，尊者之禮。君在，賓無加席也。

按：鄉飲射儀二篚，一陳堂上，一陳堂下。此二篚皆堂下，臣行禮堂下，取爵便也。

射人告具。小臣設公席于阼階上，西鄉向。設加席，公升，即位于席，西鄉。小臣納卿大夫，卿大夫皆入門右，北面，東上。士立于西方，東面，北上。祝、史立于門東，北面，東上。小臣師一人在東堂下，南面。士旅食者立于門西，東上。公降，立于阼階之東南，南鄉句，爾卿，卿西面北上；爾大夫，大夫皆少進。射人請賓。公曰：「命某爲賓。」射人命賓。賓少進，禮辭。反命，又命之。賓再拜稽首，許諾。射人反命。賓出，立于門外，東面。公揖卿大夫句，乃升，就席。小臣自阼階下，北面，請執冪者與羞膳者。乃命執冪者，執冪者升自西階，立於尊南，北面，東上。膳宰請羞于諸公卿者。射人納賓。賓入，及庭，公降一等揖之。公升，就席。賓升自西階。主人亦升自西階，賓右北面，至再拜；賓答再拜。

此君與諸臣即位迎賓也。《周禮·夏官·射人》掌公、孤、卿、大夫之位，而燕飲用射，故陳設既具，則射人告于君。設加席，公升，謂公臨升更加重席也。初言「西鄉」，設席也；再言「西鄉」，公立也。小臣納卿大夫，以公命引入也。入門右，外來東爲右。北面，向君也。東上，君在東階，諸卿以序立而西也。士立西方，堂下西也；東面，向君也；北上，自北以序立而南也。祝以辟除，史以稽察，皆立于門内之東，隨君方也；北面，朝君也；東上，以序立而西也。小臣師，小臣之長。東堂下，近君聽使令也。士旅食者立于門内西，東上，北面，以次并立而西也。公降，下阼階也。爾、邇同，近也。君降階迎，卿、大夫皆進立庭下。卿始入門右北面，今轉西面北上，以次立而南，待獻而後升也。大夫皆少進，立庭下，北面東上如故，不西面，别于卿也。不言士，無席堂上也。請賓，請君命誰爲賓也。命某，命大夫也。卿不爲賓，嫌逼也。賓出，以賓禮更入也。公揖卿大夫，公將升，揖也。乃升，君升阼階也。就席，君先就席也。請執冪，請君命執瓦大之冪者。羞膳，進君酒者。言「命執冪」，不言「命羞膳」，文省也。燕主酒，而羞膳者無常位，執冪者階上北面，特表之也。羞于諸公卿，進諸公卿酒者。主人，宰夫也。《燕義》云：「設賓主，使宰夫爲獻主。」《周禮·天官·膳夫職》亦云：「王燕飲酒，則爲獻主。」王膳夫上士，則諸侯宰夫亦士。士代君主，猶孫爲王父尸也。士立西方，故賓西升，主人亦從之升。下文云「薦主人于洗北，西面」，則主人席堂下東也。賓右，主人居賓右，北面東爲右也。至，賓至也。再拜，主人拜至也。

按：鄭謂羞膳者「不升堂，自堂東升自北階，房中西面南上」，鑿説也。斯禮本公燕臣，而稱臣亦曰「諸公」，是用王禮也。惟王臣有公，諸侯之臣稱公，自季世始。王燕飲，使膳夫主獻，此一人之禮，未聞諸侯也。飲臣而不自主，賓大臣而主以士，簡也。天子尊無二上，臣代主可，諸侯用之，泰也。昔齊景公用斯禮饗魯昭公，以臣待魯侯，而以王自處，昭公所以去之。世儒定以爲諸侯燕禮，不亦好大之過與？議禮者不可不辨也。

主人降洗句，洗南，西北面。賓降，階西，東面。主人辭降，賓對。主人北面盥，坐取觚洗；賓少進，辭洗。主人坐奠觚于篚，興對。賓反位。主人卒洗。賓揖，乃升。主人升。賓拜洗。主人賓右奠觚答拜，降盥。賓降，主人辭，賓對。卒盥。賓揖升。主人升，坐取觚。執冪者舉冪，主人酌膳，執冪者反冪。主人筵前獻賓。賓西階上拜，筵前受爵，反位。主人賓右拜送爵。膳宰薦脯醢。賓升筵。膳宰設折俎。賓坐，左執爵，右祭脯醢；

奠爵于薦右，興；取肺，坐絶祭，嚌之，興，加于俎；坐挩（帨）手，執爵，遂祭酒，興；席末坐啐酒，降席，坐奠爵，拜，告旨；執爵興。主人答拜。賓西階上北面坐卒爵，興；坐奠爵，遂拜。主人答拜。

此主人獻賓也。洗在堂東下，宰夫降西階，往就洗南，西北面，向賓也。賓降西階，東面立。主人自洗南遥向賓，辭其降也。盥，盥手。先盥手而後洗觚。二升曰觚，爵類。取洗西篚中角觚，不用爵，避正主也。賓少進，自西階下進而東也；反位，反西階下東面之位。賓每先主人升，賓尊也。既洗，又盥，將酌盥手也。舉冪，待酌也。酌膳，酌君膳尊之酒。代君獻賓，故酌君尊。反冪，既酌，反冪于尊上。筵前，房户西席前也。主人賓右拜，拜于筵前賓之東也。折俎，折牲脊、脅、肩、肺爲賓俎。「賓坐，左執爵」以下，解見《鄉飲酒禮》。

賓以虚爵降，主人降。賓洗南坐奠觚，少進，辭降；主人東面對。賓坐取觚，奠于篚下，盥洗。主人辭洗。賓坐奠觚于篚，興對；卒洗，及階，揖升。主人升，拜洗如賓禮。賓降盥，主人降。賓辭降，卒盥，揖升；酌膳，執冪如初，以酢主人于西階上。主人北面拜受爵，賓主人之左拜送爵。主人坐祭，不啐酒，不拜酒，不告旨；遂卒爵，興；坐奠爵，拜，執爵興。賓答拜。主人不崇酒，以虚爵降，奠于篚。賓降，立于西階西。射人升賓。賓升，立于序内，東面。

此賔酢主人也。賔以虚爵降，將往洗，以酢主人。主人降，亦自西階，從賔也。如賔禮，如初獻賔拜洗，主人賔右答拜也。酢主人亦酌膳，亦以君尊報獻也。執冪如初，既舉，反之也。酢主人于西階上，别于正主也。主人不啐酒，亦避正主也。不拜酒、告旨，主道也。禮，賔酢主人，則薦脯醢、設折俎。此臣代君主，故無薦無設，至獻大夫，乃薦主人于洗北也。不崇酒，避正主，敬君尊也。賔降，立于西階西，主人將獻君，不敢居堂上也。射人升賔，君命升也。序内，堂西序内。東面，面君也。

主人盥，洗象觚，升實之，東北面獻于公。公拜受爵。主人降自西階，阼階下北面拜送爵。士薦脯醢，膳宰設折俎，升自西階。公祭如賔禮，膳宰贊授肺。不拜酒，立卒爵，坐奠爵，拜，執爵興。主人答拜，升受爵以降，奠于膳篚。更爵，洗，升酌膳酒以降；酢于阼階下，北面坐奠爵，再拜稽首。公答再拜。主人坐祭，遂卒爵，再拜稽首。公答再拜。主人奠爵于篚。

此主人獻公、自酢也。象觚，觚以象骨爲飾，實于膳篚者也。獻公，獻君也。公在東階上，故東北面。公拜受爵，獻禮重也。主人自西階降，往東階下，北面拜送爵，臣禮也。升降不敢由阼，避正主也。折俎，折脊、脅、肺爲君俎。君祭不興，取肺祭，則膳宰授之；既祭，則膳宰受之。不拜酒，不拜告旨也。立卒爵，不坐也。凡男子坐卒爵，奠爵乃拜；婦人立卒爵，執爵拜。此立卒爵而奠爵拜者，君禮也。升受爵，自西階升也。更爵，改取南篚之觚，不敢襲君器也。酌膳酒，將自酢也。君不酢臣，主人自酢，承君之意也。既更君爵，仍酌君尊，明酢出于君也。

主人盥洗，升，媵觚于賓；酌散，西階上坐奠爵，拜賓。賓降筵，北面答拜。主人坐祭，遂飲句；賓辭句。卒爵，拜；賓答拜。主人降洗，賓降，主人辭降。賓辭洗。卒洗。揖升，不拜洗。主人酌膳。賓西階上拜，受爵于筵前，反位。主人拜送爵。賓升席，坐祭酒，遂奠于薦東。主人降，復位。賓降筵西，東南面立。

此主人酬賓。媵言酳，嗣舉也。初獻爲正，再酌爲媵。媵，副也，與「賸」通。貳嫡曰媵。獻而又酬，所以爲媵。酌散，酌方壺酒。散，猶雜也。君尊爲善〔一〕，臣尊爲散。酌散，將自飲，導賓也。賓降筵，降户西南面之筵。凡酬，主人坐祭，先自飲，後酌賓。禮出于君，不敢當坐，故賓辭，欲直受此爵，無煩主人坐飲也。賓不飲酬酒，猶必坐祭後奠，敬君也。賓降筵西，東南面立，疑立向君也。

按：鄭注「媵爵」爲送爵，本送女作解，又謂「騰」字之誤，皆非也。賓自酢主人後立序内，至

〔一〕「善」，當作「膳」，「膳」與「散」對舉而言，故蔡德晋《禮經本義》卷五即引作「膳」。然鄭注「主人酌膳」而云「君物曰膳，膳之言善也」，則郝注本之作「善」，亦不無可能。

主人酌散，賓降自筵者，當主人盥洗升，賓已就筵矣。或疑「降筵」爲誤，非也。初賓酢主畢，降立西階，君命升，立西序内。今酬畢不復降，重違君命也；不反于西序内，避賓位也。鄭云「不立序内，位彌尊也。位彌尊者，其禮彌卑」，鑿説也。

小臣自阼階下請媵爵者，公命長句。小臣作下大夫二人媵爵。媵爵者阼階下，皆北面再拜稽首；公答再拜。媵爵者立于洗南，西面，北上；序進，盥洗角觶，升自西階；序進酌散，交于楹北；降，阼階下，皆奠觶，再拜稽首，執觶興。公答再拜。媵爵者皆坐祭，遂卒觶，興；坐奠觶，再拜稽首，執觶興。公答再拜。媵爵者執觶待于洗南。小臣請致者。若君命皆致，則序進，奠觶于篚，阼階下皆再拜稽首；公答再拜。媵爵者洗象觶，升實之；序進，坐奠于薦南，北上；降，阼階下皆再拜稽首送觶。公答再拜。

此下大夫二人媵爵，爲旅酬之始。長，謂下大夫長者。不言下大夫，媵爵，下大夫常職也。作，猶使也。北面稽首，拜君命也。大夫位在庭下，洗在阼階下，故大夫就阼階下北面拜君命〔一〕，即立洗南盥洗。角觶，以角爲觶。序進，謂先者洗，後者乃進，先洗者升，立西階上，俟後洗者。序進酌

〔一〕「命」，原作「興」，今據文義改。

散，謂先者既酌，退立西階上，後者乃進酌也。二大夫遞進，酌酒于東楹西，交相遇于西楹之北；既酌，復以序降西階，過東階下，再拜稽首。執觶待于洗南，以俟君命，乃洗、酌，不敢徑進也。洗南，即阼階下設洗之南。請致，請君命二臣致酒，或用一，或用二。若君命二人皆致，二大夫以序進，阼階下拜君命也。薦南，脯醢南。北上，謂二觶以序奠，自北而南也。必奠薦南者，君南面，與尋常奠爵薦右異也。

公坐取大夫所媵觶，興以酬賓。賓降，西階下再拜稽首。公命小臣辭，賓升成拜。公坐奠觶，答再拜，執觶興，立卒觶。賓下拜，小臣辭。賓升，再拜稽首。公坐奠觶，答再拜，執觶興。賓進受虛爵，降奠于篚，易觶洗；公有命，則不易不洗。反升，酌膳觶，下拜。小臣辭。賓升，再拜稽首。公答再拜。賓以旅酬於西階上。射人作大夫長升受旅。賓大夫之右坐奠觶，拜，執觶興；大夫答拜。賓坐祭，立飲，卒觶不拜。若膳觶也，則降更觶洗，升，實散。大夫拜受，賓拜送。大夫辯句，受酬如受賓酬之禮，不祭。卒受者以虛觶降，奠于篚。

此君爲賓舉旅也。升成拜，賓下堂拜未成，君命升西階上再拜稽首成禮也。君答再拜，答于阼階上也。君既自飲，不酌，以虛爵授賓，異于敵者親酌授也。賓易他爵洗，臣不敢襲君器也。君命不易，遂不洗。用尊者之器，洗則嫌于不潔也。賓以君酬己之爵于西階上轉酬諸臣。大夫長，即卿也。賓與大夫長皆西階上北面，而賓居右，北面東爲右也。旅酬酒不坐祭，賓獨坐祭，此君賜也。膳觶，即象觚。賓既飲此酒，更取角觶洗，升，賓以散尊之酒酬大夫。酬不洗爵，此獨洗者，更觶新之，後不復洗也。衆大夫轉相酬，偏，受酬者亦如賓「右坐奠觶，拜，大夫答拜」，但不如賓受膳觶坐祭，旅酬皆不祭也。卒受者，謂下大夫末一人無所酬，飲于西階上，奠爵，復位。三旅皆自大夫止，不及士也。

按：媵爵有二：君以一酬賓，一尚在薦南，後一人再媵，遂成三爵。酬不及士，堂上無士席，三旅後，乃偏及也。「更觶」與「易觶」同，鄭云尊言「更」新之，卑言「易」故之也。

主人洗，升，實散，獻卿于西階上。司宮兼卷重席，設于賓左，東上。卿升，拜受觚；主人拜送觚。卿辭重席，司宮徹之。乃薦脯醢。卿升席坐，左執爵，右祭脯醢，遂祭酒，不啐酒；降席，西階上北面坐卒爵，興；坐奠爵，拜，執爵興。主人答拜，受爵。卿降，復位。辯獻卿，主人以虛爵降，奠于篚。射人乃升卿，卿皆升就席。若有諸公，則先卿獻之，如獻卿之禮；席于阼階西，北面，東上；無加席。

此主人獻卿也。前主人獻賓獻君，君舉酬賓，敬賓禮成矣，乃及諸臣，首卿。大國三卿。卿重席，獻則兼捲三卿之重席，以待設也。賓左，賓席東也。東上，以次而西也。卿升，升西階上。拜送，拜卿右也。禮，卿重席，辭，以迫近君，避也。有脯醢無俎，燕禮主羞，唯賓與君有俎。主人答拜，受爵，受虛爵也。卿降，復位，復堂下西面北上之位，俟君命後升就席也。諸公位在卿上，大國之孤也。席于阼階西，北面，與賓席對。蓋尊統于君，君在東階西面，則諸公席爲左，而賓與大夫席爲右也。加席，重席之上加坐席。臨坐設之，優禮也。君在故無加。加席尊于重席。「卿辭重席」，公但云「無加席」，則其重席亦可知也。

按：諸侯臣稱公，衰世之僭也。鄭謂「諸公」爲「大國之孤」，據《周禮·典命》，而《孟子》云「天子一位，公一位，君一位，卿一位，大夫一位」，則《周禮》非古也。且使大國有孤，亦惟一人，何稱「諸公」？鄭又引牧伯三監附會，是明用天子禮也。君亦稱公，何以別乎？名分既乖，而講于升降之節，抑末矣。是書所以可疑也。

小臣又請媵爵者句。二大夫媵爵如初。請致者。若命長致，則媵爵者奠觶于篚，一人待于洗南；長致，致者阼階下再拜稽首，公答再拜。洗象觶，升，實之，坐奠于薦南；降，與立于洗南者二人皆再拜稽首送觶。公答再拜。公又行一爵，若賓，若長，唯公所酬。以旅于西階上，如初。大夫卒受者以虛觶降，奠于篚。

此再媵爵于君，君再旅酬也。每主人一獻，則一媵君，君爲一舉旅。茲小臣又請媵爵，蓋主人既獻卿，又歸酬于君也。二大夫，即初命二大夫。命長致，謂君命尊者一人送觶。若者，不定之辭，或一或二，或先一後二，或先二後一，成三爵，唯君所命。奠觶于篚，二人將拜奠也。奠于薦南，于先媵舉旅所餘一觶之下也。公又行一爵，即行先媵所餘觶也。長，謂諸臣之長。若，亦不定之辭。如初，謂公飲、受虛爵、更觶、辯酬等禮，皆同也。大夫卒受，亦不及士也。

主人洗，升，獻大夫于西階上。大夫升，拜受觚。主人拜送觚。大夫坐祭，立卒爵，不拜既爵。主人受爵。大夫降，復位。胥薦主人于洗北，西面，脯醢，無胥烝**。辯獻大夫，遂薦之，繼賓以西，東上**句**。卒**句**，射人乃升大夫；大夫皆升，就席。**

此主人獻大夫也。獻卿畢，次大夫。不祭脯醢，不拜既爵，禮殺于卿也。坐祭，祭酒也。獻大夫于西階上，不升就席，故不祭脯醢，至終燕脱屨升席，而後祭也。降，復位，反堂下北面東上之位也。胥，宰夫之屬。宰夫本士，位西方，以爲主人，故薦于東階下洗之北也。後云：「士既獻者，皆立于東方，西面。」士卑，不妨從君東，如祖、孫共昭之義。所薦止脯醢；無胥，無俎也。胥、烝通。肉在俎曰胥。卿以下皆無俎，獨于主人云者，主人疑有俎也。辯獻大夫，遂薦之，謂大夫非一人，以次獻則薦，薦則布席，其席繼賓席西，以東爲上而西也。卒，謂獻諸大夫畢。射人乃升大夫，君命升也。大夫非一人，得獻者降，反堂下北面之位；獻皆畢，而後同升，就賓西之席也。

按：鄭謂大夫「辯獻之乃薦，略賤也。獻而後布席」，非也。獻而後布席者，惟士爲然。大夫獻于西階上，獻即布席矣。但不就席祭薦，所以爲殺于卿而隆于士耳。

席工于西階上，少東。樂正先升，北面立于其西。小臣納工，工四人，二瑟。小臣左何瑟，面鼓，執越，内弦；右手相。入，升自西階，北面東上坐。小臣坐授瑟，乃降。工歌《鹿鳴》《四牡》《皇皇者華》。卒歌。主人洗，升，獻工。工不興，左瑟句；一人拜受爵。主人西階上拜送爵。薦脯醢。使人相祭。卒爵，不拜。主人受爵。衆工不拜受爵，坐祭，遂卒爵。辯有脯醢，不祭。主人受爵，降奠于篚。公又舉奠觶，唯公所賜。以旅于西階上，如初。卒，笙入，立于縣中，奏《南陔》《白華》《華黍》。主人洗，升，獻笙于西階上。一人拜，盡階，不升堂；受爵，降；主人拜送爵。階前坐祭，立卒爵，不拜既爵；升，授主人。衆笙不拜，受爵，降；坐祭，立卒爵。辯有脯醢，不祭。乃間歌《魚麗》，笙《由庚》；歌《南有嘉魚》，笙《崇丘》；歌《南山有臺》，笙《由儀》。遂歌鄉樂，《周南》：《關雎》《葛覃》《卷耳》；《召南》：《鵲巢》《采蘩》《采蘋》。大師告于樂正，曰：「正歌備。」樂正由楹内，東楹之東，告于公，乃降，復位。

此三獻後樂作，而君三舉旅酬也。《鄉飲酒記》云「凡舉爵三作而不徒爵」，故主人三獻成，樂作也。「席工」以下獻工之儀，解見《鄉飲》篇。主人洗，升，獻工，獻工，獻大師也。《鄉飲酒禮》云：「大師，則爲之洗。」公又舉奠觶，舉前長一人所媵觶奠于薦南者。前後媵三觶：一酬賓，再酬賓長，三惟公賜。卒，謂旅畢。「笙入」以下，解見《鄉飲》篇。縣中，所謂「磬南北面」也。樂正由楹内者，樂正立工西，工坐階際，樂正往堂東，必由楹内也。東楹之東，往君阼階上西面之位也。降，復位，立階下縣間之位，即《鄉飲記》云「磬，階閒縮霤，北面」也。

按：《鄉飲酒》用歌工四人，鄉人士大夫之禮；《燕禮》亦工四人，是諸侯用士樂也。《周禮·夏官》小臣四人，公燕小臣相工四人，其他請媵辭賓之類又小臣，則諸侯小臣不多于天子乎？故禮言難盡合也。

射人自阼階下請立司正，公許。射人遂爲司正。司正洗角觶，南面坐奠于中庭；升，東楹之東受命；西階上北面命卿、大夫：「君曰『以我安』！」卿、大夫皆對曰：「諾！敢不安？」司正降自西階，南面坐取觶，升，酌散；降，南面坐奠觶，右還，北面少立；坐取觶，興；坐不祭，卒觶，奠之，興；再拜稽首，左還，南面坐取觶，洗句，南面反奠觶于其所句；升自西階，東楹之東，請徹俎，降，公許。告于賓，賓北面取俎以出。膳宰徹公俎，降自阼階以東。卿、大夫皆降，東面，北上。賓反入，及卿、大夫皆説脱屨，升就席。公以賓及卿、大夫皆坐，乃安。羞庶羞。大夫祭薦。司正升受命句，皆命句：「君曰『無不醉』！」賓及卿、大夫皆興，對曰：「諾！敢不醉？」皆反坐。

此立司正，徹俎坐燕也。自初燕至此，主人獻禮皆備，君三舉爵，樂作禮成矣。將坐燕以安賓，先立司正監之。蓋初燕禮嚴，終則易懈；初酬賓、卿、大夫人少，終酬士人衆，故正之以司正也。射人爲司正，無君命，常職也。洗觶奠于庭，表其事也。必南面中庭，示明作也。楹東受命，受君安賓之命。西階命卿、大夫，傳君之命也。「君曰以我安」，即命辭。以，猶與也。我，君自謂也。賓安則我安，望諸臣共留安賓，因以安君，慇懃誠切之至也。右還，右體旋向東。將適觶南，先東面，從觶東而南，轉北面也。北面少立，示嚴重也。左還，南面，將適觶北，以左體旋向東，自東而北，轉面南也。往來皆由觶東。君在東，從君也。南面反奠觶，自洗反奠觶，亦南向也。其所，即中庭初奠之所。徹俎，安賓使坐也，解見《鄉飲》篇。諸臣不敢告徹，而司正請，達君意也。人臣升降由西階，膳宰徹君俎降由阼階，重君物，别于諸臣也。以東，歸東壁也。皆坐，乃安，君始命安，俎未徹不敢坐，至是俎徹升坐，乃終君安賓之命也。羞，進也。庶羞，胾、醢、炰、膾之類。大夫祭薦，祭脯醢也。初獻大夫于西階上，未升席，故未祭，至是升席乃祭也。司正升受命，受君命也。皆命，司正以君命徧命也。「君曰無不醉」，命辭也。

按：右還、左還與《鄉射》拾取矢還同，鄭謂「右還，將適觶南，先西面。往來由觶西」，非也。又云「大夫祭薦」，謂「不敢于盛成禮」，亦非也。初薦未即席，非即席不祭也。

主人洗，升，獻士于西階上。士長升，拜受觶；主人拜送觶。士坐祭，立飲，不拜既爵；其他不拜，坐祭，立飲。乃薦司正與射人一人、司士一人、執冪二人，立于觶南，東上。辯獻士。士既獻者，立于東方，西面，北上。乃薦士。祝、史、小臣師，亦就其位而薦之。主人就旅食之尊而獻之。旅食不拜受爵，坐祭，立飲。

此主人獻士也。樂終而後獻士，士卑也。士長，士之尊者，如司正、司士等是也。拜受，不拜既爵，禮殺也。其他，謂長以下，即祝、史、小臣等。不拜，謂受、送皆不拜也。乃薦，謂既獻于西階上，乃以脯醢各薦于其位。先薦司正等四人，先長也。司正即射人爲之，故曰「一人」。司士，衆士之長。四人皆「主人拜送觶」，位庭中觶南，與衆士殊也。東上，以次并立而西也。辯，徧通。獻士，獻衆士，即所謂「其他不拜」者也。衆士既受獻于西階上，降立于東方，西面，北上。乃各以脯醢薦于其位，與獻主人于洗北西面同也。祝、史、小臣師，皆衆士。祝、史立門東，小臣師〔一〕立東堂下，各就本位薦之。此以上獻士，皆堂上方壺之尊也。旅食之尊，門西兩圜壺也。士旅食者立于門西，東上，主人就其尊所獻之。不拜受爵，則既爵不拜可知，賤故略也。

若射，則大射正爲司射，如鄉射之禮。

〔一〕「師」，原無，今據文義補。

此燕而大射之儀也。若者，不定之辭。射與不射，唯君命。君射曰「大射」。大射正，射人之長也。

賓降洗，升，媵觚于公，酌散，下拜。公降一等，小臣辭。賓升，再拜稽首；公答再拜。賓坐祭，卒爵，再拜稽首；公答再拜。賓降，洗象觶，升，酌膳，坐奠于薦南，降拜。小臣辭。賓升成拜，公答再拜。賓反位。

此賓媵爵于君也。媵爵本下大夫事，賓亦爲之者，賓受君施多矣，至是亦致臣子〔一〕之愛，不敢終以賓自處也。飲君而酌散，先自飲也。公降一等，敬其爲賓也。賓洗象觚，更爵奉君也。

公坐取賓所媵觶，興，唯公所賜。受者如初受酬之禮，降，更爵洗；升，酌膳；下拜。小臣辭。升成拜，公答拜。乃就席，坐行之。有執爵者。唯受于公者拜。司正命執爵者爵辯句，卒受者興以酬士句。大夫卒受者以爵興，西階上酬士。士升，大夫奠爵拜，士答拜。大夫立卒爵，不拜句，實之句。士拜受，大夫拜送。士旅于西階上，辯。士旅酌。卒。主人洗，升自西階，獻庶子于阼階上，如獻士之禮，辯；降洗，遂獻左右正與內小臣，皆於阼階上，

〔一〕「子」，原譌作「于」，蔡德晋《禮經本義》卷五引作「子」，今據改。

如獻庶子之禮。

此君爲士舉旅，而不即賜士，由貴逮賤也。前此君三舉旅，一爲賓，再爲卿，三爲大夫，未及士以下，故因賓媵之爵，再舉旅以終惠也。受者如初酬，如賓初受君酬，拜下、易爵等禮同也。降，更洗爵，謂受者既卒爵，不敢以君爵行旅，更洗角觶也。前三舉旅，君命勿易爵，故不更。此無君命，將徧及羣下，故必更也。下拜，升成拜，爲堂上賓、卿、大夫先受公賜者，必成禮也。其次皆就席坐行，無復拜送、立飲之禮。前此賓、卿、大夫相酬，三旅已成，此舉爲士以下，故可略也。有執爵者，謂有代酌行爵之人，坐者可無起也。唯最初一人，受公賜爵者拜，其餘執爵者所送，皆就席坐飲，不拜也。司正命執爵者爵辯，達君意也。辯、徧通。卒受者興以酬士，亦司正命也。堂上之席，止于大夫。卒受者，即大夫也。席于堂上者坐，士立于堂下。大夫酬士則起，西階上，士升受酬，酬者奠爵拜，先自立飲，實之，拜受，拜送，旅酬之正禮也。始酬士盡禮，不得如賓、卿、大夫就席坐行也。士旅于西階上，辯，謂自士之長以至祝、史、小臣皆徧。士旅酌，謂衆士自酌酒，無執爵者也。卒，謂酬士畢也。庶子、左右正〔一〕、内小臣，皆君侍從之臣，主人于獻士後皆獻之。庶子，即公、卿、大夫子侍衛者。左右，君左右。《詩》云：「膳夫左右。」正，長也。内小臣，奄士。以上三臣在君側，就阼階上獻之。

〔一〕「正」，原脱，今據經文補。按：盛世佐《儀禮集編》卷六、秦蕙田《五禮通考》卷一五七皆引作「左右正」。

按：《周禮・夏官》諸子爵下大夫，掌庶子之事。鄭謂「庶子」即「諸子」，誤也。庶子未受爵命，故不與大夫、士同獻酬。

無算爵句。士也，有執膳爵者句，有執散爵者。執膳爵者酌以進公，公不拜，受。執散爵者酌以之公句，命所賜。所賜者興受爵，降席下，奠爵，再拜稽首，公答拜句。受賜爵者以爵就席坐句，公卒爵，然後飲句。執膳爵者受公爵句，酌句，反奠之句。受賜爵者興授執散爵，執散爵者乃酌行之。唯受爵於公者拜。卒受爵者興，以酬士于西階上。士升，大夫不拜，乃飲，實爵。士不拜，受爵。大夫就席。士旅酌，亦如之。公有命徹冪，則卿、大夫皆降，西階下，北面，東上，再拜稽首。公命小臣辭。公答再拜，大夫皆辟。遂升，反坐。士終旅于上，如初。無算樂。宵，則庶子執燭於阼階上，司宮執燭於西階上，甸人執大燭於庭，閽人爲大燭於門外。賓醉，北面坐取其薦脯以降。奏《陔》。賓所執脯，以賜鐘人于門內霤，遂出。卿、大夫皆出。公不送。

此旅酬既畢，無算爵，賓醉以出也。無算，以醉爲節，不限數也。士也，謂執爵皆士也。膳爵，君之爵。散爵，賓、卿、大夫之爵。酌以進公，酌膳尊，不拜送也。酌以之公，酌方壺，往俟君命也。所賜者興受爵，無算爵之始，自君賜賓始也。席下，席西也。再拜，即下云「唯受爵于公者拜」也。

次與衆相酬，無復拜禮。前承君旅，降拜、升成拜，此不降，禮將終，漸殺也。執膳爵者受公爵，謂公既飲奠爵，受虛爵；又酌，奠君所，俟君再舉也。受賜爵者，謂賓、卿、大夫受公賜，就席坐飲卒爵，起以虛爵授執散爵之士，代酌行之也。卒受爵者，在坐大夫也。與上節酬士禮同，而此則大夫不復奠拜，先飲，士亦不拜直受，大夫即還就席，禮終而愈殺也。士旅酌，亦如之，謂士受爵，與衆相酌，皆不拜也。公命徹冪，公尊瓦大有冪，命徹之，示欲罄此尊也。尊有酒冪，罄則不冪，欲與諸臣盡歡，所以卿、大夫降拜稽首也。不言賓，禮終賓卑，即大夫也。大夫皆辟，卿可知也。不言士，士無席堂上也。遂升，卿、大夫升堂反坐也。士方旅而卿、大夫降，旅暫止；公辭，卿、大夫復升，士乃終旅于西階之上，如初也。無算樂，升歌、閒、合，不拘正樂三終之數也。宵，燕終至宵也。甸人掌供薪蒸，閽人掌昏閉門。大燭門外，俟賓出也。賓醉，燕以醉爲節，衆出以賓爲節也。取薦脯，榮君惠也。奏《陔》，奏《陔夏》之樂。陔言階也，行有階級次第，戒失禮也。鐘人，擊鐘奏《夏》者，賜脯以報之也。內霤，門內檐下。公不送賓，賓本臣，始無迎，終亦無送也。

公與客燕。曰：「寡君有不腆之酒，以請吾子之與寡君須臾焉；使某也以請。」對曰：「寡君，君之私也。君無所辱賜于使臣，臣敢辭。」「寡君固曰『不腆』，使某固以請！」「寡君，君之私也。君無所辱賜于使臣，臣敢固辭！」「寡君固曰『不腆』，使某固以請！」「某固辭，不得命，敢不從句？」致命句，曰：「寡君使某，有不腆之酒，以請吾子之與寡君須臾焉！」「君貺寡君多矣，又辱賜于使臣，臣敢拜賜命！」

此君燕鄰國使臣，擯往請，而客與擯告答之辭。擯三請，客再辭乃許。私，猶屬也，謙不敢爲敵也。寡君固曰，擯再請也。「寡君，君之私」以下，客再辭也。又「寡君固曰」，擯三請也。「某固辭，不得命，敢不從」，客始許諾也。「致命曰」以下，擯乃致君命于客也。「君貺寡君」以下，客拜命也。

按：自王道衰，禮樂自諸侯出，而敵國之禮始重，故使臣相命，其辭如此。是書所以多衰世之意也。

記○燕：朝服於寢。其牲，狗也；亨于門外東方。○若與四方之賓燕，則公迎之于大門内，揖讓升。賓爲苟敬，席于阼階之西，北面；有脀烝，不嚌肺，不啐酒；其介爲賓。無膳尊，無膳爵。與卿燕，則大夫爲賓。與大夫燕，亦大夫爲賓。羞膳者與執冪者，皆士也。羞卿者，小膳宰也。○若以樂納賓，則賓及庭，奏《肆夏》；賓拜酒，主人答拜，而樂闋。公拜受爵，而奏《肆夏》；公卒爵，主人升，受爵以下，而樂闋。升歌《鹿鳴》，下管《新宫》，笙入三成，遂合鄉樂；若舞，則《勺》。○唯公與賓有俎。○獻公，曰：「臣敢奏爵以聽命。」凡公所辭，皆栗階。凡栗階，不過二等。凡公所酬，既拜，請旅侍臣。凡薦與羞者，小膳宰也。有内羞。○君與射，則爲下射，袒朱襦，樂作而后就物。小臣以巾授矢句，稍屬。不以樂志句。既發，則小臣受弓以授弓人。上射退于物一笱藁，既發，則答君而俟。若飲君句，燕，則夾爵。君在，大夫射，則肉袒。○若與四方之賓燕，媵爵，曰：「臣受賜矣。臣請贊執爵者。」相者對曰：「吾子無自辱焉。」○有房中之樂。

朝服，解見《鄉飲酒記》。寢，君路寢。狗，陽物。門外東方，爨也。古寢廟門外皆有爨，吉在東，凶在西。亨于門外，盛其禮也。四方之賓，鄰國卿、大夫來聘者。公迎，公親爲主人也。賓爲苟敬，賓不居賓位，主人故隆其敬也。敬賓，正也，致敬而不爲賓，故謂「苟敬」。蓋君燕臣則大夫爲賓，四方使臣來聘者皆卿，其介皆大夫，則以其大夫爲賓，而以卿居諸公之位爲苟敬，與燕本國賓禮同也。席阼階之西，北面，即諸公之位也。以本國諸公之位，居鄰國之卿，示優禮也。有脀，謂有俎，盛其禮也。不嚌肺，不啐酒，不爲賓也。其介爲賓，則嚌肺、啐酒。無膳尊，君與賓同尊，不別設瓦大。無膳爵，與賓同爵，不更象觚。此與燕本國臣禮殊也。凡君賜臣燕，所燕之臣不得爲賓爲苟敬。如燕爲卿設，卿不敢當賓，必使大夫爲賓；若燕爲大夫設，所燕之大夫亦不敢當賓，必使他大夫爲賓也。羞膳，謂酌膳尊。羞膳與執冪者皆奉君，故皆用士。羞卿，謂酌卿、大夫酒者，用小膳宰，卑于士也。不言賓，謂賓亦用士，與君同也。以樂納賓，賓之貴者，入則樂作。《肆夏》，樂章名。主人，宰夫代爲主人也。賓入至庭，則擊鐘鼓，奏《肆夏》；及主人獻賓，賓拜，告旨，而后樂闋，以敬賓也。主人獻公，公拜受爵，則又奏《肆夏》；及公卒爵，主人受爵，降而后樂闋，以敬君也。升歌，工自西階升堂鼓瑟歌。下管，堂下以管吹《詩》。管，簫屬。《新宮》，逸《詩》篇名。笙入，入庭下。三成，謂奏《南陔》

《白華》《華黍》。遂合聲，謂衆音合作也。鄉樂，二《南》《關雎》等六詩。以其爲列國之《風》，鄉邦用之，故謂「鄉樂」。《勺》，《周頌·大武》之詩。舞《勺》，歌《勺》以舞也。獻公，主人獻公，及賔媵觶於公。聽命，不敢望君必受也。凡公所辭，辭拜下也。栗階，猶歷階。凡升階，兩足并一級更進曰拾，一足一級曰歷。一等一足，不過二等，過二等則超躍失儀矣。凡公所酬，謂公四舉旅，受君酬者，飲訖，自酌，降，升拜，將往西階上酬卿、大夫，必以旅侍臣請于君，不敢直行也。凡薦，謂薦俎。羞，謂庶羞，與前「羞膳」「羞卿」異。前言酒，小膳宰惟羞卿，此則君、賔、卿、大夫薦羞，皆小膳宰也。內羞，如酏糝實豆、糗餌實籩之類，自中饋、女工出者。外庖所煎和，脯醢之類，曰庶羞。「君與射」以下，解見《鄉射》篇。稍屬，四矢稍稍連屬不絕，以授君也。志、誌通。不以樂志，謂君射不必以樂爲節。凡射，俟同耦揖降，發畢，弓猶在手，惟君既發，小臣即受弓以授弓人，不俟同耦也。若飲君，謂君不勝當飲，則勝者如燕禮媵觚于君，先自飲，及君飲訖，又自飲，故曰「夾爵」。房中之樂，所謂「縵樂」也。無鐘鼓而有管絃，奏之房中。《詩》云：「左執簧，右招我由房。」《周禮·春官·旄人》掌散樂，賔客以舞其燕樂，即房中之樂也。

按：鄭解「栗階，不過二等」謂升階不盡二等，「左右足各一發升堂」，非也。「薦、羞者，小膳宰」，謂爲「卿以下」，然則前云「羞卿者，小膳宰」二語，不重出乎？「房中之樂」繫之末簡，其非盡雅樂可知，鄭必以二《南》當之，亦非也。大抵此禮之儀多可疑。君燕其臣，以宰夫爲主，以大夫爲賔，可也；燕他國之臣，而君自爲主，亦以其大夫爲賔，何哉？非所尊而故以爲賔，非所賔而苟以爲敬。「苟」，非君子所以名禮也。子云：「物不可苟合。」行禮而苟，忠信之薄，君子弗由也。列國之聘必以卿，上介必以大夫。此五霸之令，小國事大國，故大國之卿尊于小國諸侯，如《春秋》晉韓起、趙孟之聘，主君皆屈體下之。所謂「苟敬」，非先王之禮也。夫以諸侯相聘，必使其卿，有如諸侯聘天子，將誰使乎？凡燕，爲賓設也。先王唯曰：「我有嘉賓，式燕以樂。」今所燕非所賓，所賓非所燕，虚文無實，豈敦厚崇禮之義？如謂君不可爲主，臣不可爲賓，則大夫獨非臣與？而燕亦可勿設矣。先王所爲燕不可見，其義可知。蓋飲食致養，生人之情，醉飽興戎，無禮節之也。一臠之肉，一爵之酒，即愛敬辭讓之心，而仁義之實也。雖以臣子之賤，奉君父之尊，必再拜而后受，坐祭而嚌啐，卒爵而拜，如此其不苟者，人亦可以反求而自得矣。如以飲食醉飽爾，爪牙搏噬，禽獸皆然，何事于人？故文因情設，禮由義起，「義以爲質，禮以行之，遜以出之，信以成之」。遜出無信，好禮無義，規規虚文浮格，何以言禮？故君子名必可言，言必可行。君子于言，無所苟而已矣。國君燕大賓，屠一狗，事近褻；即名其賓爲「苟敬」，殆于緯稗、《齊諧》，不似先王正大典禮崇雅之訓。

儀禮節解卷六終[一]

[一]「儀禮節解卷六終」，此行原在書葉闕損處，今據《續修》本、《存目》本補。

儀禮節解卷七

郝敬　解

大射儀第七

大射，諸侯與其臣燕而射也。凡天子之事稱大，諸侯稱大，非古也。不曰禮，曰儀，射主儀也。射者争之器，行之以揖讓，故貴儀。子云：「射者何以射？何以聽？循聲而發，發而不失正，唯賢者乎！」射有儀所以難也。《記》云：天子將祭，先習射，中多者得與於祭。夫射中而不失儀，承大祭可也。鄭謂大射專爲祭行，不盡然也。鄉飲酒有射，燕亦有射。鄉射先鄉飲酒，大射先燕。凡射，有酒有賓，大射、燕射、鄉射、賓射，一也。

大射之儀：君有命戒射。宰戒百官有事於射者。射人戒諸公、卿、大夫射句。司士戒士射句，與贊者。

此將射而戒百官也。君有命，謂諸侯有命行射。戒，預告也。宰，猶尹也，百官之長，即大宰也。有事於射者，諸執事者也。射人戒諸公、卿、大夫，司士戒士，戒欲與射者也。贊，相禮也。

前射三日，宰夫〔一〕戒宰及司馬、射人。宿視滌。司馬命量人量侯道與所設乏，以貍（黎）步：大侯九十，參七十，干五十；設乏，各去其侯西十、北十。遂命量人、巾車張三侯：大侯之崇，見鵠於參；參見鵠於干，干不及地武。不繫左下綱。設乏，西十、北十。凡乏用革。

此張侯也。宰夫，即燕主人。宰，膳宰，宰夫之屬，掌治官饌，故宰夫戒之。司馬、射人，皆掌射事。滌，謂灑埽洗濯。量人，司馬之屬，主量道里遠近。侯道，謂自堂上去侯所之地。乏，唱獲者所居，解見《鄉射》。侯道遠近各有程，量人以貍步量之。貍，貓屬，伺物擬步而發必獲，故量侯道謂貍步也。三尺曰跬，六尺曰步。弓長六尺，故步亦六尺。九、七、五十，皆言步也。大侯，大射之侯。《周禮・天官・司裘》云：王大射，虎侯、熊侯、豹侯；諸侯，熊侯、豹侯；卿、大夫，麋侯。《夏官・射人職》云：王射，三侯；諸侯射，二侯；孤、卿、大夫射，一侯；士射，豻侯。今云「大侯九十」是熊、豹侯，天子之侯道九十步也。參，謂參于二侯之間，即孤、卿、大夫所共射之麋侯，七十步也。干，迫近也。近易干，即士所射豻侯，在內近，五十步也。三侯同道連設，由堂而南五十步張干侯，又南二十步張參侯，又南二十步張大侯。參侯立二侯中，故曰「參」。大射，則君與孤、卿、大夫、士皆在，

〔一〕「夫」，原譌作「失」，今據閩本改。

故連張三侯。設乏，三侯皆設乏也。西、北，各侯之西、北。十，謂十步。各乏離各侯西、侯北皆十步也。巾車，官名，掌車帷裳。侯亦巾類，故命與量人共張之。三侯道有遠近，侯亦有大小。大侯最大，參侯次之，干侯最小。侯小則卑，侯大則崇。崇者遠在外，卑者近在內。諸侯堂高七級，自堂上射，故豻外見參之鵠，參外見大侯之鵠。鵠，大鳥，鶴屬。足迹曰武。武長尺二寸。不及地武，謂豻侯下綱離地尺二寸，以在內最近易見者約之，二侯在外可知矣。不繫左下綱，解見《鄉射》。再言「西十、北十」，前言量，此言設也。乏用革，用皮，蔽矢也。

按：《周禮·射人職》云王射，三侯，九節；諸侯，二侯，七節，則是大侯九十弓者王射也。今諸侯用之，稱大射，其卿、大夫侯道用七十，得非僭邪？鄭謂「干侯」當作「豻侯」，猶可；至謂「參侯」作「糝侯」，鑿甚矣。又謂「參侯去地一丈五寸少半寸，大侯去地二丈二尺五寸少半寸」，尤非也。《考工記》云：「梓人爲侯，廣與崇方。參分其廣，而鵠居一。」《鄉射記》云：「鄉侯道五十弓，弓二寸以爲侯中。」中即鵠也。二五爲十尺，則是五十弓之鵠，方一丈也。三分之，則鄉侯高廣凡三丈，即干侯也。參侯七十弓，高廣三丈四尺。大侯九十弓，高廣三丈八尺。侯在外者漸遠漸高，而堂上地又高，故其鵠可見。鄭疑過大，故解「侯中」爲全侯，而以大侯全體爲高一丈八尺；又疑不見鵠，故以爲張之去地二丈二尺五寸，于事理轉謬矣。古之射者，所重在禮，不以中小爲能，故侯中崇廣取象大鳥，乃所以爲近情，而鄭反謂鵠爲小鳥難中，又左矣。

樂人宿縣于阼階東，笙磬西面，其南笙鐘，其南鑮，皆南陳。建鼓在阼階西句，南鼓句；應鼙在其東句，南鼓句。西階之西，頌磬東面，其南鐘，其南鑮，皆南陳句。一建鼓在其南句，東鼓句；，朔鼙在其北。一建鼓在西階之東句，南面句。簜黨在建鼓之間。鼗倚于頌磬，西紘。

此設樂也。宿縣，先一夕縣設鐘磬之屬。笙磬，笙與磬相次，吹笙則鐘、磬和之，故謂笙磬、笙鐘也。笙，生也。列竹于匏，象物生出地。東爲生方，故設于東階下東。西面，謂磬簴縮陳向西也。南，笙磬之南。笙磬、笙鐘小，而編縣各十有六，成一簴。鑮，大鐘，特懸。笙鐘與鑮，其簴皆横陳向南。建鼓，以木貫鼓腹植立，即楹鼓也。在東階西，與鑮并設。南鼓，鼓面向南。應鼙，小鼓。樂作，先擊朔鼙，而應鼙應之，然後擊大鼓，故謂應鼙。在建鼓東，當建鼓與鑮之間，亦縣設。此以上，設于堂下東者也。頌、誦通，即歌也。歌則擊磬，故謂頌磬。頌以告成，西成，故列于西階下西。東面，其簴縮陳向東，與笙磬對也。其南鐘，謂小歌鐘。其南鑮，謂大鐘。鐘、鑮在頌磬南，簴皆横設，南向，與東階同。建鼓言「一」，所以殊于東者。在其南，又在鑮南，其面向東也。朔鼙，小鼓。朔，初也。賓入，樂初作，則西擊鼙。西，賓位，樂由賓作也。在其北，在建鼓北，亦懸設也。又言「一建鼓」，所以殊于西階西者，此建于西階下東，向南設也。簜，竹也，簫管之屬，在兩建鼓間。鼗，小鼓，有耳有柄，摇擊，不懸設，倚置于頌磬東。紘，鼗兩旁懸耳繩，如冠之有紘。鼗倚于磬簴東，故其紘西委也。

按：東笙西頌，皆列磬、鐘；東階之西、西階之東，列鼓、鼙，皆南向。此即《周禮》所謂「諸侯軒懸」者也。鄭謂諸侯於其羣臣無三面，非也；又謂「紘」爲編磬之繩，亦非也。

厥明，司宮尊于東楹之西，兩方壺句；膳尊兩甒句，在南句，有豐句，冪用錫若絺，綴諸箭蓋句，冪加勺，又反之。皆玄尊句。酒在北句。尊士旅食于西鑮之南，北面，兩圜壺。又尊于大侯之乏東北，兩壺獻酒句。設洗于阼階東南，罍水在東，篚在洗西句，南陳句。設膳篚在其北，西面。又設洗于獲者之尊西北，水在洗北，篚在南句，東陳。小臣設公席于阼階上，西鄉。司宮設賓席于户西，南面，有加席。卿席賓東，東上。小卿賓西，東上。大夫繼而東上，若有東面者，則北上。席工于西階之東，東上。諸公阼階西，北面，東上。

此陳器設席也。厥明，設樂之明日，即射日之朝也。兩方壺，飲臣之尊。膳尊，君飲之尊。兩甒，即膳尊。甒小于壺。膳尊在南方，壺在北。豐、冪、蓋、勺，皆膳尊也。錫，細布；絺，細葛，以爲冪巾。箭，小竹，爲尊蓋。綴巾于上，爲冪。加勺冪上，以餘巾反掩其勺。皆玄尊，謂兩方壺、兩甒皆一水一酒也。酒尊在北，水尊在南，南爲上，貴玄酒也，與《燕禮》尊儀互見。士旅食者之尊，鄉射設于門西，旅食者立門西也；大射較鄉射侯道遠，逼近門，旅食者皆立堂下士南避射也，故尊改設堂下西鑮之南。尊北面，人臣之義也。兩圜壺，皆酒也。又設尊于大侯乏東北，以獻服不、隸僕人、巾車、獲者之輩。無玄尊，故曰酒；明所以設尊，故曰獻，所謂「主人就旅食之尊而獻之」者也。洗設于阼階下東南，罍水在洗東，篚奠虛爵，在洗西，三物并陳，皆南向。膳篚，奠君虛爵，在洗北，西向，以君席在東也。獲者之尊，即乏側之獻酒。設洗以備獻，獻酒在乏東北，洗在尊西北，水在洗北，篚在洗南，三物直陳，皆東向，以獲者在西也。設席，見《燕禮》。卿，上大夫。小卿，中大夫。大夫，下大夫。賓，以大夫爲之。有東面者，大夫非一人也。諸公，謂孤、卿。餘見前。

按：鄭注「獻酒」作「沙酒」，鑿也。

官饌。羹定。射人告具于公。公升，即位于席，西鄉。小臣師納諸公、卿、大夫。諸公、卿、大夫皆入門右，北面，東上。士西方，東面，北上。大史在干侯之東北，北面，東上。士旅食者在士南，北面，東上。小臣師、從者在東堂下，南面，西上。公降，立于阼階之東南，南鄉。小臣師詔揖諸公、卿、大夫，諸公、卿、大夫西面，北上；揖大夫，大夫皆少進。大射正擯。擯者請賓，公曰：「命某爲賓。」擯者命賓。賓少進，禮辭。反命，又命之。賓再拜稽首，受命。擯者反命。賓出，立于門外，北面。公揖卿、大夫句，升就席。小臣自阼階下，北面，請執冪者與羞膳者。乃命執冪者。執冪者升自西階，立于尊南，北面，東上。膳宰請羞于諸公、卿者。擯者納賓。賓及庭，公降一等揖賓，賓辟避；公升，即席。奏《肆夏》。賓升自西階。主人從之，賓右北面，至再拜；賓答再拜。

官饌，官司具饌，即前篇所謂「膳宰具官饌」也。羹定，肉熟也。凡禮始羹定爲節。「射人告具」以下，多與《燕禮》同。大史掌辭命，立于侯東北、北面者，近君也；及「士旅食者在士南」，皆與《燕禮》殊。以大侯道遠逼門，故入庭深〔一〕。小臣師詔揖，告公揖也。不言「邇」，既入庭深也。言「揖諸公、卿、大夫」，又言「揖大夫」者，卿爲上大夫也。大射正，射人之長。擯，爲擯相。命某爲賓，命大夫爲賓也。公揖卿、大夫，遂自升就席，卿、大夫在庭也。羞膳者，酌君尊者也。《肆夏》，樂章名。餘解見《燕禮》。

按：鄭以「官饌」屬上，讀爲「百官各饌具〔二〕所當共之物」，恐非。

主人降洗句，洗南，西北面。賓降階西，東面。主人辭降，賓對句。主人北面盥，坐取觚，洗。賓少進，辭洗。主人坐奠觚于篚，興對。賓反位。主人卒洗。賓揖，乃升。主人升，賓拜洗。主人賓右奠觚答拜，降盥。賓降，主人辭降，賓對。卒盥。賓揖升。主人升，坐取觚。執冪者舉冪，主人酌膳，執冪者蓋冪。酌者加勺，又反之。筵前獻賓。賓西階上拜句，受

〔一〕「深」下一字格原在書葉闕損處，《續修》本、《存目》本同作墨釘，此當與之同，今删。
〔二〕「具」，鄭注實作「其」，然作「具」於義似亦可通，不敢必其爲誤字，今姑仍之。

爵于筵前，反位。主人賓右拜送爵。宰胥薦脯醢。賓升筵。庶子設折俎。賓坐，左執觚，右祭脯醢，奠爵于薦右；興取肺，坐絶祭，嚌之；興，加于俎，坐挩手，執爵，遂祭酒，興；席末坐啐酒，降席；坐奠爵，拜，告旨；執爵興。主人答拜。樂闋句。賓西階上北面坐卒爵，興；坐奠爵，拜，執爵興。主人答拜。

此以下十一節，皆將射而先燕飲之儀。此一節，主人獻賓也。酌者加勺，謂主人既酌酒，以勺加冪上。又反之，謂執冪者舉餘巾，反覆其勺也。宰胥，膳宰之屬。庶子，司馬之屬。樂闋，謂自賓入奏《肆夏》，至是乃止。闋，止也。即《燕記》云「賓拜酒，主人答拜，而樂闋」，是也。賓入奏《肆夏》，以西方之縣也。

賓以虚爵降，主人降。賓洗南西北面坐奠觚，少進，辭降。主人西階西東面，少進句，對句。賓坐取觚，奠于篚下，盥洗。主人辭洗。賓坐奠觚于篚，興對句；卒洗，及階，揖升。主人升，拜洗如賓禮。賓降盥，主人降。賓辭降，卒盥，揖升；酌膳、執冪如初，以酢主人于西階上。主人北面拜受爵，賓主人之左拜送爵。主人坐祭，不啐酒，不拜酒，遂卒爵，興；坐奠爵，拜，執爵興。賓答拜。主人不崇酒，以虚爵降，奠于篚。賓降，立于西階西，東面。擯者以命升賓。賓升，立于西序，東面。

此賓酢主人，解見《燕禮》。主人西階西者，從賓降，暫立于此。擯者以命，以君命也。

主人盥，洗象觚，升酌膳，東北面獻于公。公拜受爵，乃奏《肆夏》。主人降自西階，阼階下北面拜送爵。宰胥薦脯醢，由左房。庶子設折俎，升自西階。公祭，如賓禮；庶子贊授肺。不拜酒，立卒爵；坐奠爵，拜，執爵興。主人答拜。樂闋。升受爵，降奠于篚。更爵，洗，升酌散以降；酢于阼階下，北面坐奠爵，再拜稽首。公答拜。主人坐祭，遂卒爵，興；坐奠爵，再拜稽首。公答拜。主人奠爵于篚。

此主人獻君自酢，解見《燕禮》。奏《肆夏》，即《燕記》云「公拜受爵，而奏《肆夏》」；公卒爵，主人升，受爵以下，而樂闋」，是也。君受爵，奏《肆夏》，以東方之縣也。左房，東房也。凡堂上之薦，皆由左房出。折俎，折牲脊、脅、臂、肺爲君俎。自西階升，鼎由外入也。《燕禮》「酌膳」，此「酌散」，燕禮主飲，故叨君惠；大射主禮，不敢同于尊也。

主人盥洗，升，媵觚于賓，酌散，西階上坐奠爵，拜句。賓西階上北面答拜。主人坐祭，遂飲句；賓辭句。卒爵，興，坐奠爵，拜，執爵興；賓答拜。主人降洗，賓降，主人辭降。賓辭洗。卒洗。賓揖升，不拜洗。主人酌膳。賓西階上拜，受爵于筵前，反位。主人拜送爵。

賓升席，坐祭酒，遂奠于薦東。主人降，復位。賓降筵西，東南面立。

此主人酬賓也，解見《燕禮》。

小臣自阼階下請媵爵者，公命長句。小臣作下大夫二人媵爵。媵爵者阼階下皆北面再拜稽首；公答拜。媵爵者立于洗南，西面，北上；序進，盥洗角觶，升自西階；序進酌散，交于楹北；降，適阼階下，皆奠觶，再拜稽首，執觶興。公答拜。媵爵者皆坐祭，遂卒觶，興；坐奠觶，再拜稽首，執觶興。公答再拜。媵爵者執觶待于洗南。小臣請致者。若命皆致，則序進，奠觶于篚，阼階下皆北面再拜稽首。公答拜。媵爵者洗象觶，升實之；序進，坐奠于薦南，北上；降，適阼階下，皆再拜稽首送觶。公答拜。媵爵者皆退反位。

此下大夫二人媵爵，爲君舉旅之始，解見《燕禮》。《燕禮》公皆「答再拜」，此或云「公答拜」者，答一拜也。媵爵者退反位，反庭中北面之位。

按：大夫初與卿皆入門右，北面，及公揖卿，西面，北上；揖大夫，少進，則大夫北面，進至庭中矣。鄭云「反門右北面之位」，非也。大侯道遠逼門，史與旅食輩既皆不在門，而二大夫獨立門右乎？

公坐取大夫所媵觶，興以酬賓。賓降，西階下再拜稽首。小臣正辭，賓升成拜。公坐奠酬，答拜，執觶興。公卒觶。賓下拜，小臣正辭。賓升，再拜稽首。公坐奠觶，答拜，執觶興。賓進，受虛觶，降，奠于篚，易觶興洗；公有命，則不易不洗。反升，酌膳，下拜。小臣正辭。賓升，再拜稽首。公答拜。賓告于擯者句，請旅諸臣句。擯者告于公，公許。賓以旅大夫于西階上。擯者作大夫長升受旅。賓大夫之右坐奠觶，拜，執觶興。大夫答拜。賓坐祭，立卒觶，不拜。若膳觶也，則降更觶洗，升，實散。大夫拜受。賓拜送，遂就席。大夫辯句，受酬如受賓酬之禮，不祭酒。卒受者以虛觶降，奠于篚，復位。

此公初爲賓舉旅，解見《燕禮》。賓告于擯者，請旅，謂賓請旅于君；擯者降西階，往阼階下，北面請于君；君許，擯者于西階上復于賓，而後作大夫長升受旅。云「旅大夫」，該公、卿也。大夫長即卿。升受旅時，卿、大夫皆在庭。卒受者，下大夫也。復位，復庭下北面之位。

主人洗觚，升，實散，獻卿於西階上。司宮兼卷重席，設於賓左，東上。卿升，拜受觚。主人拜送觚。卿辭重席，司宮徹之。乃薦脯醢。卿升席。庶子設折俎。卿坐，左執爵，右祭脯醢，奠爵于薦右；興取肺，坐絶祭，不嚌肺；興，加于俎，坐挩手，取爵，遂祭酒，執爵興；降席，西階上北面坐卒爵，興；坐奠爵，拜，執爵興。主人答拜，受爵。卿降，復位。辯獻卿。主人以虚爵降，奠于篚。擯者升卿，卿皆升，就席。若有諸公，則先卿獻之，如獻卿之禮；席于阼階西，北面，東上；無加席。

此主人獻諸公、卿，解見《燕禮》。燕禮獻卿無折俎，大射盛于燕也。不嚌肺，事主射，自貶于賓也。

小臣又請媵爵者句。二大夫媵爵如初。請致者。若命長致，則媵爵者奠觶于篚，一人待于洗南；長致者阼階下再拜稽首，公答拜。洗象觶，升，實之，坐奠于薦南；降，與立于洗南者二人皆再拜稽首送觶。公答拜。公又行一爵，若賓，若長，唯公所賜。以旅于西階上，如初。大夫卒受者以虚觶降，奠于篚。

此再媵爵于君，君再舉旅，解見《燕禮》。

主人洗觚，升，獻大夫于西階上。大夫升，拜受觚。主人拜送觚。大夫坐祭，立卒爵，不拜既爵。主人受爵。大夫降，復位。胥薦主人于洗北，西面，脯醢，無脀。辯獻大夫，遂薦之，繼賓以西，東上；若有東面者，則北上。卒句，擯者升大夫；大夫皆升，就席。

此主人獻大夫，解見《燕禮》。

乃席工于西階上，少東。小臣納工，工六人，四瑟句。僕人正徒相太師句，僕人師相少師，僕人士相上工。相者皆左何瑟，後首，內弦，挎越；右手相句。後者徒相句，入句。小樂正從之。升自西階，北面，東上。坐授瑟，乃降。小樂正立于西階東。乃歌《鹿鳴》三終。主人洗，升，實爵，獻工。工不興句，左瑟句；一人拜受爵。主人西階上拜送爵。薦脯醢。使人相祭。卒爵，不拜。主人受虛爵。衆工不拜，受爵，坐祭，遂卒爵。辯有脯醢，不祭。主人受爵，降，奠于篚，復位。太師及少師、上工皆降，立于鼓北，羣工陪于後。乃管《新宮》三終。卒管，太師及少師、上工皆東坫之東南，西面北上坐。

此三獻畢樂作，主人獻工，解見《燕禮》。工六人，謂太師、少師與上工四人。四瑟，樂盛于燕也。僕人正，僕人之長。徒相，不荷樂器，空手扶之。僕人師，正之貳也。相少師，亦徒相也。僕人士，正之吏也。上工，堂上歌工。相上工者四人，皆左荷瑟，右手相四工前行；相太師、少師居後，故曰「後者徒相」。授瑟，相者授也。乃降，降西階。小樂正立西階東，立階上也。獻工，解見《燕禮》。主人受爵，降，復位，復東階下洗北西面之位。樂先升歌，歌畢，二師、四工皆降席，立于西階下東、建鼓之北。太師立與鼓齊，少師及四工皆陪立于後，以俟奏管。管，簫屬，前所設簜也。《新宮》，樂章名。三終，奏三曲畢。歌工六人遷于東坫東南，西向坐；北上，以次而南也。坫，堂下閣物處。《冠禮》有「西坫」，是堂東、西皆有坫也。

擯者自阼階下請立司正。公許，擯者遂爲司正。司正適洗，洗角觶，南面坐奠于中庭；升，東楹之東，受命于公；西階上北面命賓、諸公、卿、大夫：「公曰：以我安！」賓、諸公、卿、大夫皆對曰：「諾！敢不安？」司正降自西階，南面坐取觶，升，酌散；降，南面坐奠觶；興，右還，北面少立；坐取觶，興；坐不祭，卒觶，奠之，興；再拜稽首，左還，南面坐取觶，洗；南面反奠于其所，北面立。

此將旅，立司正以監之。擯者，即大射正。解見《燕禮》。

按：《燕禮》立司正安賓，遂徹俎，坐燕，其情文稱。今射尚未舉，遂致終燕之辭，似此禮專爲燕，而射事反輕。君始戒百官以射，諸臣爲射來，所命與所戒不相背與？且司正方洗觶，司射忽請射，少次第。蓋本《燕》與《大射》二禮割湊成文，知是書非盡《禮經》之舊矣。

司射適次，袒決遂，執弓，挾乘矢於弓外，見鏃於弣，右巨指鉤弦。自阼階前曰：「爲政請射。」遂告曰：「大夫與大夫，士御於大夫。」

此始請射也。司射，即射人。次，謂設帷障爲更衣之次，在東堂下洗東南。《周禮·天官·掌次》所謂「射，則張耦次」，是也。挾乘矢於弓外，謂左手執弓弣，右手橫夾四矢於二指間，以大指鉤弦，則矢鏃橫見於弣外。自阼階前，稟命于君也。爲政，謂司馬，《周禮·司馬》「掌邦政」。遂告，告選三耦。大夫與大夫爲耦，不足，以士耦於大夫。御，猶侍也。

遂適西階前，東面，右顧，命有司納射器。射器皆入。君之弓矢，適東堂；賓之弓矢與中、籌、豐，皆止于西堂下。衆弓矢不挾。總衆弓矢、楅，皆適次而俟。工人士與梓人升自北階，兩楹之間，疏數容弓，若丹，若墨，度尺而午。射正莅之。卒畫，自北階下。司宫埽所畫物，自北階下。大史俟于所設中之西，東面以聽政。司射西面誓之，曰：「公射大侯，大夫射参，士射干。射者非其侯，中之不獲！卑者與尊者爲耦，不異侯！」大史許諾。遂比三耦。三耦俟于次北，西面，北上。司射命上射，曰：「某御於子。」命下射，曰：「子與某子射。」卒，遂命三耦取弓矢于次。

此納射器，畫物比耦。司射既阼階前請射，遂適西階前東面立。有司，司射器者，皆士也；亦立西階南，東面，故司射右顧而命之。君弓矢適堂上東，賓弓矢與中、籌、豐皆納堂下西，衆弓矢與楅納堂下東南次内，各近其所也。衆弓矢不挾，多故也。總，謂束縛之。工人士，工作之官。梓人，木工爲侯者。北階，堂後階。兩楹之間，謂堂中也，《鄉射記》云「堂深則當楣」是也。疏數，猶廣狹。容弓，謂兩物間相去六尺。若丹，若墨，隨用一色。畫地爲物，射者所立也。物以尺爲度，一縱一横曰午。莅，臨視也。埽，埽畫處，使分明。大史，掌釋獲者。中設堂下，西當西序，南當楅。大史初立侯東，北面，今立中西，東面，聽司射誓也。時司射立西階前，東面，轉向大史誓之。君與賓耦，同射大侯；士與大夫耦，同射參侯。卑者與尊者耦，即與尊者同侯，亦如士與士耦，同射干侯也。比，配也。三耦始誘射皆士。次在堂下東。士立次外之北，西向以俟；北上，序立而南也。鄉射三耦立堂西，此立堂東者，射器在東，大射統于君也；鄉射器在西，統于賓也。故鄉射即謂之賓射，可也；大射用燕禮，即謂之燕射，亦可也。

按：《周禮·射人職》云：王射，三侯，六耦；諸侯，二侯，四耦；大夫，一侯，三耦。今諸侯用三侯三耦，與《周禮》異。

司射入于次，搢三挾一个；出于次，西面揖，當階北面揖，及階揖；升堂揖，當物北面揖，及物揖；由下物少退，誘射。射三侯，將乘矢，始射干，又射參，大侯再發。卒射，北面揖。及階，揖降，如升射之儀。遂適堂西，改取一个挾之。遂取扑搢之，以立于所設中之西南，東面。

此司射誘射，解見《鄉射》。入次，取弓矢也。堂下三揖，堂上三揖，升降同也。由下物，自左物射也。少退，避君位也。君立下物。卒射，北面揖，敬君事，殊于《鄉射》揖南面也。設中之西南，東面，即《鄉射》司馬北、西面之位。餘解見《鄉射》。

按：大射衆弓矢皆總入于東次，司射「適堂西，改取一个」，豈堂西㡩之弓矢外，別有矢與？不然，則「適次」之誤也。

司馬師命負侯者執旌以負侯。負侯者皆適侯，執旌負侯而俟。司射適次，作上耦射。司射反位。上耦出次，西面揖進，上射在左，并行；當階北面揖，及階揖，上射先升三等，下射從之，中等。上射升堂，少左，下射升，上射揖，并行；皆當其物北面揖，及物揖；皆左足履物，還旋視侯中，合足而俟。司馬正適次，袒決遂，執弓，右挾之，出；升自西階，適下物，立于物間；左執弣，右執簫，南揚弓，命去侯。負侯皆許句，諾以宮句，趨直西；及乏南，又諾以商句；至乏，聲止。授獲者，退立于西方。獲者興，共而俟。司馬正出于下射之南，還其後，降自西階；遂適次，釋弓，說脱決、拾，襲，反位。司射進，與司馬正交于階前，相左；由堂下，西階之東，北面視上射，命曰：「毋射獲！毋獵獲！」上射揖。司射退，反位。乃射，上射既發，挾矢；而后下射射，拾發以將乘矢。獲者坐而獲，舉旌以宮，偃旌以商；獲而未釋獲。卒射，右挾之，北面揖，揖如升射。上射降三等，下射少右，從之，中等；并行，上射於左。與升射者相左，交于階前，相揖。適次，釋弓，説決、拾，襲，反位。三耦卒射，亦如之。司射去扑，倚于階西，適阼階下，北面告于公，曰：「三耦卒射。」反，搢扑，反位。

此三耦誘射，解見《鄉射》。司〔一〕馬師，司馬正之佐。負侯者，即獲者，鄉射惟一人，大射即《周禮・夏官・服不氏》「以旌居乏待獲」「士一人，徒四人」，士負大侯，徒負二侯也。旌，謂翿旌。《鄉飲記》云：「君射，以翿旌獲。」三侯三人三旌，故皆適侯。司射適次，自西適東也。三耦俱在次北，西面立，司射往，東面作之。反位，反中西南、東面之位。上射在左，升堂以西爲左，趨右物便也。視侯中，各視其所射侯之鵠。司馬〔二〕適下物，由上射後過，至下射西南，立于兩物間，與《鄉射》同。兩手揚弓，以命負侯者，與《鄉射》以右手異。宮聲大，商聲小。乏在各侯西北，負侯者直趨西，當乏南，又趨北，不徑趨西北，大射禮嚴也。授獲者，服不氏至乏，以旌授其徒，居乏報獲，而身退立于西方。蓋大侯服不氏親負，其徒一人代居乏，參侯、干侯則各一徒負侯居乏，不相代也。司馬正反位，反于司射立之南，與《鄉射》同。卒射，右挾之，謂矢發盡，左手執弓，右手大二指挾弓弦，就物內轉向北揖，異于《鄉射》揖南面也。射者反位，反于次北西面北上之位。餘解見《鄉射》。

〔一〕「司」上一字格原爲墨釘，今删。

〔二〕「司馬」，據經文其下脱一「正」字。按：此節有司馬師、有司馬正，單言「司馬」似無以別之，但不能必其原稿有「正」字，故不敢補。

司馬正袒決遂，執弓，右挾之，出；與司射交于階前，相左；升自西階，自右物之後，立于物間；西南面，揖弓，命取矢。負侯許諾，如初去侯句，皆執旌以負其侯而俟。司馬正降自西階，北面命設楅。小臣師設楅。司馬正東面，以弓爲畢。既設楅，司馬正適次，釋弓，説決拾，襲，反位。小臣坐委矢于楅，北括；司馬師坐乘之，卒。若矢不備，則司馬正又袒執弓，升，命取矢如初，曰：「取矢不索！」乃復求矢，加于楅。卒，司馬正進坐，左右撫之，興，反位。

此將正射，設楅委矢也。執弓，右挾，右手挾弓弦也。司馬正北面命設楅，亦猶《鄉射》「立于所設楅之南」「設楅中庭南，與洗齊」，故司馬正北面立其南，使設者止，勿過南也。小臣師設楅，司馬正又轉西東面立，使設者勿偏西也。畢，竹簡，笏類，形如畢星，即今如意。執以止物曰畢，與「蹕」通，止也。臣當君前，不敢指撝，故以弓當笏止其處。乘矢不備，則師以告正，正復命取矢；備則正撫而數之。餘解見《鄉射》。

司射適西階西，倚扑；升自西階，東面請射于公。公許。遂適西階上，命賓御于公，諸公、卿則以耦告于上句，大夫則降，即位而后告。司射自西階上，北面告于大夫，曰：「請降！」司射先降，搢扑，反位。大夫從之降，適次，立于三耦之南，西面，北上。

司射東面于大夫之西，比耦句。大夫與大夫句，命上射，曰：「某御於子。」命下射，曰：「子與某子射。」卒，遂比衆耦。衆耦立于大夫之南，西面，北上。若有士與大夫爲耦，則以大夫之耦爲上，命大夫之耦，曰：「子與某子射。」告於大夫，曰：「某御於子。」命衆耦，如命三耦之辭。諸公、卿皆未降。

此將射比耦也。司射此請，必升堂者，將徧告賔、諸公、卿、大夫也。命賔御于公，以君命命也。君與賔爲耦射大侯，公〔一〕、卿爲耦射參侯，大夫、士爲耦射干侯。諸公、卿之耦，即堂上比而告之，尊，故不俟降射位告也。大夫則降，適次，往堂東，立于三耦南。三耦立于次北大夫之上，將先射也。司射東面，向大夫也。大夫與大夫，謂多則同耦也。卒，謂比公、賔、卿、大夫耦畢。遂比衆耦，衆耦，士也。士若有爲大夫之耦者，則立衆士上。大國諸侯臣一孤、三卿、五大夫，三耦自有餘，而時或有與有不與，故大夫不足，則以士比之。餘解見《鄉射》。

遂命三耦各與其耦拾取矢，皆袒決遂，執弓，右挾之。一耦出，西面揖，當楅北面揖，及楅揖。上射東面，下射西面。上射揖進，坐，横弓，郤手自弓下取一个，兼諸弣，興，

〔一〕「公」上，據經文脱一「諸」字。

順羽，且左還旋，毋周，反面揖。下射進，坐，橫弓，覆手自弓上取一个，兼諸弣，興，順羽，且左還旋，毋周，反面揖。既拾取矢，梱之，兼挾乘矢，皆内還，南面揖，適楅南，皆左還，北面揖，搢三挾一个，揖，以耦左還，上射於左，退者與進者相左，相揖，退釋弓矢于次，説決、拾，襲，反位。二耦拾取矢，亦如之。後者遂取誘射之矢，兼乘矢而取之，以授有司于次中，皆襲，反位。

此將射，三耦取矢于楅，解見《鄉射》。三耦各與其耦，謂各上射與下射也。執弓，右挾之，挾弦也。及楅，上射立楅西東面，下射立楅東西面，遞進取矢，如《鄉射》。順羽，謂楅直設，矢羽在北，以左體轉向南，羽順在北也。毋周，謂纔轉向南，即轉向東。反面揖，謂反原位東面揖下射使進也。下射左還，毋周，纔轉向北，即轉向西，揖上射使更進也，與《鄉射》周還異。鄉射禮貴從容，大射嚴疾。梱，叩也。叩四矢，使齊也。皆内還，謂上射左，下射右，皆内向楅轉，就本位南面揖，并行適楅南，二人皆左還，由西面轉向北揖，搢挾矢，與《鄉射》同。以，與也。上射與下射，將東適次，二人并左還，則上射轉居北，下射轉居南。上射於左，東行，北爲左也。餘詳《鄉射》。

按：禮事多尚左，左爲陽，生物之主。鄭以「左還」爲不背君，鑿也。

司射作射如初，一耦揖升如初。司馬命去侯，負侯許諾如初。司馬降，釋弓，反位。

司射猶挾一个，去扑；與司馬交于階前，適阼階下，北面請釋獲于公；公許。反，搢扑；遂命釋獲者設中；以弓爲畢，北面句。大史釋獲。小臣師執中，先首，坐設之；東面句，退句。大史實八筭于中，横委其餘于中西，興，共而俟。司射西面命曰：「中離維綱、揚觸、梱復，公則釋獲，衆則不與！唯公所中，中三侯皆獲。」釋獲者命小史，小史命獲者。司射遂進由堂下，北面視上射，命曰：「不貫不釋！」上射揖句。司射退，反位。釋獲者坐取中之八筭，改實八筭，興，執而俟。乃射。若中，則釋獲者每一个釋一筭，上射於右，下射於左。若有餘筭，則反委之。又取中之八筭，改實八筭于中；興，執而俟。三耦卒射。

此三耦正射，解見《鄉射》。以弓爲畢，止其設中之所。《鄉射禮》云：「南當楅，西當西序。」以弓爲畢，止其地也；北面，示設中者不得過南也。大史釋獲，大射釋獲者大史也。史掌書記筭法，故主獲。小臣〔一〕執中，以首向前，首在東也。大史與小臣退中西，東面立。司射西向大史，命以釋獲之法。中，謂矢著侯。離，附麗也。侯舌曰維。繫侯繩曰綱。揚觸，矢觸地揚起。梱，叩也；復，反也，矢叩侯，還反于地。如此者，唯君射爲釋獲，衆皆不筭。君射不拘大侯、參侯、干侯，中皆釋獲；

〔一〕「小臣」，據經文當作「小臣師」，郝注《燕禮》云「小臣師，小臣之長」，略作「小臣」似亦無不可，下「大史與小臣退中西」之「小臣」同。類此者不悉校。

衆射非其侯中不筭。大史以此告小史，小史以告獲者，傳司射所命也。餘見《鄉射》。

賔降，取弓矢于堂西。諸公、卿則適次，繼三耦以南。公將射，則司馬師命負侯，皆執其旌以負其侯而俟。司馬師反位。隸僕人埽侯道。司射去扑，適阼階下，告射于公；公許。適西階東，告于賔；遂搢扑，反位。小射正一人，取公之決、拾於東坫上，一小射正授弓、拂弓，皆以俟于東堂。公將射，則賔降，適堂西，袒決遂，執弓，搢三挾一个；升自西階，先待于物北，北一笴，東面立。司馬升，命去侯如初；還右，乃降，釋弓，反位。公就物，小射正奉決、拾以笥，大射正執弓，皆以從於物。小射正坐奠笥于物南，遂拂以巾，取決，興；贊設決、朱極三。小臣正贊袒，公袒朱襦。卒袒，小臣正退俟于東堂。小射正又坐取拾，興；贊設拾，以笥退奠于坫上，復位。大射正執弓，以袂順左右隈，上再下壹，左執弣，右執簫，以授公。公親揉之。小臣師以巾内拂矢，而授矢于公，稍屬。大射正立于公後，以矢行告于公：下曰「留」，上曰「揚」，左右曰「方」。公既發，大射正受弓而俟，拾發以將乘矢。公卒射，小臣師以巾退，反位；大射正受弓；小射正以笥受決、拾，退奠于坫上，復位。大射正退，反司正之位。小臣正贊襲。公還而后賓降，釋弓于堂西，反位于階西東面。公即席。司正以命升賓；賓升復筵，而后卿、大夫繼射。諸公、卿取弓矢于次中，袒決遂，執弓，搢三挾一个，出；西面揖，揖如三耦，升射；卒射，降如三耦；適次，釋弓，説決、拾，襲，反位。衆皆繼射，釋獲皆如初。

此君及賓、卿、大夫、士正射。賓與君爲耦，君將射，賓先自堂上西序東面，降立階西東面也。初納射器，賓弓矢在堂西，諸臣弓矢在東次，故賓適堂西，諸公、卿適次，各取弓矢。三耦以南，謂大夫立之北。司馬師反位，位在西階下東面，司馬正之南也。隸僕人，《周禮》司隸之屬。埽侯道，君將射，新之也。司射適西階東告賓，賓立西階下西，東面。君將射，賓爲耦，故告也。坫以閣物，在堂上東。小射正授弓，授之大射正，大射正以授公。拂，拭使潔也。東堂，堂上東，君席側也。賓降，即前取弓矢降，再言以明待君之儀。疏謂取弓矢升，再降，非也。物北，右物之北；離一笴，不敢先就物也。東面立，向君待也。司馬命去侯，還右乃降者，賓物居右，司馬出右物南，即西轉下堂，不還左物，時君未就物也。贊設決，爲君設也。朱極，以朱韋韜右手指利弦。三，謂食指、將指、無名指三，各用一也。小射正復位，與小臣正同，立侯于東堂也。袂，衣袖。順，即拂也。隈，弓曲處。以衣袖順弓上下兩隈拂之，示整潔也。弓仰執，故上隈之裏左右再拂，下隈之背一拂之，左手承弓把，右手捉弓弰授君。君受而親揉之，審其安危也。小臣師以巾内拂矢，使塵向己也。稍屬，奉矢稍稍相繼屬，不絶也。大射正立當君後，望矢道以詔君：不及曰「留」，大高曰「揚」，旁出曰「方」，左曰「左方」，右曰「右方」也。君爲下射，賓爲上射，各四矢，亦拾發。上射既發，挾矢，而后下射發，與初三耦同。但君不親執弓矢，每既發一矢，大射正爲君執弓，矦賓既發，挾矢，又授君弓。公卒射，賓退立物北，東面，矦公釋弓矢，説決、拾，襲衣，而後降。大射正退，反中庭觶南司正之位。公既襲，還東階，賓乃降，釋射器，反升，立于階西東面之位。君立于阼階席上，司正乃命賓升户西南面之筵，然後諸公、卿、大夫、衆耦相繼升射，降，皆反于次北東面之位，矦司馬命取矢，而後升也。釋獲皆如初，通君、賓、公、卿、大夫、衆耦而言。

按：司射「反司正之位」，當在三射畢，「釋獲者退中與筭」之後，此文誤也。「以袂順左右隈」，鄭氏謂「以袂順放之」，非也。此節叙君射，過自矜貴，多衰世驕蹇之風，乏先王恭儉之意。人主既身居下物，折節行禮，過自矜飾，何以誨下？至于三射樂作，然後就物，「不以樂志」，則所稱節奏比樂，容體比禮者，〔一〕君獨不然，焉用射？君不用禮樂，而能選士御臣者，未之有也。《孟子》曰「責難於君，謂之恭」「吾君不能，謂之賊」「今之大夫，今之諸侯之罪人」，亦此類。

卒射，釋獲者遂以所執餘獲，適阼階下，北面告于公，曰：「左右卒射。」反位，

〔一〕「則所稱節奏比樂，容體比禮者」，原作「則所稱節奏比禮，容體比樂者」，今據《禮記·射義》篇本文（「其容體比於禮，其節比於樂」）改。

坐委餘獲于中西，興，共而俟。司馬袒執弓，升，命取矢如初。負侯許諾，以旌負侯如初。司馬降，釋弓如初。小臣委矢于楅，如初。賓、諸公、卿、大夫之矢皆異束之以茅；卒，正坐左右撫之，進束，反位；賓之矢，則以授矢人于西堂下。司馬釋弓，反位，而后卿〔一〕、大夫升就席。司射適階西，釋弓，去扑，襲；進由中東，立于中南，北面視筭。釋獲者東面于中西坐，先數右獲；二筭爲純，一純以取，實于左手；十純則縮而委之，每委異之；有餘純，則横諸下，一筭爲奇，奇則又縮諸純下。興，自前適左，東面坐；坐，兼斂筭，實于左手；一純以委，十則異之，其餘如右獲。司射復位。釋獲者遂進取賢獲，執之，由阼階下，北面告于公。若右勝則曰「右賢於左」，若左勝則曰「左賢於右」，以純數告；若有奇者，亦曰「奇」。若左右鈞，則左右各執一筭以告，曰「左右鈞」。還，復位，坐，兼斂筭，實八筭于中，委其餘于中西；興，共而俟。

此正射畢，取矢筭獲，解見《鄉射》。賓、諸公、卿、大夫矢皆異束之者，小臣取矢即束之也。卒，取矢畢。正，謂司馬正。左右撫之，數衆矢也。進束，謂既數衆矢，而后進所束之矢于楅。反位，

〔一〕「卿」，原譌作「鄉」，今據閩本改。

反中西南、東面之位。賔矢，授矢人于西堂下，不委于楅也。不言君矢，其以授小臣于東堂可知。司馬釋弓，反位，即前「降，釋弓」，再言以明小臣取矢時卿、大夫已升就席也。餘見《鄉射》。

按：鄭解「進束」謂「整結之，示親」，非也。

司射命設豐。司宫士奉豐，由西階升，北面坐設于西楹西，降，復位。勝者之弟子洗觶，升，酌散，南面坐奠于豐上，降，反位。司射袒執弓，挾一个，搢扑，東面于三耦之西，命三耦及衆射者：「勝者皆袒決遂，執張弓；不勝者皆襲，説決、拾，卻左手，右加弛弓于其上，遂以執弣。」司射先反位。三耦及衆射者，皆升飲射爵于西階上。小射正作升飲射爵者，如作射。一耦出，揖如升射；及階，勝者先升，升堂少右。不勝者進，北面坐取豐上之觶，興，少退，立卒觶，進，坐奠于豐下，興，揖。不勝者先降，與升飲者相左，交于階前，相揖；適次，釋弓，襲，反位。僕人師繼酌射爵，取觶實之，反奠于豐上，退俟于序端。升飲者如初。三耦卒飲。若賔、諸公、卿、大夫不勝，則不降，不執弓，耦不升。僕人師洗，升實觶以授；賔、諸公、卿、大夫受觶于席，以降，適西階上，北面立飲，卒觶，授執爵者，反就席。若飲公，則侍射者降，洗角觶，升酌散，降拜。公降一等，小臣正辭。賓升，再拜稽首；公答再拜。賓坐祭，卒爵，再拜稽首；公答再拜。賓降，洗象觶，升，酌膳以致，下拜；小臣正辭。升，再拜稽首；公答再拜。公卒觶。賓進受觶，降，洗散觶，升，實散，下拜；小臣正辭。升，再拜稽首；公答再拜。賓坐，不祭，卒觶，降奠于篚，階西東面立。擯者以命升賓，賓升，就席。若諸公、卿、大夫之耦不勝，則亦執弛弓，特升飲。衆皆繼飲射爵，如三耦。射爵辯，乃徹豐與觶。

此正射飲不勝者，解見《鄉射》。司宮士，司宮之屬，其位與士共立于西方東面。小射正作升飲者，司射但命其儀，不親作，與《鄉射》異。僕人師繼酌，代弟子也，猶《鄉射》之「有執爵者」。侍射者，即賓，公之耦也。飲君不敢同衆，爲媵爵之禮，君飲一，臣飲二。賓先洗角觶，酌散，自飲導君；君既飲，復酌散自飲，所謂「夾爵」也。《燕記》[一]「若飲君，如燕，則夾爵」，是也。諸公之耦不勝，謂士之爲大夫耦者也。餘解見《鄉射》。

司宮尊侯于服不之東北，兩獻酒，東面，南上，皆加勺；設洗于尊西北，篚在南，

〔一〕「燕記」，當作「鄉射記」，此所引乃《鄉射記》文，《燕記》則作「若飲君，燕，則夾爵」，無「如」字也。

東肆，賓一散于篚。司馬正洗散，遂實爵，獻服不。服不侯西北三步，北面拜受爵。司馬正西面拜送爵，反位。宰夫有司薦句，庶子設折俎。卒錯句，獲者適右个句，薦、俎從之。獲者左執爵，右祭薦、俎，二手祭酒；適左个，祭如右个，中亦如之。卒祭，左个之西北三步，東面，設薦、俎，立卒爵。司馬師受虛爵，洗，獻隸僕人與巾車、獲者，皆如大侯之禮。卒，司馬師受虛爵，奠于篚。獲者皆執其薦，庶子執俎從之，設于乏少南。服不復負侯而俟。司射適階西，去扑；適堂西，釋弓，説決、拾，襲；適洗，洗觚，升，實之；降，獻釋獲者于其位，少南。薦脯醢、折俎，皆有祭。釋獲者薦右東面拜受爵，司射北面拜送爵。釋獲者就其薦坐，左執爵，右祭脯醢，興取肺，坐祭，遂祭酒；興，司射之西，北面立卒爵，不拜既爵。司射受虛爵，奠于篚。釋獲者少西辟薦，反位。司射適堂西，袒決遂，取弓，挾一个；適階西，搢扑，以反位。

此正射畢而獻服不、巾車、獲者與釋獲者。尊侯，設獻尊于侯也。服不，官名，負大侯者。服不去侯居乏，尊設于乏東北。兩獻酒及勺、洗、篚，即初陳設者。散，爵類，實五升。司馬洗散實爵，即實以獻酒也。乏在侯西、北各十步，設尊近乏，受爵近侯，爵因侯得，將祭侯，故近侯受獻。宰夫有司，宰夫之吏也。薦與俎，皆爲服不也。錯，奠也。錯薦、俎于地。卒，畢也。獲者，即服不。右手祭薦〔一〕畢，復共左手執散祭酒，散大，故須二手。左、右、中，解見《鄉射》。隸僕人埽侯道。巾車張三侯。獲者，參侯、干侯之獲者，服不之屬也。不言量人，同可知也。參侯、干侯皆有薦、俎，其獲者皆執其薦、俎，設于乏南，三祭同也。于乏南，各近侯也。服不負大侯而俟，俟三射也。其二侯之獲者皆負侯，亦可知。司射獻釋獲者，大史也。大史釋筭，而秩貴于服不，故酌堂上之尊。釋獲與司射之位，皆在中西東面少南，避中也。餘解見《鄉射》。

按：兩獻尊，即篇首初設之尊，鄭謂「不於初〔二〕設之者，不敢必君射」，非也。獻，即獻服不，鄭讀作「沙」，迂也。

司射倚扑于階西，適阼階下，北面請射于公，如初；反，搢扑，適次，命三耦皆袒決遂，執弓，序出取矢。司射先反位。三耦拾取矢如初，小射正作取矢如初。三耦既拾取矢，諸公、卿、大夫皆降，如初位句；與耦入於次，皆袒決遂，執弓，皆進當楅，進坐説矢束。上射東面，下射西面，拾取矢如三耦。若士與大夫爲耦，士東面，大夫西面。大夫進，坐説脱矢束，退，反位。耦揖進，坐兼取乘矢；興，順羽，且左還，毋周，反面揖。大夫進坐，

〔一〕「薦」下，據經文似脱一「俎」字。

〔二〕「初」下原有「獻」字，蓋涉上下文而衍，今據鄭注删。

亦兼取乘矢，如其耦；北面搢三挾一个，揖進。大夫與其耦皆適次，釋弓，説決、拾，襲，反位。諸公、卿升，就席。衆射者繼拾取矢，皆如三耦；遂入于次，釋弓矢，説決、拾，襲，反位。

此終射取矢于楅，解見《鄉射》。諸〔一〕公、卿、大夫皆降，如初位，謂適次北，繼三耦以南之位也。諸公、卿、大夫自相爲耦，則拾取矢如三耦。若士與大夫爲耦，則士兼取乘矢，不敢與大夫拾。餘見《鄉射》。

司射猶挾一个以作射，如初。一耦揖升，如初。司馬升，命去侯；負侯許諾。司馬降，釋弓，反位。司射與司馬交于階前，倚扑于階西，適阼階下，北面請以樂于公。公許。司射反，搢扑，東面命樂正，曰：「命用樂！」樂正曰：「諾。」司射遂適堂下，北面眡上射，命曰：「不鼓不釋！」上射揖。司射退，反位。樂正命大師，曰：「奏《貍首》，閒若一！」大師不興，許諾。樂正反位。奏《貍首》以射。三耦卒射。賓待于物，如初。公樂作而后就物，稍屬，不以樂志，其他如初儀。卒射如初。賓就席。諸公、卿、大夫、

〔一〕「諸」，原脱，今據經文補。

衆射者皆繼射，釋獲如初；卒射，降，反位。釋獲者執餘獲進，告左右卒射，如初。

此終射樂作，解見《鄉射》。眂、視同。《貍首》，樂章名。貍之言不來也，即《射義》「曾孫侯氏」之詩，取射諸侯首不來朝之義。賓待于物，謂三耦射畢，君將射，賓先立物後，待君也。稍屬，不以樂志，謂君射發矢，稍稍繼續，不以樂爲節。志，猶記也。卒射，降，反位，謂衆耦繼射者降，反次北之位。

按：鄭云：「始射，獲而未釋獲，復釋獲，復用樂行之。君子之於事，始取能，中課有功，終用成法，教化之漸也。射用應樂爲難。」此義得之。《中庸》曰「發而皆中節謂之和」，故達于射者，可與言性情矣。《貍首》「不來」之説，未足據。豈諸侯亦以不寧侯自射乎？必若所云，惟天子射貍首耳。

司馬升，命取矢。負侯許諾。司馬降，釋弓，反位。小臣委矢，司馬師乘之，皆如初。司射釋弓、視筭，如初。釋獲者以賢獲與鈞告，如初。復位。司射命設豐，實觶，如初。遂命勝者執張弓，不勝者執弛弓，升、飲如初；卒，退豐與觶，如初。

此終射畢，取矢筭獲，罰飲不勝也，解見《鄉射》。

司射猶袒決遂，左執弓，右執一个，兼諸弦，面鏃；適次，命拾取矢，如初。司射反位。三耦及諸公、卿、大夫、衆射者，皆袒決遂以拾取矢，如初，矢不挾，兼諸弦，面鏃；退，適次，皆授有司弓矢句，襲，反位。卿、大夫升，就席。司射適次，釋弓，説決、拾，去扑，襲，反位。司馬正命退楅、解綱。小臣師退楅，巾車、量人解左下綱。司馬師命獲者以旌與薦、俎退。司射命釋獲者退中與筭，而俟。

此射畢，授射器于有司，解見《鄉射》。諸公、卿、大夫射畢，升，就席，則士亦反西方之位矣。

公又舉奠觶，唯公所賜，若賓，若長，以旅于西階上，如初。大夫卒受者以虛觶降，奠于篚，反位。司馬正升自西階，東楹之東，北面告于公，請徹俎；公許。遂適西階上，北面告于賓。賓北面取俎以出，諸公、卿取俎如賓禮，遂出，授從者于門外。大夫降，復位。庶子正徹公俎，降自阼階，以東。賓、諸公、卿皆入門，東面，北上。司正升賓。賓、諸公、卿、大夫皆説屨，升，就席。公以賓及卿、大夫皆坐，乃安。羞庶羞。大夫祭薦。司正升受命，皆命：「公曰衆無不醉！」賓及諸公、卿、大夫皆興，對曰：「諾！敢不醉？」皆反位坐。

此君三舉旅，徹俎以燕也。君初旅爲賓，再旅爲公、卿，三旅爲大夫。《燕禮》皆旅于未立司正前；禮主射，故遲至此。前君射節「大射正退，反司正之位」九字，當移置此節之首。「司馬正升自西階」，當作「司正」，多一「馬」字。公、卿取俎如賓禮，謂皆親徹俎以出，從者不敢入路門也。大夫無俎亦降，將同賓、公、卿脱屨升也。餘解見《鄉射》。

主人洗、酌，獻士于西階上。士長升，拜受觶；主人拜送。士坐祭，立飲，不拜既爵；其他不拜，坐祭，立飲。乃薦司正與射人于觶南，北面，東上，司正爲上。辯獻士。士既獻者立于東方，西面，北上。乃薦士。祝、史、小臣師亦就其位而薦之。主人就士旅食之尊而獻之。旅食不拜，受爵，坐祭，立飲。主人執虚爵，奠于篚，復位。

此主人獻士也，解見《燕禮》。

按：《燕禮》重飲，故旅大夫、獻士而后射；《大射》重射，故射畢而后旅大夫、獻士。

賓降洗，升，媵觶于公，酌散，下拜。公降一等，小臣正辭。賓升，再拜稽首；公答再拜。賓坐祭，卒爵，再拜稽首；公答再拜。賓降，洗象觚，升，酌膳，坐奠于薦南，降拜。小臣正辭。賓升成拜，公答拜。賓反位。

此賓媵觶于公也。賓反位，不言降者，自堂上反户西席。餘解見《燕禮》。

公坐取賓所媵觚，興。唯公所賜。受者如初受酬之禮，降，更爵洗；升，酌膳；下，再拜稽首。小臣正辭。升成拜，公答拜。乃就席，坐行之。有執爵者。唯受于公者拜。司正命執爵者爵辯，卒受者興以酬士句。大夫卒受者以爵興，西階上酬士。士升。大夫奠爵拜，士答拜。大夫立卒爵，不拜，實之。士拜受，大夫拜送。士旅于西階上，辯句。士旅酌。

此君四舉旅，徧及士也，解見《燕禮》。

若命曰「復射」，則不獻庶子。司射命句，射唯欲句。卿、大夫皆降，再拜稽首。公答拜。壹發句，中三侯皆獲。

此坐燕復射也。庶子，解見《燕禮》。《燕禮》旅士徧，則主人獻庶子，若君有命復射，則宜于旅士畢，未獻庶子之先。司射命，以君命也。射唯欲，不欲者聽也。卿、大夫皆降，射與不射皆降拜君命也。公不辭，以賓不與也。賓不與，以賓爲君耦，不敢拜「唯欲」之命也。壹發，惟發壹矢。中三侯皆釋獲，以一矢獲難也。既釋獲，則不獲者罰飲可知。

主人洗，升自西階，獻庶子于阼階上，如獻士之禮。辯獻。降洗，遂獻左右正與内小臣，皆於阼階上，如獻庶子之禮。

此主人獻庶子、左右正、内小臣，解見《燕禮》。

無筭爵。士也，有執膳爵者，有執散爵者。執膳爵者酌以進公，公不拜，受。執散爵者酌以之公句，命所賜。所賜者興受爵，降席下，奠爵，再拜稽首；公答再拜。受賜爵者以爵就席坐，公卒爵，然後飲。執膳爵者受公爵，酌，反奠之。受賜者興授執散爵者，執散爵者乃酌行之。唯受于公者拜。卒爵者興，以酬士于西階上。士升，大夫不拜，乃飲，實爵。士不拜，受爵。大夫就席。士旅酌，亦如之。公有命徹冪，則賓及諸公、卿、大夫皆降，西階下，北面，東上，再拜稽首。公命小臣正辭。公答拜，大夫皆辟。升，反位。士終旅於上，如初。無筭樂。宵，則庶子執燭於阼階上，司宫執燭於西階上，甸人執大燭於庭，閽人爲燭於門外。賓醉，北面坐取其薦脯以降。奏《陔》。賓所執脯，以賜鐘人于門内霤，遂出。卿、大夫皆出。公不送。公入，《驁》。

此終燕無筭爵、賓醉出也，解見《燕禮》。公入，退適内也。《驁》，樂名，《九夏》之一。公退，則奏《驁夏》。《燕禮》無《驁》，殺也。

按：鄭謂燕在路寢，射在郊外，「公入」爲將退，迂鑿之説也。古天子至庶人皆從事于射，士童學舞羽旄、干戚，弓矢金革之事，《詩》《書》弦誦之業，道器一貫，純成而無間也。後世文武分途，習詩書者爲文，閑射藝者爲武。周之興也，武王臯弓矢以求文德；聖如孔子，自謂俎豆嘗聞，軍旅未學。

古今升降，聖人莫之能違矣。故古有射之害則不可無射之禮，後世射廢，禮遂不講。嗟乎！后羿、逢蒙，何世無之？天下可以無射，不可以無禮。士雖不學射，可以不達射禮之義乎？

儀禮節解卷七終

儀禮節解卷八

郝敬　解

聘禮第八

聘禮，諸侯相聘問之禮。古帝王盛時，貢球歸一，諸侯比肩事天子，如《詩》《書》所稱，巡守述職，共惟帝臣；未聞列國無故歲相問、殷相聘、世相朝也。周衰，五霸强僭，要脅同盟，責以朝貢，於是有小國事大國之禮。君朝卿聘，卑辭重幣，名雖脩好，其實臣之，仲尼所以慨然而作《春秋》也。去聖既遠，後人捃拾遺事爲《聘禮》，其文彌盛，其道彌衰。據記「久無事，則相聘」。夫無事而聘，若此其盛也；有事而聘，又何加焉？諸侯相聘，若此其侈也；聘于天子，又何加焉？儒者謂周初千八百國也，而皆如斯禮，晏嬰所謂「師行糧食，飢弗食，勞弗息。方命虐民，爲諸侯憂」，焉得有無事之日？昔齊宣王問交鄰，孟子規以仁義；滕文公問事齊、楚，孟子諷以爲善，豈古有聘禮若斯者而不少稱述乎？是書所言諸侯禮多衰世意，非盡先王舊典禮也。

聘禮：君與卿圖事，遂命使者。使者再拜稽首，辭。君不許，乃退。既圖事，戒上介，亦如之。宰命司馬戒衆介，衆介皆逆命，不辭。宰書幣，命宰夫官具。

此命使臣也。大國三卿、五大夫。聘以卿，而大夫爲上介，士爲衆介。卿執政，國有大事，講于諸侯。君與執政大臣圖之，謀定，遂遣之。使者，即卿。既圖事，乃戒上介，則上介不與圖事也。戒，預告也。介〔一〕，副使也。亦如之，如使者禮辭也。宰，即執政上卿。司馬主四方，故命司馬告衆介〔二〕。逆命，猶受命。衆介不辭，輕也。幣，所賫玉帛皮馬之類。書，記數也。宰夫，宰之屬。官具，有司備行賫也。

及期，夕幣。使者朝服，帥衆介夕。管人布幕于寢門外。官陳幣：皮北首，西上，加其奉於左皮上句；馬則北面句，奠幣于其前。使者北面，衆介立于其左，東上。卿、大夫在幕東，西面，北上。宰入，告具于君。君朝服出門左，南鄉。史讀書展幣。宰執書，告備具于君，授使者。使者受書，授上介。公揖，入。官載其幣，舍于朝。上介視載者句，所受書以行。

此授使者幣。及啓行之期，前一夕展幣授使者。使者帥衆介夕造朝。管人，司門館之人。幕，帷

〔一〕「介」，原譌作「戒」，今據文義改。

〔二〕「介」下一字格原爲墨釘，今删。

屬，以布地藉幣也。寢門外，路寢門外，正朝也。官，即「官具」之「官」。幣，如《周禮·小行人》所合六幣，玉、帛、皮、馬皆幣也。皮，虎、豹、熊、麋等皮。北首，皮首向北。執皮左首，陳皮北首也。西上，乘皮自西陳而東也。所奉束帛玄纁加左皮上。北向，西爲左也。凡享禮，皮、馬陳庭下，使者親捧玉帛，升堂將命，故玉帛曰「奉」。時圭玉未授，束帛玄纁與皮、馬，先夕陳設。馬各一人右牽，北首。幣帛奠于幕上，當左馬之前。聘主君，束帛加璧居先；聘夫人，玄纁加琮次之。使者北面，答君命也。衆介立于使者左，西爲左也。東上，使者立于東，介以次西也。卿、大夫在幕東，避使者也。北上，上君也。君出門，出路寢門。左，君出入由臬左〔一〕。史掌策命，書所齎幣，讀其數校之也。展，省視也。使者受書，授上介，按書視載也。公揖，還内。從行官屬以車載幣，是夕舍于朝，待旦出也。上介既視載，所受書齎以行也。

按：庭實無常數，言皮、馬，舉重耳。夕既授幣，不授玉，玉比忠信，君之命也，不宿于家。明日，使臣受玉，遂行。

厥明，賓朝服釋幣于禰。有司筵几于室中。祝先入，主人從入。主人在右，再拜，祝告，

〔一〕「左」下一字格原爲墨釘，今删。

又再拜。釋幣制句，玄纁束，奠于几下，出。主人立于户東。祝立于〔一〕牖西，又入，取幣，降；卷幣，實于笲卜，埋于西階東。又釋幣于行。遂受命。上介釋幣，亦如之。

此使臣將行，告其家廟。厥明，夕幣之明日。賓，即使者，自他國稱賓。禰，父廟。禮，出必告。天子、諸侯將出告羣廟，載其遷主行；大夫告禰，亦奉其主行。釋，猶奠也。奠帛于禰，告爲君使也。告廟用朝服。古禮服皆稱朝服。筵〔二〕几，以安神。室中，奧也。筵東向，几居右。主人，即使者。在右，在祝之右。幣以丈八尺爲制。黑曰玄，赤曰纁。十端曰束。每匹捲兩端，束，五匹也。又入，祝又入也。降，降堂下。笲，竹器，以盛幣。行，謂道路之神。有事道路，釋幣告之。既釋幣，即帥介受命于朝，遂行矣。

上介及衆介俟于使者之門外。使者載旜，帥以受命于朝。君朝服，南鄉。卿、大夫西面，北上。君使卿進使者。使者入，及衆介隨入，北面，東上。君揖使者進之；上介立于其左，接聞命。賈人西面坐啓櫝，取圭垂繅，不起而授宰。宰執圭屈繅，自公左授使者。使者受圭，同面，垂繅以受命。既述命，同面授上介。上介受圭屈繅，出授賈人；衆介不從句。受享

〔一〕「于」，原脱，今據閩本補。
〔二〕「筵」上一字格原爲墨釘，今删。

句，**束帛加璧，受夫人之聘璋**句，**享玄纁束帛加琮，皆如初。遂行，舍于郊。斂旜**〔一〕。

此使臣行，受命于朝也。既釋幣于家，乃入朝受君命，遂行。《周禮・司常職》：「通帛曰旜」「孤、卿建旜」。帥，使者帥介也。君使卿進使者，重其禮，將面命之也。君揖使者進，上介同立于使者西，接聞君命，衆介與聞也。賈、價通。賈人識物價，使典玉。啓、藏皆賈人。櫝，藏圭器。圭，瑑圭也。《周禮・春官・典瑞》云：「瑑圭璋璧琮，以頫聘。」玉比忠信。《聘義》云：「瑕瑜不掩，忠也。孚尹旁達，信也。」託玉傳信，必面命使者，然後授之。櫝設于西，以其出聘，故寘之也。賈人西向跪取，敬也。繅、藻通，畫繒以藉玉也。繅有組，垂解組以呈圭也。不起，跪授也。屈繅，斂繅不使垂也。自公左，重玉也。《曲禮》〔二〕：「贊幣自左。」宰授使者，北面授也。使者受圭，與宰并立，同北面也。君有命辭，執玉以受也，述命，循述君命，存記也。同面授上介，上介并立使者西也。上介受書、視載，故圭亦上介受，出以授賈人藏之行也。衆介不從，不從上介出也。獨上介出，授賈人畢，仍入受享。享猶獻也，即璧、璋之類。聘問以圭、璋通信，享獻以璧、琮達幣。圭以問君，享用束帛，加璧于帛上。璋以問夫人，享用玄纁，加琮于玄纁上。半圭曰璋。琮，如璧，八棱。璧、琮象天、地，

〔一〕「斂旜」，二字原脱，今據閩本補。按：注末有釋「斂旜」之文，知其所據經文必有此二字，此偶脱耳。

〔二〕「曲禮」，當作「少儀」，所引乃《禮記・少儀》篇之文。

璧祀天，琮祀地，加于帛上，帛借玉達也。先言「玄纁」，後言「束帛」〔一〕，玄纁即束帛也。皆如初，受璋、璧、琮，如受圭也。束帛玄纁，先夕已受，此獨受玉。既受遂行，不復反于家也。舍于郊，受命之日，即出宿郊外〔二〕。斂旜，將就道也。

若過邦，至于竟，使次介假道。束帛將命于朝，曰：「請帥。」奠幣。下大夫取以入告，出許，遂受幣。餼之以其禮：上賓大牢，積唯芻禾，介皆有餼。士帥，没其竟。誓于其竟：賓南面，上介西面，衆介北面，東上；史讀書，司馬執策立于其後。

此使臣行，過他國假道之禮。至竟，抵他國界上，借路以通也。將命，奉主君命以請也。朝，即所過國君之朝。請帥，請人引導也。奠幣，奠其束帛，不敢授而奠于地，自卑也。下大夫，謂彼國下大夫。使者非爲彼來，故輕其禮。餼，生牲也。牢禮尊卑各有常數。上賓，即使者，餼以大牢，則上介少牢，衆介特牲可知。米、禾、薪、芻，皆謂之積。積唯芻禾，無米薪可知。士帥，遣士引導。没其竟，盡彼國界也。誓于其竟，誓而後入也。卿行旅從，戒誓從行之衆所過勿侵犯。司馬主軍法，執策，示罰也。

〔一〕「先言『玄纁』，後言『束帛』」，原作「先言『束帛』，後言『玄纁』」，今據經文改。
〔二〕「外」下一字格原爲墨釘，今删。

未入竟，壹肆。爲壝偉壇，畫階，帷其北，無宫。朝服，無主，無執也。介皆與去聲，北面，西上，習享，士執庭實。習夫人之聘享，亦如之。習公事，不習私事。

此將至所聘國，使臣習儀也。壹，逐一也。肆，習也，習其行禮之節。累土爲圍曰壝。壇，壇墠。壝土以象壇墠，畫地以象東西階，帷其北以象房室，爲堂深之節，依以行禮也。無宫，不爲外垣也。朝服，見君之服。無主，不立主人，不敢攝尊也。無執，不執玉，不陳重器也。介皆與，北面，西上，習享，習聘享之儀，即後聘享于廟，「賓入門左」。介皆入門左，北面，西上」之禮，預習也。士，謂衆介。執庭實，謂執皮庭下。禮，惟玉帛使者親奉升堂，其他皮、馬之類，皆實之庭下也。習夫人之聘享，同于君也。公事，爲君聘享之事。私事，使臣私覿之事。

及竟，張旜，誓。乃謁關人。關人問從者幾人。以介對。君使士請事，遂以入竟。

此抵聘國境上也。張旜，揭旗表其至也。誓，將入境，申禁行旅也。境上有關，關人守之，入必先謁之。從者，介也。問幾人，將供委積之具。以介對，以介人數對也。禮，上公使七介，侯伯使五介，子男使三介。臣代君行，與之介爲輔行，重事也。關人既受謁，奔告君，使者暫止境上，主君使士請問來事，遂導以入也。

入竟，斂旜，乃展。布幕，賓朝服立于幕東，西面；介皆北面，東上；賈人北面，坐拭圭，遂執展之。上介北面視之，退復位。退圭。陳皮，北首，西上；又拭璧，展之，會諸其幣，加于左皮上。上介視之，退。馬，則幕南北面，奠幣于其前。展夫人之聘享，亦如之。賈人告于上介，上介告于賓。有司展羣幣，以告。及郊，又展，如初。及館，展幣於賈人之館，如初。

此使臣既入境展幣也。入境，館于境上，斂旜暫駐也。展，展視玉帛皮馬之類，恐遠道齎持疎虞也。退圭，圭既展即藏，不陳設也。合諸幣，以璧、琮合束帛，加于左皮上，如初受幣之儀。賈人告，告展畢也。有司，賓、介之執事者。羣幣，聘羣臣及私覿之幣。及郊，至國門外。及館，至國中館舍。展幣于賈人之館，賓館勞問，不暇也。

○按：入境三展幣，不已勞乎？雖臣子貢君父，儀不及此。此春秋魯、鄭事齊、楚足恭之禮。苟無事而相聘，何若此其極也！

賓至于近郊，張旜。君使下大夫請行句，反句。君使卿朝服，用束帛勞句。上介出請句，入告句。賓禮辭，迎于舍門之外，再拜。勞者不答拜。賓揖，先入，受于舍門內。勞者奉幣入，東面致命。賓北命聽命，還旋，少退，再拜稽首，受幣。勞者出句。授老幣句。出迎勞者，勞者禮辭。賓揖，先入，勞者從之。乘皮設。賓用束錦儐勞者，勞者再拜稽首受。

賔再拜稽首，送幣。勞者揖皮出，乃退。賔送再拜。夫人使下大夫勞以二竹簋方句，玄被纁裏，有蓋，其實棗蒸栗擇句，兼執之以進。賔受棗，大夫二手授栗。賔之受，如初禮句；儐之如初。

此主君使人勞賔于郊也。使下大夫請行，請使臣所往，不敢必其爲己至也。下大夫反告，君乃執主人之禮，使上大夫朝服束帛迎勞，慰其遠來勤劬也。上介出請所事，入以勞者之意告賔。賔禮辭，而后出迎于館舍門外，再拜，拜主君之命也。勞者不答拜，奉使不敢承其禮也。賔揖，先入，導客也。入受，受其勞幣也。于舍門内，不登堂也。勞者奉幣入，入門左也。致命，致主君之命。賔北面聽，猶臣也。還，少退，避不敢當也。授老幣，賔受束帛，以授家臣。執事之長曰老。出迎，賔自出迎。乘皮設，賔設四皮于門内，親奉束錦以儐勞者，束錦以先皮也。禮賔曰儐。勞者拜而稽首，敬使者，如敬聘君也。勞者乃揖賔有司之執皮者出，受之以退也。此以上，受主君勞之禮也。夫人，主君夫人。使下大夫，降于君也。竹簋方，竹器似簋而方。簋，通作「筥」。筥圜筐方，簋圜簠方。此似簋而方也。被，巾也。簋有蓋，加被覆之。棗蒸則熟，栗擇則潔。擇，選擇。《内則》云：「栗曰撰之。」兼執，謂二手各執一簋。賔受棗，大夫乃併二手授栗，賔受之，如始受君勞之禮。以禮儐下大夫，亦乘皮、束錦，如儐君使也。此以上，受夫人勞之禮。

按：勞禮行于門，賔未即次也，故其致館亦然。鄭以爲侯伯使臣之禮，公使臣受勞堂上，臆説也。

下大夫勞者遂以賓入。至于朝，主人曰：「不腆先君之祧，既拚糞以俟矣。」賓曰：「俟閒。」大夫帥至于館，卿致館。賓迎，再拜。卿致命，賓再拜稽首。卿退，賓送再拜。

此賓入而君使人致館也。下大夫既勞賓，遂導賓以入。至朝門外，入告君。主人，即主君。遠祖廟曰祧。掃除曰拚。古者行禮必于廟，賓適朝，以臣禮詣君；主人俟于廟，以賓待使臣也。賓曰俟閒，請待主君閒暇。行色倉卒，休沐而后可進，不敢自言閒，而言俟君閒，婉辭也。大夫乃帥引賓至館，君使卿致館于賓。記云「卿館于大夫」，蓋主于大夫家也。卿致命，致主君館賓之命也。賓迎、賓送，即其館迎送。不言入，于門外致也。

按：賓至不先授館者，主人敏于承事，即掃宗廟以迎賓，未敢以私室褻之也。及賓俟閒，而後致館，體其私也。致必以卿，重其禮也。賓先至朝，後適館，不敢先即安也。

宰夫朝服設飧句：飪一牢，在西，鼎九，羞鼎三；腥一牢，在東，鼎七。堂上之饌八，西夾六。門外米、禾皆二十車，薪芻倍禾。上介：飪一牢，在西，鼎七，羞鼎三；堂上之饌六；門外米、禾皆十車，薪芻倍禾。衆介皆少牢。

此賓始至館，主人饋飧。宰夫主膳羞。熟食曰飧。有腥言熟食，賓即次，未舉火，饋主熟也。無生牽，故但謂飧。《詩》云「有饛簋飧」，《春秋傳》曹僖負羈「饋盤飧」，皆熟食也。飪，熟也；腥，鮮也。牛、羊、豕三牲備，爲一大牢。以一大牢烹熟爲飪，實鼎列于庭下西，凡九。九者正鼎，牛、羊、豕、魚、腊、腸胃、膚、鮮魚、鮮腊也。羞鼎，陪鼎也。正鼎成禮，羞鼎以食。又一大牢，割鮮爲腥，實鼎列于庭下東，凡七，無鮮魚、鮮腊也。飪西腥東，東生西成也。鼎實不止牛、羊、豕，皆言牢者，三牲爲主。陪鼎三，亦牛、羊、豕。堂上之饌，豆籩之類，皆以八爲數。夾，夾室，今廂房。西夾設饌，食從者也。以六爲數，殺也。門外米與禾皆二十車，共四十車也。稾實并刈曰禾。供爨曰薪。飼馬曰芻。倍禾，共〔一〕八十車也。上介一牢，亦大牢也。衆介少牢，羊、豕，無牛也。

按：上公之使，其介七人，則是賓與上介一飧之費，米禾薪芻車一百八十乘；又衆介六人，數半上介，亦用車一百八十乘，通車三百六十乘也。無論薪米狼戾，雖街衢充塞，何地可容？及饔餼之歸，愈侈費矣。晏嬰所謂「飲食若流」者，其然與？

厥明，訝賓于館。賓皮弁聘，至于朝。賓入于次，乃陳幣。卿爲上擯，大夫爲承擯，士爲紹擯。擯者出請事。公皮弁迎賓于大門內。大夫納賓，賓入門左。公再拜；賓辟去聲**，不答拜。公揖入，每門每曲揖。及廟門，公揖入，立于中庭；賓立接西塾。**

此主君迎賓于廟也。厥明，賓至館之明日。訝、迓同。皮弁，卿、大夫以上朝服之冠。《周禮·春官·司服》

〔一〕「共」，原譌作「各」，今據文義改。按：禾二十車，薪與芻「倍禾」則各四十車，共八十車也。

云：「視朝，皮弁服。」次，朝門外設帷，暫止也。廟在朝門内左，賓至入次，俟陳幣也。擯，主君所使迎賓者。《周禮・大行人》：天子待上公，擯者五人；侯伯，四人；子男，三人。諸侯待鄰國賓，擯止三人。上擯近主君，承擯繼之，紹擯又繼之。擯者出，請賓來事。公皮弁，同賓服；出迎大門内，闑東也。大夫爲上擯，延賓入大門内左。入以西爲左。公再拜，賓不答，不敢承拜也。大門内曲而東，爲角門；又曲而北，爲五廟大門；又入，爲太祖廟中門。每門每曲，主賓皆揖。及太廟門，公揖賓先入，俟賓也。立庭下南北之中，不言面，主位東，面可知也。賓立接西塾，近廟門外西堂也。門堂曰塾。

按：「旅擯」「交擯」，見《周禮・大行人》；「介紹傳命」，見《禮記・聘義》，皆無明數。鄭氏以臆糊演，難盡據也。賓、介及境，既遣士請事；及郊，又使大夫問行，豈尚不知其爲聘享乎？入廟陳幣，尚問來事，非彌文與？主人盛禮延賓，故陳擯；賓盛儀從見主人，故紹介。古人交際，有居閒，有先容，未專爲請事耳。《周禮》上公賓主之閒九十步，侯伯五十步，子男三十步，謂諸侯朝位去天子所立，遠近以貴賤爲差。鄭謂爲賓主序立之位，以《考工記》「應門二徹三个」爲三丈六尺，末擯、末介相去亦三丈六尺，合大門之廣，賓至末介，主至末擯，亦三丈六尺，穿鑿附會如此。世稱鄭精于禮，皆此類也。

几筵既設，擯者出請命。賈人東面坐啓櫝，取圭垂繅，不起而授上介。上介不襲執圭，屈繅，授賓。賓襲執圭。擯者入告，出辭玉。納賓，賓入門左。介皆入門左，北面西上。

三揖；至于階，三讓。公升二等；賓升，西楹西，東面。擯者退中庭。賓致命；公左還旋，北鄉向。擯者進。公當楣再拜。賓三退，負序。公側襲受玉于中堂與東楹之間。擯者退，負東塾而立。賓降，介逆出。賓出。公側授宰玉裼句，降立。擯者出請。賓裼奉束帛加璧享句。擯者入告，出許句。庭實句；皮，則攝之，毛在内，内攝之，入設也。賓入門左，揖讓如初，升，致命，張皮。公再拜受幣。士受皮者自後句，右客句；賓出句，當之句，坐攝之。公側授宰幣句，皮如入，右首而東。聘于夫人，用璋，享用琮，如初禮。若有言，則以束帛，如享禮。

此使臣行聘享于廟也。几筵，所以安神。古者大禮行于太廟。擯出請命，請于賓也。賈人東面啓櫝取圭，殊于在國西面者，異邦圭爲主也。取圭垂繅，呈圭也。不起授上介，敬也。襲，重包也。上介不襲，赤手併繅裼執圭，屈折其繅以圭授賓。賓以衣重襲受圭執之，示變也。將入，致信于主君，而擯出辭玉，不敢當重器也。賓自西塾入廟門左，由闑西也。北面西上，賓立西，介以次東也。三揖，三讓，升堂，君東賓西，上介以下猶立門左也。公升先二等，主君尊也。賓升西楹西，東面，向主君也。擯者從公入，至東階下，公升堂，擯者退立庭中。賓執圭堂上，東向致聘問之命。公西就楹間受玉，左體轉向北，將拜。擯進近階下贊拜。公拜東楹西，當楣。楹上横梁曰楣。賓三退，避拜；負序，負西牆。側，獨也。無贊曰側。公親受，不用贊也。襲受玉，謂以衣重襲手受，敬也。當堂南北之中兩楹閒，少偏近東。凡堂上受授，賓主敵則兩楹正中，主尊則偏東，賓尊則偏西，東西相向也。擯者乃退，出廟門外，負東塾立。賓既授玉致命，下堂。介立門左，北面，西上，近東者先出使，故曰「逆出」。賓乃出，取幣更入行享也。公側授玉于宰，不用贊，親授，重也。不襲曰裼。玉外有繅，不襲手裼執授之，謹也。《記》云：「裘之裼，見美也。」《詩》云：「載衣之裼。」單曰裼，重曰襲。單繅藉玉，不襲執繅，猶裘見美也。降立，公降東階，立庭下，俟賓也。此以上皆行聘之事。賓復自廟門外，奉束帛加璧，璧外有包藉，賓手裼捧，亦不襲也。享，獻也。庭實，皮馬之類，實于庭下。皮則使人攝，攝，兼執也，左手執前兩足，右手執後兩足。毛在內，防損傷也。內攝，謂反攝不見毛也。入設，謂入庭致命，乃張設也。揖讓，公與賓相揖讓。賓升堂，致其君享獻之命，庭下乃張皮見毛。主君之士受皮，由執皮者後過西，客在右，受者在左，北面西左也。賓出，將致聘夫人也。士受皮庭下者，當賓降，跪攝皮，不敢立，示敬也。公堂上以所受璧帛親授宰。庭實則有司受，玉帛則君親，故圭、璧皆曰「側授」，無擯贊也。如入，謂士受皮者，亦如初入內攝也。右首，以首居右。獻禽者左首，以尊者在左也；受者右首，避尊也。東，歸東壁〔一〕。此以上，皆行享之事。聘于夫人，賓更入行聘也。享夫人，謂聘畢，更入行享也。皆主君受之。若有言，謂聘君有事來告，則于聘享畢，以束帛加書致命，如享禮也。

按：《記》云「凡執玉，無藉者襲」，則有藉者裼也。襲、裼爲玉甚明。鄭解襲、裼專爲衣服。

〔一〕「壁」，原譌作「璧」，今據文義改。

升降授受須臾，不下堂，不入次，易服何所？《曲禮》〔一〕：「裘之裼也，見美也；裘之襲也，充美也。」倏裼倏襲，於義何取？然則執玉必冬裘而后可乎？

擯者出請事，賓告事畢。賓奉束錦以請覿。擯者入告，出辭。請禮賓，賓禮辭，聽命。擯者入告。宰夫徹几改筵。公出，迎賓以入，揖讓如初。公升，側受几于序端。宰夫內拂几三，奉兩端以進。公東南鄉向，外拂几三句，卒句，振袂句，中攝之句，進西鄉。擯者告。賓進，訝受几于筵前，東面俟句。公壹拜送句。賓以几辟去聲，北面設几，不降句，階上答再拜稽首。宰夫實觶以醴，加柶于觶，面枋柄。公側受醴。賓不降，壹拜，進筵前受醴，復位。公拜送醴。宰夫薦籩豆脯醢，賓升筵。擯者退，負東塾。賓祭脯醢，以柶祭醴三；庭實設。降筵，北面，以柶兼諸觶，尚擸葉，坐啐醴；公用束帛。建柶，北面奠于薦東。擯者進相幣。賓降辭幣，公降一等辭。栗階升，聽命，降拜；公辭。升，再拜稽首，受幣，當東楹，北面；退，東面俟。公壹拜，賓降也，公再拜。賓執左馬以出。上介受賓幣，

〔一〕「曲禮」，當作「玉藻」，所引乃《禮記·玉藻》篇之文。其文曰：「裘之裼也，見美也；服之襲也，充美也。」

從者訝受馬。

此聘享事畢，主君禮賔也。賔請覿，主君辭覿，欲先禮也。禮、醴通。賔主初接，一獻曰醴。徹几改筵，徹神几，布賔筵也。公升，側受几，升東階，自受几于宰夫，不用贊也。宰夫東壁取几筵，故公受几于東序端。宰夫〔一〕内拂几，不使塵及君也。奉兩端，使君執几中也。君執几中，使賔執兩端，猶授柶先面葉也。宰夫授几東序端，故君東南向，宰夫西北向也。君三拂，致潔也。卒，拂畢也。振袂，振去袂上塵。中攝，兩手并執几中也。進西鄉，鄉賔也。賔在西階上北面，君將進授几，擯者告賔，賔進東行，迎受几于筵前户牖間，東面捧几俟君拜。壹拜，不再也。送，送几。賔以几避君拜，北面向筵自設几，不下堂，西階上再拜稽首，答君也。宰夫實觶，公不親酌也。加柶，面枋，以匙柄向前也。宰夫將代送觶，故不面葉。禮，敵則贊者面葉，授主人，主人轉授賔，柄在内，便賔執也；主尊，贊者代授，則否。詳見《士冠禮》。公側受醴，不用贊，自受，將以奉賔。賔不降，壹拜，醴尚質也。復位，賔復西階上北面。擯者退，負東塾，立于廟門外也。醴一酌一薦，無酬酢，故擯退。庭實設，主君設幣酬賔，繼薦設也。賔降筵，北面，將坐啐醴也。以柶兼諸觶并執，便啐也。尚、上同。擸、葉通，柶端寬薄曰葉。以葉居上倒執，亦便啐也。公用束帛，親奉，先馬也。賔建柶，奠觶，將降辭也。擯者自東塾進，贊君授幣也。栗階猶歷階，連步一足一級升，急趨命也。降拜，拜受幣也。賔既受幣，

〔一〕「夫」，原脱，今據經文補。

退立西階，東面，俟公拜送。公壹拜，賓不敢當，降避，公又一拜。庭實四馬，左馬爲上。庭下北面，西爲左也。賓降西階，親牽西一馬出，尊君賜也。受左馬，則乘馬并受矣。賓執馬，以幣授上介。君有司爲牽三馬出，賓從者迎受。訝，迎也。

賓覿，奉束錦，總乘馬，二人贊。入門右，北面奠幣，再拜稽首。擯者辭，賓出。擯者坐取幣出，有司二人牽馬以從，出門，西面于東塾南。擯者請受。賓禮辭，聽命。牽馬，右之，入設。賓奉幣，入門左；介皆入門左，西上。公揖讓如初升。公北面再拜。賓三退，反還，負序；振幣進授，當東楹，北面。士受馬者，自前還牽者後句，適其右，受句。牽馬者自前西句，乃出。賓降，階東拜送；君辭。拜也，君降一等辭。擯者曰：「寡君從子，雖將拜，起也。」栗階升。公西鄉句。賓階上再拜稽首，公少退。賓降出。公側授宰幣。馬出。公降立。

此賓私覿主君也。束錦，錦十端，賓親奉。乘馬，四馬，總聯八轡，賓親牽，二人贊，居左右兩馬間助牽也。禮，賓陳馬，每馬一人。臣不敢爲賓，入門右，臣禮也。《玉藻》曰：「公事自闑西，私事自闑東。」奠幣，不敢以授也；再拜稽首，皆臣禮。擯者辭，辭臣禮也。賓既成禮，出廟門外，接西塾立。擯者取幣，有司牽馬，出廟門，東塾南，西面還幣、馬，請賓受，不敢當臣禮也。賓一辭聽命，改禮入。使人牽乘馬，各居馬西，以右手控制，便也。《曲禮》曰：「效馬者，右牽之。」先入設于庭。賔奉幣入門左，介皆入。公與賔揖讓升，如初之客禮。公北面再拜，答其始入，隆禮也。賔進東楹授幣，君拜。賔退反西，負牆避拜，振幣致潔，進東楹北面就君，不敢全賔禮也。乘馬在庭下北向，牽者四人立馬西，士受者亦四人，從東來，自馬前適西，轉牽馬者後，各以右手受轡。最西牽者一人，即由受者前西出；次東三人，皆自前西，乃出也。賔降西階，往東階下拜送，幣、馬私物，以臣禮獻也。君辭，辭臣禮，而賔已下拜。君降一等再辭。擯致君意，止之，云「寡君從子」，言從賔降也。禮，爲臣降一等，從賔降，則與敵者没階同。言此勸賔升也。公少退，爲恭也。公自以所受束錦，側授大宰，不用贊。其乘馬有司牽出，亦受也。公降立，俟介覿也。

擯者出請。上介奉束錦，士介四人皆奉玉錦束，請覿。擯者入告，出許。上介奉幣，儷皮，二人贊；皆入門右，東上，奠幣，皆再拜稽首。擯者辭，介逆出。擯者執上幣，士執衆幣；有司二人舉皮，從其幣出，請受。委皮南面，執幣者西面北上，擯者請受。介禮辭，聽命，皆進，訝受其幣。上介奉幣句，皮先句，入門左，奠皮。公再拜。介振幣，自皮西進，北面授幣，退，復位，再拜稽首送幣。介出。宰自公左受幣。有司二人坐舉皮，以東。擯者又納士介。士介入門右，奠幣，再拜稽首。擯者辭，介逆出。擯者執上幣以出，禮請受；

賓固辭。公答再拜。擯者出，立于門中以相拜。士介皆辟去聲。士三人，東上，坐取幣，立。擯者進。宰夫受幣于中庭，以東；執幣者序從之。

此介私覿主君也。擯者出請，公立俟也。織彩曰錦。玉錦，素光如玉也。束，十端。奉，親奉。儷皮，兩皮，使二人助攝。衆介皆奉幣從，入門右，奠幣，稽首，用臣禮也。擯者辭，介逆出，禮畢也。君使擯執上介束錦，使士執衆介玉錦，使有司二人舉上介儷皮，隨幣出還之，不敢受臣禮也。有司出後，委其皮門外南面，擯者與士執幣前，西面請受。介皆進，訝受幣。上介奉幣更入，贊者二人前就門，北面舉皮先，上介執幣從，入門左，由客位。奠皮庭下，公即庭中再拜。上介即庭中授幣，退，復位門左。宰自公左贊公受幣，殊于賓幣「公側授宰」也。有司二人坐舉皮，受以東。此上介私覿之儀，亦先臣後賓也。擯者又延衆介入。衆介皆士，故曰士介。入門右，奠幣，稽首而出，用臣禮。君亦使擯還幣，介固辭，公遂受，士賤也。公答再拜，答于庭也。衆介在外，公拜內，擯者出，立門中贊拜，達其禮于衆介也。衆介避，不敢當也。主君之士三人，坐取三介所奠幣，于庭受之。少一人者，擯執上幣出也。擯進，執上幣入。宰夫中庭受擯者幣，士三人執幣以次從宰夫，歸于東壁。此衆介私覿，亦始辭臣而終遂受之也。

擯者出請，賓告事畢。擯者入告，公出送賓。及大門內，公問君。賓對，公再拜。

公問大夫，賓對。公勞賓，賓再拜稽首，公答拜。公勞介，介皆再拜稽首，公答拜。賓出，公再拜送，賓不顧。

此聘、享、私覿畢，賓退也。大門内，廟門外也。公問聘君起居及在國公、卿、大夫，慰賓以遠來勤勞也。公再拜送于賓去後，賓不顧，去無答也。凡主人拜送賓，賓皆不顧，賓道難進易退也。

按：行禮無言，以默爲恭，故「古者於旅也語」。然事畢出門始問主君〔一〕，不已後乎？鄭注「及大門内」爲「賓至始入門之位，旅擯紹介傳辭問」，則又迂矣。君拜不答，故特言「不顧」，以明送賓退之禮。因《論語》「賓不顧」之文，鄭遂據孔子事，謂「公拜，客趨避。公命上擯送，反告賓不顧，公乃還路寢」，本文絶無此意，强附之。

賓請有事於大夫。公禮辭，許。賓即館。卿、大夫勞賓，賓不見。大夫奠鴈，再拜，上介受。勞上介，亦如之。

此主國卿、大夫勞賓、介也。賓請，請于在廟禮畢君送之時。有事于大夫，亦欲通聘問也。必請于主君，臣無私交也。及賓就館，卿、大夫先至。賓不見，不承先施也。奠鴈，謂下大夫繼卿至者。賓不見，不得親授贄，以其鴈奠于館舍，上介代受。《士相見禮》云：上大夫贄以羔，下大夫以鴈。

〔一〕「主君」，當作「聘君」。

上介與下大夫分敵，遂代受。卿尊，主人不見，客不奠，上介亦不敢受也。勞上介，亦如之，上介異館，卿至亦不見；大夫至，亦奠鴈受也。

按：鄭謂「卿與大夫同奠鴈」，非也。卿與大夫必無同至并勞之事。

君使卿韋弁，歸饔餼五牢。上介請事，賓朝服禮辭。有司入陳句。饔句：飪一牢句，鼎九句，設于西階前，陪鼎當内廉，東面北上句，上當碑句，南陳句。牛、羊、豕、魚、腊，腸、胃同鼎，膚、鮮魚、鮮腊，設扃鼏句；膷、臐、膮囂。句。蓋陪牛、羊、豕句。腥句，二牢句，鼎二七句，無鮮魚、鮮腊，設于阼階前，西面，南陳，如飪鼎二列句。堂上句：八豆句，設于户西，西陳，皆二以並句，東上句，韭菹句，其南醓醢句，屈句。八簋繼之，黍句，其南稷句，錯句。六鉶繼之，牛，以西羊、豕句；豕南牛句，以東羊、豕句。兩簠繼之，粱〔一〕在北。八壺設于西序，北上，二以並，南陳句。西夾句：六豆，設于西墉下，北上，韭菹，其東醓醢，屈句。六簋繼之句，黍句，其東稷句，錯句。四鉶繼之，牛，以南羊句，羊東豕句，豕

〔一〕「粱」，原譌作「粱」，今據閩本改。

以北牛句。兩簠繼之，粱[一]在西。皆二以並，南陳。六壺，西上，二以並，東陳。饌于東方，亦如之，西北上。壺東上，西陳。醯醢百甕，夾碑，十以爲列，醯在東句。餼句：二牢，陳于門西，北面東上，牛，以西羊、豕，豕西牛、羊、豕。米百筥，筥半斛，設于中庭，十以爲列，北上，黍、粱、稻皆二行，稷四行。門外：米三十車，車秉有五籔，設于門東，爲三列，東陳；禾三十車，車三秅杜，設于門西，西陳；薪芻倍禾。賓皮弁，迎大夫于外門外句，再拜；大夫不答拜。揖入。及廟門，賓揖入。大夫奉束帛，入，三揖，皆行。至于階句，讓大夫先升一等句；賓從，升堂，北面聽命。大夫東面致命；賓降階西，再拜稽首，拜餼亦如之。大夫辭，升成拜。受幣堂中西句，北面。大夫降，出。賓降，授老幣，出迎大夫。大夫禮辭，許。入，揖讓如初。賓升一等，大夫從，升堂。庭實設馬乘。賓降堂，受老束錦；大夫止。賓奉幣西面，大夫東面。賓致幣；大夫對，北面當楣再拜稽首，受幣于楹閒，南面，退，東面俟。賓再拜稽首送幣。大夫降，執左馬以出。賓送于外門外，再拜。明日，賓拜于朝。拜饔與餼，皆再拜稽首。

〔一〕「粱」，原譌作「梁」，今據閩本改。

此主君歸賓饔餼。使卿，使上大夫，重其禮也。韋弁，熟皮爲弁，兜鍪之屬，戎服之冠。犒大衆戎服，敬其事也。歸，送也。饔，熟食。餼，生牲。朝曰饔，夕曰飧。始至設飧，既館歸饔。五牢：飪一腥二，皆饔也；生二，皆餼也。上介請事，請卿事于門外也。朝服，皮弁服。有司入陳，就所館大夫家廟陳設也。饔，亦有飪有腥。烹熟曰飪。一牢，殺牛、羊、豕各一烹之，實鼎九，先設賓階下，禮主饔也。陪鼎，副鼎。鼎主牛、羊、豕，故以鼎副之，即下文「膷、臐、膮」也。階邊曰廉。内廉，西階級升堂，東折角處。當，對也。鼎在階下，北當内廉，避堂途也。東面，鼎皆東向也。北上，鼎居北者爲首，以次而南也。上當碑，碑在廟庭中，鼎北與碑齊，並西，直陳而南也。九鼎：牛一；羊二；豕三；乾魚四；腊，乾禽，五；牛羊腸、胃同鼎六；膚，純肉，七；鮮魚八；鮮腊九也。扃，鼎鉉，詳《士冠禮》及《考工記・匠人職》。鼏，鼎蓋。膷，牛臛。臐，羊臛。膮，豕臛。有菜曰羹，無菜曰臛，即陪鼎之實也。蓋，語辭，釋所謂「陪鼎」者，陪三牲爲副鼎。以上皆飪鼎也。生肉曰腥。二牢，殺牛、羊、豕各二，并魚、腊、腸胃、膚，皆以生肉爲鼎，各二，共十四。無鮮魚、鮮腊，少飪鼎之二也。腥設于東，從生氣也。北當碑東，直陳而南，與西飪鼎東西各爲二列。以上皆腥鼎也。堂上之饌八豆。《周禮・醢人》「掌四豆之實，菹、醢相閒。朝事之豆，其實韭菹、醓醢，昌本、麋臡，菁菹、鹿臡，茆菹、麇〔一〕臡」，凡八也。户西，室户西、堂牖東，即客位也。西陳，自東設至西。皆二以并，

〔一〕「麇」，原譌作「麋」，據《周禮・醢人職》原文改。

菹、醓相對，兩行橫列也。向西陳，以東爲上也。韭菹居東北，其南爲醓醢，醓醢之西昌本，昌本之西麋臡，麋臡之西菁菹，菁菹之北鹿臡，鹿臡之東茆菹，茆菹之東麇〔一〕臡，麇〔二〕臡之東即接韭菹也。自醓醢曲轉而西而北，故曰屈。外圜内方曰簋，以盛黍稷。八簋，黍、稷各四，繼豆而西。一黍居北，其南爲稷；二稷居北，其南爲黍；三黍居北，其南爲稷；四稷居北，其南爲黍，故謂錯也。鉶，羹器。六鉶，牛、羊、豕羹各二，繼簋而西。牛居東，西爲羊，又西爲豕，北一列也；豕南爲牛，牛東爲羊，又東爲豕，南一列也。豕、牛二鉶南北相錯，羊二鉶居中相當也。外方内圜曰簠，以盛稻粱。兩簠，稻、粱各一，繼鉶而西，粱居北，稻居南。壺，酒器。酒八壺，順堂西牆，自北而南，兩兩相對，向南陳也。終酒、稻、粱，禮主食，成于酒也。此以上，皆堂上之饌。堂兩廂曰夾。西夾，西側室，東向也。西墉，夾室西牆也。北上，堂在北，陳饌自北始。韭菹在西北，其東爲醓醢，醓醢之南昌本，昌本之南麋臡，麋臡之西菁菹，菁菹之北鹿臡，鹿臡之北即韭菹，故曰屈。六簋，黍、稷各三，繼豆而南，黍在西北，東爲稷，稷南爲黍，黍西爲稷，稷南又爲黍，黍東又爲稷，故曰「錯」。四鉶，牛二，羊、豕各一，繼簋而南，牛居西北，牛南爲羊，羊東爲豕，豕北爲牛，二牛相當，羊、豕并列也。兩簠，稻、粱各一，繼鉶而南，粱西稻東。豆、簋、鉶、簠，皆兩兩相并而南。惟壺近簠，在南墉下，自西陳而

〔一〕「麇」，原譌作「麋」，據文義改。
〔二〕「麇」，原譌作「麋」，據文義改。

東，亦以兩爲列，六壺并爲三列。以上皆西夾之饌也。東方，東夾室，西向。室雖東，而饌亦如西夾，以西北爲上，從堂上與西階也。韭菹在西北，醓醢在東，以下皆與西夾同。惟六壺在南墉下，自東而西，以順室之西向，成主人東面之義，因飧牢在門，亦東爲上也。此以上，東夾之饌也。醯，醋也。醢，肉醬也。夾陳于庭中碑左右衆鼎之閒，二物兼爲腥、飪設也。十以爲列，謂左右直列，醯五行在碑東，穀味居左也；醢五行在碑西，肉味居右也。自「飪一牢」以下至此，皆所謂饔也。自「飧：二牢」以下，皆所謂飧也。二牢，謂生牛、羊、豕各二。陳于廟門内西，北面向堂，自東而西，牛、羊、豕、牛、羊、豕，六牲相閒，共爲一行。筥，竹器。半斛，五斗也。中庭，庭下中，醯醢之南。十以爲列，横設也。四米爲十行，自北而南，稷獨四行，稷百穀長，用廣也。此以上，皆陳于廟門内者。十六石曰秉，十六斗曰籔，秉有五籔，是二十四石也。一車二十四石，三十車共米七百二十石。設于門東，爲三列，每列車十乘，門爲上，以次陳而東也。禾四百把爲一秅，三秅爲一千二百把，一車一千二百把，三十車爲禾三萬六千把。設于門西，亦門爲上，陳而西也。薪芻倍禾，則車各六十乘，薪、芻各七萬二千把也。賓朝服，此云「皮弁」，即朝服之冠也。大夫，即君所使卿韋弁者。門，即賓館大夫家之門。卿次門外，廟在大門内，賓與大夫揖入。及〔二〕廟門，賓揖先入導行。大夫奉束帛，執以將命。賓與大夫并行，及西階，讓大夫先升一等，賓從之，升堂，北面聽致主君命。賓先拜饔，復拜飧，束

〔二〕「及」，原無，今據經文及文義補。

帛致命同，拜則殊也。大夫辭，辭賓降也。受幣堂中央，賓在大夫西，北面受，尊主君也。大夫事畢降，出。賓降，以幣授家老，出迎大夫，將以禮儐也。升階，賓先，異于始入者，始致君命，先大夫，今私事，先賓也。庭實設四馬，家老致束錦堂下，皆以儐大夫也。賓降，受束錦，大夫止不降，贈己嫌訝受也。賓奉束錦升，與大夫東西授受，禮敵也。賓致幣，有辭，大夫亦以辭對。拜于當楣，受于楹閒，皆敵禮。稽首，尊君使也。東面俟賓拜，亦敵禮也。執左馬出，解見禮賓。

按：《周禮》兵事韋弁服，視朝皮弁服。皮弁飾以采瑧，韋弁無飾，非美于皮弁，而戎事重于朝事，故韋弁服尚赤，皮弁服尚黑。皮弁服即朝服。鄭謂朝服與皮弁服異，非也。兩夾室在堂，東西相向，故其陳設皆自北而南。酒近簠以終饌，而縮陳于夾室南墉下。鄭謂壺在北墉下，近豆。夫堂上之壺既不近豆，而夾室獨否乎？

上介，饔餼三牢：飪一牢，在西，鼎七，羞鼎三；腥一牢，在東，鼎七；堂上之饌六。西夾亦如之。筥及甕，如上賓。餼一牢。門外：米、禾視死牢，牢十車；薪芻倍禾。凡其實與陳，如上賓。下大夫韋弁，用束帛致之。上介韋弁以受，如賓禮句。儐之兩馬、束錦句。士介四人，皆餼大牢，米百筥，設于門外。宰夫朝服，牽牛以致之。士介朝服，北面再拜稽首受。無儐。

此歸介饔餼禮，降于賓二等。三牢，饔二、餼一也。鼎七，無鮮魚、鮮腊也。羞鼎，即陪〔一〕鼎。堂上之饌六，用賓西夾之數。此西夾不殺，以東夾全損也。米、醯、醬不殺，常用等也。以上皆饔也。死牢，即飪、腥。上介飪、腥共二牢，米、禾視死牢之數，每死牢一，從以米、禾各十車，則米、禾各二十車，米四百八十石，禾二萬四千把。薪芻倍禾，則薪四萬八千把，芻亦四萬八千把。使下大夫致之，介與賓異館。上介亦韋弁受之，禮敵也。亦以禮儐使者兩馬、束錦也。士介四人，無饔，各餼以大牢，用牛、羊、豕共十二，米各百筥，人五十石，共米二百石也。宰夫致之，士介與上介異館，使宰夫，使士歸士也。宰夫不言「皮弁」，士以下朝服玄冠也。宰夫牽牛，則有司牽羊、豕可知。無儐，士介無幣儐宰夫也。

按：介與賓饔餼之費用，米共一千四百石，禾六萬把，薪十二萬把，芻亦十二萬把，牛、羊、豕共三十六頭，費亦夥矣。《周禮·掌客職》云天子待侯伯之禮，「醯醢百甕，米百筥」。今諸侯使臣，諸侯禮之與侯伯同，是季世之奢也。孔子曰：「奢則不遜，儉則固。與其不遜也，寧固。」故《聘禮》非先王之舊也。

賓朝服問卿。卿受于祖廟。下大夫擯。擯者出請事。大夫朝服迎于外門外句**，再拜；**

〔一〕「陪」，原譌作「倍」，今據文義改。

賓不答拜，揖。大夫先入，每門每曲揖。及廟門，大夫揖入。擯者請命。庭實設四皮。賓奉束帛入。三揖，皆行，至于階，讓。賓升一等，大夫從，升堂，北面聽命。賓東面致命；大夫降階西，再拜稽首。賓辭，升成拜。受幣堂中西句，北面。賓降，出。大夫降，授老幣。無儐。擯者出請事。賓面，如覿幣。賓奉幣，庭實從，入門右。大夫辭，賓遂左。庭實設，揖讓如初。大夫升一等，賓從之。大夫西面，賓稱面。大夫對，北面當楣再拜；受幣于楹間，南面，退，西面立。賓當楣再拜送幣，降，出。大夫降，授老幣。

此使臣問卿，因私面也。使臣初覿主君，即「請有事于大夫」，既聘其君，即問其大臣，皆聘君之命也。至是始問者，記謂致饔之明日問大夫，是也。下大夫擯，卿使下大夫相禮也。擯者，即下大夫。大夫即卿。賓不答拜，不敢承拜也。大夫先入廟門，省内事也。賓俟于門外，擯者請命，大夫乃出迎庭實。聘君所以享卿者束帛，賓親奉以將命也。賓與大夫并行，及階，讓，賓先升，尊君使也。大夫北面聽命，降階稽首，升成拜，皆臣禮，與賓受饔餼禮同。無儐，謂卿無幣儐賓也。擯者出請事，賓將復入私面，擯入告，卿出迎也。賓面卿之幣如覿君，亦束錦、四馬也。賓親奉束錦，庭實四馬從之。賓入門右，謙不敢就客階也。賓稱面，致面見之辭，大夫以辭對。「北面當楣再拜」以下，與卿致饔餼受儐禮同，皆北面稽首者，幣交皆君事也。

按：春秋世五霸主盟，其執政大臣權與君侔。當世謂媚奥寧媚竈，若齊高、鮑，晋范、趙，諸侯事之如事君，斯禮寖濫觴矣。以大夫家用公朝大夫爲擯，非威權震主，而若是乎？好信者盡執爲先王之禮，誤矣。

擯者出請事。上介特面，幣如覿。介奉幣句，皮，二人贊。入門右，奠幣，再拜。大夫辭。擯者反幣。庭實設，介奉幣入，大夫揖讓如初。介升，大夫再拜受。介降拜，大夫降辭。介升，再拜送幣。擯者出請。衆介面，如覿幣。入門右，奠幣，皆再拜。大夫辭，介逆出。擯者執上幣出，禮請受，賓辭。大夫答再拜。擯者執上幣，立于門中以相拜；士介皆辟去聲。老受擯者幣于中庭，士三人坐取羣幣以從之。擯者出請事。賓出，大夫送于外門外〔一〕，再拜。賓不顧。擯者退，大夫拜辱。

此介私面卿。擯者出請事，蓋賓出而介俟于門外也。上介特面，不與士介俱也。幣如覿君，亦束錦、儷皮也。上介親奉束錦，贊者二人執皮從。入門右，降等也。《曲禮》曰「客若降等，則就主人之階。主人辭，然後客復就西階」，是也。奠幣，再拜，不敢親授，奠之而拜于堂下。大夫辭，反幣，然後

〔一〕「外」，原脱，今據閩本補。

從客禮，亦如覿公。此上介私面之禮也。擯者又出，請士介入也。衆介，即士介。如覿幣，各玉〔一〕錦束也。入門右，奠幣，出，與上介同；卿始辭終受，異也。下大夫相禮受幣，與相君私覿同，解見前。擯者又出請事，蓋禮畢而賓尚在廟門外，故復請，終事也。擯者，即下大夫也，相禮畢去，卿拜辱，謝也。

按：上介亦大夫，面其主國卿，至入門不敢左，與士介皆奠幣、堂下再拜，比于爲臣，而主卿所以待者，無以異于主君，抑何貴倨甚與？殆于魏冉、范睢之爲卿者。子云：「天下有道，政不在大夫。」是書于大夫禮加詳，故知非先王之舊也。

下大夫嘗使至者句，**幣及之**句，**上介朝服**句，**三介問下大夫**句，**下大夫如卿受幣之禮**句。**其面**句，**如賓面于卿之禮**句。**大夫若不見**句，**君使大夫各以其爵爲之受，如主人受幣禮，不拜。**

此申言賓介問面卿大夫之禮。大國三卿、五大夫，卿皆上大夫，皆賓親致命，如前禮；下大夫皆有幣及，若嘗出使至于其國者，有故舊之誼，則使上介奉幣致命，上介朝服而往；其餘下大夫則使士介奉幣，不言朝服，可知也。下大夫受幣，如卿受賓幣之禮。上介與三介面下大夫，如賓面上大夫之禮。大夫若不見，謂自卿至下大夫，或有故不得見賓、介者，主君各以其爵使人代受幣，卿使卿受，大夫使大夫受。但代受幣，不代答拜，代者不敢實承其禮也。

〔一〕「玉」，原譌作「王」，今據《續修》本、《存目》本改。

夕，夫人使下大夫韋弁歸禮。堂上籩豆六，設于户東，西上；二以并，東陳。壺設于東序，北上，二以并，南陳。醙、黍、清，皆兩壺。大夫以束帛致之。賓如受饔之禮，儐之乘馬、束錦。上介四豆、四籩、四壺，受之如賓禮；儐之兩馬、束錦。明日，賓拜禮於朝。

此主君夫人致禮于使臣也。夕，即賓問卿之夕，夫人禮從陰也。籩豆用六，《周禮》籩豆之實八，此殺其二。户東，室户東，設于東房前，夫人爲房中之主。陳設不中堂，避君也。西上，以西爲首。豆在西，籩繼之而東，變于君饌東上也。二以并同，東陳則異。君歸饔重食，故有黍、稷、稻、粱；夫人歸禮重飲，故但酒六壺。設于東序，與君西序異，二以并、南陳則同。醙，酒未泲而濁，即糟也。清，酒之陳久者。黍，黍酒。酒惟稻、黍、粱三品。《内則》云：「飲：重醴，稻醴清、糟，黍醴清、糟，粱醴清、糟。」稻、黍、粱，皆清、糟二壺，文義錯見。大夫，即下大夫。束幣，所以酬酒也。乘馬、束錦，賓、介所以儐下大夫也。禮，上介殺賓二等。不言士介，禮不及也。賓拜禮于朝，則上介可知。

大夫餼賓大牢，米八筐。賓迎，再拜。老牽牛以致之，賓再拜稽首受。老退，賓再拜送。上介亦如之。衆介皆少牢，米六筐，皆士牽羊以致之。

此卿餼賓、介也。大夫即卿。米，謂黍、粱、稷。記云「凡餼，大夫黍、粱、稷」，無稻。方曰筐，其實五斗。老，家相。士，衆宰。大牢先牛，故老牽之。少牢先羊，故士牽之。

公於賓，壹食，再饗。燕與羞，俶獻，無常數。賓、介皆明日拜于朝。上介，壹食，壹饗。若不親食，使大夫各以其爵，朝服致之以侑幣，如致饔句，無儐句。致饗以酬幣，亦如之。

此君燕饗餽獻使臣之數。食，設飯以食之。饗，設酒以饗之。食、饗于廟，燕于寢。熟味曰羞。新物曰俶。俶，始也。明日，食饗燕獻之次日。不親食，謂主君有他故，不得親食，使大夫與賓、上介爵等者代致。勸食曰侑，送酒曰酬，皆以幣。

大夫於賓，壹饗，壹食；上介，若食，若饗。若不親饗，則公作大夫致之以酬幣，致食以侑幣。

此大夫享〔一〕食賓、介之數。大夫，謂主國卿，饗、食于賓，各一舉；于上介，或饗或食，不兼舉也。不親饗，謂大夫有故，則公使大夫爲代致之。

君使卿皮弁，還玉于館。賓皮弁句，襲迎于外門外，不拜；帥大夫以入。大夫升自西階，鉤楹。賓自碑内聽命，升自西階，自左，南面受圭，退負右房而立。大夫降中庭。賓降句，自碑内，東面，授上介于阼階東句。上介出請句，賓迎；大夫還璋句，如初入。賓

〔一〕「享」，當作「饗」，但郝氏混用不別，類此者不悉校。

裼迎。大夫賄用束紡句。禮，玉束帛、乘皮句，皆如還玉禮句。大夫出，賓送，不拜。

此主君使卿還玉報贈也。玉以表信，信達而禮行，還以其信歸之，所以受幣還玉。玉，即圭、璋也。掩手曰襲，袒手曰裼。執玉之禮，襲重裼輕。記曰：「凡執玉，無藉者襲。」還圭必呈現。賓以朝服掩手承之，慎重之至也。大夫即卿。大夫奉玉，賓先帥入。大夫升堂，由楹閒南面。賓立庭中碑内聽命，後由西階升，不敢由阼，圭在如君也。升堂西爲左，賓由大夫左，大夫北面授，賓南面受，襲受也。自左，尊主器也。右房，即東房。升堂東爲右。賓自大夫左，南面受玉，即退東北，負房而立，俟大夫先降至中庭，賓乃降西階，東行，由碑内過阼階下，東面，授圭于上介。此還圭之禮也。上介出請，大夫奉璋入。璋，君夫人所以聘也。如初入，與還圭同。賓裼迎，與受圭異。徒手併繅受之曰裼。璋不呈，故不襲，禮殺于圭。此還璋之禮也。還玉有幣資送曰賄。紡，紡絲爲帛也。紡之言防，重玉，致防護也。禮，主君報聘君之禮。亦以璧加于束帛。乘皮，四皮也。還玉，則併致之。授受之禮，與還玉同。

按：古廟制房與室皆在堂北，南向，而房在室東，故謂東房，無西房也。此言「右房」者，升堂以東爲右，注疏謂爲西房，誤也。玉比德，古人以爲信，朝覲聘享用之。《聘義》曰：「孚尹旁達。」尹，割也。玉難割，割則孚，瑕瑜不相揜，離以爲圭、璋，旁達而不失其孚，故比忠信。君子不竭人之忠，以全交也。聘享還玉，禮之善物，非聖人不能作。

公館賓，賓辟去聲，上介聽命。聘享句，夫人之聘享句，問大夫句，送賓句，公皆再拜。公退，賔從句，請命于朝。公辭，賔退。賔三拜乘禽於朝，訝聽之。遂行，舍于郊。公使卿贈，如覿幣。受于舍門外，如受勞禮；無儐。使下大夫贈上介，亦如之。使士贈衆介，如其覿幣。大夫親贈，如其面幣；無儐。贈上介，亦如之。使人贈衆介，如其面幣。士送至于竟。

此使臣將反，主國君臣贈送之禮。公館賔，公就賔于館，將行親送，且謝之，即還玉之明日也。賔避不敢受。上介聽君命于館門外。「聘享」以下凡四事，皆公所爲拜者。送賔，送賔行也。皆再拜，是八拜也。賔從，請命于朝，以主君有拜四事之命，不敢受于其館，而更請受命于朝，人臣之禮也。公辭，辭其請也。乘禽，鵞、鶩、鴨之屬。可羣畜者曰乘。《聘義》云：「乘禽日五雙。」至是乃拜者，物小賜頻，故于臨行併拜。三拜，報其頻也。訝，主君所使迎賔客者，《周禮·秋官》有訝士。記云「卿，大夫訝」，此蓋大夫也。凡拜賜，不親見，入告出報，皆訝聽之。聽，待也。遂行，賔啓行歸也。舍于郊，如始出也。古者遠行，初出祖祭，宿近郊。公使卿贈使臣行，亦如賔私覿之幣，所以報也。無儐，謂使臣不復以禮物儐卿。使下大夫、使士，皆君使也。「大夫親贈」以下，卿私贈也。

使者歸，及郊，請反命。朝服，載旜。禳，乃入。乃入〔一〕陳幣于朝，西上：上賔之公幣、私幣，皆陳；上介，公幣陳；他介，皆否。束帛各加其庭實皮左。公南鄉。卿進

〔一〕「乃入」，二字原不重，今據閩本補。

使者，使者執圭垂繅，北面；上介執璋屈繅，立于其左。反命，曰：「以君命聘于某君，某君受幣于某宮，某君再拜句。以享某君句，某君再拜。」宰自公左受玉。受上介璋，致命亦如之。執賄幣以告，曰：「某君使某子賄。」授宰句。禮玉句，亦如之。執禮幣，以盡言賜禮句。公曰：「然。而不善乎！」授上介幣，再拜稽首；公答再拜。私幣不告。君勞之。再拜稽首。君答再拜。若有獻，則曰：「某君之賜也。君其以賜乎？」上介徒以公賜告，如上賓之禮。君勞之。再拜稽首。君答拜。勞士介，亦如之。君使宰賜使者幣，使者再拜稽首；賜介，介皆再拜稽首。乃退。介皆送至於使者之門，乃退句，揖句。使者拜其辱。釋幣于門。乃至于禰，筵几于室，薦脯醢。觴酒陳句。席于阼，薦脯醢，三獻。一人舉爵句，獻從者句，行酬句，乃出。上介至，亦如之。

此使臣反命及還家之禮。請反命，待君命後入也。載旜，張旜，表其還也。禳，禳祭，祓除不祥，致潔敬也。公幣，他國君所賜使臣之幣。私幣，他國卿、大夫以下之贈幣。西上，陳幣先西，先公後私，先賓後介，以次而東也。束帛各加于庭實皮左，非致命，不親執也。執圭垂繅，呈圭見君，脱其繅垂也。執璋屈繅，璋不呈也。上介立于左，立賓西也。北面西爲左。受幣于某宮，謂受于其國祖廟，如桓宮、僖宮之類。宰自公左受玉，南面東爲左，贊幣自左也。上介致命，亦如之，如使者反命之辭致于君也。賄幣，還玉之幣。某子，指還玉大夫。授宰，授于受玉之宰。禮玉，即報禮之玉與束帛、乘皮，亦如執賄幣告以授宰也。禮幣，謂其君初儐禮使臣之幣。獨執此言禮者，此主君在廟所親授也。自郊勞至賄贈受賜之禮，一一盡言于君。而，猶汝也。善，嘉歎辭。授上介幣，使者將拜，故以所執幣授之；上介受以反于庭實皮左也。私幣不告，輕也。若使臣私有物獻于君，則曰：「君其受以賜予乎？」不敢當君自用也。上介徒以公賜告，不執幣告也。上賓，即使者。君答上介拜，不言再，答一拜也。士介亦如之，亦答一拜也。《曲禮》曰：「君於士，不答拜。」此答其勤勞也。君使宰賜幣，即賜所陳幣。臣受外賜，不敢私，而獻之君父。君父還之，則拜，如更受賜也。乃退，使、介皆退也。介皆送使者至門，始出俟于其門，終歸亦送于其門也。退，揖，介退，揖辭使者也。使者拜其辱，謝介也。釋幣于門，使者自禮其家門也。行爲道路之始，出則禮之；門爲家庭之限，入則禮之。筵几薦獻于禰廟，告反也。門釋幣，禰釋奠，重禰也。室在廟堂之後，所謂奥也。脯醢，薦神也。觴，爵屬。觴酒陳，備獻也。觴陳，則籩豆俱可知。席于阼，酢主人也。奠無尸而酢，既獻，主人自酢也。不于室，于阼，將與從者爲禮于堂也。薦脯醢，薦于主席也。三獻，謂初獻禰，主人自酢；再獻室老，室老酢主人；三獻士，士酢主人。三獻成，更一人舉爵酬主人，主人不飲，奠于薦左，更酌酒獻從行家臣。獻畢，主人舉所奠一人之爵，行旅酬以徧，所謂「飲至」也。上介至其家，釋幣于門，釋奠于禰，亦如之。

聘遭喪，入竟，則遂也。不郊勞，不筵几，不禮賓。主人畢歸禮，賓唯饔餼之受。不賄，

不禮玉，不贈。遭夫人、世子之喪，君不受，使大夫受于廟，其他如遭君喪。遭喪，將命于大夫，主人長衣練冠以受。聘君若薨于後，入竟則遂。赴者未至，則哭于巷，衰于館；受禮，不受饗食。赴者至，則衰而出，唯稍受之。歸，執圭復命于殯，升自西階，不升堂。子即位不哭。辯復命，如聘。子臣皆哭。與介入，北鄉哭。出，袒括髮。入門右，即位踊。若有私喪，則哭于館，衰而居，不饗食。歸，使衆介先，衰而從之。賓入竟而死，遂也。主人爲之具而殯。介攝其命。君弔，介爲主人。主人歸禮幣，必以用。介受賓禮，無辭也。不饗食。歸，介復命，柩止于門外。介卒復命，出，奉柩送之。君弔，卒殯。若大夫介卒，亦如之。士介死，爲之棺，斂之。君不弔焉。若賓死，未將命，則既斂于棺，造于朝，介將命。若介死，歸復命，唯上介造于朝。若介死，雖士介，賓既復命，往，卒殯乃歸。

此聘而遭喪之禮，謂使臣所聘之國君喪，未入其境，則反；既入境，遂終聘事。其國不郊勞賓，無主也。使臣致命于殯宮，不于廟，不設筵几，如事生也。聘享畢，不設醴禮賓，非正主也。主人，謂攝主。飧、饔、餼、饗、食之類，如常禮，盡以歸賓。賓不盡受，受唯饔、餼，飲食不廢也。賄與禮玉，主君所以報聘君者，無主君則否。贈以答私覿，君喪無覿，則否。若主君之夫人、世子喪，則主君不親受聘享，使大夫代受于廟。大夫謂卿。遭喪，謂君與夫人、世子之喪，皆大夫攝主，而使臣致命。主人，即大夫。長衣，深衣；練冠，白布冠，以受聘享于廟。此遭主國喪之禮也。聘君，使臣之君。使臣未入他國境，君薨則反；已入境，君薨，遂終聘事。報喪曰赴。私居曰巷。赴未至，喪未聞于外，故哭于巷，衰于館，不以凶服出。主人有饔餼，受；饗食則不就也。赴既至，主國亦當闕樂，使臣乃衰出，以凶服將事。廩米曰稍。稍受，牲牢之類則不受。使臣歸國，復命于殯，如事生也。升自西階，殯在西階也。不升堂，臣見君于堂下也。子，嗣君也。即位不哭，使臣將致告也。辯、徧通。使、介徧以公賜告于殯，如君存「盡言賜禮」也。子臣皆哭，告畢也。使臣出，與介更入，北鄉哭。又出，袒衣括髮；入殯宮門右，即位踊。此以上遭聘君喪之禮也。若使臣私有父母之喪，哭于館，不于公，衰而居，不以凶服行禮也。一食再饗，皆不就，饔餼猶受也。歸于途，使衆介先行，已凶服隨之。此使臣遭家喪之禮也。若使臣死于他國，則主君爲含斂之具殯之。聘享，則上介攝之。主君親弔，則介爲喪主。雖有家臣適子在行，不得主也。主君歸禮幣，取供喪用，不必如賓，《周禮·掌客》「賓客死，致禮以喪用」，是也。介代受賓禮，直受之，無復如賓存禮辭，所以明代也。主君饗食，介皆不就，不以飲食爲悅也。介歸復命，以使者柩造朝門外，終使事也。介復命畢，出，送柩于其家。君親弔，視殯畢而後歸。此以上，遭使臣喪之禮也。大夫介，謂上介。其喪與使者同。士介，謂衆介，喪則主君爲棺斂，不親弔也。此遭介喪之禮也。若使者既至國，入館受飧，未入廟行禮死，則以其柩造主君朝，介代爲將命。若介死，使臣歸復命，惟上介以柩造朝，衆介則否。柩歸，雖士介，使臣復命出，必送柩其家，卒殯後歸，若上介可知。此以上，遭賓、介喪之禮也。

按：子云「使于四方，不辱君命，可謂士矣」「天下無道，禮樂征伐自諸侯出」。聘享事大之禮，社稷之役，臣子受命，生死以之，乃可無辱。此讀《聘禮》者所當知。然去《皇華》《四牡》之風，道德功利，古今治亂，相違遠矣。先王遣使臣以周諮〔一〕民隱，交鄰國以安天下，非謂侈行李儀從、飲食供帳之盛而已也。

小聘曰問。不享，有獻，不及夫人句。**主人不筵几**句，**不禮**句。**面不升**句。**不郊勞**句。**其禮，如爲介**句，**三介。**

此小聘之禮。不享，無玉帛庭實也。獻，隨意獻國所有。不及夫人，及君而已。不筵几，不行禮于廟也。使臣私覿于庭，不升堂。主君不使人勞賓于郊。其待賓禮，如大聘之待上介也。三介，視大聘少一人也。

記○乆無事，則聘焉。若有故，則卒聘。束帛加書將命，百名以上書於策，不及百名書於方。主人使人與客讀諸門外。客將歸，使大夫以其束帛反命於館。明日，君館之。○既受行，出，遂見宰，問幾月之資。使者既受行日句，**朝同位。出祖，釋軷，祭酒脯，**

〔一〕「諮」，原譌作「諂」，今據文義改。

乃飲酒于其側。○所以朝天子，圭與繅皆九寸，剡上寸半，厚半寸，博三寸，繅三采六等，朱白蒼。問諸侯，朱緑繅，八寸。皆玄纁句，繫長尺，絢組。問大夫之幣，俟于郊，爲肆，又齎皮馬。○辭無常，孫而說。辭多則史，少則不達。辭苟足以達，義之至也。辭曰：「非禮也，敢句。」對曰：「非禮也，敢。」

此以下皆雜舉前文所未備。久無事，謂無盟會之類。有故，謂有事相告。卒聘，謂聘享事畢。名謂書文，即字也。編竹簡曰策，削木板曰方。百字以上辭多，編竹書之，百字以下方板書之。讀其書於廟門外，公事使衆聞也。反命，爲書以報也。君館之，主君親適賓館也。既受行，謂使臣初受君命遠行。問幾月之資，計行糧也。卿行旅從，宰制國用，故見而問之。受行日，謂受命啓行日。朝同位，即前「使者載旜，帥以受命于朝」「使者入，衆介隨入，北面，東上」，所謂朝位也。祖，始也，始行也。釋，猶奠也。祖祭行神曰軷，遠行跋涉故謂軷。既祭，飲酒于側，即舍于郊之夕。朝天子，謂諸侯執圭合瑞也。剡，削也。圭形下寬上狹，下寬三寸，上削寸半，上居下半也。繅、藻通，畫繒以藉圭。朱、白、蒼三采相閒，各再就爲六等。諸侯自相問，繅朱、緑二采。天子、諸侯繅皆玄纁繒爲之，繫以束繅。絢，采色。組，絛也。問大夫之幣，君問也。俟于郊，待使者行授之。不于朝，避君禮也。肆，陳設也。幣言「肆」，皮馬言「齎」，肆則齎，互見也。辭，謂行禮時對答之辭。無常，猶無定，唯謙遜和說爲主。文勝則史。辭曰者，不受而言也。對，答也。各言「敢」，皆謂不敢也。此辭之足達者。

按：《雜記》孔疏引「朝天子，圭」以下，有兩「朱白蒼」，重言之，正所謂「三采六等」，本文脱三字，當補。「主人使人與客讀書門外」，鄭謂「人稠處嚴，不得審悉」；又謂「見宰，問幾月之資」爲「君臣謀密，未知所之」，二義皆迂。《周禮·大宗伯》《考工記》皆云天子、諸侯五等之圭各異，今云諸侯朝天子圭、繅皆九寸，諸侯相問皆八寸，相矛盾。

卿館于大夫，大夫館于士，士館于工商。○管人爲去聲客三日具沐，五日具浴。○飧句，不致，賓不拜，沐浴而食之。○卿句，大夫訝句。大夫句，士訝句。士，皆有訝。賓即館，訝將公命句，又見之句，以其摯句。賓既將公事，復見訝句，以其摯。○凡四器者，唯其所寶，以聘可也。○宗人授次，次以帷，少退于君之次。○上介執圭，如重，授賓。賓入門，皇句；升堂，讓句；將授，志句；趨授如争句，承下如送句；君還旋，而後退，下階，發氣，怡焉；再三舉足，又趨。及門，正焉。○執圭，入門，鞠躬焉，如恐失之。及享，發氣焉，盈容。衆介北面，蹌焉。私覿，愉愉焉。出，如舒鴈，皇且行。○入門主敬，升堂主慎。○凡庭實隨入，左先，皮馬相閒，可也。賓之幣，唯馬出句，其餘皆東句。多貨，則傷于德。幣美，則没禮。賄在，聘于賄。

館不于敵者，使賓全其尊，使館主人嚴其敬也。管人，司館舍之人。客，謂使臣。髪曰沐，體曰浴。

使臣初至館，宰夫致飧。不用束帛致命，飧禮輕也。不致命，故賓不拜。沐浴，道路風塵，自潔清也。訝，迎客者。不以敵，與館同也。訝將公命，即《周禮·秋官·掌訝職》云「賓入館，次于舍門外，待事于客」，是也。主君既命訝見賓，訝又自見，如私面也。見以其摯，如大夫執鴈、士執雉之類。賓于聘享等公事畢，乃復見訝。復，報也，以其摯還之。四器，謂圭、璋、璧、琮。唯其所寶，謂擇其最重者以聘也。次，門外賓初至之次。君，謂外諸侯。凡諸侯以下各有次。賓次少退，不與諸侯次并也。上介執圭，將行聘，執以授賓。如重，猶《論語》云「執圭如不勝」，《曲禮》云「執輕如不克」。賓入門，執圭入廟門。皇，莊盛也。讓，恭遜也。對主君，將以圭授之，志誠專一，疾趨而前，如争先授，唯恐遲也。手承圭下，使君取上，防失墜也。俟圭入君手，如送往者到彼而后反也。君既受〔一〕玉于東楹之閒，還，反面東，然後賓退，下西階，氣始發舒；再三舉足，從容數武，又如授時疾趨；出廟門，顏色正，復常也。再言「執圭」，更記所聞也。聘而鞠躬，敬也。享則發氣滿容，和也。衆介蹌焉，其貌揚也。私覿愉愉，其容婉也。禮畢出，如舒鴈，徐翔也。《爾雅》：鵞曰舒鴈。皇且行，盛容緩步也。庭實隨入，執〔二〕幣者皆魚貫入。左先，以西爲上也。皮馬相閒，相代也，有皮無馬，有馬無皮。可者，不定之辭。賓之幣，玉帛皮馬皆是，唯馬受則出付廄，餘皆收歸東壁。幣美没禮，文勝掩實也。賄在，

〔一〕「受」，原作「授」，今據文義改。

〔二〕「執」，原作「摯」，今據文義改。

猶在賄，如「舜在璿璣」、《文王世子》「在視寒暖」之「在」，察也。專尚財賄，是聘以賄而已也。

按：鄭謂：「館賓必于廟。」《曾子問》云「公館與公所爲曰公館」，若今官舍云爾。賓受大禮，或假大夫家廟，其羣居未必皆在人廟。又謂：飧，賓沐浴而食，爲尊主君。夫且不拜，豈以沐浴爲尊？受饔受享，何獨不然？「將授志趨」爲句，「授如争承」爲句，「下如送」爲句，皆不成文義。「賄在，聘于賄」，讀「于」作「爲」，云以賓之聘禮爲賄之豐儉，皆非也。

凡執玉無藉者，襲。○禮，不拜至。醴尊于東廂，瓦大太一，有豐。薦脯五膱職，祭半膱，横之。祭醴，再扱，始扱一祭，卒再祭。○主人之庭實，則主人遂以出，賓之士訝受之。○既覿，賓若私獻，奉獻，將命。擯者入告，出禮辭。賓東面坐奠獻，再拜稽首。擯者東面坐取獻，舉以入告，出禮請受。賓固辭，公答再拜。擯者立于閾外以相拜，賓辟。擯者授宰夫于中庭。○若兄弟之國，則問夫人。○若君不見，使大夫受。自下聽命，自西階升受，負右房而立，賓降亦降。不禮。○幣之所及，皆勞，不釋服。

執玉，謂執圭、璋、璧、琮，皆有繅承藉，無藉則以衣揜手執之曰襲，有藉則赤手執之曰裼。禮，通作「醴」。賓聘享于廟畢，主君醴之，賓至則拜。醴質，無拜至也。東廂，東夾室。瓦大，瓦尊。豐以置尊。膱，猶脡也。横，加也。主人之庭實，所以禮賓。主人即使人執送出門，賓有司門外迎受。

若賓私覿外，有方物私獻主君，則以聘君之命將之，俟于門外，擯入告，君禮辭而受，如受士介覿之禮，賓不入也。兄弟之國，謂同姓及與爲昏姻者，非是，則聘問不及其夫人。君有他故，不能見賓行禮，則使上大夫代受。上大夫于堂下碑内聽命，如卿還玉之禮。右房，即東房。升堂東爲右。上大夫自賓左受玉，右退東北，負房立，待賓降乃降。不禮，不設醴，避正主也。幣之所及，謂大夫以上，聘君皆有問幣。卿大夫皆勞賓，祖廟行聘享畢，不脱朝服，即往勞賓于館，先施貴敏也。

賜饔，唯羹飪，筮一尸，若昭若穆。僕爲祝，祝曰：「孝孫某，孝子某，薦嘉禮于皇祖某甫、皇考某子。」如饋食之禮。假器於大夫。朌（班）肉及廋（疎）、車。○聘日致饔。明日，問大夫。夕，夫人歸禮。既致饔，旬而稍，宰夫始歸乘禽，日如其饔餼之數。士中日則二雙。凡獻，執一雙，委其餘于面。禽、羞、俶獻比。○歸大禮之日，既受饔餼，請觀。訝帥之，自下門入。各以其爵，朝服。○士無饔。無饔者無儐。○大夫不敢辭，君初爲之辭矣。○凡致禮，皆用其饗之加籩豆。無饔者無饗禮。○凡餼（句），大夫黍、粱、稷（句），筐五斛。

羹飪，謂歸饔之飪一牢，賓以祭于行主，腥、餼則不祭也。祭則筮一人爲尸。昭、穆，謂子孫。古者大事出，奉廟主行，子孫臣僕俱一尸者，父在則祭祖，父没則祭禰也。僕，家臣祝告神者。饋食之禮，大夫惟少牢，有陳設、二厭、九飯、三獻等禮。此雖大牢，其禮亦如之。假借祭器于主國卿、大夫，爵敵禮同也。朌、頒通，分肉也。廋、車，即《周禮》廋人掌馬，巾車掌車。頒及二役，則人無不徧矣。行聘之日，主君即使卿致饔餼。致饔之明日，使臣致命問卿、大夫。問大夫日之夕，主君夫人歸禮于使臣。致饔後旬日，乃致廩食，宰夫歸乘禽。廩食曰稍。鶩鴨之屬曰乘禽。如饔餼之數，上賓饔餼五牢，則乘禽日五雙。士介則閒日二雙。中日，閒一日也。凡獻禽于尊者，執一雙，所以將命也。委，奠也。面，前也。禽，即乘禽。羞，食品。俶，新物。比，倣也。獻數者，皆倣執一委餘之禮。歸大禮之日，即聘享畢之日，使臣請遊觀主國朝廷宗廟。自下門入，由便門不由大門，非公事，避君也。賓與上介、士介，各以其爵服朝服，不敢褻服入也。士無饔，謂主君于士介無饔，但有餼耳。士介亦無幣以儐君使也。大夫不敢辭，謂私覿退，賓「請有事于大夫」，主君既禮辭矣，及賓問大夫，擯無再辭也。凡主君有故不得親饗，則使人致之。籩豆有正有加，君雖不親，必併加籩豆以致，不以不親殺也。無饔者則無饗禮，謂士介也。主國大夫餼賓與上介，以黍、粱、稷，無稻，大夫禮卑也。

既將公事，賓請歸。○凡賓拜于朝，訝聽之。○燕，則上介爲賓，賓爲苟敬。宰夫獻。○無行，則重賄反幣。○曰：「子以君命在寡君，寡君拜君命之辱。」「君以社稷故，在寡小君句，拜句。」「君貺寡君，延及二三老句，拜句。」又拜送句。賓於館堂楹閒，釋四皮束帛。賓不致，主人不拜。

聽，猶待也。苟敬，詳《燕記》。無行，謂使臣獨聘本國，無他往，如《春秋》吴季札來魯，則歷聘也。重賄，所以報其幣也。反，猶報也。「曰」以下，主君館賓拜四事，擯者贊禮之辭。一拜聘享，二拜夫人聘享，三拜問大夫，四拜送賓行。賓釋四皮束帛，報館主人也。不致，不拜，鄭云：「不以將别崇新敬也。」

大夫來使句，無罪句，饗之句；過，則餼之句。其介爲介。有大客後至，則先客不饗食句，致之。

大夫來使，謂外國大夫。其君有事使來，非專爲聘耳。罪，謂得罪，如魯、衛、鄭得罪于晋，執其大夫，是有罪也，則無饗禮。無罪，謂以好會或謝罪來，雖非聘，必饗之。過，謂適他邦過此，則餼之以生牲。其介爲介，享大夫使者之禮也。大夫爲賓，則其介仍爲介，異于聘之以介爲賓，以大夫爲苟敬也。有大客，謂有大國賓後至，則先客爲小，以饗食致先客，而親享大客，隆殺之等也。

按：斯禮起于春秋五霸之季，無疑也。賓爲苟敬，主君不敢饗，而賓其上介，是荀庚、郤犨之賓也。無行而後重賄，春秋諸大夫之聘絡繹也，特往而無行者寡矣。大夫奉使，有罪被執，世儒所謂「伯討」也。其來過者，非亡則叛，欒盈輩也。其大客，則晋、楚大夫也。其先客，則魯、衛之使也。皆衰世之迹。而鄭氏謂使無罪過之臣與嘉賓爲禮，賓如有過，則不享而與之餼，有罪則執之。此附會《聘義》「愧厲」之説，其實非也。

唯大聘有几筵。○十斗曰斛，十六斗曰籔，十籔曰秉。二百四十斗。四秉曰筥。十筥曰稯總。十稯曰秅杜。四百秉爲一秅。

二百四十斗，一車之米數，所謂「秉有五籔」者也。四秉，猶言四把。刈禾爲把。筥，禾秉之數，與筐筥異。一車之禾三秅，蓋千二百把也。

儀禮節解卷八終

儀禮節解卷九

郝敬 解

公食大夫禮第九

此諸侯食小聘大夫之禮。《聘禮》〔一〕曰：「公於賓，壹食，再饗；上介，壹食，壹饗。」又曰：「小聘，其禮，如爲介。」蓋大聘使卿，小聘使大夫。公於卿爲苟敬，於大夫爲賓。篇内六豆、六簋等，皆大夫禮，故别云「上大夫：八豆，八簋」，以明六之爲下也。食禮獨以小聘言，義互見。

公食大夫之禮：使大夫戒，各以其爵。上介出請，入告。三辭。賓出，拜辱。大夫不答拜，將命。賓再拜稽首。大夫還；賓不拜送，遂從之。賓朝服即位于大門外，如聘即位。

此始戒賓。使本國大夫告賓于館，各以其爵敵者往，通上下大夫言，敵則易相親也。上介出請，請戒使所事。入告，告賓也。三辭，賓辭也。拜辱，拜戒使來辱。大夫，即戒使。不答拜，爲人使，

〔一〕「聘禮」，原作「聘記」，下所引皆爲《聘禮》經文，非記文，今改。

不敢承其禮也。將命，致君食賓之命。賓再拜稽首，受命也。大夫還，復君命也。賓不拜送，遂行也。遂從之，急趨命也。朝服，即皮弁服。即位于大門外，即次也。如聘即位，如聘時廟門外接西塾立也。

按：鄭謂賓初玄端服，入次更朝服，以朝服、玄端爲二，非也；又以「如聘」爲句，「即位」連下「具」字讀，亦非也。

具句。羹定句。甸人陳鼎七，當門，南面，西上，設扃鼏，鼏若束若編。設洗如饗。小臣具槃匜移，在東堂下。宰夫設筵，加席、几。無尊句。飲酒句、漿飲句，俟于東房。凡宰夫之具，饌于東房。

此陳器具也。具，即下文「宰夫之具」。羹定，肉熟也。甸人，供内外饔之薪蒸者。陳鼎于大門外七，一大牢，無鮮魚、鮮腊也，詳《聘禮》。當門，當大門中。南面，君禮也。西上，自西陳而東也。扃，鼎鉉，以受扛移鼎者。鼏，鼎蓋。以繩束鼏，編聯于鼎，鼎在外，防閉欲固也。設洗如饗，饗禮不可考，而《燕禮》洗設于阼階東南，饗亦當然。槃以盥手，匜以沃水，供君盥，故小臣具之。在東堂下，與洗近也。設筵于室户牖間，南面。饌曰筵，坐曰席，依曰几。不設酒尊，禮主食也。飲酒，飲賓之酒，非獻酬也。漿飲，如《周禮·漿人》之「六飲」，食飯必歠飲。皆待于東房。凡宰夫之具，食品皆是。

按：鄭謂「鼏若束若編」，以茅爲鼏，無據。

公如賓服，迎賓于大門內。大夫納賓。賓入門左，公再拜；賓辟，再拜稽首。公揖入，賓從。及廟門，公揖入。賓入，三揖。至于階，三讓。公升二等，賓升。大夫立于東夾南，西面，北上。士立于門東，北面，西上。小臣，東堂下，南面，西上。宰，東夾北，西面，南上。內官之士在宰東北，西面，南上。介，門西，北面，西上。公當楣北鄉至句，再拜，賓降也，公再拜。賓，西階東，北面答拜。擯者辭句，拜也；公降一等。辭曰：「寡君從子，雖將拜，興也。」賓栗階升，不拜；命之成拜句，階上北面再拜稽首。

此迎賓也。公如賓服，亦皮弁、朝服也。不出大門，禮降也。賓入門左，賓位也。入廟門，禮行于廟也。大夫、士，謂本國大夫、士。東夾，東廂房，向西也。南，謂立東夾西之南。北上，自北序立而南也。士立門東，北面，西上。小臣立東堂下，南面，西上。皆相君迎賓，賓由西南入也。宰，大宰。東夾北，大夫立之北也。內官之士，小臣之屬，在宰東北，西面立，近堂東，侍御之屬，近君也。此以上，皆先入即位迎賓。君與賓西南入，故皆西面南上。介門西北面者，三介先賓入，及賓升堂，三介仍立門西，以次而東也。當楣，當兩楹間。至，拜賓至。公一拜，賓降西階避，公又拜，所謂「再拜」也。賓西階下答拜，以臣禮答也。擯者辭，辭拜下也。賓拜不止，公乃降東階一等。寡君從子、賓栗階，俱解見前篇。賓升，不拜，階下拜成也。君命拜，不受拜下之禮也。北面再拜稽首，從君命也。

〇按：鄭謂夾室向南，據《尚書·顧命》西夾席南向，《聘禮》東西夾設饔，亦南向。而此大夫與宰堂下之位，當東夾室之南北，則夾室在堂東傍，非南向可知。蓋夾室東西相向，而陳設統于堂也。

士舉鼎，去鼏於外句，次入。陳鼎于碑南，南面，西上。右人抽扃，坐奠于鼎西句，南順，出自鼎西句；左人待載。雍人以俎入，陳于鼎南。旅人南面加匕于鼎，退。大夫長盥，洗東南，西面，北上，序進盥，退者與進者交于前。卒盥，序進，南面匕；載者西面。魚腊飪。載體，進奏。魚七，縮俎，寢右。腸、胃七，同俎。倫膚七。腸、胃、膚，皆橫諸俎，垂之。大夫既匕，匕奠于鼎；逆退，復位。

此鼎入載俎也。士，謂有司之屬。舉鼎，謂扛鼎入。去鼏，去鼎蓋。外，大門外。次入，依門外之次，在西者先入也。碑在堂下庭中，七鼎陳于碑南，皆南向，如門外之次。西上，上賓也，首牛，次羊、豕、魚等，橫陳而東。右人、左人，謂二人共舉鼎，前者在西爲右，後者在東爲左。鼎既陳，右一人自西抽扃，委于鼎西，向南，遂西出；左一人立鼎東，待升肉載俎也。雍，與饔同。旅人，即饔人之屬。俎載鼎肉。熟于鼎，載于俎，故雍人以俎入陳于各鼎南。旅人南面，立于鼎北。匕，削木爲匙，以取肉于鼎也。大夫，操匕載肉者。言長，非一人也。將匕盥手，洗在阼階東南，直堂東霤。大夫立東夾南，夾在序外，立當洗東南，故向西盥手。北上，序進，謂在北立者先盥，盥卒，仍退立，進者與退者交于所立位之前。皆盥畢，序進，碑南鼎北，南向操匕舉肉，而左人待載者立鼎東，西面，執俎以載也。魚，乾魚。腊，乾禽。飪，熟也。魚、腊與三牲皆熟于鼎，食禮無腥鼎也。「載體」以下，載俎之法。體，牲體。奏、腠同，皮也。魚七，七尾。縮俎，順俎橫設也。寢右，魚臥俎上，首向右也。腸胃，牛、羊腸胃，各七，四七二十八，同一俎。禮，鼎俎奇，故七。純肉曰膚，割正曰倫。橫諸俎，直陳之。垂，長而垂也。此以上，皆熟于鼎，匕載之俎者。大夫逆退，謂先進者後退。復位，復東夾南之位。

公降盥。賓降，公辭。卒盥，公壹揖壹讓，公升，賓升。宰夫自東房授醯醬，公設之。賓辭，北面坐遷，而東遷所句。公立于序内，西鄉。賓立于階西，疑立。宰夫自東房薦豆六，設于醬東，西上：韭菹以東，醓醢、昌本；昌本南麋臡，以西菁菹、鹿臡。士設俎于豆南，西上：牛、羊、豕句，魚在牛南句，腊、腸胃亞之句，膚以爲特句。旅人取匕，甸人舉鼎，順出，奠于其所。宰夫設黍、稷六簋于俎西，二以并句，東北上黍句，當牛俎，其西稷，錯以終句，南陳句。大羹湆，不和，實于鐙。宰右執鐙，左執蓋，由門入；升自阼階，盡階，不升堂，授公句；以蓋降，出句，入反位。公設之于醬西；賓辭，坐遷之。宰夫設鉶四于豆西，東上句：牛以西羊，羊南豕，豕以東牛句。飲酒，實于觶，加于豐。宰夫右執觶，左執豐，進設于豆東。宰夫東面，坐啓簋會句，各卻于其西。

此設正饌也。公降盥，將設醯醬，降東階下盥手。首設醯醬，饌以醯醬爲主也。宰夫由東房出，以授公于户牖閒。公南面，設于賓席。賓辭，辭公親也。公立設，賓跪遷之。醯醬宜居東，賓爲遷于其所，不敢煩公也。公既設醯醬，退立東序内，阼階上少東也。不當阼，示親饌，饌東出也。賓立西階上少西，亦序内，東向，疑立，不敢正對君也。《周禮・醢人》八豆，此用韭菹等六。醬東，醬與醢同處席北，而六豆當醬之東南，别爲二列。西上者，起西北，終西南。西韭菹，韭菹東醓醢，醓醢東昌本，昌本屈而南麋臡，麋臡西菁菹，菁菹西鹿臡，鹿臡北接韭菹也。士，宰夫之屬。俎，即前大夫匕載之俎。俎七設于六豆南，南北二列。始西北牛俎，牛俎東羊俎，羊俎東豕俎，北一列也；又西南魚俎，當牛俎之南，魚俎東乾腊，乾腊東腸胃，北與豕對，此南一列也。二三并六，惟膚俎接腸胃東，獨設無并曰特。俎既陳，移空鼎出，旅人取鼎上匕，甸人舉鼎順西出，奠于大門外初陳當門之所也。黍、稷，炊黍、稷爲飯，盛以六簋，陳俎西。食主穀，西爲上也。二以并，兩兩相對爲二列。東北上黍，當牛俎之西，黍西稷，稷西又黍，交錯以終。此北三簋，終一列也。南陳者，東南稷，稷西黍，黍西又稷，此南三簋，又終一列也。大羹湆，牛肉汁也。不和，無滋味也。鐙，瓦豆。牛汁不和，盛以瓦器，貴質也。大宰奉之，公親設，重也。右手執鐙，左手執蓋，合蓋執之，既升授，後啓也。由門入，爨在廟門外也。反位，大宰反東夾北西面之位。醬西，醬在六豆北，大羹設于醬之西。賓辭，辭公親也。坐遷，跪而遷于其所也。大羹之所，即醬西。公設未定，賓安置，不敢勞公也。鉶，小鼎，盛鉶羹。和牲肉爲陪鼎，所謂「膷、臐、膮」，又謂「羞鼎」，凡四，牛二，羊、豕各一。設當六豆西、六簋北也。東上，接豆爲兩列，自東而西，東北牛，牛西羊，羊南豕，豕東又牛，二牛對也。飲酒，即前「俟于東房」之「飲酒」，至是實觶，加于豐上。宰夫舉以設于豆東，蓋饌以西爲上，觶以右爲飲，于豆東，食不主飲也。簠會，簠蓋，設則合之，避風塵也。至是啓會，郤于簠西空處。云「各」者，六簠六蓋也。下而仰曰郤。六簠二列，每列三蓋，合而郤之，各置于西。

贊者負東房，南面，告具于公。公再拜，揖食。賓降拜，公辭。賓升，再拜稽首。賓升席，坐取韭菹，以辯擩于醢句，上豆之間祭句。贊者東面坐取黍，實于左手，辯；又取稷，辯，反于右手；興以授賓。賓祭之。三牲之肺不離句，贊者辯取之，壹以授賓。賓興受，坐祭；挩手，扱上鉶以柶，辯擩之，上鉶之間祭；祭飲酒於上豆之間。魚、腊、醬、湆不祭。

此賓祭正饌。贊者負東房，背房户立。告具，告正饌備也。公立東序内，正當房户東南，贊者南面告公。揖食，揖賓進食。韭菹、醓醢居上列，爲上豆。辯，徧通。擩，揉也。以韭菹徧揉于諸醢内，合羣味以祭，即奠于韭菹、醓醢之北，祭先食也。賓自坐取菹醢，近也。贊者取黍、稷授，遠也。東面坐，簠西地空也。實于左手，反于右手授，便也。六簠徧取合祭也。周人祭肺，用所勝也。凡祭祀之肺，切而不斷曰離。食肺刌斷不離，食便也。三肺徧取，合併壹授，不再授也。黍、稷言「祭」，肺言「興受，坐祭」，互見也。挩手，既祭，以巾拭手。扱、插同。柶，匙也。鉶羹内有柶。賓以柶初插牛鉶，遂徧扱三鉶，合其味以祭于牛、羊二鉶之北。祭飲酒於上豆之間，酒在豆東也。魚、腊、醬、湆不祭，非其盛者。

宰夫授公飯粱，公設之于湆西。賓北面辭，坐遷之。公與賓皆復初位。宰夫膳稻于粱西。士羞庶羞，皆有大句、蓋句，執豆如宰。先者反之，由門入，升自西階。先者一人升，設于稻南簋西，間容人。旁四列，西北上：膷以東，臐、膮、牛炙：，炙南醢，以西牛胾、醢、牛鮨其：，鮨南羊炙，以東羊胾、醢、豕炙：，炙南醢，以西豕胾、芥醬、魚膾。衆人騰羞者，盡階，不升堂授句：，以蓋降，出。

此設加饌。既告具，又加設，致殷懃也。粱，穀之大者，即今高粱，炊以爲飯。湆，大羹，在醬西。粱又設于湆西。坐遷之，即湆西少遷也。公與賓復初位，公序内，賓階西也。宰夫膳稻，君不親設也。穀以粱爲大，故君自設。食以稻爲善，故宰夫供膳。食美曰膳。粱西，設于粱之西。士，謂有司。羞，進也。庶羞，即下膷、臐等十六品。肴美曰羞，品多曰庶。每〔一〕品以一大臠加豆上待祭曰大，如脯之有横膱，《少儀》謂「祭膴」也。蓋，豆上蓋，自門外入，蔽風塵也。士執庶羞之豆升階，右執鐙，左執蓋，盡階，不升堂，與宰執鐙同。庶羞十六豆，執不必多人。先者進授，又反取之。由門

〔一〕「每」上一字格原爲墨釘，今删。

入，爨在廟門外也。最先一人堂上陳設，又一人往來取豆授，共二人也。加豆不與正饌接，别設于稻南、黍稷西，與正饌分。正饌東，庶羞西，其間容人，賓于此出入也。正饌堂中，庶羞偏西，故曰旁。十六豆爲四列，每列各四，始西北爲上，屈折而東南。西北膷，膷，牛臛。膷東臐，臐，羊臛。臐東膮，膮，豕臛。膮東牛炙，炙，牛肉。牛炙屈而南醢，醢西牛胾，胾，切肉。牛胾西醢，醢西牛鮨，膾曰鮨。又屈而南羊炙，羊炙東羊胾，羊胾東醢，醢東豕炙。豕炙屈而南醢，醢西豕胾，豕胾西芥醬，芥醬西魚膾。以上十六豆，所謂「旁四列」也。終魚膾，始膷，所謂「西北上」也。衆人，謂士執羞者。騰，升也。自下升上曰騰。羞自門外升階至堂，衆人升，盡階不升堂，自階上授于先者，先者反之，又授一人，設之堂上，故謂之騰。既授豆，啓豆蓋，執以下階，出廟門也。

按：鄭解「騰羞」之「騰」爲「媵爵」之「媵」，非也。

贊者負東房，告備于公。贊升賓。賓坐席末，取粱，即稻，祭于醬湆間。贊者北面坐，辯取庶羞之大，興，一以授賓。賓受，兼壹祭之。

此賓祭加饌也。告備，備周于具也。粱、稻，皆加饌。即，就也。粱在稻東，湆在粱東，醬在湆東。先取粱，就取稻，奠于醬湆之間以祭。坐席末，不于席中，别于正饌也。贊者兼取一授，賓兼一祭，皆變于正饌，禮殺也。壹祭不言其所，亦醬湆間可知。

賓降拜，公辭。賓升，再拜稽首；公答再拜。賓北面自間坐，左擁簠粱，右執湆，以降。公辭。賓西面坐奠于階西，東面對，西面坐取之；栗階升，北面反奠于其所；降辭公。公許，賓升，公揖退于箱。擯者退，負東塾而立。賓坐，遂卷加席，公不辭。賓三飯以湆醬。宰夫執觶漿飲與其豐以進。賓挩手，興受。宰夫設其豐于稻西。庭實設。賓坐祭，遂飲，奠於豐上。

此賓食食也。賓降拜，將食拜饌也。自間坐，跪于東西兩饌之閒。擁，抱也。取粱、湆二者，公所親設，食必歠湆，湆正饌，粱加饌，兼取也。降，將往食于西階下，不敢居尊也。公辭，辭降也。賓西面跪奠粱、湆于西階下，轉東面對，對君也。奠于階西，示欲于此食也。既對君，西面坐取粱、湆，升，奠于原所，從君命也。復降辭公，不敢勞公臨視也。公許，暫退東廂，俟賓食也。箱、廂通，即夾室。擯退負東塾，退立廟門外也。卷去重席，不敢居隆禮也。公不辭，聽也。三飯，以手三舉飯食。食必歠湆，肴必擩醬，故曰「以湆醬〔一〕」。觶，即前所實酒觶。漿飲，即前「俟于東房」之「漿飲」。食畢則飲酒漿。觶以盛酒漿，豐以承觶。賓興受，受觶也。設于稻西，近賓右，便取也。庭實，

〔一〕「湆醬」，原倒作「醬湆」，今乙正。按：雖下經亦有「不以醬湆」之文，然此節經文固云「湆醬」，上注亦云「食必歠湆，肴必擩醬」，順「湆醬」之序爲解，是究當以「湆醬」爲正，故敢爲之乙。

皮幣之屬，以侑賓食，于此時設。遂飲，飲酒漿。

公受宰夫束帛，以侑，西鄉立。賓降筵，北面。擯者進相幣。賓降辭幣，升聽命，降拜。公辭。賓升，再拜稽首，受幣，當東楹，北面；退，西楹西，東面立。公壹拜，賓降也，公再拜。介逆出。賓北面揖，執庭實以出。公降立。上介受賓幣，從者訝受皮。賓入門左，没霤，北面再拜稽首。公辭，揖讓如初升。賓再拜稽首，公答再拜。賓降辭公句，如初。賓升，公揖退于箱。賓卒食會飯，三飲，不以醬湆。

此公以幣侑賓食。既設庭實，宰夫以束帛授，公親送。勸賓食曰侑。公出東廂，仍即東序内，西向立。賓聽命，降拜，將受幣拜也。受當東楹，就君也。北面，臣禮也。退，西楹西，東面立，公將拜送也。公拜，賓先降，不敢俟成拜也。介逆出，先賓出也。賓在堂，三介在門西北面，近門者先出曰逆。賓北面揖，揖執庭實者，示親受也。以出，賓以庭實出。公降立，俟賓反也。上介受賓幣，受于門外也。從者，賓從者。訝受皮，謂君有司執皮送于門外，賓從者迎受之也。賓入門，復入也。三飯可退矣，公以幣侑，待于庭下，故賓復入。没霤，入門内檐外。没，盡也。北面拜〔一〕稽首，謝公幣，將告退也。

〔一〕「拜」上據經當有「再」字，但郝注不全録經文者亦不少見，如下節經文「東面再拜稽首」，注略作「東面拜」，不言「再」，是其原稿如此，今皆仍之。類此者不悉校。

拜于門內，公在庭也。公辭，止其拜，畱之也。揖讓如初升，賓升則介亦復入門西。賓再拜，將更食也。賓降辭公，辭其臨視，如初禮也。會飯，謂黍、稷。會，簋蓋也。黍、稷六簋皆有會，稻、粱無會，故初三飯即食稻、粱，此食黍、稷也。三飲，初三飯一飲，此三飲，則九飯也。不以醬湆，不用正饌也。初食加飯以正肴，此食正飯以加羞，皆兼兩饌。

捝手，興，北面坐取粱與醬以降；西面坐奠于階西，東面再拜稽首。公降，再拜。介逆出，賓出。公送于大門內，再拜。賓不顧。有司卷三牲之俎，歸于賓館。魚腊不與。

此卒食送賓歸俎也。公于正饌先設醬，加饌先設粱，二者賓親徹以降，重君親設也。奠于西階下，即向者賓欲降食之處。東面拜，即奠處拜。公降，再拜，降阼階，西面答也。介逆出，先賓出也。卷，猶收也。俎以三牲爲主，歸三牲之俎，歸正饌也。乾魚、乾腊非三牲，不與，則腸、胃、膚后于魚、腊，不與可知。

明日，賓朝服拜賜于朝，拜食與侑幣，皆再拜稽首。訝聽之。

此賓拜賜。賜，即食與幣。皆再拜稽首，四拜、四稽首也。訝，迎賓將命者。《聘記》云：「卿，大夫訝。大夫，士訝。」小聘大夫，則士訝也。聽之，謂入告出報也。凡拜賜，不相見。

上大夫：八豆，八簋，六鉶，九俎，魚腊皆二俎。魚、腸胃、倫膚，若九，若十有一；下大夫，則若七，若九。庶羞，西東毋過四列；上大夫，庶羞二十，加於下大夫，以雉、兎、鶉、駕如。

此言公食上大夫之禮，殊于前食下大夫者也。大聘以上大夫，食禮八豆，加茆菹、麋臡〔一〕；八簋，加黍、稷；六鉶，加羊、豕；九俎，加鮮魚、鮮腊也。魚腊皆二俎，謂乾魚、乾腊外，加鮮魚、鮮腊爲二也。魚與牛羊腸胃、倫膚三者，各俎所載數，以爵爲差：用九，小國之卿；用十一，大國之卿；用七，小國大夫；用九，大國下大夫。大國下大夫，當小國上大夫。下大夫庶羞十六，西東四列；上大夫加雉、兎、鶉、駕四爲二十，然陳設之法，東西皆不過四，四豆加南爲一列，南北五，東西仍四也。駕，鶉屬，田鼠所化。

若不親食，使大夫各以其爵、朝服，以侑幣致之。豆實，實于罋，陳于楹外，二以并，北陳。簋實，實于筐，陳于楹內、兩楹間，二以并，南陳。庶羞陳于碑內。庭實陳于碑外。牛、羊、豕陳于門内，西方，東上。賓朝服以受，如受饔禮，無儐。明日，賓朝服以拜賜于朝。

〔一〕「麋臡」，原譌作「麋麡」，麋臡已在下大夫六豆中，今據《周禮・醢人職》改正。

訝聽命。

此君不親食，使人致食之禮。使大夫，上下各以賓爵，如初戒，分敵易親也。豆實，菹醢之屬。簠實，黍稷之屬。庶羞，膷臐之屬。庭實，皮馬之屬。各如公親食之數，但菹醢不用豆，實于罋；黍稷不用簠，盛于筐。其陳于堂上，二以并同；其南北縮陳，楹內、楹外異也。豆主薦者，自外陳而向北；簠主食者，自內陳而向南。庶羞，加饌，故略以原器陳于庭中碑內，不與正饌同登堂也。庭實陳于碑外，從其常處，但無人執。牛、羊、豕，鼎俎之實，不殺，故生致之。陳于門內，不列于庭。西方，東上，與餼位同也。賓朝服受如饗禮，謂以皮弁迎于門外，再拜，大夫不答拜同，但不如受饗有庭實儐使者耳。

大夫相食，親戒、速。迎賓于門外，拜至，皆如饗拜。降盥，受醬、湆、侑幣束錦也，皆自阼階降堂受，授者升一等。賓止也。賓執粱與湆，之西序端。主人辭，賓反之。卷加席，主人辭，賓反之。辭幣，降一等；主人從。受侑幣，再拜稽首。主人送幣，亦然。辭於主人，降一等；主人從。卒食，徹于西序端；東面再拜，降出。其他皆如公食大夫之禮。若不親食，則公作大夫朝服以侑幣致之。賓受于堂，無儐。

此大夫相食，主國卿食賓之禮也。親戒、親速，不遣使也。迎賓于大門外，不于門內也。饗禮拜至，不可考。降盥，受醬，先盥後受也。受醬、受湆、受侑幣，皆與公食禮同，但公受于堂上，此則自阼階降堂受，而授者升階一等，主降賓不從爲異。公侑幣束帛，此束錦。賓食于公，執粱、湆降西階；此執粱、湆往西序端，不降，主辭，則反，不奠，不對，不取也。賓食于公，卷加席，公不辭；此主人辭，賓即不卷。受公侑幣，再拜稽首，公拜送幣，無稽首；此再拜稽首，主、賓同也。賓將食于公，降堂下辭，公不降；此賓降一等辭，主人從降。食于公，卒徹粱與醬，降西階下，東面拜；此徹于西序端，階上拜，而後降。此以上，皆大夫相食之禮與公食大夫異者也。其他俎豆之數、陳設之儀同。主人有他故，不親食，公使大夫朝服以侑幣致。蓋賓客之事，國之公事，君臣一也。賓受于堂上，無儐，與受公致食同。

記○不宿戒。戒不速。不授几。無阼席。亨于門外東方。○司宫具几，與蒲筵常句，緇布純；加萑席尋句，玄帛純，皆卷自末。宰夫筵，出自東房。○賓之乘車，在大門外西方，北面立。○鉶芼：牛藿〔一〕，羊苦，豕薇，皆有滑。○贊者盥，從俎升。○簠有蓋冪。凡炙無醬。○上大夫：蒲筵，加萑席；其純，皆如下大夫純。○卿擯由下句。上贊句，下大夫也。○上大夫，庶羞。酒飲，漿飲；庶羞可也。○拜食與侑幣，皆再拜稽首。

此記前文之未備。不宿戒，當日戒也。戒不速，賓聞戒即至，不再召也。不授几，公不親授也。

〔一〕「藿」，當作「藿」。按：注内複述經文作「藿」（云「藿，豆葉」）不誤，閩本經文同作「藿」（其鄭注複述經文則作「藿」，云「藿，豆葉也」），知此襲其誤耳，故仍之。

無阼席，不設主席也。烹于門外，饔爨在廟門外也。東方，貴陽也。蒲筵，蒲草爲筵席。丈六尺曰常。緣邊曰純。加，重席也。萑，細葦。八尺曰尋。捲席者自下爲末，舒席者自上爲本。司宫具筵于東房，宰夫設之，故自東房出。賔之乘車，謂大夫所乘入朝之車。《曲禮》「客車不入大門」，《覲禮》「偏駕不入王門」，臣子及朝門外下車，則還車北向，不税駕，立以俟也。西方，賔位也。鉶，和羹之鼎。羹有菜曰芼。藿，豆葉。苦，甜菜。薇，細豆苗。滑，味之滑利者。《内則》云「滫、瀡以滑之」，猶今人以豆粉和羹之類。贊者，贊賔祭俎者，俎升則從升。簠以盛稻〔一〕、粱。前云「宰夫坐啓簋會」，是簋有蓋，而不言簠蓋，于此記簠亦有蓋有冪，但黍、稷先設用，而稻、粱後設不用耳。凡炙，謂牛、羊、豕炙。炙宜乾食，故不設醬。卿，謂上大夫。擯，贊禮者。卿擯，謂食卿之擯。凡賔主升降行禮，擯贊之。食卿則擯立堂下，有事由下升。其立堂上贊禮者，食下〔二〕大夫之擯也。公食下大夫，酒飲進于設正饌之時，漿飲進于賔三飯之後；如食上大夫，加庶羞爲二十，則酒飲、漿飲再設，以酒漿食庶羞可也。食之明日，拜食與幣于朝，皆再拜稽首者，上大夫與下大夫，公食大夫與大夫自相食同。前既云他皆與公食大夫禮同，此又特言者，拜不在食日，嫌上大夫異也。

〔一〕「稻」，原作「黍」，今據文義改。按：凡簋盛黍、稷，簠盛稻、粱，此不容有異，且下注亦「稻」「粱」并言，其誤明矣。

〔二〕「下」下一字格原爲墨釘，今删。

按：鄭解席「卷自末」，謂末有識，非也。末在卷舒，不在席。「出自東房」，謂「天子、諸侯有左右房」，非也。廟有東房，無西房，惟堂館東西房俱有，不分天子、諸侯也。「上贊，下大夫」，謂以下大夫爲上贊，非也。諸侯之贊多大夫，不言可知。

儀禮節解卷九終

儀禮節解卷十

郝敬　解

覲禮第十

諸侯朝見天子曰覲。周衰禮廢，文武攸同之迹，不可詳考。後儒纂緝舊聞，摹爲《覲禮》，記其大略耳，未若《燕》《射》《聘》《食》諸侯、大夫禮言之娓娓然，而反足信。《周禮·大宗伯》春朝、夏宗、秋覲、冬遇，皆名家以臆鑿説。諸侯見天子，禮唯有覲。今以覲禮爲嚴，曰「殺氣，質」，「生氣，文」，別爲朝、宗、遇，以便不寧侯，是東遷以還頹政，非先王舊章也。鄭玄好信不達，謂「三時禮亡」，豈其然乎！豈其然乎！

覲禮：至于郊，王使人皮弁用璧勞。侯氏亦皮弁迎于帷門之外，再拜。使者不答拜，遂執玉，三揖。至于階，使者不讓，先升。侯氏升，聽命；降，再拜稽首，遂升受玉。使者左還而立，侯氏還璧，使者受。侯氏降，再拜稽首，使者乃出。侯氏乃止使者，使者乃入。侯氏與之讓升。侯氏先升，授几。侯氏拜送几；使者設几，答拜。侯氏用束帛、乘馬儐使者，使者再拜受。侯氏再拜送幣。使者降，以左驂出。侯氏送於門外，再拜。侯氏遂從之。

至于郊，諸侯入覲，至王城郊外。皮弁，朝服之冠。王使人執璧爲信，迎勞來覲諸侯。稱「侯氏」者，君前以侯爲氏，不敢自殊也。帷，郊外設帷爲次，以受王命。使者不答拜，侯氏爲天子拜也。執玉，執璧也。使者不讓，先升，尊王命也。使者左還，既東面授玉，以左體轉向南，示將去，少立，以俟還璧也。既通信，還使者璧，復王命也。侯氏降拜，送玉也。止使者，將儐也。侯氏先升，導賓也。授几，則設席可知。使者受几，自設于席左也。左驂，庭實四馬，最西一馬也。馬首北，以西爲左。一車四馬，左右兩驂，西爲左驂也。使者由西階降，親牽左驂出，餘三馬，侯氏士牽送，使臣從者門外受，侯氏遂從使者入于王城。

天子賜舍。曰：「伯父，女順命于王所。賜伯父舍！」侯氏再拜稽首，儐之束帛、乘馬。

此天子賜諸侯館舍。「曰」以下，使者致館之辭。天子稱同姓諸侯爲伯父。順命，順承王命來朝也。儐之，侯氏儐禮王使。

天子使大夫戒，曰：「某日，伯父帥乃初事。」侯氏再拜稽首。諸侯前朝，皆受舍于朝。同姓西面北上，異姓東面北上。

某日，謂覲日。帥乃初事，率循故事也。諸侯既至，入覲自有常期，天子必使人告，示賓禮之意。前朝，將入朝之前。舍〔一〕，朝門外次舍。將覲，先次門外，以俟衆集也。同姓、異姓，皆諸侯。北上，自北序立而南也。

按：先朝而受次，則入覲者衆矣，故不曰「侯氏」，曰「諸侯」。同姓、異姓，先日戒期，比次列舍，然後入，所以防雜越也。鄭拘《周禮》，謂六服以遠近分至，四時異禮，或在廟，或在朝；或迎，或不迎，參差煩亂，不可爲朝常，迂鑿之説也。

侯氏裨冕，釋幣于禰。乘墨車，載龍旂、弧、韣，乃朝以瑞玉，有繅。天子設斧依於户牖之閒，左右几。天子衮冕，負斧依。嗇夫承命，告于天子。天子曰：「非他，伯父實來，予一人嘉之。伯父其入，予一人將受之。」侯氏入門右，坐奠圭，再拜稽首。擯者謁句。侯氏坐取圭，升致命。王受之玉。侯氏降階句，東句，北面再拜稽首。擯者延之，曰：「升！」升成拜，乃出。

此入覲也。覲之晨，侯氏先自告其行主。古者大事出，奉其廟主行，有事則告。裨，猶副也。天

〔一〕「舍」，原作「次」，今據經文及上下文改。

子衮冕爲正，諸侯以下冕服爲副。釋幣，奠幣，告禰以將入覲也。古者天子受覲于廟，所以昭先烈也；諸侯入覲告禰，所以率先職也。墨車，黑漆車。《周禮》大夫墨車，諸侯乘之，所謂「偏駕不入王門」也。諸侯金輅、象輅各殊，所謂「偏駕」也。不敢偏駕，疑于天子之五輅也。偏駕不乘，故衆皆墨車。龍旂，畫龍之旂。弧以張旂，形如弓。韣，弓衣。瑞玉，公桓圭，侯信圭，伯躬圭，子穀璧，男蒲璧。天子分封，頒以爲瑞，諸侯來朝，執以爲信也。斧作「黼」，繡黼爲屏風，設于座後，天子所依也。《考工記》：「白與黑謂黼。」色取西北，金水嚴凝，象乾之斷也。户牖之間，南面之位。古廟制，堂北中爲室牖，東爲室户，席在户牖間，左右皆几，優至尊也。神几尚右，人几尚左，左右兼設，以安至尊，爲神人共主也。衮冕，詳見《周禮・春官・司服職》，衣衮冠冕也。負斧依，背黼扆立。嗇夫，官名，嗇、穡通，郊遂奔走之吏。《春秋傳》曰：「嗇夫馳，庶人走。」承命，承諸侯入見之命。非他，親之之辭。《詩》云：「豈伊異[一]人，兄弟匪他。」入門右，不敢趨賓位也。坐奠玉，跪而奠所執之玉于地，不敢親授也。擯，相禮者。謁，傳王命使進謁。升，升堂。侯氏降，降西階，自西階過東，當堂上斧依前，北面再拜稽首，所以覲也。王不答拜，直受也。乃出，覲事畢也。

按：此節叙覲禮，簡而直，情而信，無「交擯三辭」、親迎親送、賓主對立遠近步數之法。鄭氏僻信《周禮》，穿鑿粧飾，過也。嗟乎！天冠地履，萬古常新，雖無此文，覲禮可知，况彰彰如是，

〔一〕「伊異」，原倒作「異伊」，今據《毛詩・頍弁》篇本文乙正。

乃引衰世下堂之事，以爲三時禮闕，豈不謬哉！

四享，皆束帛加璧，庭實唯國所有。奉束帛，匹馬卓上，九馬隨之，中庭西上，奠幣，再拜稽首。擯者曰：「予一人將受之。」侯氏升致命。王撫玉。侯氏降自西階，東面授宰幣；西階前再拜稽首，以馬出授人，九馬隨之。事畢。

此享禮也。四享，諸侯五等，子男同等，故四，猶下言「四傳擯」也。鄭據《周禮·大行人》「廟中將幣」皆「三享」，謂古「三」「四」字積畫致誤，然《周禮》未可盡據也。庭實唯國所有，各以其産，皆束帛加璧致之。奉，親奉。匹馬卓上，謂以一馬居前上首。特出曰卓。《論語》云：「如有所立卓爾。」一馬中庭卓立，九馬羅列于後，先進者從西，以次并列而東，故曰「西上」。擯者曰：予一人，傳王命將親受也。侯氏升致命，升堂致將受之命于王。王撫玉，以手撫摩其璧，不撫帛也。撫其玉，不親受，尊受卑者之禮，與《昏禮》舅氏撫婦之贄同。侯氏自奉其玉帛，降西階下，東面授大宰，即階下再拜稽首送幣，不敢授之堂上也。王既受享，侯氏自牽其馬，出授王人，異于常禮主人士受以出也。事畢，享禮畢。

按：鄭謂「匹馬卓上」之「卓」，「猶的也。以素的一馬爲上，書其國名，後當識其何産」，鑿説也。諸侯常貢，安得異馬如屈産、鄭小駟之類者？此當世天馬西狹之事，奈何以附會古禮？

乃右肉袒于廟門之東。乃入門右，北面立，告聽事。擯者謁諸天子。天子辭於侯氏，曰：「伯父無事，歸寧乃邦！」侯氏再拜稽首，出句；自屏南適門西，遂入門左，北面立；王勞之。再拜稽首。擯者延之，曰：「升！」升成拜，降出。

此諸侯述職待罪也。覲享既畢，黜陟未分，懼王或譴，乃右肉袒請事。凡禮事袒左，刑人袒右。肉袒，袒衣見肉。門東，趨右也。凡刑事尚右。聽事，猶言待罪。告，告擯者。謁，猶請也。寧，安也。乃，汝也。屏南，屏牆南。天子屏在門外，侯氏既得天子命，遂出廟門，由屏南適門西，入廟門左，北面，復常位也。勞，安慰也。升拜，拜謝也。

天子賜侯氏以車服。迎于外門外，再拜。路先設，西上；路下四，亞之；重賜無數，在車南。諸公奉篋服，加命書于其上；升自西階，東面；大史是右。侯氏升，西面立。大史述命。侯氏降兩階之閒，北面再拜稽首；升成拜。大史加書于服上，侯氏受。使者出。侯氏送，再拜。儐使者：諸公賜服者，束帛、四馬；儐大史亦如之。

此天子賜命諸侯。《書》云：「車服以庸。」《詩》云：「何以予之？路車乘馬。又何予之？玄衮及黼。」使人賜于館舍，侯氏迎于館門外。路，即車。西上，車設于西，馬在車東。車下四馬，馬別設，車下無馬，故云「路下四，亞之」。亞，次列也。重賜，加賜，如金帛、器用、牲畜之類。諸公，天子三公，師、保、傅，諸者不定，唯所使也。篋以盛服。命書，天子所錫命侯氏策書。上，篋上。大史掌策命。右，居諸公右。述命，宣讀命辭。兩階之間，東西兩階中也。

同姓大國，則曰「伯父」；其異姓，則曰「伯舅」。同姓小邦，則曰「叔父」；其異姓小邦，則曰「叔舅」。饗禮，乃歸。

此記天子稱諸侯之辭。伯叔父、舅，尊敬親愛之稱。饗禮，饗與燕、食之禮。《周禮・掌客》：上公三饗，三食，三燕；侯伯再饗，再食，再燕；子男一饗，一食，一燕。歸，反國也。

按：周道盛時，《小雅・伐木》歌諸父、諸舅，燕飲驩洽，君臣胥樂，或寵命褒嘉，稱謂之間，極致優崇，先王所以尊尊、親親之誼如是耳。至于廟朝行禮辨分，以天子父其臣，爲伯爲叔爲舅，大邦、小邦不復序爵，雖兄弟婚姻，不論長幼尊卑，槩曰伯、叔，正名謂何？此東遷以後頹風，非文武之舊章。《文侯之命》，始作俑矣。夫子删《書》存之，其有所慨也夫！

諸侯覲于天子，爲宮方三百步，四門；壇十有二尋，深四尺，加方明于其上。方明者，木也，方四尺，設六色：東方青，南方赤，西方白，北方黑，上玄，下黄；設六玉：上圭，下璧，南方璋，西方琥，北方璜，東方圭。上介皆奉其君之旂，置于宮，尚左。公、侯、伯、子、男，皆就其旂而立。四傳擯。天子乘龍，載大旆，象日、月、升龍、降龍；出，

拜日於東門之外；反祀方明。禮日於南門外，禮月與四瀆於北門外，禮山川丘陵於西門外。

祭天，燔柴；祭山、丘陵，升；祭川，沈；祭地，瘞。

此節一家之説。凡諸侯入覲，天子率之以祀羣神，壝土爲宫于國門外。四門，每方一門。中築土爲壇，壇四方十有二尋，每方九丈六尺也。壇上去地深四尺。方明，四方上下神明，以木爲主。方四尺，上下四旁各一尺。設六色，每方一色，象天地四方也。設六玉，每方以其玉函木上。上與東方皆圭，上爲天帝，東方帝所出，其玉同。圭鋭，象陽，居上。璧孔，象陰，居下。璋，半圭，象半陽，居南。璜，半璧，象半陰，居北。琥，虎形，象金猛，居西。圭上剡，象物生，居東。上介，諸侯之相。君之旂，即諸侯之旂。置于宫，豫識其君朝列之位也。上左，諸侯各以其爵，自東立而西。不言面，皆北面可知。四傳擯，公一，侯一，伯一，子男同一，相禮者各以其等傳命。見王于宫，而後從王以祭也。馬八尺以上曰龍。乘龍，以龍馬駕車也。大旂，大旗也。象，謂旂上畫日月、交龍之象。出，由宫出。東門，即壇宫東門。反祀方明，祀于壇上也。先朝日，後祀方明，日爲明主，東方生明，迎日而反，祀于壇上。既祀，又禮之者，祀方明則合羣神，而禮則各就其方位。南、北、西門，皆壇宫門。日爲陽精，故於南門。月與四瀆陰精，故于北門。山川、丘陵主成物，故於西門。皆於門外者，望其神致禮也。祭，即禮也。祭天神、日月，燔柴升煙以通之。祭山、丘陵，升高以加之。祭川，沈物以委之。祭地，瘞物以實之。皆所謂禮，皆行于各門之外。

○按：鄭于此節，引《周禮》「四時」之説與《禮記·明堂位》，牽合《秋官·司盟》，謂天子設壇郊外，與諸侯同盟。本文自明曉，被其附合割强不可讀，甚無謂也。世儒標目以爲「大朝覲之禮」，豈非以耳食者與？

記○几俟于東箱。○偏駕不入王門。○奠圭于繅上。

此節記前文之未備。几，設左右几于户牖間。俟于東廂，几藏東夾室，待行禮，王即席，乃設之。偏駕，解見第四節。此申明諸侯「乘墨車」之義。奠圭必于繅上，開繅呈圭也，申明「瑞玉，有繅」之義。

按：《覲禮》在十七篇中獨簡，當近情可信。鄭注强補，遂使天尊地卑、明白易見之迹，反謂殘缺未備，自騁胷臆，增百世禮學疑障，可怪也。

卷十終〔一〕

〔一〕「卷十終」三字在卷末末行行底，該行上方尚有正文，故尾題簡寫如此。依本書體例，當作「儀禮節解卷十終」。

儀禮節解卷十一

郝敬　解

喪服第十一

親死曰喪。喪，失也。孝子不忍死其親，如親尚在，相失云爾。服，思念也。服以表貌，貌以象心，服，心也。《詩》云：「無思不服。」《易》云：「古者喪期無數。」《書》云：「百姓如喪考妣。三年。」喪服唐虞世已然，至周乃有五服之等、衰麻哭踊之數，如是篇所傳，後人益推廣之耳。

子夏傳

凡篇内「傳曰」，相承謂爲子夏作，是未可知也。服制斷自大夫以下，天子、諸侯缺焉。是書多補葺于衰世，非盡先王之舊、孔氏之遺經也。經非盡自孔子出，傳安必爲子夏作？禮以飾情，情發于哀最真，而禮行于喪最質。夫子論「禮之本」，曰：「與其奢，寧儉；喪，與其易，寧戚。」反本從質，莫如喪。子游云：「喪致乎哀而止。」篇内所言義從之等，殤降之數，布縷之多寡，冠衰之易受，極其煩雜，無乃傷于易而遠于儉與？自宿儒不能詳舉其數，而欲顓蒙之衆學且習焉，難矣！説者謂周公制禮，監二代而郁郁，其斯之類。蓋周公懲二叔之不率，制禮辨微有之。秩序等級，自然不容易者，是聖作之遺。其煩瑣苛細，世所不用者强半，豈盡周公之舊與？

喪服：斬衰摧裳，苴絰迭、杖、絞帶，冠繩纓，菅姦屨者。傳曰：斬者何？不緝也。苴絰者，麻之有蕡者也。苴絰大搹厄，左本在下，去五分一以爲帶。齊咨衰之絰，斬衰之帶也，去五分一以爲帶。大功之絰，齊衰之帶也，去五分一以爲帶。小功之絰，大功之帶也，去五分一以爲帶。緦麻之絰，小功之帶也，去五分一以爲〔一〕帶。苴杖，竹也。削杖，桐也。杖各齊其心，皆下本。杖者何？爵也。無爵而杖者何？擔主也。非主而杖者何？輔病也。童子何以不杖？不能病也。婦人何以不杖？亦不能病也。絞帶者，繩帶也。冠繩〔二〕纓，條屬，右縫。冠六升，外畢句。鍛而勿灰。衰三升。菅屨者，菅菲去聲也，外納句。居倚廬，寢苫枕塊，哭晝夜無時。歠粥，朝一溢米，夕一溢米。寢不脱絰帶。既虞，翦屏柱楣，寢有席，疏食，水飲，朝一哭、夕一哭而已。既練，舍外寢，始食菜果，飯素食，哭無時。

〔一〕「爲」，原脱，今據閩本補。
〔二〕「繩」，原譌作「纓」，今據閩本改正。按：徐本《儀禮》同誤「繩」作「纓」。

此斬衰之制。喪服惟斬極重。斷而不緝曰斬。凡凶服，上衣曰衰，衰，摧也，衰毁襤褸之狀；下曰裳。正斬衰裳布三升，義斬衰裳布三升半。苴，包也，臃腫粗惡之狀。苴絰、杖，謂絰與杖皆苴。絞麻爲大繩圍首曰絰。絞，取固結緊急之意。絰，垤也，痛憤凸迭起之狀，麻在首之名。絞帶，絞麻爲要帶，視首絰大小有差，亦稱要絰。杖以扶毁瘠，竹爲之，其狀亦苴。冠，喪冠。斬衰冠布六升。冠尊，稍細于衣。冠下不用布武，以麻繩一條，通屈爲武，垂其餘爲纓，曰繩纓。菅，茅屬。菅屨，結草爲屨。傳曰，作傳者釋上文之義。緝，編緝使齊。不編緝，但斬之耳。蕡，實也。麻之有蕡，枲麻之結實者。《詩》云：「有蕡其實。」麻結實者，根幹粗騆，故曰苴。搹、扼通。盈把曰搹，或作「搤」，一手所握也。本，謂麻根。首絰以麻連根屈爲兩股并絞，以根居左向下。左爲陽，向下爲天，以象父也。母喪反是。「齊衰之絰」以下，明五服皆有絞帶之制，以補經文之未備。齊衰之絰，斬衰之帶，謂母服之首絰，即父服之要絰。凡首絰大于要絰，母服降于父服也。五服皆有絰，而要絰皆居首絰五分之四，以爲差。分必以五，服有五等也。帶，即要絰。以爲帶，即以爲本服之要絰也。削杖，削木爲齊衰之杖。木用桐，哀同于父也。削使方，象地也。杖各齊心，長與胸齊也。下本，杖竹、木皆以根居下。杖之始設，專爲扶病。爵在，則先貴者；無爵，則先喪主。擔，扶也。非喪主而哀，則以輔病。凡斬服皆杖，惟童子不杖，以其幼小不備禮，不能病也。婦人亦不杖，不迎送拜賓，不勞苦，亦不能病也。條屬，以小繩一條爲冠武，通屬無缺也。右縫，冠合縫偏右。大功以上哀重，皆尚右。小功以下哀輕，尚左。吉冠武缺在後，《冠禮》所謂「缺項」也。冠六升，用六升布爲之。八十縷曰升。六升，四百八十縷也。

外畢，冠縫以邊向外。鍛，洗治其布。水不用灰，不尚精潔也。衰布三升，倍纚于冠，其鍛不灰同。衰三升，則裳亦三升也。菲、屝同，草屨也。一名不借，以其惡賤曰菲。納，收也。收其草緒向外曰外納，猶冠之「外畢」也。倚廬，倚木檐下爲居廬。編藁曰苫。土墼曰塊。溢、搤通，米盈握，言食少也。虞，既葬始祭之名。虞，安也，安寃靈也。既虞，則翦除倚廬屏蔽之草，加柱楣下，略脩飾也。朝、夕哭，哭有時，異于初喪哭不絶聲也。練，謂期小祥，易練冠也。舍外寢，不居倚廬，亦不入内也。素食，無滋味之和也。哭無時，無每日朝、夕哭之定時，但思至則哭也。

按：五服絰皆絞麻爲之。始死麻散垂，成服絞。據後經文，齊衰以下，帶皆言布，不及麻，何也？言麻絰，則該首、要也。古禮服，有衣即有帶，言衰裳即包帶。篇末記衰裳之制，亦不言帶，猶言冕弁兼服也。但禮服大帶用繒，喪服大帶用粗布，惟斬衰無布帶，與冠纓同。齊衰以下，冠布武，加麻絰，布帶加麻帶，故經于斬衰言「絞帶」，于齊衰以下言「布帶」也。鄭謂布帶象大帶，絞帶象革帶，近是；謂布帶爲要絰，首絰象緇布冠缺項，非也。絰主麻，帶主布，絞帶與首絰同麻，故可名要絰，而布帶非絞麻，安可名絰乎？喪冠自有武，何爲以絰象之？假如環絰加于冠弁上，又以何象冠弁乎？又解「升」作「登」，訓成，據《樂記》「男女無别則亂升」，《史記》作「亂登」。《詩》云：「椒聊之實，蕃衍盈升。」一手所把曰升。織布牽縷，以一手爲一升，一指閒挾十縷，四指四十縷，往復則八十縷也。又云米「一溢」爲一升，重二十兩，二十四分升之一爲一溢，非也。溢與搤、搹并通，謂一握米耳。

父。傳曰：爲父何以斬衰也？父至尊也。

此以下，皆言爲斬衰服之人。五服皆先舉其制，後歷數其人。父不言親，人皆知父親而不知父尊，知父尊而不知其爲至尊也。一氣初化，乾道資始，雖母亦後之，故曰「至尊」。凡禮主敬而尚尊，聖人爲禮，以義制恩，人道所以別于禽獸，此也。故禮絶于事父，尊之至也。臣之事君，資之而已。

諸侯爲天子。傳曰：天子至尊也。

此斬衰也。諸侯於天子，猶子於父，亦至尊也。此所謂資於事父以事之者也。

君。傳曰：君至尊也。

此斬衰也。凡有土之主，皆稱君。喪則其臣皆爲斬衰，亦猶子於父也。

父爲長子。傳曰：何以三年也？正體於上，又乃將所傳重也。庶子不得爲長子三年，不繼祖也。

此斬衰也。父爲適長子喪，亦斬衰三年。蓋其父本宗子，繼祖禰之正體于上，又將以宗祀之重傳之，是以三年也。乃，指父。重，謂宗祀。庶子，謂父本庶子非正適，所生長子亦無繼祖之重，則不得爲三年。《喪服小記》云：「庶子不爲長子斬，不繼祖與禰故也。」

按：父爲子喪如父，義未甚協。

爲人後者。傳曰：何以三年也？受重者，必以尊服服之。何如而可爲之後？同宗則可爲之後。何如而可以爲人後？支子可也。爲所後者之祖父母、妻，妻之父母、昆弟、昆弟之子句，若子。

此斬衰也。爲人後者，謂爲所後之父服斬。傳問何以三年，疑其與親生者有閒也。受重，謂繼宗祀。尊服，斬衰之服。爲後者必同宗，爲其初本一體也。支子，旁支之子，非適，適則各繼其正體也。支子既爲其人之後，即其人之子，於所後者之祖父母，即曾祖父母也。其妻，即母也。其妻之父母，即外祖父母也。其妻之昆弟，即舅也。其妻昆弟之子，即内兄弟也。皆如子之于父，故曰「若子」。所以以父服服之。

妻爲夫。傳曰：夫至尊也。妾爲君。傳曰：君至尊也。

此斬衰也。妻爲夫服，妾爲夫君服，皆斬。妾，接也。君，主也。妾不敢匹適，故稱夫爲君。妻從夫，如子從父。妾事夫，如臣事君。其尊同，其服同。

女子子在室句，爲父，布總，箭笄，髽撾，衰，三年。傳曰：總六升，長六寸。箭笄長尺，吉笄尺二寸。子嫁，反在父之室，爲父三年。

此斬衰也。男女稱子，對父母爲子也。女子重稱子，别于男子之爲子也。女子既嫁，爲其父母期；已嫁反在父室，父喪亦斬衰三年。總，以布覆髮，猶男子之冠，用六升布。笄，簪也。箭，小竹，以卷髮。髽，露紒也。男子斬衰，始死，投冠脱髦括髮，齊加絻。女子斬、齊衰，皆髽。男子成服加喪冠，女子成服加惡笄、布總。衰，三年，與男子同。不言裳，可知。六升布，四百八十縷也。總長止六寸，取覆髽耳。喪笄比吉笄短二寸，獨于此詳者，因明婦人爲斬衰首服所異于男子者。「子嫁反」以下，明此女子非未嫁之女。未嫁與子同，該首章爲父例，此既嫁反者也。既嫁從夫，無夫反，則父爲所天，故喪父三年與子同。

按：鄭以此章分三節解，非也。又謂「女行于大夫以上曰嫁，行于士、庶人曰適人」，據齊衰三月傳云「嫁者，嫁于大夫」。然則士、庶人妻，反在父室，不當爲三年乎？又謂婦人衰不言裳者，衣與裳不殊，無據。或因《周禮》王后六服但言衣，故附會之與？《詩》云：「綠兮衣兮，綠衣黄裳。」此婦人自言己服也。又曰：「衣錦褧衣，裳錦褧裳。叔兮伯兮，駕予與行。」此人刺婦人服也。安在其爲不殊邪？《昏禮》「女純衣，纁袡」，袡即裳。鄭避「不殊」之證，解「袡」爲衣緣。豈有言衣不及裳，徒言緣者邪？即本記衣、衽尺寸各殊，衽即裳，未别男女也。如冠笄，男女異，記明言之矣。

公士句、大夫之衆臣，爲其君布帶、繩屨。傳曰：公卿句、大夫室老、士句，貴臣句。

其餘皆衆臣也。君，謂有地者也。衆臣杖，不以即位。近臣，君服斯服矣。繩屨者，繩菲也。

此斬衰也。公士，謂諸侯之士，與大夫之衆家臣，各爲其君斬衰三年，但加布帶，與齊衰以下同；屨麻繩，不用菅，與不杖期以下同。蓋爵貴者恩重盡服，爵卑者恩殺服損也。公卿，諸侯之卿；大夫室老，大夫家臣之長；士，大夫之邑宰。此皆貴臣，得盡服。餘皆衆臣，布帶、繩屨也。有地，謂諸侯有社稷，大夫有采邑。衆臣布帶、繩屨，皆杖，但不以杖即位，異于貴臣杖即位也。近臣，閽寺之屬，恩禮又殺于衆臣，服無等，惟視嗣君服服耳。菲，即屨也。

按：此亦斬衰，但言布帶，非遂廢麻也。與下疏衰等布帶同，説詳首章。

疏衰裳句，齊句，牡麻絰，冠布纓句，削杖，布帶，疏屨，三年者。傳曰：齊者何？緝也。牡麻者，枲洗麻也。牡麻絰，右本在上。冠者，沽古功也。疏屨者，藨蒯之菲也。

此齊衰三年之制。疏，麤也。斬衰布三升，及三升半，未成布，至四升，始成麤布，故曰「疏衰裳」。斬衰先言「斬」，齊衰後言「齊」者，斬則不復緝，齊則先斷後緝。牡麻，無子之麻。麻無子者，根幹稍細，異于苴也。絰，首、要絰。冠用布爲武，垂爲纓，外加麻絰。削木爲杖，不以苴竹。布帶，以同冠七升布爲大帶。不言「絞帶」者，麻絰包舉矣。疏屨亦以草，但菅則未成屨，此成屨而麤惡，猶疏衰之於斬衰也。斬衰不言三年，齊衰言三年者，斬皆三年，齊有不三年者。三年齊重，比于斬者也。

緝言齊也，緝其邊使齊，異于斬也。麻無子者曰牡。枲麻，苧麻可績。有子無子均爲枲，非苴麻外別有牡麻，但實不實耳。以牡麻連根屈爲兩股并絞，麻根居右向上。右爲陰，向上爲地，象母也。三年之齊，冠布七升。沽、苦通，麤也。首服宜精功，此用七升布，麤功也。斬冠六升，不言「沽功」者，未成布也。蕉、蒯皆草，而較細于菅。

按：古者衣必有帶，帶用帛。《雜記》云「麻者不紳」，不帛帶垂紳如吉也。今世齊、功以下，皆以麻帶代大帶，與斬衰同，非古也。據經，惟斬無布帶，衰齊〔一〕以下，布帶加絞帶。布帶即禮衣大帶，絞帶代禮衣之革帶也。

父卒，則爲母。

此以下，皆言爲齊衰三年之人。母喪，無父則爲齊衰三年，父在不得伸，則齊期耳。尊統于父也。

繼母如母。傳曰：繼母何以如母？繼母之配父，與因母同，故孝子不敢殊也。

此齊衰三年也。繼母，謂適母死，父再娶之母。如母，謂父卒亦三年也。因母，即適母。適爲繼因，因適有繼，適繼相因，故不敢殊。

〔一〕「齊衰」，原倒作「衰齊」，《五禮通考》卷二五三引作「齊衰」，今據乙。

按：鄭訓「因母」爲「親母」，非也。

慈母如母。傳曰：慈母者何也？傳曰：妾之無子者，妾子之無母者，父命妾曰：「女汝以爲子。」命子曰：「女汝以爲母。」若是句，則生養之，終其身，如母句；死則喪之三年，如母句。貴父之命也。

此齊衰三年也。慈母，養育成人之母，恩同所生，必父妾父命爲母子乃可。雖非父敵，父既命爲己母矣，故曰「貴父之命」。

母爲長子。傳曰〔一〕：何以三年也？父之所不降，母亦不敢降也。

此齊衰三年也。父爲長子斬三年，則母不得不爲齊三年。父重，母差輕，子爲母齊，亦輕于父也。按：長子與父母同服，此制禮者敬宗之義。然子爲母齊三年，必父卒然後可，母爲長子齊三年，則是父在亦然矣。父能厭母，而不能降子，則母輕。母不敢降子，而子降之，則母愈輕。此亦義之當質者。

疏衰裳，齊，牡麻絰，冠布纓，削杖，布帶，疏屨，期者。傳曰：問者曰：何冠也？

〔一〕「傳曰」，二字原脱，今據閩本補。

曰：齊衰、大功句，冠其受也。緦麻、小功句，冠其衰也。帶、緣各視其冠。

此齊衰期之制。絰、帶、杖、屨與三年同，重言者，明爲義屈，實與三年同情也。問者，設問也。斬衰三年，冠皆六升，齊有三年有期，不知冠之異同，故言齊衰與大功，冠皆從所受。受，猶接也。記云「齊衰四升，其冠七升。以其冠爲受，受冠八升」，是也。言齊衰初喪布四升，冠布七升，既葬，衰受冠布七升，冠更受八升；大功初喪，冠布八升，既葬，衰受冠布八升，冠更受九升。緦麻三月，小功五月。緦麻以小功之冠爲衰，小功以大功之冠爲衰。不言受者，三月、五月，則既葬服除，故無受。傳本明齊衰，而及功、緦，附見也。帶，謂布帶。不言麻帶，同絰也。緣，謂深衣領袖。帶與緣布稍細，各視其冠布升數。

父在爲母。傳曰：何以期也？屈也。至尊在，不敢伸其私尊也。父必三年然後娶，達子之志也。

此以下，皆爲齊衰期之人。父在，爲母齊期。至尊，謂父。私尊，謂母。父至尊，而子又尊其母，故曰「私尊」。子爲父屈，而父爲子伸，故子服雖期年已除，父娶必三年後繼，以伸其子所不敢伸之志也。志，謂心喪。

按：尊尊、親親，天下之大義。子云：「仁者人也，親親爲大。義者宜也，尊賢爲大。親親之殺，尊賢之等，禮所生也。」禮根于仁，裁于義。凡禮由義起，故曰「義以爲質，禮以行之」。知仁而不知義，知親而不知尊，禽獸是也。禮以別人道於禽獸，故禮莫大于尊，而親爲次。尊父親母，禮之大義也。

妻。傳曰：爲妻何以期也？妻，至親也。

此齊衰期。夫爲妻，與母降服同。母、妻非等，故傳設問。蓋妻與夫敵體，共承宗廟、啓後嗣，親亦至矣，故與母同服。

按：爲妻期，父在亦期，父卒亦期也。但父在，適子爲妻期而不杖，適婦喪，父爲主也。庶子則否，父没則否。

出妻之子爲母。傳曰：出妻之子爲母期，則爲外祖父母無服。傳曰：絶族無施服句，**親者屬**句。**出妻之子爲父後者，則爲出母無服。傳曰：與尊者爲一體，不敢服其私親也。**

此齊衰期也。妻被出，義與夫絶。子之於母，恩無可絶，雖父在，出母猶杖期。「傳曰」以下，申明其義。蓋出母杖期，似與見在之母無别，然出母之服僅止于母，若出母之父母爲子之外祖父母，則不爲服矣，示絶族也。傳曰，又引古傳語。絶族，謂不相連屬之族。母在内，則母族爲相連；母出，則族絶，服無旁及。施，旁及也。親者，謂母子。屬，續也。《孝經》云：「父母生之，續莫大焉。」母子至親，相續無絶，所以母雖出，子必爲期。雖然，父絶子屬，不幾于背父乎？故唯庶子不繼正體者得服，適子爲父後者則不得服。適子後父，與父爲體，父至尊也。違尊服私親，是與至尊二體，故不敢。

按：適子不得服出母，此禮過嚴，乃所以上義而先尊也。《喪服》少「寧戚」之意，非必盡古人之舊。

父卒，繼母嫁句，從句；爲之服句，報。傳曰：何以期也？貴終也。

此齊衰期。繼母，父繼娶，非親生適母。父死，子幼，從繼母嫁，是始終相依也。母喪，則子爲期；子喪，則母亦然，以報之。傳疑從嫁之繼母，何以母子同服。蓋生相依而死相棄，是無終也。生依之，死服之，所以貴終，終其爲母子之義也。然則親母嫁從者，其服可知。

按：繼母再嫁，于先夫之誼已絶，而爲之期，使長子繼父者用此禮，所云「尊者一體」謂何？血屬之子，尚不敢服其私親，改節之婦，乃食報于他子。世俗往往有之，于禮近濫。傳義本疎闊，而注疏力爲周旋，未見盡協也。

不杖，麻屨者。

此齊衰不杖期之制。麻屨，與疏屨異。冠、絰、帶等，皆與杖期同。

祖父母。傳曰：何以期也？至尊也。

此以下，皆爲不杖期之人。孫爲祖父母不杖期，祖父母之親不及父母，而論分，則父所尊也。父所尊，故亦曰「至尊」。

按：此有父在之正禮，父没適孫爲其祖三年，以代父也。禮各舉其正者：斬衰首父，齊衰首母，不杖期首祖父母。舉其正，而凡不備者，皆可義推矣。

世父母、叔父母。傳曰：世父、叔父，〔一〕何以期也？與尊者一體也。然則昆弟之子何以亦期也？旁尊也，不足以加尊焉，故報之也。父子一體也，夫妻一體也，昆弟一體也，故父子首足也，夫妻胖合也，昆弟四體也。故昆弟之義無分，然而有分者，則辟避子之私也。子不私其父，則不成爲子，故有東宫，有西宫，有南宫，有北宫，異居而同財，有餘則歸之宗，不足則資之宗。世母、叔母，何以亦期也？以名服也。

此不杖期，昆弟之子爲伯叔父母。伯稱世者，父之兄則小宗也，繼世尊之，故曰「世」。伯叔父母非尊于祖父母，何以與祖父母同服？雖不尊于祖父母，而實與祖爲一體。父至尊，又與父爲一體。惟其一體，所以同服。若昆弟之子，則我爲世、叔父，世、叔父爲昆弟之子亦期。尊爲卑服宜降，而

〔一〕「世父、叔父」，四字原脱，今據閩本補。

亦期，何也？世、叔父非如祖父正尊，旁尊也。正尊可加尊而降卑，旁尊不足以加尊。昆弟子爲世叔父母期，則世叔父母亦爲昆弟子期，以報也。雖然，皆一體也，故父子如頭足，夫妻如判合，昆弟如四肢。父子一體，則世、叔父與祖非二；夫妻一體，則世、叔母與世、叔父非二；昆弟一體，則父與世、叔父非二，所謂「與尊者一體也」。但各有父子，不得不分。雖分，亦終非二，分殊而體一。辟、避同。子各事其父，故昆弟不得不避之，是以分耳。宮，謂父子各居別宮，各事其所尊。宗，小宗，即世父母之宮。名服，謂既名爲世、叔母，不得不從世、叔父服服也。

大夫之適子爲妻。傳曰：何以期也？父之所不降，子亦不敢降也。何以不杖也？父在，則爲妻不杖。

此不杖期也。夫爲妻杖期，舅爲適婦大功，常也。大夫適子妻仍期不降，何也？大夫不以貴降適，其于適子婦大功，仍大功也。父不降而子又安可降乎？所以大夫適子仍得爲妻期。然不杖，何也？父在，適婦之喪父主之。父爲主，子杖是奪其父主，不敢也。然則大夫庶子爲妻，宜如何？曰：宜大功。是父所降也，欲爲期，不可得也。然則大夫庶婦喪，亦爲主乎？曰：否。則大夫以上降其妻乎？曰：否。則何以獨言大夫？期降，自大夫始。

按：降服有四品：君、大夫以尊降，公子、大夫子以厭降，公之昆弟以旁尊降，爲人後者、女子子嫁者以出降。夫以尊降者爲辨分，以出降者爲情殺，可也。若夫厭降者，已非諸侯、大夫，而徒以父之所降，己亦降；旁尊降者，己非君、公，而徒以爲公昆弟，于所親亦降，則似迂矣。故縣子曰：「古者無降，上下各以其親。」世運有隆替，親有不得不殺，恩有不得不窮。非古也，權其通者，惟達人乎！

昆弟。

此不杖期也。昆弟，即兄弟。昆，同也。同本曰昆。弟，第也。次第曰弟。凡親族齒相若稱兄弟，同父稱昆弟。後倣此。同父相爲期也。

爲衆子。

此不杖期，父爲庶子也。若父大夫，則降爲大功；諸侯絶矣。

昆弟之子。傳曰：何以期也？報之也。

此不杖期，伯、叔父爲兄弟子。兄弟子爲伯、叔父亦然，曰報。

大夫之庶子爲適昆弟。傳曰：何以期也？父之所不降，子亦不敢降也。

此不杖期也。父母于適子三年，于庶子期。昆弟相爲期。大夫于庶子降爲大功，于適子不降，故大夫之庶子厭于父，爲庶昆弟亦大功，于適子之爲昆弟者仍期。故曰：「父所不降，子亦不敢降。」

適言「弟」，適少于庶者也。

適孫。傳曰：何以期也？不敢降其適也。有適子者無適孫，孫婦亦如之。

此不杖期。適子早死，立適子之適子繼宗曰適孫，死則祖爲之期。祖爲孫大功，常也。以其繼體，加隆焉。若使適子在，等孫耳，無適庶之異也。其于孫婦亦然。無適子有適孫，乃有適孫婦。不然，孫婦等耳，皆大功也。

爲人後者爲其父母句，報句。傳曰：何以期也？不貳斬也。何以不貳斬也？特重於大宗者，降其小宗也。爲人後者，孰後？後大宗也。曷爲後大宗？大宗者，尊之統也。禽獸知母而不知父，野人曰：「父母何算焉！」都邑之士，則知尊禰矣。大夫及學士，則知尊祖矣。諸侯及其大祖。天子及其始祖之所自出。尊者尊統上，卑者尊統下。大宗者，尊之統也。大宗者，收族者也，不可以絶，故族人以支子後大宗也。適子不得後大宗。

此不杖期也。子出繼宗人，則爲本生父母不杖期，本生父母亦以此反服，曰報。傳疑爲父服斬而降期，何也。蓋既爲人後，即爲所後者斬，若又爲所生者斬，是二斬也。凡繼，繼宗也。宗爲大，則所親爲小，故舉宗法明之。大宗，自始祖以下，適長世世相傳，合族人共宗之。小宗，謂始祖適子之第二子，亦以適長世世相承，五服内宗之。大宗百世不遷，小宗歷高、曾、祖、考，每四世親盡則遞遷。大宗繼祖，小宗繼禰，各同父以上，各以其四親爲小宗。同父之適爲繼禰小宗，同祖之適爲繼祖小宗，同曾祖之適爲繼曾祖小宗，同高祖之適爲繼高祖小宗，此外則五服窮而不復相統矣，以彼各有五服内繼高祖下者自爲統也。族人各有四宗，又共事其始祖之大宗，故大宗尤重。大宗絶，必擇族人支子繼之。大宗尊，小宗親；小宗輕，大宗重也。今人但知親小宗不知尊大宗，知親不知尊，知父母不知祖宗，則禽獸、鄉人而已。學士、大夫、諸侯、天子，德愈尊，則統愈遠，此尊親大小之分也。諸侯之大祖，謂始受封之君。天子始祖所自出之帝，如周人追祀帝嚳之類。上，猶遠也。下，猶近也。尊者德隆，卑者德薄，故所統有遠近。大宗不可絶，爲族無統也。絶則以支子後，適子不得後大宗，各有所後也。此見宗嗣至重，爲人子者不可輕爲人後，既爲人後則不得復遂其私也。

○按：古立後惟宗，非宗不後，非支不後人。君子不樂爲人後，惡背親也。今世庶絶皆議後，其謬者，屈宗後庶；其尤謬者，一子兩後，一後兩子，或獨子後人，或無子争後，利死者財産，詭道百出，貪戾無恥，莫斯爲甚！昔夫子射于矍相之圃，使子路延射曰：「敗軍之將，亡國之大夫，與爲人後者，不入，餘皆入。」夫爲人後者，至與敗軍、亡國者比，志士仁人所以恥不爲也。

女子子適人者爲其父母句、昆弟之爲父後者。傳曰：爲父何以期也？婦人不貳斬也。婦人不貳斬者何也？婦人有三從之義，無專用之道，故未嫁從父，既嫁從夫，夫死從子。

故父者，子之天也；夫者，妻之天也。婦人不貳斬者，猶曰不貳天也，婦人不能貳尊也。爲昆弟之爲父後者，何以亦期也？婦人雖在外，必有歸宗，曰小宗，故服期也。

此不杖期。既嫁之女爲其父母與其兄弟之爲適長者，皆不杖期。傳疑子於父宜斬，不斬何也。婦人既以夫爲尊，無復尊父之義，故不貳斬者，不貳天也。其爲適兄弟期者，適子後父，則家之小宗也。婦人有故，則將歸焉，故爲之期，從其所親，以殊于大宗之齊衰三月者也。

繼父同居者。傳曰：何以期也？傳曰：夫死，妻穉，子幼。子無大功之親，與之適人，而所適者亦無大功之親；所適者以其財貨〔一〕，爲之築宮廟，歲時使之祀焉；妻不敢與焉。若是，則繼父之道也。同居，則服齊衰期；異居，則服齊衰三月。必嘗同居，然後爲異居；未嘗同居，則不爲異居。

此不杖期也。前夫子謂母再嫁之夫曰繼父，同居則恩猶父也，雖非血屬，死亦爲期。傳引舊傳明「同居」之義，見所以爲服非苟也。妻穉夫死，子幼無親，與子再適人，非得已也。子稱其人爲同居繼父，非泛然同居也。設使子有大功之親，則不得依他人爲父；使其人有大功之親，則亦不得養他人爲子。

〔一〕「財貨」，閩本作「貨財」，此誤倒耳。然注内固云「財貨」，知郝氏所據經文當如此，今亦不敢乙。

或私其財貨，不與同利；易其宗姓，使不得自奉其先祀。或使其妻預既絶之禮，使鬼神不享。有一於此，則恩誼薄，烏得稱父？必是數者兼備，又獨父孤子終身相依，如此，真繼父矣，然後可爲齊衰期年。若三者備，始同居而後異居，則但可爲齊衰三月。若初未嘗同居，于前數者無一焉，路人耳。三月不可，况期年乎？

按：婦人二夫，女德虧矣。《喪服》有繼父，叔季委巷之禮，非古聖經制，議禮者不可不思。

爲夫之君。傳曰：何以期也？從服也。

此不杖期也。臣爲君斬，臣妻爲君期。夫之所尊，妻從服也。凡從服，降正服一等。

姑、姊妹、女子子適人句，無主者句，姑、姊妹報。傳曰：無主者，謂其無祭主者也。何以期也？爲其無祭主故也。

此不杖期。姑於姪，姊妹於昆弟，女子子於父母，適人死，父母、昆弟、姪爲大功，常也。若無後爲主，則爲期，加憐也。姑、姊妹于姪、昆弟死無主亦然，以報也。有主，姑、姊妹適人者爲大功。報不言女子子，爲父母本期也。

爲君之父、母、妻、長子、祖父母。傳曰：何以期也？從服也。父、母、長子，君服斬。

妻，則小君也。父卒，然後爲祖後者服斬。

此不杖期。君，凡有地者之通稱。臣爲君之父、母，與妻，與長子，與祖父母，皆期。六者，皆君至親，君服，臣從服。君于父、母與長子皆服斬。君妻于臣爲小君，與君同尊。君不降其妻，臣從亦期也。凡孫爲祖期，以有父爲後也；若孫無父後祖，亦服斬。故君有以適孫繼祖服斬者，臣亦從服期。凡從服，降一等。

按：鄭謂此「始封之君」，其祖與父未嘗爲君，故臣無服，從君之服，是也。又謂「父卒者，爲君之孫，宜嗣位早卒，今君受國於曾祖」，非也。父卒，爲祖後服斬，此禮不專爲君設，凡孫於祖皆然。此因臣從服君祖父母期，明君所以服斬之故。衞輒繼祖援此禮，但此祖父未嘗爲君；嘗爲君，則臣亦服斬矣。

妾爲女君。傳曰：何以期也？妾之事女君，與婦之事舅姑等。

此不杖期。女君，適妻之通稱。婦爲舅姑期，妾于正嫡亦然。舅姑于適婦大功，庶婦小功。

按：鄭謂「女君于妾無服」，非也。既云妾事女君如婦事舅姑，則女君視妾如舅姑視婦可知。舅姑于適婦大功，庶婦小功，女君于妾亦然。

婦爲舅姑。傳曰：何以期也？從服也。

此不杖期。夫所至尊至親，妻從夫服也。匪夫，則路人耳。誼雖戚，不得不謂從。

夫之昆弟之子。傳曰：何以期也？報之也。

此不杖期。姪子爲世叔母，世叔母之爲之也亦然，故曰「報之」。

公妾、大夫之妾句，爲其子。傳曰：何以期也？妾不得體君，爲其子得遂也。

此不杖期。父母爲衆子，常也。諸侯絶旁期，爲衆子無服。大夫期，降一等，爲衆子大功。妻與夫同體，從其夫降。妾不與君同體，各遂爲其子期。

女子子爲祖父母。傳曰：何以期也？不敢降其祖也。

此不杖期。前爲「祖父母」，則男女包舉矣。此復舉，爲女子子有適人者也。不言「適人」，何也？嫌異于在室者也。專言「女子子」，明適人、在室同也。祖至尊也，以適人降則大功，與昆弟等。昆弟可降，祖不可降也。然則父母何以降？父母降與祖同，猶可；祖降與昆弟同，不可。

大夫之子爲世父母、叔父母句、子句、昆弟、昆弟之子，姑、姊妹、女子子句，無主者句，爲大夫命婦者句，唯子不報。傳曰：大夫者，其男子之爲大夫者也。命婦者，其婦人之爲大夫妻者也。無主者，命婦之無祭主者也。何以言「唯子不報」也？女子子適人者，爲其父母期，故言「不報」也，言其餘皆報也。何以期也？父之所不降，子亦不敢降也。大夫曷爲不降命婦也？夫尊於朝，妻貴於室矣。

此不杖期也。大夫之子厭于父，凡旁期以下，不得自遂，父所降，子不得不降。至于父所不降，子安敢降也？世父也，叔父也，世、叔父之子也，兄也，弟也，兄弟之子也，六者皆言男子之爲大夫者也。世母也，叔母也，姑也，姊也，妹也，女子子也，六者皆言婦人之爲命婦與無後者也。大夫于旁期降，于此有加無降，故大夫子亦皆爲期。然則何不直言大夫，言大夫子？蓋子之世、叔父，亦即父之昆弟也；其世、叔父之子，亦即父之昆弟子也；其昆弟，即父之衆子也；其姑，即父之姊妹也；其姊妹，即父之女子子也，其倫同，其爲服可互見也。禮，爲世叔父母、昆弟、昆弟子皆期，大夫降爲大功，而死者皆大夫，貴敵，則皆從期。其世、叔父母之子，己謂從兄弟，大功，常也；在父謂昆弟之子，以彼爲大夫，父既爲期矣，子之昆弟子貴者不降，又可降父之昆弟子貴者乎？故亦爲期。父爲衆子期。己昆弟，即父衆子。以彼其貴，父且不降子，兄弟貴同者，又可降乎？此傳所謂男子之爲大夫，父所不降，子亦不敢降也。其婦人之爲命婦者，世母、叔母見前；父之姊妹曰姑，女兄曰姊，女弟曰妹，與己所生女子子，四婦者，適人死，爲大功，常也。大夫降爲小功，以彼爲命婦，貴敵，則仍大功；又以其無後，加隆爲期。大夫姑、姊妹、女子如此，大夫子于姑、姊妹、女子亦然。此傳所謂婦人之爲大夫妻者，父不降，子亦不敢降也。無祭主，謂無親生子。凡服人而人以其服反服之，曰報。世、叔父母與子、昆弟、昆弟子、姑、姊妹皆以此服報之，爵同，親同，無後同，則其當降不降、加等同也。惟女子既適人者，于父母不杖期，定禮，不論貴賤、有後無後，不在報例。

按：此章鄭解全未曉暢，又謂「男女同不報」，尤非也。

大夫爲祖父母、適孫爲士者。傳曰：何以期也？大夫不敢降其祖與適也。

此不杖期也。爲祖父母與適孫期，常禮也。大夫于期降，况祖父母、適孫賤爲士，降不可乎？蓋祖至尊也，適至重也，雖大夫不敢以貴降，所降惟旁期分卑情輕者而已。

公妾以及士妾爲其父母。傳曰：何以期也？妾不得體君，得爲其父母遂也。

此不杖期。與前章妾爲子期義同。舉國君及士，見凡爲妾者，皆得爲父母期也。女子子適人者爲父母期，前已列，此疑妾爲夫與適壓、不得遂者言。

按：鄭謂父母期，雖女君不得降，以傳「體君」之説爲誤，非也。傳未嘗謂女君可降其父母也；謂妾之父母，君同凡人，妾自爲重服，違君自遂，似乎不可耳。今以國君之貴，尚不厭妾，此父母之喪，所以爲重。傳安得誤？鄭之紕繆如此。其引《春秋》「紀季姜」義，皆後儒强作，《春秋》未可如此讀。千古鐵障，無人能破。

疏衰裳齊，牡麻絰，無受者。

此齊衰三月之制。蓋齊衰之義服也。親不足而尊有餘，故爲三月齊衰處之。不言冠、帶、屨，與不杖同也。不言三月，言無受，三月可知也。禮，三月既葬，以初喪冠布易故衰曰受。受，接也。義服稍輕，三月即除，故無受。

○按：疏衰重于大功，大功九月，而疏衰反三月，何也？重其衰所以隆尊也，減其日月以殺恩也。疏衰三月者分尊恩輕，大功九月者分卑而恩重也。

寄公爲所寓。傳曰：寄公者何也？失地之君也。何以爲所寓服齊衰三月也？言與民同也。

此以下，爲齊衰三月之人。寄公，諸侯失其國而寄寓他國，所寄寓之國君死，則爲之齊衰三月。首舉寄公，明此服義重也。與民同，謂居此國，即與此國民同。民爲君服齊衰三月，雖寄公不易也。

按：寄公爲所寓之君服齊衰，亦衰世之禮。先王盛世，何得有寄公？

丈夫、婦人爲宗子、宗子之母句、妻句。傳曰：何以服齊衰三月也？尊祖也。尊祖故敬宗。敬宗者，尊祖之義也。宗子之母在，則不爲宗子之妻服也。

此齊衰三月也。丈夫，謂族人男子與大宗絶屬者。婦人，謂族人絶屬者之妻與女子子之在室者。宗子，謂繼始祖大宗，祖之正體也。尊祖則敬宗，服宗子之母與妻，敬宗子也。宗子母在，宗廟之内政，母猶主之，故不爲其妻服。

爲舊君句、**君之母**句、**妻**句。**傳曰：爲舊君者，孰謂也？仕焉而已者也。何以服齊衰三月也？言與民同也。君之母、妻，則小君也。**

此齊衰三月也。舊君，舊嘗仕于其國，非故家世官也。偶見用而遂去之，恩輕誼薄，如中下士、庶人在官輩，與民未遠。今不仕，與民同服。君之母，謂民爲本國君之母夫人服也。君之妻，謂民爲本國君夫人服也。國人皆稱小君，與君同尊，故皆爲齊衰三月，非謂舊仕者也。

按：鄭謂「爲小君服，恩深于民」，是以母、妻之服指「仕焉而已者」，非也。

庶人爲國君。

此齊衰三月也。鄭氏曰「不言民，言庶人，庶人或有在官者」，是也。義與上章互見。

大夫在外，其妻、長子爲舊國君。傳曰：何以服齊衰三月也？妻，言與民同也。長子，言未去也。

此齊衰三月。大夫奔他國，攜其妻子去。妻嘗爲命婦，去則與國人同。其宗族在舊國，其長子或不去，則與民同，去則無服。

按：鄭謂「古者大夫不外娶，婦人歸宗，往來猶民」，鑿説也。所引《春秋傳》非經義。先王封建，小者不過五十里，若大夫皆限境内婚，同姓又不通，則女亦不足矣。

繼父不同居者。

此齊衰三月。繼父同居，解見前。不同居，謂繼父續生子，使其妻前夫之子别居。昔嘗同居恩深，故爲齊衰三月。

曾祖父母。傳曰：何以齊衰三月也？小功者，兄弟之服也。不敢以兄弟之服服至尊也。

此齊衰三月也。五服論布：斬衰三升，齊衰四升，繐衰四升半，大功八升、九升，小功、緦麻十升、十一升。其繐衰，惟諸侯之大夫爲天子服。餘五服，父斬，母齊，祖大功，曾祖小功，高祖緦麻，此常數應爾。然大功，從兄弟之服也，故不以服祖，而以齊衰期年；小功，尤從祖兄弟之服也，豈可以服其曾祖乎？故爲之齊衰三月。此謂「不敢以兄弟之服服至尊也」。然則高祖又可以緦麻之服服乎？亦齊衰可知。本文不及高祖，世太遠，身以上鮮有及者，兼子以下，則曾祖包舉矣。

按：齊衰三月專爲尊者之義服，功爲兄弟之服，緦爲外親之服，大較似此。

大夫爲宗子。傳曰：何以服齊衰三月也？大夫不敢降其宗也。

此齊衰三月。前言「丈夫、婦人爲宗子」，此又言「大夫」，疑大夫貴可降耳。大夫不降，則宗子重可知。

舊君。傳曰：大夫爲舊君，何以服齊衰三月也？大夫去君，歸其宗廟，故服齊衰三月也，言與民同也。何大夫之謂乎？言其以道去君而猶未絶也。

此齊衰三月也。前言「舊君」謂嘗「仕焉而已者」，此則仕而貴爲大夫者也。歸其宗廟，謂故家世族，誼無可絶，以禮致仕，非奔放之比。前舊君服言「與民同」者，無官削籍，本與民同。此「與民同」者，致臣而去，退自處于編氓者也。故傳設言「何大夫」以明之。

曾祖父母爲士者句，如衆人。傳曰：何以齊衰三月也？大夫不敢降其祖也。

此齊衰三月，承上大夫言。大夫曾祖父母爲士，大夫服之如衆人，齊衰三月，不敢降也。

女子子嫁者、未嫁者，爲曾祖父母。傳曰：嫁者，其嫁於大夫者也。未嫁者，其成人而未嫁者也。何以服齊衰三月？不敢降其祖也。

此齊衰三月。前言爲「曾祖父母」，則女子在其中矣。此疑既嫁與未嫁異，特舉之。傳知爲大夫妻者，承上大夫言。惟大夫妻有降服。未嫁不降，人知之；已嫁不降，人不知。成人乃備禮，故曰「其成人未嫁者也」。

按：女子嫁者，爲其父母降一等，不降其祖與曾祖，何也？尊服自期以下〔一〕，惟齊衰三月耳；大功以下，服至尊者不用。故傳曰：「不敢以兄弟之服服至尊。」父母三年，可降爲期；祖之齊衰期，降則大功；曾祖之齊衰三月，降則無服。故齊衰三月者，古人濟尊服之窮而通其變，不可以復降也，故居尊服終。

大功布衰裳，牡麻絰，無受者。

此降服大功之制，皆本服斬、齊，以未成人殤死，而降在此者。禮殺情切，哀重于大功，故次齊衰，居正大功先。其布縷功麤，故曰大功。不言冠、帶、屨，與疏衰同。不言月數，或七或九，具各條。無受者，七月、九月即本衰絰終限，不以既葬易輕服，情重也。

子句，女子子句，之長殤、中殤。傳曰：何以大功也？未成人也。何以無受也？喪成人者其文縟辱，喪未成人者其文不縟。故殤之絰不樛絞垂，蓋未成人也。年十九至十六爲

〔一〕「下」，原譌作「上」，《讀禮通考》卷一一引作「下」，今據改。

長殤，十五至十二爲中殤，十一至八歲爲下殤，不滿八歲以下爲無服之殤。無服之殤，以日易月。以日易月之殤，殤而無服。故子生三月，則父名之，死則哭之；未名則不哭也。

此以下，皆爲殤服大功之人。殤，傷也。夭死曰殤。首子女，殤多子女也。父母爲男女期，童幼未可齊衰，故降服大功。男女二十冠笄始成人，未二十死皆殤，而父母于子最切，故殤服先子女。繁文曰縟。既葬，易衰受冠，乃所謂縟文也。情直禮簡，故無受。樛作「絞」，猶「校庠」作「膠庠」，言不絞其帶麻之垂者。大功以上，小斂襲絰散帶，成服後絞；小功以下，初即絞。殤麻雖成服不絞，未成人禮簡，亦不受之類。無服之殤，傷之而已，不爲之服也。以日易月，應服七月者哀傷不過七日，應服九月者哀傷不過九日，如不飲酒、不作樂之類。子生三月，命名以上，殤則哭；不及三月，殤亦不哭。

按：小斂帶散麻，以始死哀甚也，故成服後即絞。殤麻終不絞，不尤甚于斬齊邪？此禮似未協。以日易月，鄭謂「生一月者哭一日」，尤非也。有如八歲殤，當百日哭邪？

叔父之長殤、中殤，姑姊妹之長殤、中殤，昆弟之長殤、中殤，夫之昆弟之子、女子子之長殤、中殤，適孫之長殤、中殤，大夫之庶子爲適昆弟之長殤、中殤，公爲適子之長殤、中殤，大夫爲適子之長殤、中殤。其長殤，皆九月，纓絰；其中殤，七月，不纓絰。

此殤大功也。叔父，姑姊妹，昆弟，夫之昆弟之子、女子，適孫，大夫庶子爲適昆弟，以上七者，若成人，皆齊衰期；君之適子、大夫之適子，若成人繼體，皆斬衰三年。今殤，皆降爲大功。君、大夫特言適子者，諸侯于庶子絶無服，大夫于庶子降一等，惟適重。長殤九月，中殤七月，不言下殤，降在小功也。成人大功首絰不屬，皆有纓結項後，中殤大功七月，首絰如環，無纓，殺也。

按：尊屬之殤，止于叔父、姑。自世父以上，長于父則無殤，父母雖殤，不在殤服之等，其爲斬齊，猶之成人也。有如十八之父母死爲長殤，四五歲之孤兒，九月服即除，可乎？古者男女，年十二以上，皆可冠笄。苟男已冠娶，女已笄嫁，雖殤，猶成人也。《喪服小記》云：「丈夫冠而不爲殤，婦人笄而不爲殤。爲後者，各以其服服。」故魯人不殤童子汪踦。變通在時，凡禮皆然。

大功布衰裳，牡麻絰纓，布帶，三月；受以小功衰，即葛，九月者。傳曰：大功布，九升。小功布，十一升。

此正服大功之制，爲成人也。情微輕，故次殤。絰，首、要絰。纓，首絰亦如要絰不屬，以纓結于項後，大功以上皆然。獨于此言者，以別于前「中殤，七月，不纓絰」者也。布帶，以布爲大帶，五服同，詳前。三月，既葬之月。以小功布爲衰，易始死所服大功衰也。大功之冠，小功之衰，接其冠布以爲衰，曰「受」。即，就也。去故就新曰「即」。去故麻帶，就新葛帶。禮，既葬，帶絞葛易麻。即葛，九月，謂以葛帶終九月之期也。者，指下各爲服之人。

按：《雜記》「喪冠條屬」，謂冠武連屬不缺，則不用纓。《士冠禮》「緇布冠缺項，青組纓屬于缺」，不屬，故以纓結之。喪冠無缺，别于吉也，而首、要絰皆不屬。首絰有纓，大功以上同，惟小功以下首絰屬，不用纓，所謂「環絰」也。今世五服首絰皆屬，非古也。鄭注未曉。

姑、姊、妹、女子子適人者。傳曰：何以大功也？出也。

此以下，皆爲正服大功之人。姑、姊、妹、女四者，已嫁死，皆大功，在室皆期可知，故不杖期條不及。凡不及者倣此。

從父昆弟句。**爲人後者爲其昆弟**句。**傳曰：何以大功也？爲人後者，降其昆弟也。**

此大功也。從父昆弟，謂世、叔父之子，于己爲從昆弟。昆弟以同父爲正，雖同父而身出繼宗人，則親昆弟猶從也，故其服與從同。傳釋「爲人後者」，言苟非爲人後，則親昆弟期，然則昆弟爲爲人後者服同可知。

庶孫。

此大功也。庶孫，謂衆孫，異于無父繼祖之適孫也。孫于祖皆期，祖于孫皆大功，尊卑之殊也。

適敵**婦。傳曰：何以大功也？不降其適也。**

此大功也。適婦，適子婦。子爲父後，故父爲其婦大功，雖大夫不降適也。

女子子適人者爲衆昆弟。

此大功也。衆昆弟，非適也。女子未適人，爲衆昆弟期。若父没，昆弟爲父後者，雖已適人，亦期。

姪句**，丈夫、婦人**句**，報**句**。傳曰：姪者何也？謂吾姑者，吾謂之姪。**

此大功也。兄弟之子曰姪，男女之通稱。丈夫、婦人，皆謂姪也。姑爲姪男女大功，姪男女爲其姑適人者，亦報以大功。

夫之祖父母、世父母、叔父母。傳曰：何以大功也？從服也。夫之昆弟何以無服也？其夫屬乎父道者，妻皆母道也。其夫屬乎子道者，妻皆婦道也。謂弟之妻婦者，是嫂亦可謂之母乎？故名者，人治之大者也，可無慎乎！

此大功也。夫之祖父母、伯叔父母，夫爲服期，則妻從夫服，降一等爲大功。傳言「從服」者，明婦人無常秩，所從尊亦尊，所從卑亦卑。分尊者從，以體夫也，故爲夫之祖父母、伯叔父母大功。分敵者無從，以遠别也，故于夫之昆弟無服。嫁于父則爲母，嫁于子則爲婦，婦人所以嫌疑無常也。

兄妻非母，弟妻非婦，服兄弟之妻者無名，服夫之昆弟者又何名乎？

按：《檀弓》云：「叔嫂之無服也，推而遠之。」娣姒則相爲服，古人欲緣是遠男女之別。然男女相爲從服者多矣，何獨叔嫂不然？同居之戚，死而不爲服，安在昆弟之爲四體也？今禮叔嫂相爲小功，近之。

大夫爲世父母、叔父母、子、昆弟、昆弟之子句，**爲士者**句。**傳曰：何以大功也？尊不同也。尊同，則得服其親服。**

此大功也。「世父母」以下五者，本皆期服，大夫以貴，皆降一等。子，庶子也。爲士者，謂世父以下皆爲士。士卑，故大夫不爲盡服；如皆大夫，各以所親服〔一〕期。

公之庶昆弟、大夫之庶子，爲母、妻、昆弟。傳曰：何以大功也？先君餘尊之所厭，不得過大功也。大夫之庶子，則從乎大夫而降也。父之所不降，子亦不敢降也。皆爲其從父昆弟之爲大夫者。

此大功也。諸侯之庶昆弟，是先公之庶子爲大夫者，與大夫之庶子，此二人于所生母與其妻，及

〔一〕「服」下當重一「服」字。

其同母庶昆弟，皆降期爲大功。公庶昆弟之降也，以其父爲諸侯之餘尊壓之，不得自遂也。大夫之庶子，以大夫之期皆降，故從之也。苟父之所不降，如世、叔父與昆弟，彼此皆大夫，則皆大功，貴同也。如從父昆弟爲士，則降爲小功矣。

按：鄭氏以「皆爲其從父昆弟之爲大夫者」別爲一章，非也。

爲夫之昆弟之婦人子適人者。

此大功也。婦人子適人者，即齊衰三月繼父妻之子也。此爲之服者，即前夫之昆弟婦，所謂娣姒而夫死寡居者也。其夫之昆弟死，其妻稺子幼，與其子適人，死則先伯、叔母爲大功。禮，世、叔母于夫昆弟之子不杖期，今從其母再嫁，降爲大功。繼父傳云「子無大功之親」，此其有齊期之親者，而亦從母適人，故降也。

按：鄭謂「婦人子」爲「女子子」，若是，則出嫁之姪女。齊衰期言昆弟子，不杖期言夫之昆弟子，則該女子子，言期則該出嫁大功，不應于此復言昆弟之女子子也。言則當直據其夫，不宜言「爲夫」。不言女子言婦人，義甚明。或曰：何不舉夫之世父、叔父，必舉昆弟？曰：若是，于婦人子爲從叔嫂，不相爲服，故獨舉昆弟也。

大夫之妾爲君之庶子、女子子嫁者、未嫁者，爲世父母、叔父母、姑、姊妹。傳曰：嫁者，其嫁於大夫者也。未嫁者，成人而未嫁者也。何以大功也？妾爲君之黨服，得與女君同。下言爲世父母、叔父母、姑、姊妹者，謂妾自服其私親也。

此大功也。君，猶主也。妾謂夫爲君，謂嫡爲女君。庶子、女子子，皆夫君之血屬。不言長子，長子三年，大夫不降適也。必言君，明非妾親生子也。大夫女嫁于大夫，爲大功，不降；未嫁無屬，降期爲大功。君之黨，即大夫庶子與女子。女君同大夫服，妾同女君服也。「世父母」以下，妾私親，皆大功，如常。妾不體君，得自遂也。

按：此節文義甚明，鄭謂有錯簡，非也。彼以「大夫之妾爲君庶子」別爲一條，安得不疑爲錯簡乎？鄭以傳爲不足信，世儒纂禮，欲併傳棄之，鄭始作俑矣。

大夫、大夫之妻、大夫之子、公之昆弟爲姑、姊妹、女子子嫁於大夫者，君爲姑、姊妹、女子子嫁於國君者。傳曰：何以大功也？尊同也。尊同則得服其親服。諸侯之子稱公子，公子不得禰先君。公子之子稱公孫，公孫不得祖諸侯。此自卑別於尊者也。若公子之子孫有封爲國君者，則世世祖是人也，不祖公子。此自尊別於卑者也。是故始封之君不臣諸父昆弟，封君之子不臣諸父而臣昆弟，封君之孫盡臣諸父昆弟。故君之所爲服，子亦不敢不服也；君之所不服，子亦不敢服也。

此大功也。自「大夫」以下四等，皆以貴得降其所親。姑、姊妹、女既嫁者大功，宜降，然嫁于大夫則貴敵，仍大功也。君，諸侯，尤貴，姑、姊妹、女嫁宜無服，然嫁于諸侯則貴敵，仍大功也。皆尊同故耳。「諸侯之子」下，因以尊降親之義推廣言之，見尊尊、親親并行不悖也。諸侯之公子，亦庶子之爲大夫者。父廟曰禰。祖是人，謂子孫以始受封者爲始祖也。卑別于尊，尊別于卑，此見尊尊之爲大也。始封不臣諸父兄弟，再世不臣諸父，此見親親之爲大也。「封君之孫」以下明尊、親相爲輕重，而服之升降所以生也。

繐（歲）衰裳，牡麻絰，既葬除之者。傳曰：繐衰者何？以小功之繐也。

此繐衰之制。布細而稀者曰繐，即小功布，升數較少，故居小功先，專爲諸侯之大夫服天子設也。縷細，其情輕也。數少，其分尊也。天子七月而葬，此服既葬即除，故居九月下、五月上。不言冠、帶、屨，與大功同。

諸侯之大夫爲天子。傳曰：何以繐衰也？諸侯之大夫以時接見乎天子。

此爲繐衰服之人。諸侯之大夫，下大夫以上皆是。天子喪而諸侯之大夫往會，既不可以陪臣服斬，又不可以無服入見，故爲之繐衰。以時，謂未葬七月內。接見天子，謂如京師。士、庶人皆不得服。

小功布衰裳，澡[早]麻帶絰，五月者。

此降服小功之制。本皆期以下，因殤降情重，故居正小功先。小功布，布功細于大功也。澡麻，洗治其麻。帶絰，要絰，明非首絰。麻用洗治，輕也。易服者，易輕者。男子重首絰，與大功麻同，而要絰稍輕，須洗治也。五月，小功之限。不言無受，可知。以澡麻帶終五月之期，既葬不易葛，所以重于正小功。

按：五服皆枲麻絞帶，與首絰同；至小功以下，絞帶愈細。麻麤連本者不可用，乃加澡湅。既澡，則絶本可知。惟下殤小功以期親降，麻雖澡不絶本。帶麻不絶，首絰可知。下殤不絶，中、長殤可知。殤小功不絶，大功以上可知。惟小功麻澡，大功以上不澡可知。

叔父之下殤，適孫之下殤，昆弟之下殤，大夫庶子爲適昆弟之下殤，爲姑、姊妹、女子子之下殤，爲人後者爲其昆弟、從父昆弟之長殤。傳曰：問者曰：中殤何以不見也？大功之殤，中從上；小功之殤，中從下。

此以下，皆爲服殤小功之人。叔父至女子子，成人皆期，下殤皆降在小功。爲人後者爲其親昆弟、從父昆弟，成人皆大功，長殤〔一〕亦降在小功。獨言下殤，中、長具在大功。傳問中殤何以不見者，

〔一〕「長殤」，原作「下殤」，蓋涉上下文而譌，今據經文改正。

殤有長中下三等，功服惟大小二等，故傳以情輕重變通于上下之閒。大功、小功，謂殤服降在大功者情重，寧以中從上；降在小功者情輕，則以中從下可也。叔父以下中殤在大功，而此又云中殤從下，然則中殤十二三以下者，從小功亦可耳。

按：三殤之等，分疏煩瑣，故傳融會其旨。此章以殤服權其中，「緦麻」章又以成人服權其重。此言大小功，緦麻亦可推矣。蓋以小功律大功，則小功之中殤從下；如以緦麻律小功，則小功之中殤又從上；以大功律齊衰，則大功之中殤又從下。情重者升，情輕者降，意自通融，而鄭注固執作解。所謂「惟昵〔一〕之類不能方」者，其鄭康成之于禮乎？

爲夫之叔父之長殤；昆弟之子、女子子、夫之昆弟之子、女子子之下殤；爲姪、庶孫丈夫婦人之長殤；大夫、公之昆弟、大夫之子，爲其昆弟、庶子、姑、姊、妹、女子子之長殤；大夫之妾爲庶子之長殤。

此殤小功也。夫之叔父，成人則大功，今長殤則小功。世、叔父母爲姪男女，成人皆齊期，長、中殤則皆大功，今下殤則小功。姑爲姪男女，祖爲庶孫男女，成人則皆大功，今長殤則皆小功。大夫

〔一〕「昵」，原作「䵒」，此《考工記·弓人職》之文，郝敬《周禮完解》卷一二及《周禮》諸版本皆作「昵」，今據改。

與君之庶昆弟爲大夫者，與大夫之適庶子，此三貴人，各爲其昆弟與庶子與姑、姊、妹、女子子七等，成人本皆大功，今皆長殤，降爲小功。凡殤無大夫，故大夫于殤，無敵貴，皆降也。大夫之妾爲庶子，即大功章云「妾爲君之庶子」大功者。彼成人也，此長殤，降爲小功。

小功布衰裳，牡麻絰，即葛，五月者。

此正服小功之制，爲成人服，輕于殤，故次之。牡麻，洗治之牡麻。不言澡，同也。絰兼首、要。不言冠、纓、屨，同也。即，就也。葛，謂三月既葬，以葛帶易澡麻帶，所以異于降服小功也。衰不變而帶變，以故衰就葛帶，終五月之期。

從祖祖父母句，**從祖父母**句，**報**句。**從祖昆弟**句，**從父姊妹**句，**孫適人者**句，**爲人後者爲其姊妹適人者。**

此以下，皆爲正小功服之人。從祖祖父母者，曾祖之子，祖之親兄弟也；從祖父母者，從祖父之子，父之從父昆弟也，皆爲之小功。從祖祖父母與從祖父母，亦以小功反服，曰報。從祖昆弟者，父之從父昆弟之子，即己之再從兄弟，亦爲小功。從父姊妹者，父昆弟之女，不論在室、適人，皆小功。孫適人者，子之女已嫁者小功，在室則大功。爲人後者出繼宗人，爲其姊妹適人者小功，在室則大功；如非爲人後，則在室姊妹期。

爲外祖父母。傳曰：何以小功也？以尊加也。從母，丈夫婦人報。傳曰：何以小功也？以名加也。外親之服皆緦也。

此小功也。外祖父母者，母之父母。大略同姓之服終于小功，異姓之服始于緦麻。外祖得爲小功，以母之所尊加厚也。從母，母之姊妹。丈夫婦人，謂母與姊妹所生男女。母之男女以此服從母，從母亦以此服報之；從母之男女以此服母，母亦以此服報之。以名，謂既名其爲母，則不得以外親服服，故加緦麻爲小功也。外親之服，謂本非骨肉，而恩誼相聯，特爲緦麻處之。故緦麻三月以厚外親，亦猶齊衰三月以隆内尊也。緦麻以聯其疎，齊衰以殊其卑，皆止于三月，酌天時，通其變也。

夫之姑、姊妹，娣姒婦，報。傳曰：娣姒婦者，弟長也。何以小功也？以爲相與居室中，則生小功之親焉。

此小功也。夫之姑，是舅之姊妹。姊妹，謂夫之姊妹。娣姒者，兄弟之妻相謂也。次適曰娣，似妣曰姒。以娣自謂，以姒謂彼，妯娌之通稱，猶男子同輩呼彼曰兄，自稱曰弟也。傳以「弟長」釋之，言自弟而長彼也。生小功之親，言本非親，因同室相親爲小功也。

按：鄭謂「娣姒婦」爲「兄弟之妻相名」，是也；謂「長婦稱穉婦爲娣婦，娣婦稱長婦爲姒婦」，失之。

大夫句、大夫之子句、公之昆弟句，爲從父昆弟句、庶孫句、姑姊妹女子子適士者句。大夫之妾句，爲庶子適人者句。庶婦。

此小功也。從父昆弟、庶孫，本皆大功，以尊降一等爲小功。姑、姊妹、女子子本皆期，以適人降一等，又適士降二等，爲小功。大夫之妾爲庶子適人者，爲大夫之庶女子適士者也，在室則大功，適大夫亦大功，今適士小功，所謂從女君服君之黨，是也。庶婦爲舅姑期，舅姑再降爲小功者，爲其殊于適婦也。

君母之父母句、從母。傳曰：何以小功也？君母在，則不敢不從服。君母不在，則不服。

此小功也。妾子稱適母曰君母。君母之父母，適子之外祖父母也。從母，君母之姊妹也。妾子于二人，情本不相屬，特以君母故，不敢不從服。若君母不在，無服。

○按：服爲哀節，戚爲喪本。服由情生，貌以飾情。仁人之于喪，非以不敢不服服也。欲服而不敢服，則有之。不欲服而不敢不服，則幾乎偷矣。君母在，不敢不服，斯禮也，雖聖人無如之何。聖人于禮，人情耳。人情所不敢，聖人因之。尊尊、親親，所以不得不相爲用也。

君子子爲庶母慈己者。傳曰：君子子者，貴人之子也。爲庶母何以小功也？以慈己加也。

此小功也。君子，謂君與女君所生子，是大夫公子適妻之子。重言子，明異于士庶人與妾子之爲子也。庶母，父衆妾。慈己，謂非慈母，而有慈養之恩者，然無父命爲母子之義，故與慈母殊。慈母如母，庶母緦麻，貴人降則絶。此慈己者，分不及慈母，而情厚于庶母，故不從降例，爲之服小功。《禮記·曾子問》疑「慈母無服」，蓋誤以此母爲「慈母如母」者耳。

緦麻，三月者。傳曰：緦者，十五升抽其半，有事其縷，無事其布，曰緦。

此緦麻服之制。緦、絲通，布縷細如絲，以爲衰裳；麻爲絰，曰緦麻。三月而除，服最輕者。十五升，朝服布，千二百縷也。抽除其半，六百縷也。有事，謂湅治其縷後織，使滑易也。無事其布，謂成布則不治也。

族曾祖父母，族祖父母，族父母，族昆弟。○庶孫之婦，庶孫之中殤。○從祖姑、姊妹適人者句，報句。○從祖父、從祖昆弟之長殤。○外孫。○從父昆弟、姪之下殤。○夫之叔父之中殤、下殤。○從母之長殤句，報。

此以下，緦麻三月之人。族曾祖父母者，曾祖之親昆弟也。族祖父母者，族曾祖父之子，祖父母之從父昆弟也。族父母者，族祖父母之子，父之從祖昆弟也。族昆弟者，族父母之子，己之三從兄弟也。皆親盡無服，而骨肉相屬，故以族名。族，屬也。《大傳》云：「四世而緦，服之窮也。」此所謂「四緦麻」者也。庶孫之婦與適孫婦殊，爲之緦，則適孫婦小功可知。庶孫成人大功，長殤小功，今中殤則緦。從祖姑，是從祖祖父之女，父之從姊妹也；從祖姊妹，是從祖之孫女，己之再從姊妹也。本皆小功，爲出適降一等則緦。彼亦皆以緦反服，曰報。從祖父者，從祖祖父之子，父之從父昆弟，己之再從世、叔父也。從祖昆弟，己之再從兄弟也。二者本皆小功，長殤各降一等則緦。女適人生子曰外孫，外祖爲之緦。從父昆弟本大功，長殤小功，下殤則緦。出適之姑爲姪大功，長、中殤小功，下殤則緦。夫之叔父本大功，長殤小功，中、下殤則緦。從母，母之姊妹，本小功，長殤則緦。從母之服之也亦然。

庶子爲父後者，爲其母。傳曰：何以緦也？傳曰：與尊者爲一體，不敢服其私親也。然則何以服緦也？有死於宮中者，則爲之三月不舉祭，因是以服緦也。

此緦麻也。庶子，妾生子。父没無適子，而庶子繼體者，不得爲所生母盡服，服緦耳。傳疑太輕，引古傳以明正體之義。己母非正體，是己私親，故不敢盡服。然臣僕死于宮，尚爲哀戚，廢祭祀，而况所生乎？是以爲緦。

〇按：嫡庶之分嚴已，然子以母貴，理亦至公，豈得謂爲「私親」？制禮者主尊適，而于人情亦甚闕矣。宮中有死者，非所以况于生我也。世儒動引《春秋》附會，《春秋》未嘗輕絶人母子，後儒鑿説耳。

士爲庶母。傳曰：何以緦也？以名服也。大夫以上，爲庶母無服。

此緦麻也。庶母，謂父衆妾。以名，以母之名。大夫以上分尊，故庶母之服降而絶。惟士爲緦。

貴臣、貴妾。傳曰：何以緦也？以其貴也。

此緦麻也。貴臣、貴妾，凡臣、妾受顧託者，家、國皆有之。

乳母。傳曰：何以緦也？以名服也。

此緦麻也。乳母，哺乳之母，外人婦代食子者，《内則》云「大夫之子有食母」之類。非其所生子，亦非其父妾，本不名母，而以乳得名。本無服，而以名得服。

從祖昆弟之子句。曾孫句。父之姑。

此緦麻也。從祖兄弟之子，是再從兄弟所生子，謂己爲族父母者也。曾孫于曾祖，以服次論，子期，孫宜大功，曾孫宜小功，而爲緦者，曾孫于曾祖齊衰三月，曾祖爲之小功，是反五月矣，故不可。父之姑，祖之姊妹，視父爲姪，視己爲歸孫。歸孫爲父之姑，亦緦。

從母昆弟。傳曰：何以緦也？以名服也。

此緦麻也。從母昆弟，是母姊妹之子。本非昆弟，以從母得昆弟名，故爲之緦。

甥。傳曰：甥者何也？謂吾舅者，吾謂之甥。何以緦也？報之也。

此緦麻也。姊妹之子曰甥。母之昆弟曰舅。舅甥相爲緦，故曰報之。

按：母之姊妹與兄弟同也。從母小功，而舅緦麻者，從母近母，以名加也。

婿。傳曰：何以緦也？報之也。

此緦麻也。女父母爲婿緦，婿于女父母亦緦。

妻之父母。傳曰：何以緦？從服也。

此緦麻也。妻爲其父母期，夫從其妻降三等。凡妻從夫服降一等，子從父降二等，夫從妻降三等。

姑之子。傳曰：何以緦？報之也。

此緦麻也。姑之子，父黨也，是爲外兄弟，相爲緦〔一〕。

舅之子。傳曰：何以緦？從服也。

此緦麻也。母舅之子，母黨也，是爲内兄弟。從，從母服也。母于昆弟之子大功，子從以緦。

夫之姑、姊妹之長殤。○夫之諸祖父母，報。

此緦麻也。夫之姑、姊妹，成人則小功，長殤則緦。夫之諸祖父母，謂夫從祖祖父母與從祖父母，夫有小功服者，妻降爲緦；諸祖父母，亦以緦反服之。

君母之昆弟。傳曰：何以緦？從服也。

此緦麻也。君母，適母。妾子爲適母之昆弟緦，從適母也。

從父昆弟之子之長殤，昆弟之孫之長殤。○爲夫之從父昆弟之妻。傳曰：何以緦也？

〔一〕「相爲緦」至下經「舅之子」之間，閩本有經傳文「舅。傳曰：『何以緦從服也』」九字，當據補。然郝注既無從而補，衹補該經傳文亦不甚協，姑仍闕之。

以爲相與同室，則生緦之親焉。

此緦麻也。從父昆弟之子，與親昆弟之孫，成人皆小功，今長殤皆緦。夫之從父昆弟之妻，是同堂娣姒也，降于親娣姒一等，亦緦。親娣姒稱同居，從娣姒稱同室，親疎之差也。

長殤、中殤降一等，下殤降二等。齊衰之殤中從上，大功之殤中從下。

此因上言殤服，而總明三殤輕重相權之等，亦猶殤小功第二節云上下從之義。長、中殤稍尊，各視成人服降一等；下殤尤卑，降成人服二等。長、中併降一等者，即「中從上」，寧厚之意。下殤降二等者，降于長，又降于中，依常法也。齊衰之殤，謂成人服本齊衰，爲殤降者，雖中殤，亦從上殤服，所謂「降一等」也。大功比齊衰稍輕，以中從下，可也。不言小功、緦麻，輕重損益，視此可知。此殤服之大凡也。

按：鄭謂此「妻爲夫之親殤服」，豈獨夫之親有殤耳？

記○公子爲其母，練冠，麻，麻衣縓緣；爲其妻，縓冠，葛絰、帶，麻衣縓緣。皆既葬除之。傳曰：何以不在五服之中也？君之所不服，子亦不敢服也。君之所爲服，子亦不敢不服也。

此以下至末，雜記前禮之未備。公子，謂諸侯妾生子。爲其母，爲所生母。練冠，三年小祥之冠，以練熟布爲之。麻，謂以麻爲首、要絰。麻衣，謂以緦麻布爲深衣。縓，淺絳色。丹一入爲縓。緣，衣領袖。諸侯妾之子壓于所尊，于所生母不得自伸，爲此服，以變于吉也。爲其妻，以淺絳帛爲冠，變于緇玄冠也。絞葛爲首、要絰，輕于麻也。亦以壓于所尊，不得爲妻遂也。傳言此練冠、縓冠等不在斬、齊、功、緦五服之内，蓋妾與庶婦，諸侯絶無服，公子不敢服，爲此濟五服之窮，非常禮也。

大夫、公之昆弟，大夫之子，於兄弟降一等。爲人後者，於兄弟降一等，報；於所爲後之兄弟、之子句，若子句。兄弟皆在他邦，加一等。不及知父母句，與兄弟居，加一等。傳曰：何如則可謂之兄弟？傳曰：小功以下爲兄弟。

前言昆弟，至此言兄弟者，昆，同也，同父母者也；兄，况也，增長之名；親曰昆弟，族曰兄弟。婚姻異姓，亦稱兄弟。鄭云「兄弟，猶言族親」，是也。此條所降之兄弟，皆指再從小功以下族親。大夫、公昆弟以尊降，大夫子以厭降，小功兄弟降一等則緦。是以大夫無緦服，凡兄弟降，皆於士也。尊同則不降，於士降則絶矣，故大夫無緦服。爲人後，謂出繼宗人，則小功兄弟皆降一等。其所降之兄弟，亦如其降反之。所爲後之兄弟，謂己所後之父之衆兄弟也。之子，謂所爲後之父之衆子也。於其衆兄弟，事之如世、叔父；於其衆子，待之如親昆弟。若子，即如所後者之親生子也。兄弟同在他邦，加一等，爲其死於外，别無親屬也。年幼喪父母，依兄弟同居，加一等，爲其有恩于己也。此輩兄弟，皆内外族親，有緦、小功服者，或本無服而誼重者，皆可爲服，故傳申明爲兄弟者皆小功以下，若大功以上在親者之限，不必言加矣。

朋友皆在他邦，袒免，歸則已。○朋友，麻。

同門爲朋，同志爲友。袒，哭將踊而露其左臂也。免作絻，免冠加布于首也。袒衣必免冠，先袒後免曰「袒免」。朋友死于外，己代主，故袒免；柩歸則止，有主者矣。麻，麻絰。朋友不在五服内，既與其喪，必爲加麻。

君之所爲兄弟服，室老降一等。夫之所爲兄弟服，妻降一等。

君，謂公、卿、大夫有家臣者。兄弟服，謂小功兄弟之服，皆旁親也。室老，貴臣，近君一體，略示相從之意，爲降一等服，其餘有司不必服矣。夫之重服，則妻與同，如疎屬小喪，則妻降一等。前于尊親大喪，從服皆有等，此括諸未備輕服言也。

庶子爲後者，爲其外祖父母句**、從母**句**、舅**句**，無服；不爲後，如邦人。**

庶子爲後者，謂父無適子，妾生子爲父後者。緦麻章云「庶子爲父後者，爲其母」緦，故于其母之父母、姊妹、兄弟無服。蓋與所後者爲體，不得復服其私親。如不爲父後，則君母之黨，與己母之黨，皆服如衆人。邦人，猶言衆人。

宗子孤爲殤，大功衰、小功衰，皆三月；親，則月算如邦人。

宗子，大宗子，族人所爲齊衰三月者也。無父曰孤。宗子父未死，年老而傳，子代主宗事，十九以下死，是不孤而殤者也。族人不得以宗子殤爲服，何也？禮，有適子則適孫與庶孫同。有父在，即是宗子，所殤者同于祖宗之適孫耳，故不爲宗子殤服。必其既爲宗子，父死子孤，十九以下死者，族人乃爲殤服。長殤、中殤，大功布衰；下殤，小功布衰，皆三月除。禮，宗子成人死，族人男女皆齊衰三月，今從殤降爲功衰三月，此疎屬無五服之親者也。其在五服親内者，各以所當服之月算，初喪服齊衰三月，後各以本服爲受，月滿而后除之，如衆人算服之常法也。

改葬，緦。〇童子，唯當室緦。傳曰：不當室，則無緦服也。

改葬，壙墓有大故，遷改也。將見其尸柩，不可吉服，又不可忽爲凶衰，故緦。凡緦，多中表之親。童子未當家，未與三黨周旋，故應無緦。唯父死當家之童子，親族備禮，則有之，故傳以「不當室」反明之。

凡妾爲私兄弟，如邦人。

凡妾，通貴賤言。私兄弟，謂妾父母家諸親族。如常人，各以其等爲服。蓋妻與夫同體，故降其私親；妾不體君，得自伸也。

大夫弔於命婦，錫衰。命婦弔於大夫，亦錫衰。傳曰：錫者何也？麻之有又錫者也。錫者，十五升抽其半，無事其縷，有事其布，曰錫。

弔於命婦，與命婦弔，皆弔其主人之妻也。男女弔異而衰布同。錫與緦皆十五升抽其半，而錫重於緦。錫，易治也，治其布使滑易也。錫但易其布，緦先易其縷。錫之戚在内，緦之戚在外。故《周禮·春官·司服》云天子以錫服内公卿，以緦服外諸侯，輕重之等也。麻之有錫，言麻布加易治也。有、又通，加也。抽，除也。十五升，千二百縷也。除其半，六百縷也。事，猶治也。有事、無事，反緦而言。「有事其縷，無事其布」，則緦矣。曰錫，明所以異于緦。

女子子適人者爲其父母，婦爲舅姑，惡笄有首以髽撾。卒哭，子折笄首以笄，布總。傳曰：笄有首者，惡笄之有首也。惡笄者，櫛笄也。折笄首者，折吉笄之首也。吉笄者，象笄也。何以言子折笄首而不言婦？終之也。

女子既嫁，父母死，奔服與婦爲舅姑同。惡，猶凶也。笄，簪也。首，簪頭也。有首，言不折也。惡笄短，不必折其首。凡吉笄長尺二寸，凶笄長尺。露髮曰髽，猶男子免。以布覆髮曰總，猶男子冠。受布同。始死，盡去笄總露髽；成服，則惡笄布總。此女與婦同者也。既葬，虞，卒哭，女子適人者歸夫家，則以吉笄易凶笄。蓋笄不可更受，又不可純吉，用吉笄而去其首。此女與婦異者也。櫛笄，竹木簪。櫛，梳也。《玉藻》云：「沐用樿櫛，髮晞用象櫛。」此櫛笄，謂笄同櫛用竹木也；象笄，謂笄同櫛用象骨也。《周禮·弁師》云天子、諸侯笄簪皆玉，則大夫、士以下用象可知。女子言「折笄首」，婦不言者，婦以惡笄終喪，不用吉笄，故不言「折」。

妾爲女君、君之長子，惡笄有首，布總。

妾爲女君不杖期，爲君之長子三年，笄、總與上同，但不髽異耳。

凡衰，外削幅；裳，内削幅，幅三袧鉤。**若齊，裳内，衰外。負，廣出於適寸。適，博四寸，出於衰。衰，長六寸，博四寸。衣帶下尺。衽，二尺有五寸。袂，屬幅。衣，二尺有二寸。袪，尺二寸。**

凶服上曰衰，摧也。削，裁截也。幅，布邊幅。外、内，謂削邊縫向外、向内。凡裳前三幅，後四幅，每幅三袧。袧，鉤也。屈折曰袧。每幅疊三折。衰獨外削者，衰以摧爲義，裳以常爲義。衣貴裳賤，衣變裳不變也。齊，緝。其邊使齊，異于斬也。裳邊緝向內，衰邊緝向外。負以布一方，上聯衰領，後垂于背曰負。適，謂衣領。負廣出于領兩旁各一寸，領寬四寸，由項後出胸前，亦以布一方如負聯領，當心垂，其狀摧然曰衰。衰長六寸，寬四寸，成終數也。此衰所由名。凡喪服，衣皆有衰，惟負獨斬、齊有。《論語》云「凶服者式之，式負版者」，即此。衣即衰。帶，大帶。凡禮服，吉凶皆有大帶。衣長出帶下尺，使不見裳要也。衽，裳周圍連幅，長二尺又五寸。袂，袖也。屬，連也。幅，全幅，不殺，取其方。衣二尺有二寸，謂自領至帶下。袪，袖頭，横廣尺二寸。

衰三升、三升有半，其冠六升。以其冠爲受，受冠七升。齊衰四升，其冠七升。以其冠爲受，受冠八升。總衰四升有半，其冠八升。大功八升，若九升。小功十升，若十一升。

此略言五服布縷麤細始終變易之等。始言衰，斬衰，三升，謂正斬衰，父服；三升有半，義斬衰，君服。衰與冠，皆初喪始成服之制。受，謂既葬以冠布三升及三升半爲衰，其冠又接齊衰冠之七升。受，猶接也。齊、總倣此。大功以下，皆以受言。降大功衰七升，正服八升，冠皆十升；義服九升，冠十一升。降小功衰十升，正服十一升，義服十二升，皆以即葛及緦麻，無受也。大功不言受者，見本章。小功無受者，五月服除。諸侯五月而葬，服除，無可受也。

按：《喪服》雖止及大夫、士，而天子、諸侯下至庶人皆可知。士與庶人同禮，大夫加于士，則諸侯加于大夫，天子加于諸侯，皆可義推，故《儀禮》十七篇大較備矣。鄭謂天子、諸侯禮亡，然則後世天子、諸侯何從受禮乎？

儀禮節解卷十一終

儀禮節解卷十二

郝敬 解

士喪禮第十二

士喪禮者，士始遭親喪，既殯，及三月葬之禮。禮始于士，通已仕未仕者言，非謂此禮絕不可上達，亦非大夫以上喪禮亡，獨士存之謂。

士喪禮：死于適(的)室。幠(呼)用斂衾。復者一人，以爵弁服，簪裳于衣，左何(去聲)之，扱領于帶。升自前東榮，中屋北面招以衣，曰「皐，某復(句)！」三(句)。降衣于前。受用篋，升自阼階，以衣尸。復者降自後西榮。楔(屑)齒用角柶。綴足用燕几。

此始死招魂也。適室，正寢。死于適室，正終也。幠，覆也。斂衾，大小斂之衾。《喪大記》云：小斂一衾，大斂二衾。始死即用其衾覆尸，以俟沐浴。復，招死者魂使反。爵弁服，純衣纁裳，士之貴服。簪，綴也。以裳連綴于衣，荷于左肩，扱其衣領于帶間。東榮，屋東檐。死者所居屋，自前榮東南角升。中屋，屋脊。北面，向幽也。皐，長聲。某，死者名。復，反也。三，三呼。降衣于前，擲衣于南檐庭下。受，受衣。筐，竹器。升自阼階，象生還也。以衣覆尸上，象魂反也。《喪大記》云「復衣不以衣尸」，覆之耳，不以斂也。既斂，斂而藏之。復者降自後，自檐西北角降也。楔齒，拄其齒，使口開可奉含。角柶，角爲匙，扱米飯含者，先屈之，以楔其齒。燕几，燕居所憑几，有四足。横其几，以足夾制尸足，使平直如常，便著屨也。

按：招魂，俗禮，近誕，《周禮·天官》夏采掌之。《檀弓》《喪大記》〔一〕《雜記》等篇，皆載其事。大抵承襲附會，爲二氏超生薦亡、開路回殺之濫觴，非禮之經。角柶楔齒，燕几綴足，古人因便制用，亦非不易之典。

奠脯醢、醴酒。升自阼階，奠于尸東。帷堂。乃赴于君。主人西階東，南面命赴者句，拜送。

此始死設奠赴告也。始死設襲奠，用生者禮，如進食然。脯醢、醴酒，日用常需。升自阼階，自主階也。尸東，尸右當肩。時尸在房南牖下，南首，以東爲右，如生人飲食右便也。張帷于堂上，爲婦人哭位。赴、訃通，猶報也。報凶曰赴。赴于君，君爲司命，親死告君，迫切之至。主人，孝子尊屬，主赴者也。《檀弓》曰：「父兄命赴。」西階東，避正主，如死者存。南面命，主人在堂上，赴者在庭下。

〔一〕「喪大記」，原作「大喪」，今據文義改。

拜送，敬君也。

按：赴告之禮，古人唯君。今世親族朋友，一一赴矣。

有賓，則拜之。入，坐于牀東。衆主人在其後，西面。婦人俠牀，東面。親者在室。

此始死尸在房之哭位。賓，弔者。孝子拜賓，不言賓答，喪拜無答也。孝子既拜則入房，不送賓。牀，尸牀。衆主人，死者之衆子弟。婦人，主婦。親者，亦婦人，即衆主人妻。室在房西。衆婦人，小功以下内外諸兄弟之妻。户外，房户外。北面，面尸也。兄弟，衆族親，小功以下男子子也。婦人堂上，故男子堂下。北面，向尸哭也。

衆婦人户外北面，衆兄弟堂下北面。

君使人弔。徹帷。主人迎于寢門外，見賓不哭；先入門右，北面。弔者入，升自西階，東面。主人進中庭，弔者致命。主人哭，拜稽顙，成踊。賓出，主人拜送于外門外。

此未小斂而君使人弔之禮。徹帷，君命升堂也。迎于寢門外，不出外門。不哭，聽君命也。主人導賓，先入門右，堂下北面，以俟賓升。主人立堂下中庭，弔者致君問弔之命于堂上。主人堂下一拜，喪拜不再。稽顙，頭觸地。成踊，三踊者三，九乃成踊。始死，孝子昏迷不備禮，不成踊，不迎送。此成踊、拜送，敬君命，非君命則否。

君使人襚。徹帷。主人如初。襚者左執領，右執要，入，升致命。主人拜如初。襚者入衣尸，出。主人拜送如初。唯君命，出，升降自西階，遂拜賓。有大夫，則特拜之。即位于西階下，東面，不踊。大夫雖不辭，入也。親者襚，不將命，以即陳句。庶兄弟襚，使人以將命于室；主人拜于位；委衣于尸東牀上。朋友襚，親以進；主人拜；委衣如初，退；哭，不踊。徹衣者執衣如襚，以適房。

此賓客弔襚之禮。以衣衾贈死曰襚。主人如初迎送弔使。衣曰領，裳曰要。入衣尸，入室以衣加尸上。孝子唯君命至，出迎送，大夫以下弔襚，皆不出。升降自西階，不忍由主位。因君命出，遂拜賓，不爲拜賓出也〔一〕。有大夫，則特拜，士以下旅拜。即位，即拜賓之位于西階下，不于階上。不踊，尸未夷堂，不備禮也。大夫雖不辭，主人不待辭即入。此以上，君使與大夫弔襚之禮。親者，大功以上之親，同財，襚不必致命主人，直以所襚衣就房中陳設。小功以下内外庶兄弟，襚則使人將命；主人牀東拜受；襚者委衣尸東牀上，避君衣也。君衣加尸上，此委尸旁，亦不即陳，以殊于親者也。朋友襚，則親執其衣進，不使人將命；主人拜受；襚者委衣尸東牀上，與庶兄弟襚同。襚者退，主人哭，

〔一〕「也」，《存目》本作「賓」，則屬下，讀作「賓有大夫」。《續修》本有塗抹，不易辨識，當與《存目》本同。

不踊，以殊于君襚也。主人有司徹衣，陳設待襲。執衣如襚，亦左執領，右執要。房，東房。始死，斂必于東房，不忍遽離寢所也。

爲銘，各以其物。亡，則以緇，長半幅，赬稱末，長終幅，廣三寸。書銘于末，曰：「某氏某之柩。」竹杠江長三尺，置于宇西階上。

此設明旌。物，采色。《周禮·司常職》：「雜帛爲物。」各以死者生時所建旗幟色爲旌，書姓名于上，表其柩。亡、無通。賤無旌旗，則用緇帛。半幅，尺一寸。赬，赤色。末，旌尾。終幅，二尺二寸。銘，書名。某氏，姓也。某，名也。尸在棺曰柩。竹杠，以竹爲旌竿。宇，檐下。置于宇西階上，柩將殯于此，死者不可識，故銘以識之。《檀弓》曰：「愛之，斯録之矣。」

甸人掘坎于階間，少西；爲垼役于西牆下，東鄉句。新盆、槃、瓶、廢敦、重鬲隔，皆濯，造于西階下。陳襲事于房中，西領，南上，不綪句。明衣裳，用布。鬠繪笄用桑，長四寸，緩中。布巾，環幅，不鑿句。掩，練帛廣終幅，長五尺，析其末句。瑱用白纊句。幎目用緇句，方尺二寸，赬裏；著，組繫句。握手用玄句，纁裏句；長尺二寸，廣五寸，牢中旁寸；著，組繫句。決，用正王棘，若檡澤棘句；組繫句，纊極二句。冒，緇質，長與手齊句；赬殺晒，掩足。爵弁服，純衣。皮弁服，褖彖衣。緇帶。韎韐。竹笏。夏葛屨，冬白屨，皆繶緇絇純，組綦繫于踵。庶襚繼陳，不用句。貝三，實于笲；稻米一豆，實於筐；沐巾一，浴巾二，皆用綌，於笲句；櫛，於簞丹；浴衣，於篋。皆饌于西序下，南上。

此尸將沐浴、飯含而陳其具也。甸人，主治田野。《周禮》有甸師，其徒三百人。掘坎，將埋沐浴餘水。垼，累塊爲竈。煑水沐浴者，皆于西，陰方也。盆以盛水，淅米取潘。槃以沐浴。瓶以汲水。敦以盛米，著地無足曰廢。鬲，釜屬，以煑潘與重粥。重鬲，二鬲也。以其縣于重，故曰重。濯，洗滌也。造，至也。陳襲事，陳設襲尸衣裳。衣尸曰襲。房，東房。衣領向西，自南陳而北。尸南首，衣陳尸東，領西向尸也。文采曰綪，與䋫通，屈折也。陳設屈折成文，而始死尚質，陳衣行列不必綪。明衣裳，既沐浴，近體所著明潔之衣裳。用布，還樸也。鬠言會，會結其髮，以簪管之。笄，即簪，用桑木。桑，喪也。首尾闊，中狹，曰緩中。布巾，藉尸首以飯含者。環幅，廣袤等也。俗畏死，以巾蒙尸面，鑿其當口，奉飯，非禮也。《雜記》云：「鑿巾以飯，公羊賈爲之。」禮，巾不鑿。掩尸面，用練帛五尺。析，裂也。末，帛端也。裂其兩端，結于腦後。瑱以塞耳。生人弁冕，兩旁充耳，用玉石曰瑱。尸以白綿塞耳。幎目，以巾蔽目。緇表，赬裏，中著綿。組繫，以絛爲繫也。握手，縫帛如筩，韜尸兩手，玄表，纁裏，長尺二寸，寬五寸。牢，猶籠也。空其中，旁寬寸，著綿，以組爲繫，兩手交貫于牢。決，本象骨爲之，著右手大指，射者以鉤弦，死則用木爲之。正，猶善也。王棘、檡棘，二木皆棗類。

必言二木，用二決，左右大指各一。皆有組爲繫，借以連屬兩擘也。極，本韋爲之，射者以韜右手第二三四指，《大射禮》云「朱極三」，是也。尸以纊爲之，裹其手指，亦用二，左右手各一。死者手不屬，因生時所有事，以爲斂具，愛敬之至也。冒以韜尸，狀如直囊，上曰質，以緇帛爲之；下曰殺，色用赤。質長與手齊，殺長及腰可掩足。爵弁，玄纁爲弁。純衣，緇帛爲衣。皮弁，皮爲弁，其服褖衣。褖亦緇。褖言彖，豕也。豕，黑色。緇帶，大帶。韎韐，赤韍。詳《士冠禮》。屨言冬、夏，隨時用之。白屨，即《士冠禮》所謂「以魁柎」，皮弁服之屨也。繶，屨底連際；絇，屨頭飾；純，緣屨口。三者皆以緇絛爲之。綦，屨繫。踵，足跟。庶襚，即前親者、庶兄弟、朋友所襚之衣裳，皆繼襲衣陳設而不用者，襲有限也。以上皆襲尸之具。貝以含；米以飯，及淅潘也。笲、筐、簞，皆竹器。四升曰豆。首曰沐，身曰浴。綌，粗葛布。櫛，梳也。浴衣，出浴衣之以乾，乃解而著明衣。饌，陳也。西序，房中西牆。南上，貝、米以下，皆自南陳而北。以上皆沐浴之具。

按：鄭解此節之義茫然。「幎目」之「幎」讀爲《詩》「葛藟縈」之「縈」；「握手，牢中」之「牢」讀爲「樓」，皆無謂。

管人汲，不說脱繘，屈之。祝淅米于堂，南面，用盆。管人盡階，不升堂；受潘判，平聲，煑于垼，用重鬲。祝盛成米于敦，奠于貝北。士有冰，用夷槃可也。外御受沐入。主人皆出户外，北面。乃沐，櫛，挋振用巾；浴，用巾，挋用浴衣。渜撊濯棄于坎。蚤、揃如他日。

鬠用組，乃笄，設明衣裳。主人入，即位。

此沐浴也。管人，主館舍者。汲，取水于井。繘，引瓶繩。繩著瓶，不解而屈之，以盛水，授祝。祝，夏祝，治浴事。記云：「夏祝淅米。」一水淘米取汁曰潘，煑之以浴尸也。受，受於祝。祝既取潘，以米實于敦，奠于故處。暑月以冰清尸。夷槃，平槃，以盛冰置牀下。大夫以上有之，士君賜乃有。外御，侍從男子。沐，即管人所煑潘，受以入房沐浴。主人，孝子以下。出户外，象生時裸裎，子孫離側也。抳，拭也。渜、濡通，穢水。蚤、爪通。剔手足甲曰爪。刷鬚鬢曰揃。束髮曰鬠。既沐浴，主人乃入，即牀東之位。

按：鄭謂「揃」爲斷鬚，非也。

商祝襲祭服，褖衣次。主人出，南面，左袒，扱諸面之右；盥于盆上，洗貝，執以入。宰洗柶，建于米，執以從。商祝執巾從入，當牖北面，徹枕，設巾，徹楔，受貝，奠于尸西。主人由足西，牀上坐，東面。祝又受米，奠于貝北。宰從立于牀西，在右。主人左扱米，實于右，三句；**實一貝**句。**左、中亦如之。又實米**句，**唯盈**句。**主人襲，反位。**

此飯含也。周人重喪祭，禮兼三代，故祝有夏、商。嘉禮文告，則大祝、小祝；凶喪勞役，則夏祝、商祝。《樂記》曰：「宗祝辨乎宗廟之事，商祝辨乎喪禮。」夏、商禮忠質宜喪，而商爲亡國，故凶事用商禮。商尚白，喪主素，至今猶然。襲，重也。祭服，爵弁、純衣。士之祭服，在上；皮弁服、褖衣次之。重衣曰襲。時尸未飯含，先重其衣，俟含後衣也。主人，孝子。左袒，將有事。扱，扱衣袂。面，猶前也。右，右腋下帶閒。盥，盥手。洗貝，將奉含。洗柶，將扱米。建，插也。巾以承餘粒，既飯含，即以掩其口。牖，房南牖。尸首南，故北面。去其枕，使首仰，則飯易入。以巾藉其首，則米不落牀簀閒。徹楔，去角柶。奠貝于尸西，避奠位也。主人位尸東，將含，由尸足北過西，不從首，敬也。宰從，從主人。主人在牀上，宰從之，立牀西，在主人右，佐飯。主人左手執柶扱米，實尸口内右旁，三扱實一貝。左、中如之。九飯三含。米曰飯，貝曰含。先米以藉貝。飯爲食，貝爲用，愛養如生也。三含未滿，加飯，唯盈而止。主人奉含畢，襲袒衣，反位于尸東。

商祝掩句**，瑱**句**，設幎目**句**；乃屨**句**，綦結于跗，連絇**句**。乃襲**句**，三稱**句**。明衣不在算。設韐、帶，搢笏。設決，麗于掔**腕**，自飯持之**句**；設握**句**，乃連掔**句**。設冒，櫜之**句**，幠用衾**句**。巾、柶、鬠**舜**、蚤，埋于坎。**

此襲尸也。掩，謂既飯含，以所陳練帛掩尸面，以纊瑱塞其耳，緇巾幎其目，練帛外掩之，結于項後，乃著屨。綦，屨繫。跗，屨底。絇，屨頭。繫結于底，上連屨頭，使牢固也。首足既斂，乃襲。衣裳具曰稱。三稱，士禮。明衣不在算，先著布衣裳，又加三稱。設韎韐、大帶，搢竹笏帶閒右旁。搢，插也。設決，前所陳棘決，施兩大指，以決繫交麗兩掔。掌後骨曰掔。麗，連也。左決連于右掔，右決連于左掔，使手交如生。自飯含時，持其掔，使不旁垂，以便飯；至是設握，乃連之。不設極，極無衣，但以纊包之。襲畢，設冒以韜其身。櫜，韜也。幠，覆也。衾，斂衾。覆尸待明日小斂。巾，沐浴之巾；柶，扱飯之匙；鬠，所櫛亂髮；蚤、爪通，所斷手足甲。皆埋階閒坎内。

按：跗，猶花柎、弓弣，皆以柢得名，與《冠禮》「以魁柎」之「柎」同。鄭謂「足上」爲跗，「自飯」之「飯」爲「大擘指」，未知何據。射者，丈夫之事，故襲尸用決極，明器用弓矢，送死如生，愛敬之至。禮義委曲，鄭解不達。

重句**，木刊鑿之。甸人置重于中庭，三分庭，一在南。夏祝鬻餘飯，用二鬲，于西牆下。冪用疏布，夂之，繫用靲，縣于重；冪用葦席，北面，左衽，帶用靲，賀之，結于後。祝取銘置于重。**

此設重也。重者，木不可動之名，《易》卦《大過》死亡之象。《序卦傳》曰：「不養則不可動，故受之以大過。」棺槨之利，取諸此。不可動者，重之義，故設重象死者。刊木爲段，以象鬼。鑿木爲孔，以懸鬲。置于殯宮庭中，三分庭，一在南，置庭下稍南也。鬻餘飯，以飯含餘米爲粥。用二鬲，象人膈上膈下。于西牆下，陰方也。冪以覆鬲。夂、灸通，不復發之意。封固夂遠，至葬埋之，不復開矣。《既夕禮》云「皆木桁，夂之」，與此同。靲，篾條。繫，繫重鬲。冪用葦席，謂以葦席環圍，末交向後，以左掩上，故曰「北面，左衽」，象人也。帶，以篋束席外，如要帶。賀之，加肩上也。帶結于後，〔一〕北面，南爲後。銘，銘旌，置于重上，識死者姓名也。

按：重之設，三代已有之。《檀弓》云：「重，主道也。殷主綴重焉，周主重徹焉。」後世遂以葦席爲人形，即《詩》所謂「籧篨」，亦招魂之類。緣古俗禮，流爲怪誕，似此者非一端，豈盡先聖之典刑與？

厥明，陳衣于房，南領，西上，綪句。絞句，横三縮一，廣終幅，析其末。緇衾，赬裏，無紞膽。祭服次，散衣次，凡十有九稱，陳衣繼之，不必盡用。饌于東堂下，脯醢、醴酒。冪奠用功布，實于簞，在饌東。設盆盥于饌東，有巾。苴絰，大鬲，下本在左，要絰小焉；散帶垂，長三尺。牡麻絰，右本在上，亦散帶垂。皆饌于東方。婦人之帶，牡麻結本，在房。牀第、夷衾，饌于西坫南句。西方盥，如東方。陳一鼎于寢門外，當東塾，少南，西面。其實特豚，四鬄剔，去蹄，兩胉百，脊、肺。設扃鼏，鼏西末句。素俎在鼎西，西順句；覆匕，東柄。

〔一〕「賀之，加肩上也。帶結于後」，《續修》本、《存目》本原作「賀之，慶成也。軨帶結于後」。

此將小斂陳設之儀。尸既襲，加衾、絞曰小斂。未棺斂曰小。厥明，死之明日。陳衣，陳小斂衣。房，東房。南領，衣領向南，順尸。尸在西，自西陳而東。綪，屈也。前列自西東，次列又自東西也。絞以束衣、衾，横三幅，直一幅。廣終幅，横直皆全幅。古布幅廣二尺二寸，横三則六尺六寸。析，裂也。末，絞兩端，裂之以束。衾，被也，在衣外絞内。緇，黑色。赬、䞓同，赤色。無紞，不用組繫，以外有絞也。祭服，純衣之屬，次衾。散衣，褖衣之屬，次祭服。古者斂用禮服，以其貴重華潔也。十有九稱，合陰陽之終數。陳衣，親屬之襚衣，皆陳設，雖多不盡用也。以上陳小斂之衣。饌，陳也。脯醢、醴酒，小斂之奠，饌于堂下。皆有巾冪，用鍛治功布爲之，實竹器内。簞，竹器。酒醴、脯醢東，設盆以盛水，將奠盥手也。巾以拭手。此上皆小斂之奠具也。苴絰，絞苴麻爲斬衰首絰。其大一搤，麻根向下，居左，象陽也。要絰亦絞麻爲之，小首絰五分之一。帶，即要絰，麻散垂不絞。牡麻絰，齊衰首絰，麻根居右，向上，象陰。二絰父母之喪，孝子未成服，小斂畢，先加麻絰，皆先陳于堂下東。婦人絰帶與男子異，男子麻散垂，婦人結其麻本。凡麻帶皆本下垂，唯首絰有上下本之異。在房，在東房，不與男子服同處堂下。此陳小斂之麻也。牀，夷尸于堂之牀。第，席也。夷衾，制與冒同，較大。小斂用冒，大斂用夷衾。西方盥，設盥西階下，舉尸者盥也。一鼎，特豚也。小斂畢，將奠，先設鼎寢門外。常鼎北面，今西面，凶事變也。實，鼎中實。特，獨也。鬄，解也。四，謂兩肩、兩髀，各去蹄甲。胉，脅也。兩胉與脊，併四爲七體，共實一鼎。肺，周人所尚，亦實于鼎。扃，以木貫于鼎鉉，横制鼏。鼏，鼎蓋。末，扃尾。末向西，抽扃者自東出，異于食鼎也。俎以載肉。素俎，白木爲俎，喪主素。俎順鼎西横設。

匕以舉鼎肉，横加俎上，亦末西柄東。皆小斂之奠具也。

士盥，二人以并，東面立于西階下。布席于户内，下莞上簟。商祝布絞、衾、散衣、祭服。祭服不倒，美者在中。士舉遷尸，反位。設牀第于兩楹之閒，衽如初，有枕。卒斂，徹帷。主人西面馮（憑）尸，踊無算；主婦東面馮，亦如之。主人髻（括）髮，袒，衆主人免于房。婦人髽于室。士舉，男女奉尸，侇（夷）于堂，幠用夷衾。男女如室位，踊無算。主人出于足，降自西階。衆主人東即位。婦人阼階上西面。主人拜賓，大夫特拜，士旅之；即位踊，襲絰于序東，復位。

此小斂夷尸出堂也。士，親屬供斂事。二人盥手，并立西階下，以俟舉尸。有司布小斂席于房户内。莞，蒲席。簟，竹簟。莞著地，上加簟。簟上布絞，絞上衾，衾上散衣，散衣上祭服。散衣顛倒置之，惟祭服順首足不倒。美者，即祭服。在中，近膚居上。既布，二士自西階升，入房，舉尸首足遷于衣衾上；還，反西階下，以俟。乃設牀第于堂中兩楹閒，將侇尸出也。衽，席也。如初，亦下莞上簟。斂畢，乃徹堂上帷，將夷尸于堂也。馮、凭通，撫也。髻、括通，結也。親始死，孝子投冠存笄纚；小斂畢，尸將出，盡去其笄纚，散髮，結以麻，袒左臂，衣扱于帶右。免、絻同。免冠以麻布纏頭曰絻。父喪免徒首，母喪絻以布。孝子免而括髮，衆主人絻不括髮。于房，尸尚未出户也。婦人以麻結髮爲髽，曰鬈。室在房西。死于室，遷于房，室深于房也。士，即二士。舉，舉尸首足。男女，主人以下血屬。侇、夷通。不起曰夷，故尸居謂「夷侇」。夷衾，解見前。如室位，男東女西也。尸南首，孝子北由尸足過西降堂。衆主人，謂庶子，從降，即位于東階下，西面。婦人東階上，亦西面。衆主人徑往即位。孝子就賓位拜賓與大夫、士畢，而後即位。大夫特拜，尊也。拜士同衆曰旅。襲絰，著首、要絰。陳于堂東，襲于東序之東，復西面之位舉奠也。

按：鄭謂「始死，將斬衰者笄纚」，是也；謂「將齊衰者素冠」，未然。父母始死，孝子免冠笄纚如罪人，所謂「徒跣」者也。《服問》〔一〕云：「親始死，雞斯徒跣。」雞斯，即笄纚。不冠曰徒，不屨曰跣。《周禮》罪人徒役不冠飾。父母初喪，孝子負罪引慝如囚人，何冠屨之有？况小斂親死越宿，豈尚從容加冠，待既斂而後免邪？故叔孫武叔母死，小斂尸出户，始投冠，子游譏之。《既夕禮》啓殯，丈夫皆鬈如婦人，已殯及葬猶不冠，而况始死乎？既成服，乃有喪冠。若始死即素冠，又何俟三日然後成服？

乃奠。舉者盥。右執匕，卻之；左執俎，横攝之；入，阼階前西面錯，錯俎北面。右人左執匕，抽扃予左手，兼執之；取鼏，委于鼎北，加扃，不坐。乃朼，載。載兩髀

〔一〕「服問」，當作「問喪」，下所引乃《禮記·問喪》篇之文。

于兩端，兩肩亞，兩胉亞，脊、肺在於中，皆覆，進柢，執而俟。夏祝及執事盥，執醴先句，酒、脯、醢、俎從，升自阼階；丈夫踊。甸人徹鼎句，巾待于阼階下。奠于尸東，執醴、酒，北面西上。豆錯，俎錯于豆東，立于俎北，西上。醴、酒錯于豆南。祝受巾，巾之，由足降自西階；婦人踊。奠者由重南，東；丈夫踊。賓出，主人拜送于門外。乃代哭，不以官。

此既小斂之奠也。始死，孝子昏迷不成禮，祝與執事者代奠。舉，舉鼎。盥，將舉鼎盥手。左、右，鼎左、右。二人共舉鼎寢門外，右人執匕，卻向後；左人執俎，橫持。攝，即持也。鼎入寢門，錯于阼階下，西向。錯，置也。置俎鼎西，北向橫設。鼎自外入，西爲左，東爲右。右人既錯鼎，左手執匕，右手抽扃，以予左手，併匕執之，右手取鼎蓋，委于鼎北，加扃蓋上，不跪，立委之，喪禮質也。遂以匕取肉載于俎，右人匕，左人受而載之。「兩髀」以下，載肉之序。兩端，俎東西也。亞，次也。覆，反也，皮反居下。柢，本也。肉以骨爲本，進向尸也。既載，執匕以俟奠。夏祝及執事盥，將升奠也。夏祝執醴先升，執事者以酒、脯、醢、俎從。俎升，丈夫踊，要節也。凡奠，男女踊皆以奠者往來升降爲節。甸人徹空鼎出，反門外故處。初堂下簞內功布巾，待祝于阼階下親受。祝與執事以醴、酒、豆、俎設于堂上尸東，如生食右取便也。執醴、酒者，立尸東，北面。奠以醴、酒爲主，在豆、俎之西南，俟豆、俎奠而後奠。錯即奠。先奠豆，俎次豆東。奠豆、俎者，皆立于俎北，南面，自西而東，以西爲上，上尸也。豆近尸。醴、酒錯于豆南。祝乃受巾于東階下，升堂冪奠，由尸足之北，降西階，婦人踊；奠者降，由重南往東，丈夫踊，要節也。重設于庭中，奠者降，復位東，必過重南。賓出，奠畢也。孝子初喪毀困，使人代哭。《喪大記》云：「大夫官代哭。士代哭不以官。」大夫以上有家臣，士無官，所親以序相代也。

有襚者，則將命。擯者出請，入告。主人待于位。擯者出告須句，以賓入。賓入中庭，北面致命。主人拜稽顙。賓升自西階，出于足，西面委衣，如於室禮，降，出。主人出，拜送。朋友親襚，如初儀，西階東，北面哭，踊三，降；主人不踊。襚者以褶牒，則必有裳，執衣如初；徹衣者亦如之，升降自西階，以東。

此將大斂襚之禮。告須，告主人待也。出于足，由尸北，過尸東，西面，委衣于東牀上，如襲時襚于室中之禮。朋友親襚，不使人。如初儀，亦如室中之禮。既襚，西階上哭踊。主人不踊，別于君襚也。褶，夾衣。凡斂衣貴厚，必用褶。有衣則有裳，乃備一稱。凡襚，執衣及徹衣，皆左執領，右執要，如室中之禮。襚者與徹衣者，升降皆由西階。徹者以衣降，歸于東壁。

按：親始死含襲，明日乃斂，又明日乃大斂，三日猶企其復生也。然暴尸累日，將有腐敗之憂，盛夏暑月，此禮未可盡拘。

宵，爲燎于中庭。厥明，滅燎。陳衣于房，南領，西上，綪句。絞，紟句，衾二句。君襚句，祭服句，散衣句，庶襚句，凡三十稱。紟不在算，不必盡用。東方之饌：兩瓦甒，其實醴酒，角觶，木柶；毼褐豆兩句，其實葵菹芋、蠃螺醢；兩籩，無縢，布巾，其實栗，不擇句；脯四脡。奠席在饌北，斂席在其東。

此將大斂陳設之事。宵，即小斂之夕。燎，地燭。在地曰燎，手執曰燭。厥明，謂小斂明日，即大斂殯之日。陳衣，陳大斂衣于東房。南領、西上、綪、絞，俱見前。紟，單被，包衾外。衾，絮被。二，一包絞內，一覆絞外。庶襚，親朋之襚。大斂衣三十稱，士禮也，君百稱，大夫五十。小斂十九稱，上下同之。紟不在稱數，稱必二，衾二，絞橫縮亦二，皆算稱。唯紟一，故不算。衣雖多，用數不必如陳數。此上陳衣衾也。東方之饌，東階下陳奠具也。毼，白也。白木爲豆，凶事尚素也。兩豆，一葵菹芋，一蠃醢。芋，土芝。言葵，又言芋，用其一也。兩籩，一栗，一脯。縢，籩飾。繚籩曰縢。喪器質，故籩無縢。布巾，以覆籩。兩籩：一實栗，不用選擇，《內則》云「栗曰撰之」，凶事質，故不擇；一實脯，用四脡。數脯以脡，脡，直也。奠席，設奠之葦席。《周禮·司几筵職》：「喪事，設葦席。」斂席，大斂藉地，莞、簟也。奠席在饌北，斂席在奠席東，皆堂下東，所謂「東方之饌」也。

按：芋，即蜀人所謂蹲鴟，其莖葉可菹。鄭謂齊語，「全菹爲芋」，未可據。

掘肂四見衽。棺入，主人不哭。升棺用軸，蓋在下。熬黍稷各二筐，有魚腊，饌于西坫南。

此陳殯具。大斂尸入棺，遂殯。殯，賓也。周人殯于西階上，賓之也。埋棺之坎曰肂，其深見衽。棺蓋合際處曰衽，詳見《禮記·檀弓》。升棺，棺升堂，載以輴車。蓋，棺蓋，居棺下。棺遷于坎，尸遷于棺，而后加蓋，便也。熬黍稷，炒穀也，雜魚與腊，置肂中柩旁，惑螻蟻，使不侵尸。

按：熬黍稷魚腊以殯，迂闊無當，不可用。

陳三鼎于門外，北上。豚合升句，魚鱄鮒九句，腊左胖句，髀不升，其他皆如初。燭俟于饌東。祝徹句，盥于門外，入，升自阼階；丈夫踊。祝徹巾，授執事者以待句。徹饌，先取醴酒，北面句；其餘取先設者句。出于足，降自西階；婦人踊。設于序西南，當西榮，如設于堂。醴酒位如初。執事豆北，南面，東上。乃適饌。

此陳殯奠之具。三鼎，豚、魚、腊。門外，殯宮門外。北上，三鼎自北直陳而南。豚合左右體升于鼎。魚〔一〕用九。鱄、鮒，二魚名。腊，乾禽，兔也。用左胖，別于吉也。髀，尾骨，不升于鼎。其他豚體及匕俎之陳，皆與小斂同。燭以照奠于室，俟于饌東，于堂下東方饌之東也。將大斂，祝徹小斂之奠，

〔一〕「魚」上一字格原爲墨釘，今删。

盥手門外，入，禮彌敬也。升自阼階，升堂徹奠也。先徹冪巾，授執事者于東階下，以待再受。乃徹饌，祝先取醴酒，北面立，執事者南面徹餘饌。醴酒後設先取，其餘饌先設者先取，後設者後取。取畢，南面，西上立，俟執醴者先行，從之。由尸足北，過西，降堂，以所徹酒饌，如堂上之位，改設于堂下西序南，與堂西榮相直，俟新奠升室而后去之。執醴酒者仍後設，如初小斂奠，北面，西上。俟執豆者既設豆，立豆北，南面，東上。俟設醴酒畢，祝先行，執事者從之，往東堂下新饌處待事也。

帷堂。婦人尸西，東面。主人及親者升自西階，出于足，西面袒。士盥位如初。布席如初。商祝布絞、紟、衾、衣句，美者在外。君襚不倒。有大夫，則告。士舉遷尸，復位。主人踊無算。卒斂，徹帷。主人馮如初，主婦亦如之。

此大斂也。既徹奠，將布斂席，乃設帷堂上。士盥位，如小斂盥于東堂下。布席堂東，如小斂下莞上簟。美者在外，殊于小斂美在中也。祭服美，故在外。君襚尊，順領布之，不敢倒置，其餘隨宜縱橫可也。大斂乃用君襚，貴在外也。當斂時，大夫至，則告以主人有事，未及拜；非斂時，即降拜也。士二人舉尸首足，遷于所布衣衾上，復還西階下。親形愈斂，孝子情愈迫，故踊無算。衾絞結束畢，徹堂上帷。馮尸如初，主人西面，主婦東面也。

主人奉尸斂于棺，踊如初，乃蓋。主人降，拜大夫之後至者，北面視肂。衆主人復位，

婦人東復位。設熬句，旁一筐，乃塗；踊無算。卒塗。祝取銘置于肂。主人復位，踊，襲。

此既大斂殯也。蓋，闔棺蓋。大夫，即前所告大夫，後大斂至，主人有事未拜，至是乃降西階拜。拜畢，遂北向階上視肂。柩在肂，殯于西階，故即階下視肂殯也。衆主人與婦人各復東階上下之位，而主人猶視肂西階下。以所陳熬穀置肂內，棺四旁各一筐，乃以木攢棺加塗，俟三月葬乃啓。孝子不見親形，故踊無算。銘，銘旌，初置重上，今取置肂東。不見親所在，表之使知其處也。殯畢，主人復東階下位，踊，襲袒衣，俟奠。

乃奠。燭升自阼階，祝執巾，席從，設于奥，東面。祝反降，及執事執饌。士盥，舉鼎入，西面北上，如初。載：魚左首，進鬐，三列句；腊進柢。祝執醴如初，酒、豆、籩、俎從，升自阼階；丈夫踊。甸人徹鼎。奠由楹內入于室，醴酒北面句。設豆句，右菹句，菹南栗，栗東脯。豚當豆句，魚次句，腊特于俎北句。醴酒在籩南句。巾如初。既錯者出，立于户西，西上；祝後句，闔户句，先由楹西，降自西階；婦人踊。奠者由重南，東；丈夫踊。賓出，婦人踊，主人拜送于門外。入，及兄弟北面哭殯。兄弟出，主人拜送于門外。衆主人出門，哭止，皆西面于東方。闔門。主人揖，就次。

此設殯奠也。既殯，奠于室。燭，即「俟于饌東」之燭。喪奠不啓牖，奠必侵晨，故用燭。喪奠皆自阼階升，猶生事之也。巾，即祝徹受執事者之巾，至是祝仍受之以升。執席者從入室，設席于奧。尸殯于西階，奠設于室西南隅，席向東。祝委巾于席，降東階取醴，執事者舉酒、豆、籩。士盥手，舉三鼎，自門外，入阼階前，西面北上，直陳而南。執匕俎扃鼏，枇載，皆如小斂之儀。魚載于俎，左其首，以脊鬐進，三魚一列，九魚三列；腊以骨進。祝執醴先升，執酒、豆、籩、俎者從之，升自阼階。丈夫踊，要節也。甸人徹鼎，出，置門外故處。醴、酒、俎、豆之奠，皆由楹内入室。席向東，奠向北，以西爲上。執醴酒者北面立，俟奠豆、籩、俎畢，乃奠醴酒。先設兩豆菹、醢，菹在右，醢在左，可知。次設兩籩栗、脯，栗在菹南，脯在栗東，即醢南。次設俎，豚俎當豆北，魚俎次豚東，腊俎魚北。腊言特者，鼎俎尚奇，腊無偶，故特也。已乃奠醴酒于籩南，醴在栗南，酒在脯南。加巾，如小斂之奠。執饌者既奠，出室，立户西。户在室東南，立者西上，上神席也。祝後出，闔室户，鬼尚幽也。出則祝後，降則祝先。祝降，婦人踊；奠者由重南，東，丈夫踊；賓出，婦人踊，皆要節也。兄弟，小功以下之親，將去，哭辭殯。出門，出殯宫門。東方，即倚廬。次，苫塊之次，倚廬之内。

君若有賜焉，則視斂。既布衣，君至；主人出迎于外門外，見馬首，不哭，還，入門右，北面，及衆主人袒。巫止于廟門外，祝代之。小臣二人執戈先，二人後。君釋采，入門，主人辟。君升自阼階，西鄉。祝負墉，南面；主人中庭。君哭。主人哭，拜稽顙，成踊，出。

君命反行事，主人復位。君升主人句，主人西楹東，北面句；升公、卿、大夫句，繼主人，東上。乃斂。卒，公、卿、大夫逆降，復位；主人降，出。君反主人，主人中庭。君坐撫，當心。主人拜稽顙，成踊，出。君反之；復初位；衆主人辟于東壁，南面。君降，西鄉，命主人馮尸。主人升自西階，由足，西面馮尸，不當君所句；踊。主婦東面馮，亦如之。奉尸斂于棺，乃蓋；主人降，出。君反之。入門左，視塗。君升即位，衆主人復位。卒塗，主人出；君命之反奠。入門右，乃奠，升自西階。君要節而踊，主人從踊。卒奠，主人出，哭者止。君出門，廟中哭。主人不哭，辟。君式之。貳車畢乘，主人哭，拜送；襲，入即位；衆主人襲。拜大夫之後至者，成踊。賓出，主人拜送。

此君視大斂卒殯之禮。《喪大記》曰：「君於士，既殯而往；爲之賜，大斂焉。」賜，加厚也。君欲視斂，預使告其家。主人不敢升堂，陳衣衾以待。見馬首，不哭，敬也，初哭可知。禮，喪不迎賓，迎賓則不哭。門右，門東也。北面，臣禮也。衆主人，庶子也。袒衣，變也。君弔臣喪，巫、祝先。小臣執戈毆不祥。釋菜于其門，告神而後入，示崇重也。主人辟，退郤不前，敬也。升自阼階，君自主也。君立阼，西面。祝背東房牆南面，立君側，詔禮也。《喪大記》曰：「君視祝而踊。」君將哭尸，主人由門右，進立中庭下北面。哭，拜稽顙，成踊，出，恐君即行，送之，不敢望君留也。自此以下，斂尸、馮尸、視殯、視塗、視奠并哭尸，凡六事，君每視一事畢，主人輒出送君，君輒命反，然後乃敢更舉一事也。主人復位，復門右之位。君命主人升，行斂事也。主人升，立于西楹東，北面，近尸西也。升公、卿、大夫，亦君命升。繼主人，立西楹東、主人之左，相繼而西，使孝子近尸，得自展其事也。東上，上君也。乃大斂，畢，公、卿、大夫逆降，在西者先降，復堂下哭弔之位，位詳下節。主人降，出，君又反之。將馮尸，主人立庭中。君堂上坐，以手撫尸，當心，示哀恤也。主人庭下拜稽顙，成踊，出，君又反之。主人復初立門右之位；衆主人退避于東壁，南面，君將降也。東壁，猶東廂。自門右趨東壁便。君降，命主人升，與主婦憑尸。不敢憑君所撫處，疑與尊者同也。主人降，出，君又反之。將視塗，主人入門左，殯在西階，將趨西也。君升堂即位，視塗。衆主人亦自東壁，復門右北面之位。塗畢，主人出，君又命反。將視奠，主人升自西階，乃設奠。執奠者升階及降自重南，當丈夫踊之節，則祝導君按節而踊。要，猶按也。奠畢，主人乃出，哭者止，君退，不敢聒尊也。俟君出，乃哭。廟中，殯宮。主人不哭，送君也。辟，避道旁，致敬也。君于車上伏軾答之。貳車，後車。君車必貳，備不虞也，使異姓之士乘在後。後車畢乘，則君車行矣。主人乃哭，拜送；襲其袒衣，入，即東階下西面之位；衆主人皆襲。大夫有後至者，主人既就位而後拜。禮貴更始，不以送君之便拜賓也。

按：君臨臣喪，一體之誼，哀敬之情，而使巫、祝告門，小臣執戈前驅後入，何爲者也？此後世人主妄自驕貴，崇尚巫風而爲此，非先王哀有喪之禮。

三日，成服，杖，拜君命及衆賓。不拜棺中之賜。

此成服而謝弔賓也。三日，謂既殯之明日，始死之第四日也。云「三日」者，《曲禮》云「生與來日，死與往日」也。孝子服親之喪，心無窮而情常迫，生者之服四日猶以爲三日，死者之期三日已成四日矣。杖，服時即杖。拜君命及衆賓，拜其臨弔也。棺中之賜，襚也。不拜，不忍遽死其親之意，葬後乃拜也。

按：拜弔不拜襚，鄭注未達。三日成服，喪禮之大節，儀亦不宜大略。

朝夕哭，不辟子卯。婦人即位于堂，南上，哭。丈夫即位于門外，西面北上；外兄弟在其南，南上；賓繼之，北上。門東，北面西上；門西，北面東上；西方，東面北上。主人即位，辟_闢門。婦人拊心，不哭。主人拜賓，旁三，右還，入門，哭；婦人踊。主人堂下，直東序，西面。兄弟皆即位，如外位。卿、大夫在主人之南。諸公門東，少進。他國之異爵者門西，少進。敵，則先拜他國之賓。凡異爵者，拜諸其位。

此以下三節，皆既殯以後至葬，三月内朝夕哭奠之禮。此一節，朝奠之位，夕可知。始死至殯，三日代哭，不絶聲。殯後無代哭，唯朝夕哭于殯宫，遂奠焉。朝夕，即殯明日之朝夕。子、卯，桀、紂亡日。吉事避，哭不避也；吉祭避，喪奠不避也。婦人即位于堂，阼階上也。南上，自南序立而北。

丈夫，謂衆主人。外〔一〕兄弟、賓客，皆助奠者。門外，殯宫門外。西面，門東也。北上，自北立而南。外兄弟，異姓有服之親，在衆主人南，亦西面；變南上，自南立而北，不統于衆主人也。賓客繼之，亦西面；變北上，自北立而南，又不統于外兄弟也。其南方北面立者，在門東，則自西而東，以西爲上；在門西，則自東而西，以東爲上。在西方東面立者，則自北而南，以北爲上。情有親疏，爵有崇卑，相聯而不相混如此。衆位既定，主人乃即位于東方，西面，丈夫位之北。辟、闢同，闢殯宫門。婦人拊心，以手摩其胸。丈夫未哭，婦人含痛未敢哭也。主人拜賓，拜于門外也。將奠，賓入助奠，主人先就賓旁，三面拜，右還，首西，次南，次東，拜畢，入門，哭；婦人皆哭踊于東階堂上。兄弟以下至衆賓，皆入，哭于堂下，其位與門外同。門外言位，堂下言人，義互見也。主人堂下，直東序，西面。卿、大夫在主人南，則衆主人與兄弟皆少退于主人後可知。諸公，謂君族及孤卿。門東、門西，皆門内。少進，别于退立者也。他國之異爵，謂他國卿、大夫有事于本國來弔者。異爵，爵尊于主人也。敵，謂他國之賓與本國諸公、卿、大夫爵同者，則主人先拜他國賓，而后拜本國賓，否則先拜異爵者。凡異爵，謂他國、本國爵尊于主人者，拜之皆就其位，不敢于本位遥拜也。

徹者盥于門外，燭先入，升自阼階；丈夫踊。祝取醴，北面句**；取酒**句**，立于其東；取豆、**

〔一〕「外」，原脱，今據經文補。

籩、俎，南面西上。祝先出，酒、豆、籩、俎序從，降自西階；婦人踊。設于序西南，直西榮。醴、酒北面西上；豆西面錯句，立于豆北，南面；籩、俎既錯，立于執豆之西，東上句；酒錯句，復位句；醴錯于西句，遂先句，由主人之北適饌。

此將朝奠，先徹昨日殯奠。徹者，祝及執事輩，儀與大斂徹奠同，解見前。徹以昧旦，室中暗，用燭。燭先入，徹者從。祝先取醴，北面立；執事者取酒，立祝東，亦北面；次取豆、籩、俎，南面立，以西爲上。取畢，祝先出，餘饌從之西降，改設于序西。祝執醴，與執酒者，立以俟，而祝在西。先錯豆，次錯籩，錯俎。既錯少立，執酒者錯酒于籩南，復退立。祝乃錯醴于酒西，不復位，遂先行；衆從之，適東階下，由主人位北，往東方新饌，將舉以升奠于室也。饌，朝奠之饌。

乃奠，醴、酒、脯、醢升；丈夫踊。入，如初設，不巾句。錯者出，立于户西，西上。滅燭，出。祝闔户句，先降自西階；婦人踊。奠者由重南，東；丈夫踊。賓出，婦人踊，主人拜送。衆主人出，婦人踊。出門，哭止，皆復位。闔門。主人卒拜送賓，揖衆主人，乃就次。

此朝奠也。朝夕奠與殷奠殊，惟醴、酒、脯、醢。殷奠，月朔薦新之類，則鼎俎具。入，入室。如初設，如殯奠也。酒饌不用冪巾，禮殺于殷奠也。皆復位，復門外初立之位。卒拜送賓，謂内外賓去者，拜送畢。餘見前。

朔月，奠用特豚、魚、腊，陳三鼎如初。東方之饌亦如之。無籩，有黍稷，用瓦敦，有蓋，當籩位。主人拜賓，如朝夕哭，卒徹。舉鼎入，升，皆如初奠之儀。卒朼，釋匕于鼎句。俎行句，朼者逆出，甸人徹鼎。其序：醴，酒，菹醢，黍稷，俎。其設于室：豆錯，俎錯，腊特，黍稷當籩位，敦對啓會，郤諸其南，醴酒位如初。祝與執豆者巾句，乃出。主人要節而踊，皆如朝夕哭之儀。月半不殷奠。有薦新，如朔奠。徹朔奠，先取醴酒，其餘取先設者。敦啓會，面足。序出，如入。其設于外，如于室。

此既殯後及大祥前，兩期内月朔之奠。生有朔食，故死有朔奠，禮盛于朝夕。牲用特豚、魚、腊三鼎，與殯奠同。東方之饌，亦如殯奠也。無籩，無脯栗。有黍稷，主食也。死者月朔，猶生者朝夕，饔飧爲主。瓦敦以盛黍稷，蓋以合敦。當籩位，以黍稷居脯栗之位也。賓客助奠者，主人先拜于門外，後入，如朝夕哭。祝與執事徹宿奠，設于西序南，畢，乃設新奠。舉鼎入階前，升肉于俎，皆如殯奠。既朼鼎肉升俎畢，置匕鼎内。執俎者以俎行升奠，朼者出，甸人徹鼎。其執饌行升之序，先醴，次酒，次菹醢，次黍稷。奠于室：先豆次俎，豚俎，魚俎，其腊俎特居北；次黍稷，在豆南，居殯奠之籩位也；敦皆啓蓋，仰置敦南；最後奠醴酒，位皆如殯奠。祝立南，執豆者立北，共舉巾，羃其奠，乃出。丈夫、婦人要節踊，如朝夕哭之儀。此以上，皆朔奠。其禮盛，又謂殷奠。殷，盛也。每月望，奠如朝夕，不殷奠也。五穀新熟薦于殯，亦如朔奠〔一〕。凡徹奠，敦皆啓會，不用蓋，以敦足向前，敦形似獸，兩足踞前，徹者奉敦足在前，南面錯，順也。設于外，謂設于西序南。重言者，疑朔奠異于朝夕也。

筮宅，冢人營之。掘四隅，外其壤；掘中，南其壤。既朝哭，主人皆往，兆南北面，免絰。命筮者在主人之右。筮者東面，抽上韇，兼執之，南面受命。命曰：「哀子某，爲其父某甫筮宅。度茲幽宅兆基，無有後艱？」筮人許諾，不述命，右還，北面，指中封而筮。卦者在左。卒筮，執卦以示命筮者。命筮者受視，反之。東面旅占，卒，進告于命筮者與主人句：「占之句，曰從句。」主人絰，哭，不踊。若不從，筮擇如初儀。歸，殯前北面哭，不踊。

此將葬而筮葬地。宅，即葬地。筮，揲策求卦。冢人，掌葬地。營，度也。掘地爲四隅中央如壙，指以筮。外其壤，掘土壤置外旁也。中央壤置南，不于北，葬北首也。兆，猶初也。死者久宅，初曰兆。

〔一〕「朔奠」，原作「殷奠」，今據經文改。按：據郝義，雖朔奠又可謂之殷奠，然此究當以「朔奠」爲正字。

兆南，即所掘壤南。免絰，脱首絰。禮神求吉，故暫脱凶服。命筮者傳主人意，以詔蓍策，在主人右，詔辭自右也。韇，藏蓍策之器。兼策與韇，蓋併執。南面，尊蓍也。受命，聽命辭也。基，猶始也。後艱，如崩壞之類。主人既命，卜筮者必述命辭以告蓍龜。此不述命，喪禮質也。中封，所掘四隅中央地。卦者，執簡畫卦之人。執卦不示主人，示命筮者，命自彼出也。既受視，又反之，使占吉凶。旅，衆也，筮者與卦者同衆共占。曰從，筮人告命筮〔一〕者與主人之辭，言以此卦占，其繇曰從。從，猶吉也。若不從，則更擇地筮之。《小記》曰：「祔葬者不筮宅。」凡筮宅，皆初地。殯前北面哭，哭于西階下也。

既井椁，主人西面拜工，左還椁，反位，哭，不踊。婦人哭于堂。獻材于殯門外，西面，北上，綪。主人徧視之，如哭椁。獻素、獻成亦如之。

此將葬治椁及明器也。井椁，椁形方如井文。工人成椁，布于殯宮門外。主人西面拜工，荅其勞也。左還，左體向西南遶椁，視其材制之美惡。反位，哭，「歸，殯前北面哭」也。獻材，工人獻明器之材木，自北陳而南，其前列居西，主人東面視之。布材屈折曰綪，解見小斂。始成樸曰素，成器曰成。如之，拜工、徧視、反位哭，同也。

〔一〕「筮」，原無，今據經文補。按：注内於「命筮者」皆不略作「命者」，此作「命者」，是偶脱「筮」字耳。

卜日，既朝哭，皆復外位。卜人先奠龜于西塾上，南首，有席。楚焞置于燋，在龜東。族長涖卜，及宗人吉服立于門西，東面，南上。占者三人在其南，北上。卜人及執燋、席者在塾西。闔東扉，主婦立于其內。席于闑西閾外。宗人告事具。主人北面免絰，左擁之。涖卜即位于門東，西面。卜人抱龜燋，先奠龜，西首，燋在北。宗人受卜人龜，示高。涖卜受視，反之。宗人還，少退，受命。命曰：「哀子某，來日某，卜葬其父某甫句。考降，無有近悔？」許諾，不述命，還即席，西面坐命龜，興，授卜人龜，負東扉。卜人坐作龜，興。宗人受龜，示涖卜。涖卜受視，反之。宗人退，東面，乃旅占。卒，不釋龜，告于涖卜與主人句：「占句，曰某日從。」授卜人龜。告于主婦，主婦哭。告于異爵者。使人告于衆賓。卜人徹龜。宗人告事畢。主人絰，入，哭，如筮宅。賓出，拜送。若不從，卜擇如初儀。

此將葬卜日也。外位，殯宮門外之位。門堂曰塾。上，塾內之北也。南首，龜首向南。席以奠龜。楚，荆也。焞、鐏通，削荆鋭如鐏。燃火灼龜曰楚焞。燋，乾木，以生火。置焞于燋燃之。在龜東，并陳也。族長，族人之長，大宗也。宗人，公有司掌禮者。求吉，故用吉服。占者三人，決從違于多也。《書》曰：「三人占，則從二人之言。」在其南，在族長、宗人之南，皆門西東面。一以南爲上，一以北爲上，相繼不相統也。卜人，掌卜事作龜者，與執燋者、布席者，皆在塾内西待事也。東扉，門東扇。席，布作龜之席。闑，當門中。閾，門限。凡主位在門東西面，族長將涖卜，故主人北面免絰，以凶服避位。左擁之，擁絰也。涖卜，謂族長，即位門東，西面，代主人命龜。卜人奠龜于席前，西首，順人也。燋在北，便右取也。示、視同。高，猶上也。視龜甲上灼處，《周禮·大卜》「眡高」。卜人以龜授宗人，宗人受，以示涖卜。涖卜既視高，反之。宗人執龜少退，聽涖卜命。來日某，喪用柔日，若乙丁丑酉之類。考，稽也。《洪範》云：「明用稽疑。」降，下也。鬼歸于土曰降。近悔，近于悔，如「雨不克葬」之類。許諾，宗人應也。宗人不述涖卜之命，遂執龜還就席，西面坐命龜，起，以龜授卜人，身負東扉立以待。卜人乃坐灼龜，作坼兆，起，以龜兆授宗人。宗人以示涖卜。涖卜受視，反之。宗人執龜退，東面立，與衆共占，以告涖卜與主人。「占，曰某日從」，告辭也。異爵，爵尊者。衆賔，僚友之不在者。主人乃絰，入，哭，如筮宅，亦「殯前北面」也。賔出，與卜之賔退歸也。

按：鄭訓「示高」，示以龜甲高起處，龜板無高處；訓「考」作「登」，《詩》云「考卜維王，維龜正之」，其爲稽卜甚明。

儀禮節解卷十二終

儀禮節解卷十三

郝敬　解

既夕禮第十三

此篇通前皆喪禮。昔人以簡扎太多，别爲一卷，借首「既夕」二字名篇。前篇三月在殯之終，此篇將葬啓殯之始，其閒亦無士三月葬之文。所謂「既夕哭」，即接前文「卜日，既朝哭」而言，非截然兩篇甚明。説者往往以《既夕》爲一禮，誤。

既夕哭，請啓期，告于賓。夙興，設盥于祖廟門外。陳鼎皆如殯，東方之饌亦如之。侇夷牀饌于階間。二燭俟于殯門外。丈夫髽，散帶垂，即位如初。婦人不哭。主人拜賓，入，即位，袒。商祝免袒，執功布入，升自西階，盡階，不升堂，聲三，啓三，命哭。燭入，祝降，與夏祝交于階下，取銘置于重。踊無筭。商祝拂柩用功布，幠呼用夷衾。

此將葬啓殯也。夕，葬前二日之夕。未葬以前，每日夕奠哭。此將啓之先日，夕奠哭畢，主賓皆復門外之位。有司請啓殯之期于主人，以告賓。始筮宅、卜日，既使人告，至是賓集，又請告，審慎之至也。明日早起，設盥祖廟門外，俟遷奠盥手也。父新喪，無禰，故于祖廟。自盥至侇牀，皆設于祖廟者，以待柩朝也。陳鼎如殯，如大斂殯殷奠之陳。東方之饌饌于堂東，瓦甒、毼豆之屬，亦與殷奠同。侇牀，尸牀。柩朝廟，用此正棺于楹閒，今設于祖廟堂下兩階間。設二燭于殯宫門外，炤啓殯及徹奠也。婦人首不笄曰髽。主人男子以下當斬衰者，皆免冠，不笄不纚，徒首髽如婦人。不云婦人，互見也。男子既小斂，襲絰，帶散垂，成服後絞，至是復散帶垂如小斂，即位于殯宫門外，如朝夕哭之儀。婦人在内，男子未入，故不哭。主人門外拜賓，入，即位于堂下。主人袒，商祝亦免袒，升堂啓殯也。功布，洗治之布，商祝執以拂柩。自門外入，升，盡西階三等，不升堂，立于階上殯前。作聲者三，如警使聞也；叩塗者三，擊使開也；乃命主人男女以下哭。奠〔一〕祝以燭入，炤徹宿奠，降，而夏祝升取殯前銘旌，置庭下重上。二祝往來相交。主人見柩哀甚，踊無筭。拂柩，拂塵土。幠，覆棺也。

遷于祖，用軸。重先，奠從，燭從，柩從，燭從，主人從。升自西階。奠俟于下，東面，北上。主人從升。婦人升，東面。衆人東即位。正柩于兩楹間，用夷牀。主人柩東，西面。

〔一〕「奠」，盛世佐《儀禮集編》卷一三云「『奠』當是『商』字之譌」，「奠」與「商」形近，以此致譌，不無可能。賈公彦、敖繼公則以此「祝」爲周祝，郝氏或以該祝有事於奠，故且稱之爲「奠祝」歟？疑不能定，姑仍之，待考。

置重如初。席升設于柩西，奠設如初，巾之。升降自西階。主人踊無筭，降，拜賓；即位，踊，襲。主婦及親者由足，西面。

此遷柩朝于祖廟也。《檀弓》曰「周朝而遂葬」，象生時出必辭也。用軸，以輴車載柩行適祖。自「重」至「主人」，從行之序。奠，即室中先夕之奠。柩行奠從。兩燭，即前「二燭」。柩入廟，由西階升堂，不由阼，子道也。主人從升，亦自西階升。婦人，主婦及衆婦人也。衆人，衆主人也，皆不升堂，即東階下西向之位。柩升，正于兩楹間。南向居中曰正。尸北首，示朝祖也。載柩用夷牀。主人立柩東。置重庭下，如在殯宫。布席柩西，設從遷之奠，加巾，如在室。不奠于柩東，鬼神尚西也。柩在殯，奠亦于室西，與始死奠尸東異。始死生事之，既殯神事之。凡祭，室事皆西也。升降自西階，奠者升降也。主人踊無筭，堂上不必要節也。主人降西階，拜賓，就東階下西面之位，踊，襲。主人降，婦人過柩東，由足。柩北首，以南爲足。

薦車，直東榮，北輈。質明，滅燭。徹者升自阼階，降自西階。乃奠如初，升降自西階。主人要節而踊。薦馬，纓三就，入門，北面，交轡，圉人夾牽之。御者執策，立于馬後。哭成踊，右還出。賓出，主人送于門外。有司請祖期。曰：「日側。」

此設啓奠、薦車馬也。柩朝于祖，明日遂行。遣送用車馬，記云乘車、道車、槀車，併薦于廟。

榮，屋檐。陳車堂下，當東檐之南。輈，車轅上曲如舟。北輈，輈向堂也。車入時天質明。質，正也。乃滅燭。徹從奠，設新奠如初，亦柩西也。主人要節而踊。要，猶按〔一〕也。節，升降之節。奠者升，主人踊；奠者降，婦人踊；由重南，主人踊。既奠，薦遣車之馬。禮，士車二馬。纓，馬項下繁纓。三就，以三采纏三匝。馬入廟門，北面，以兩內轡交結，兩圉人左右各持外轡，夾牽之。圉人，養馬者。御者，御車者。策，馬箠。哭成踊，主人以下也。薦車不言哭，馬言哭者，方奠，車入未成薦；既奠，馬入并薦，乃哭成禮。非既薦車，別薦馬也。車停廟中，馬右還出。啓殯之賔事畢出，主人送于門外。有司遂請祖期。祖，始也。始出祭行曰祖。凡祖以先夕，柩明日行。即朝廟之夕設祖奠，象生時出祖也。有司問祖奠早莫，主人以「日側」對。日過中曰側。

主人入，袒。乃載，踊無筭。卒束，襲。降奠，當前束。商祝飾柩：一池，紐前䞓後緇，齊三采，無貝。設披屬引。陳明器於乘車之西。折，橫覆之。抗木，橫三，縮二。加抗席三。加茵，用疏布，緇翦，有幅，亦縮二橫三。器西，南上綪，茵；苞二；筲三，黍、稷、麥句；甕三，醯、醢、屑句，冪用疏布；甒二，醴、酒句，冪用功布。皆木桁句，久之句。用器：

〔一〕「按」，《存目》本原作「合」，《續修》本有塗抹，不易辨識，當與《存目》本同。按：《士喪禮》郝注同作「按」。

弓矢，耒耜，兩敦，兩杅，槃，匜。匜實于槃中，南流。無祭器。有燕樂器可也。役器：甲，胄，干，笮唶。燕器：杖，笠，翣。

此載柩、陳明器也。主人既送賓，入廟遂祖，將載柩，變也。記云：「賓出，遂〔一〕、匠納車于階間。」乃舁柩階下，載于車上，束之，移堂上。奠降設于階間，當柩車西之前束。束有前後，柩北首，奠當尸右肩也。飾柩，謂設牆柳，即今棺罩，詳《喪大記》。池象屋承霤，懸柳前。一池，士禮也。上爲㡛，下爲帷，紐以聯屬㡛、帷。《喪大記》云：「士纁紐二，緇紐二。」經即纁。前經，南方火色。後緇，北方水色。齊，㡛上中央圓起如臍，以三色繒相次爲衣。大夫以上加貝。《喪大記》云：君齊五采五貝，大夫三采三貝，士三采一貝。此無貝，説異。披，以帛繫棺兩旁束上，使人持之，外連紼引柩，内制棺使不披側也。《喪大記》云：「士二披，用纁。」引，以大繩引柩。屬，連也。送葬之器曰明器，明其爲器耳，不必任用也。乘車，即前所「薦車，直東榮」者。明器陳于車西。壙上木曰折，形同壙口，長故横設，容苞、筲等器于北也。覆，反也，仰置之。抗木，折上受席盛土者，横三直二陳之。抗席三，加于抗木上。茵，褥也，著以茅秀，藉柩壙底者。麤布爲囊，淺黑色。翦，淺通。囊五，布皆有邊幅，用全幅也，亦如抗木直二横三，陳于席上。以上皆空具也。器，即明器，亦陳車西，自南而北，復自

〔一〕「遂」，原脱，今據篇末記文補。按：郝氏引文往往有删節，但此處獨略「遂」字（指遂人）而存「匠」字（指匠人），無意義，乃偶脱耳，故敢爲之補。

北屈而南。緭，屈也。茵，即抗席上之茵。器接茵北，故復舉之。苞，葦囊，以包牲肉入壙。用二，羊、豕各一。筲，飯箕，竹器。送葬用草爲之，記云「菅筲三」，黍、稷、麥各一也。罋，瓦器，瓶屬。屑，薑、桂之屑。《内則》云：「屑桂與薑。」醯、醢、屑三罋，覆以冪。甒，小瓦器。二，醴、酒各一也。功布，細布。醯、醢、醴、酒，濕物皆用冪。木桁，木爲架，以閣苞、筲、罋、甒等。夂、灸通，詳前篇設重節，謂罋、甒之類皆固塞堅夂。以上食器也。用器，常用之器。敦，簋屬。杅，盛湯漿。槃、匜，盥器。流，匜口。士無祭田，故生無祭器，明器亦無祭器。若燕閒歌樂之器、琴瑟鐘磬之屬，有之。役器，征役之器。甲，鎧也。冑，兜鍪。干，楯也。笮，矢服。燕器，燕閒之器。杖以扶身；笠以蔽日；翣，扇也，以招涼。皆燕器。

按：明器之設，古人事死如生之意。然多藏誨盜，爲死者累。古禮有不如今者，此類是也。

徹奠句**，巾、席俟于西方。主人要節而踊；，袒。商祝御柩，乃祖。踊，襲，少南，當前束。婦人降，即位于階閒。祖，還**旋**車不還器。祝取銘，置于茵。二人還重，左還。布席，乃奠如初，主人要節而踊。薦馬如初。賓出，主人送，有司請葬期。入，復位。**

此設祖奠也。將陳祖奠，徹遷奠。巾與席俟于堂西，以待奠。要節，見前。御柩，柩已在階間車上，北首，商祝今御柩車，轉首南向，示將出。于時乃設祖奠，象行者出祖也。「踊，襲」以下，祖奠之儀。

主人既踊，襲其袒衣，立柩東，少南，避婦人也。婦人自堂上降，立階間。柩車還向外，而所陳明器不動，未成行也。銘，銘旌，在庭下重上，祝取置茵上。茵與旌同藏于壙，而重不藏也。重先北向，二人舉重，以左體轉東向南，柩還重亦還也。乃布席，設祖奠，與遷奠柩西同。柩還，遣車將行，故復薦馬。祖奠畢，賓出，主人送于門外，有司請來朝柩行之期。主人入，復階間柩東前東之位。

公賵鳳：玄纁束句，馬兩句。擯者出請，入告。主人釋杖，迎于廟門外，不哭；先入門右，北面，及衆主人袒。馬入設，賓奉幣，由馬西當前輅，北面致命。主人哭，拜稽顙，成踊。賓奠幣于棧左服句，出句。宰由主人之北，舉幣以東。士受馬以出。主人送于外門外，拜，襲；入復位，杖。賓賵者，將命。擯者出請，入告，出告須。馬入設，賓奉幣。擯者先入，賓從，致命如初。主人拜于位，不踊。賓奠幣如初，舉幣、受馬如初。擯者出請。若奠，入告，出，以賓入，將命如初。士受羊，如受馬。又請。若賻附，入告。主人出門左，西面；賓東面將命；主人拜，賓坐委之；宰由主人之北，東面舉之，反位。若無器，則捂吾受之。又請，賓告事畢；拜送，入。贈者將命；擯者出請，納賓如初。賓奠幣如初。若就器，則坐奠于陳。凡將禮，必請而后拜送。兄弟，賵、奠可也。所知，則賵而不奠。知死者贈，知生者賻。

書賵於方，若九，若七，若五。書遣於策。乃代哭，如初。宵，爲燎于門内〔一〕之右。

此柩將行而賵、贈也。公，君也。助葬曰賵。玄纁，二色帛。十端爲束。馬兩，二馬。士車用兩馬。擯者出請使事。主人釋杖出迎，北面袒，重君命也。使者以公賵馬入陳庭下重南，親奉幣，由馬西進當兩階閒柩車前，北面致君命。輅，即柩車。不升堂，柩在階下也。車無漆飾曰棧。《周禮》：「士乘棧車。」車箱曰服。賓以所奉幣，奠于柩車左箱。尸南首，左爲右，象生右受也。主人在柩東，喪贈不親受，故奠之車箱；重君賜，不以委地也。賵畢賓出，主人之宰舉所奠幣歸于東壁。士，主人之衆有司，受所賵馬出。主人送賓，復位，乃杖。迎君命釋杖，卒事復杖也。以上君賵之禮。賓賵，傧友之賵，不親致，使人將命。主人拜，不稽顙，不成踊，禮殺于君也。賓奠賵出，擯者請事。若更奠，必以羊，是士之上牲，主人之士受之，如受馬之儀。賓又出，擯又請。若以貨賻，是助生者，不奠于柩。主人出門外，賓東面以器盛貨，坐委地；主人宰由主人北，東〔二〕面舉之。若無器盛，則宰對賓迎受，主人亦不親受也。捂，猶逆也。以上賓客賵、奠、賻之禮。贈，柩行以物贈死者。就器，現成之器，跪奠于主人所陳明器之列，乘車之西。凡將賵、奠、賻、贈之禮，主人必請賓事畢，乃出拜送，不敢逆賓意也。重言者，明雖奠、賻畢，必請也。兄弟情親，且賵且奠，生死兩施可也。生者所知，相敬

〔一〕「内」，原脱，今據閩本補。按：注内複述經文有「内」字。
〔二〕「東」，原作「西」，今據經文改。

不相親，幣馬可賵，飲食可省也。贈以送死，賻以助生，禮各有宜，不可混施。方，木板，書賵、贈之人與物。九、七、五，書行數。遣，送也。書送葬車徒之數。策，編竹簡。賵少書于板，遣多書于策。《聘記》云「百名以上書于策，不及百書于方」，是也。柩將出，主人哀慟與始死同，使人相代哭，不絕聲，如初喪時。宵，即祖奠之夜。爲燎于門内右，當柩東，以照哭者。奠在柩西，主人在柩東。

厥明，陳鼎五于門外，如初。其實：羊左胖，髀不升，腸五，胃五，離肺；豕亦如之，豚解，無腸、胃；魚、腊、鮮獸，皆如初。東方之饌：四豆，脾析、蜱醢、葵菹、蠃醢；四籩，棗、糗、栗、脯；醴，酒。陳器。滅燎；執燭，俠輅，北面。賓入者，拜之。徹者入，丈夫踊；設于西北，婦人踊。徹者東，鼎入，乃奠：豆句，南上綪句；籩句，蠃醢南句，北上綪句；俎二以成，南上，不綪句；特鮮獸句；醴、酒在籩西句，北上句。奠者出，主人要節而踊。

此設遣奠。厥明，祖奠之明旦。陳五鼎，羊、豕、魚、腊、鮮獸各一。殷奠故用少牢。如初，如前此殷奠之儀。實，鼎中實。左胖，左半體，不用右，殊吉也。髀不升于鼎，賤也。腸、胃、肺，皆羊。離肺，肺割不絕也。豕亦如羊，用左胖，髀不升。凡磔牲，皆謂豚解。小豕曰豚。凡豕不用腸、胃，豢食同穀也。魚，乾魚。腊，乾禽。鮮獸，兎、鹿之屬新殺者。皆如初，如殯奠魚九、腊左胖、髀不升也。東方之饌，饌于東堂下，籩、豆、酒、醴皆是。四豆，即《周禮·醢人》「饋食之豆」。脾析，牛百葉。蜱，蚌也。蠃、螺同。糗，乾米餅。糟曰醴，清曰酒。陳器，陳昨日所陳明器。滅門内右燎。二人執燭，俠柩車兩旁，皆北向。以將奠，改設舊奠，故西亦用燭。賓入助奠，主人拜于位，不出迎。徹舊奠，男子踊；改設西北，婦人踊，皆要節也。徹者乃適東方之饌，取新豆。鼎自外入，不言杝載，可知。乃奠于柩西。奠始豆，四豆南爲上。緕，屈陳也。西南脾析，脾析北蜱醢，蜱醢屈而東葵菹，葵菹南蠃醢，蠃醢南籩；籩北上，以次而南，棗連蠃醢在北，棗南糗，糗屈而西栗，栗北脯，故曰「北上緕」。五俎二列，在籩南，自南而北，兩行直陳，不緕屈也。西南羊，羊北豕，東南魚，魚北腊，惟鮮獸之俎無并，在豕、腊北曰特。醴、酒在籩西，自北陳而南，醴在北，酒在南，醴在脯西，酒在栗西也。

按：《少牢》五鼎，士葬亦五鼎，故禮所謂士者亦通大夫而言。鄭謂大夫以上禮亡，此爲諸侯士，及用大夫禮不合，則云「攝盛」，非也。

甸人抗重，出自道，道左倚之。薦馬，馬出自道，車各從其馬；駕于門外，西面而俟，南上。徹者入，踊如初。徹巾，苞牲，取下體。不以魚、腊句。行器，茵、苞、器序從，車從。徹者出，踊如初。主人之史請讀賵，執筭從，柩東，當前束，西面。不命毋哭，哭者相止也。唯主人、主婦哭。燭在右，南面。讀書，釋筭則坐。卒，命哭，滅燭；書與筭，執之，以逆出。公史自西方，東面，命毋哭，主人、主婦皆不哭。讀遣，卒，命哭，滅燭，出。商祝執功布以御柩。執披。主人袒。乃行。踊無筭。出宫，踊，襲。至于邦門，公使宰夫贈玄纁束；主人去杖，不哭，由左聽命；賓由右致命。主人哭，拜稽顙。賓升，實幣于蓋，降〔一〕。主人拜送，復位，杖。乃行。

此柩行也。甸人，主設重者。抗，舉也。道，廟門外中甬道。倚之，謂欹置之。道東爲左。東，主位；重，主象也。倚于道旁，俟虞埋之。又薦馬，柩成行也。馬亦由中道出。乘車、道車、稾車，各從其馬，駕于道上，西面俟。南上，上明器也。明器在車前，車自南陳而北。徹遣奠者門外入，主人要節踊如初，所謂入則丈夫踊也。徹去奠上冪巾，苞裹俎上牲體，如饗，賓歸而徹俎送。《雜記》云：「父母而賓客之，所以爲哀也。」體取下，近足脛者小，納壙中便也。取羊、豕，不用魚、腊，非正牲也。行器，謂所陳明器先行，茵最前，苞繼之，皆如廟中陳設之序。車在器後，近柩前也。史掌書筭，讀昨夕所書賵，以筭籌計其數，告于柩。衆主人不命哭勿哭，混讀也。哭者交相止，唯主人、主婦不止。燭在讀筭者之北，讀書執筭西面，執燭南面。讀書則立，柩在車上也；釋筭則坐，委籌于地也。讀畢，

〔一〕「降」，原脱，今據閩本補。

執筭者先出，讀者從，曰逆出。公史，公家掌書筭姓名者，帥徒役遣送，以其姓名讀于柩。命衆毋哭，主人、主婦亦不哭，敬公史也。左讀賵，右讀遣，所謂「贊幣自左，詔辭自右」也。讀遣畢，柩遂行。商祝前執布代旌，揮衆同力也。主人袒，柩出變也。踊無筭，傷親别也。出廟宫，襲衣，將就道也。邦門，城門。君使人以束帛贈死者，主人去杖，不哭，敬君命也。北面趨東由左，臣禮也。賓由右致命，詔辭也。賓升柩車，以幣加棺上，使死者被君恩也。停柩受命畢，乃行，出國門也。

按：士葬而公史讀遣，出國門而君使人以束帛贈，非士以上不得此。故《士喪禮》不獨爲士設，大夫以上，皆可知也。

至于壙，陳器于道東西，北上。茵先入。屬引。主人袒；衆主人西面，北上；婦人東面，皆不哭。乃窆（砭）。主人哭，踊無筭，襲；贈用制幣，玄纁束；拜稽顙，踊如初。卒，袒，拜賓，主婦亦拜賓；即位，拾踊三，襲。賓出，則拜送。藏器於旁，加見。藏苞、筲於旁。加折，卻之；加抗席，覆之；加抗木。實土三。主人拜鄉人；即位，踊，襲，如初。

此窆也。壙，葬穴。陳送葬之明器于墓道左右。北上，統于壙也。茵以藉棺，先入壙底。引，大繩，以屬棺，懸而下。主人袒，爲下棺變也。不哭，禁讙囂也。下棺曰窆。送别曰贈。帛以丈八尺爲制。朋友贈于家，主人贈于壙，親疎之殊也。卒，贈畢也。拜賓特祖，哀甚禮重也。主婦拜賓，拜女賓。即位，即墓道東西之位，主人東，主婦西，各向賓拜。拾踊，更迭踊，主先賓後，婦人居間。賓出，送葬者歸，乃藏明器于棺旁，以柳翣加棺上，不見棺。見飾曰見。乃藏苞、筲。始陳器苞、筲居先，藏器苞、筲在後。加折于壙，仰置曰卻，以其飾向下；乃加抗席，覆之；加抗木。實土者三。鄉人，鄉里人助實土者。即位，踊，主人將反虞，辭墓也。襲，襲衣。

乃反哭，入，升自西階，東面。衆主人堂下東面，北上。婦人入，丈夫踊，升自阼階。主婦入于室，踊，出即位，及丈夫拾踊三。賓弔者升自西階，曰：「如之何！」主人拜稽顙。賓降，出。主人送于門外，拜稽顙；遂適殯宫，皆如啓位，拾踊三。兄弟出，主人拜送。衆主人出門，哭止，闔門。主人揖衆主人，乃就次。猶朝夕哭，不奠。三虞。卒哭。明日以其班祔。

此既葬反哭而虞、祔也。既窆實土，墳未成，孝子以親骸不見，魂靈無依，遂迎神歸。歸不見柩，故有反哭，有弔賓，兄弟、衆主人皆在。入，入祖廟。柩自廟出，反哭于廟。自西階行，升自西階也。婦人由東，別于丈夫也。主婦入室，反諸其所養也；出，與主人相向哭，更迭成踊。入不見親，悲慟尤甚，故賓弔者曰「如之何」，無可奈何之辭。主人拜稽顙，哀之至也。殯宫，死者舊寢。啓位，啓殯哭泣之位，即朝夕哭位。婦人在堂，南上；主人堂下，直東序，西面，北上，外兄弟在其南也。兄弟出，小功以下兄弟同主人反哭畢，退也。出門、闔門，皆殯宮門。主人就次，就倚廬也。朝夕哭，哭無時也。殯雖出，未虞、祔，哭猶故。不奠，無柩也。《檀弓》曰：「是日也，以虞易奠。」葬之日一虞，間日再虞，又間日三虞，又間日卒哭，明日祔。虞、卒哭、祔，皆祭名。虞，安也，安神也，禮詳《士虞》。卒哭，卒晝夜〔一〕無時之哭，惟朝一哭、夕一哭。祔，附也，以主附于祖。班，昭穆之序。孫祔祖，父子不同昭穆也。

記○士處適的寢，寢東首于北墉下。○有疾，疾者齊齋，養者皆齊，徹琴瑟。○疾病，外内皆埽。徹褻衣，加新衣。御者四人，皆坐持體。男女改服。屬纊，以俟絕氣。男子不絕於婦人之手，婦人不絕於男子之手。○乃行禱于伍〔二〕祀。○乃卒，主人啼，兄弟哭。○設牀第，當牖；衽，下莞上簟；設枕。遷尸。○復者朝服，左執領，右執要，招而左。○楔，貌如軛，上兩末。綴足用燕几，校在南，御者坐持之。○即牀而奠，當腢偶，用吉器。若醴，若酒，無巾、柶。○赴曰：「君之臣某死。」赴母、妻、長子，則曰：「君之臣

〔一〕「晝夜」，《存目》本原作「朝夕」，《續修》本有塗抹，不易辨識，當與《存目》本同。
〔二〕「伍」，注内複述經文則作「五」。按：閩本經文同作「伍」，知郝氏所據經文底本固如此，故仍之。

某之某死。」○室中，唯主人、主婦坐。兄弟有命夫命婦在焉，亦坐。○尸在室，有君命，衆主人不出。○襚者委衣于牀，不坐。其襚于室句，户西北面致命。○夏祝淅米，差盛之。御者四人，抗衾而浴，襢第。其母之喪，則内御者浴，鬠無笄。設明衣，婦人則設中帶。卒洗，貝反于笄，實貝，柱右齻顛左齻。夏祝徹餘飯。瑱田塞耳。○掘坎，南順，廣尺，輪二尺，深三尺，南其壤。垼，用塊。○明衣裳，用幕布，袂屬幅，長下膝。有前後裳，不辟，長及觳斛。縓綼畢緆夕。緇純。○設握，裏親膚，繫鉤中句，指結于掔。○甸人築坅坎。隸人涅厠次。○既襲，宵爲燎于中庭。

此以下，中記前文之未備。此一節始死至含、襲之事。適寢，謂正室，在堂北，房在室東。士處適寢，東首北墉下，平常寢處。墉，牆也。齊，心不亂也。有疾，則專一其心。孝子養親疾，亦當專一其心。士無故不去琴瑟，疾則徹之，亦齊之一事。疾甚曰病。外内皆埽，示變也。褻衣，死者病中舊衣。御者，侍人。持體，使手足正直。男女改服，變也。屬纊，以新絮著病者口鼻，候其息有無。男子死，用男御；婦人死，用女御。不使男子持婦人、婦人持男子，正終也。禱五祀，控于鬼神，孝子迫切之情。此以上，皆未死前之事。乃卒，始死也。不成聲曰啼，悲甚也。長號曰哭。孝子啼，兄弟哭，哀有等也。設牀第，當室中南牖，遷尸也。衽，布席也。復尚左，左陽爲生，故左手執衣領，招而左。楔，以角柶楔齒。貌，謂楔形。軛，車轅端曲木。以角柶屈中納齒間，兩末外向如軛。校，几足也。几有板，板下有足。以几足向南夾尸足，板抵足，勿令僵直，便著屨也。校在南，板在北也。御者坐持尸足并几使直也。奠當腢，當尸肩。用吉器，無巾、柶，始死事如生也。赴、報通，告凶也。室中，即適寢。房連室，通稱也。主人、主婦坐室中尸東，撫尸哭。兄弟夫婦有貴者，亦于室内坐，不與衆兄弟同立堂下，不與衆婦人同立户外，尊之也。君命至，惟主人出迎拜送，衆主人否，明繼體也。襚者委衣于牀，孝子不親受財也。不奠于地，故不坐，凶事尚質也。襚于室，始死在室，室户東南，襚者户内西北向尸，致主人之命。夏祝淅米，取潘也。差盛，以器分别盛潘。襢、袒通，去其裀褥，用單簀，使浴水下，易乾也。内御，女侍。結髮曰鬠。婦人襲不用笄，如男子襲不用冠，便斂也。明衣，既浴近體所著衣。婦人著明衣，加帶束之示斂飭，在内曰中帶。著明衣畢，洗貝，將含也。齒末曰顛。以貝柱兩旁大齒，使口開易含。餘飯，飯含所餘米。瑱塞耳，瑱不用懸，以纊塞耳竅。掘坎西階下，埋渜濯也。南順，掘向南，統于堂也。寬曰廣，長曰輪。土壤置坎南，階在北也。垼，竈也。幕布，爲帷幕之布，紅色，《檀弓》曰「褚幕丹質」，是也。袂，袖也。屬幅，方幅聯屬爲袂。古布幅廣二尺二寸，袂長及膝下也。衣下曰裳。裳無辟積，取其寬圍足，殊于生也。縠、觚通，足尖也。縓，淺紅色。綼緆，疑作「蔽膝」，猶今裙，用淺紅布。緇布緣。純，緣也。送死褻服用紅，古今皆然。《論語》不以紅爲褻服，嫌襲也。握，手籠。裏親膚，謂手在握裏。鉤，即決。以鉤弦曰鉤。有組繫鉤中，不繫指也。指，兩手大指。擘，掌後節。以兩決繫交結兩擘，使手不旁垂。坅、坑通。築，既埋渜濯，實土築之。隸人，徒役。涅，猶洗也。厠，便器，死者所用。涅之，不使人惡穢也。

按：《士喪》《既夕》本通一篇，故記起自始死。世儒欲割記附二篇，謬也。鄭解婦人明衣「中帶」爲「褌襂」，然則即今之裙袴。豈婦人獨然而男子否乎？又謂「裳飾在幅曰綼，在下曰緆」，然則純也；下又言「緇純」，文義不類。又以「繫鉤」爲句，「中」字屬下讀；云「設握〔一〕」爲左手無決，「涅厠」爲閉塞溷厠，皆誤。

厥明，滅燎，陳衣。凡絞紟用布，倫如朝服。○設棜于東堂下，南順，齊于坫。饌于其上：兩甒醴、酒，酒在南；篚在東，南順，實角觶四、木柶二、素勺二；豆在甒北，二以并；籩亦如之。凡籩豆，實具設，皆巾之。觶，俟時而酌，柶覆加之，面枋（柄）；及錯，建之。○小斂，辟奠不出室。無踊節。○既馮尸，主人袒，髺（括）髮，絞帶；衆主人布帶。

此記前小斂事之未備者。倫，猶比也。如朝服，亦十五升布。棜、轝通，箱類，以載酒饌。南順，向南直陳。坫，以土爲具閣物，在堂下東西隅。設棜與坫齊。其上，棜上。篚以盛觶、柶、勺。角觶，角爲觶，用四，朝夕酒、醴各二。二柶、二勺，朝夕扱醴酌酒各一。豆、籩皆二，并設于棜上。小斂之奠脯醢一豆一籩，此二豆二籩，併大斂之奠也。凡籩豆，既實菹醢、果脯備具，則皆加巾冪，此亦具實加巾也。惟觶俟升奠乃酌，不與籩豆同實。柶覆醴上。枋、柄通。面枋，以柄向前。錯，奠也。建，

〔一〕「握」，原譌作「幄」，今據經文改。

挿也。及升奠，乃實醴挿柶。將小斂，辟去始死脯醢之奠以避斂；不出室，即遷于室内也。小斂踊不要節，室中不備禮也。既小斂，主人以下馮尸哭。尸將出户，主人乃袒，髻髮。始死，投冠笄縰，至是乃散髮，以麻結之，絞麻爲要帶；齊衰以下衆主人布帶。古者吉服帶多用帛，喪帶皆布。

按：鄭解「籩豆，實具設」，謂成偶爲具乃巾，非也。小斂一豆一籩必巾。《檀弓》云「剥奠」，謂始死脯醢耳。小斂奠陳鼎，有祭肉，則不剥奠。豈必兩豆兩籩而後巾與？

大斂于阼。大夫升自西階，階東，北面，東上。既馮尸，大夫逆降，復位。○巾奠，執燭者滅燭出，降自阼階，由主人之北句**，東。**

此記大斂事之未備者。小斂于房，明日大斂于阼階上，不忍遽離主位也。大夫來，升自西階，立于階東，北面視斂。既斂，憑尸哭。逆降，非一大夫，後升者前降也。復位，位在東階下西面，主人位之南。巾奠，大斂之奠，設于室中，奠畢加巾。執燭者遂滅燭出，此因前文有執燭者「升自阼階」，不言其降，故記之。然則主人之位在東階下之東、饌之西也。

既殯，主人説脱**髦。三日絞垂。冠六升，外縪，纓條屬，厭。衰三升。屨外納。杖下本，竹桐一也。居倚廬，寢苫枕塊。不説絰帶。哭晝夜無時。非喪事不言。歠粥，朝一溢**扼**米，夕一溢米。不食菜果。主人乘惡車，白狗幦**密**，蒲蔽；御以蒲菆**鄒**；犬服，木錧**管**，約綏，**

約轡，木鑣；馬不齊髦。主婦之車亦如之，疏布裧襜。貳車，白狗攝服，其他，皆如乘車。

此記殯後之事。始死之明日小斂，又明日大斂、殯，又明日成服。説、脱同。髦、毛同，即髮也。《喪大記》：主人小斂脱髦。此既殯云脱髦者，小斂脱笄纚，麻括髮；既殯脱括麻，易冠絰，成服也。三日，即成服日，殯之次日。小斂帶麻散垂，成服始絞。冠布六升，四百八十縷也。冠縫著武處曰縪，反縫向外，變也。纓條屬，解見前。厭、壓同，不起也。吉冠峩起，喪冠壓伏。衰布三升，二百四十縷也，裳同可知。屨、杖以下，詳前篇。惡車，麤惡無飾，主人喪事出乘。白狗皮爲冪，覆較上。幦、冪通。蒲草爲障蔽。蒲爲矢以策馬。菆，矢也。車上所建兵器之服，用犬皮。常車轂端鐵錧，喪車木錧。升車索曰綏。轡，馬韁，吉用絲，喪用繩。約，繩也。鑣，馬銜鐵，吉用金，喪用木。常馬整刷鬣尾，喪馬髦不齊。婦車有襜。裧、襜同，車衣也。在旁曰帷，在上曰襜，麤布爲之。貳車，主婦從行者，載兵器爲衛。白狗皮爲服，攝束之，不似主人車，列仗于車上也。其他蔽、菆、錧、鑣之類，皆如所乘惡車。

朔月〔一〕，童子執帚，卻之，左手奉之，從徹者而入。比奠，舉席；埽室，聚諸窔；布席如初。卒奠，埽者執帚，垂末内鬣，從執燭者而東。○燕養，饋、羞、湯沐之饌，如他日。○朔月若薦新，則不饋于下室。

〔一〕「月」，原譌作「日」，今據閩本改。按：注内複述經文作「月」不誤。

此記殯後饋奠之事。朔月，月之朔日。帚，苕帚，掃除殯宮。卻，向後也。奉，奉帚。隨徹奠者入室。徹宿奠，比及新奠，舉席；埽室，以塵壤聚室東南隅近户曰窔。埽已，執帚垂末。帚杪曰末，形如鬣，向内，示收斂也。執燭者東，解見上節。燕養，猶言常供。饋，朝、夕食。羞，美味。湯沐，以湯洗浴。《内則》[一]云：「三日具沐，五日具浴。」饌，陳設也。如他日，如生時也。朔月、薦新，皆殷奠。朝夕常奠曰饋。若，猶與也。朔奠與薦新、朝夕奠，皆于室。室對堂上爲下。殷奠之日，常饋可省矣。

筮宅，冢人物土。○卜日吉，告從于主婦。主婦哭，婦人皆哭；主婦升堂，哭者皆止。○啓之昕，外内不哭。夷牀、輁軸，饌于西階東。○其二廟，則饌于禰廟，如小斂奠句**；乃啓。**

此記筮葬地及啓殯之事。宅，即葬地。冢人，掌墓地。物，猶相也。物色地之可葬者。卜日儀見前。主婦立東扉内，卜吉，則卜人告龜從于主婦。主婦哭，婦人皆哭。啓之昕，啓殯之朝旦。外内不哭，靜以待事也。前文但言「婦人不哭」，不言男子，故記之。夷牀，以正柩于廟，饌于禰。輁軸，以載柩適廟，饌于殯宮。西階，廟與殯宮階也。其二廟，謂上士祖、禰異廟者，下士祖、禰同一廟。死者

〔一〕「内則」，當作「聘記」，下所引乃《聘記》之文，《内則》則云：「五日則燂湯請浴，三日具沐。」鄭注此經云：「《内則》曰：三日具沐，五日具浴。」郝注蓋直據鄭注也。

父廟曰禰。先朝禰，後適祖，故夷牀先饌于禰。奠如小斂，一鼎一籩一豆。設奠畢，乃啓殯。

按：前文云「陳鼎皆如殯」，是三鼎兩豆兩籩也；今云「如小斂奠」，是一鼎一豆一籩也。前奠于廟，此奠于殯宮。前遷奠，此啓奠，奠而後啓。柩適廟奠從，即啓奠也。前未及，故記之。

朝于禰廟，重止于門外之西，東面。柩入，升自西階。正柩于兩楹閒。奠止于西階之下，東面，北上。主人升，柩東，西面句。衆主人東即位。婦人從升，東面。奠升，設于柩西，升降自西階；主人要節而踊。燭先入者，升堂句，東楹之南，西面；後入者，西階東，北面句，在下句。主人降，即位。徹句，乃奠句，升自西階；主人踊如初。祝及執事舉奠，巾、席從而降，柩從句、序從如初句，適祖。

此記柩朝祖禰之事。二廟，先禰後祖。重止禰廟門外，將適祖，不以入。奠，啓奠，柩出則奠從。衆主人東即位，立于堂下之東，西面也。奠升，從遷之奠升設于柩西。遷以昧旦，用燭。先入者升堂東，後入者立西階下東，北面。既設奠，主人降，即位。乃徹從奠，設遷奠。徹奠者升則丈夫踊，降則婦人踊，故曰「如初」。朝禰畢，適祖。祝及執事舉所設遷奠先降，執巾、席者從降，次柩，次主人，如初適祖廟之序。不言燭，適祖晏矣。

按：鄭謂一日朝一廟，適祖當在次日，然「重止于門外」，則適禰暫耳，將即適祖也。本文不言「厥明」，鄭說未然。

薦乘車，鹿淺幦，干，笮，革靾洩，載旜，載皮弁服，纓、轡、貝勒縣于衡；道車，載朝服；稾車，載簑笠。○將載，祝及執事舉奠，户西，南面，東上。卒束句，前而降奠句，席于柩西。巾奠，乃牆。○抗木，刊。茵著用荼，實綏芮，上聲澤焉。葦苞，長三尺，一編。菅姦筲三，其實皆瀹。○祖，還車不易位。○執披者，旁四人。○凡贈幣，無常。○凡糗，不煎。○唯君命，止柩于堩亘，其餘則否。○車至道左，北面立，東上。柩至于壙，斂服載之。卒窆而歸，不驅。

此記柩行遣送及壙之事。薦乘車，見前。遣車三：乘車以象武，道車以象文，稾車以象輜重。各載死者衣物于上，以象寃靈如生。「鹿淺」之「淺」，與「帴」通。單鹿皮爲幦，無裏與緣。《管子》曰：「甲不堅密，與帴者同實。」《周禮》喪用藻車，鹿淺幦，是也。干，盾也。笮，矢服。靾，繫馬繩。旜，通帛旗。皮弁服，緇衣素裳。纓，繁纓。轡，韁也。勒，絡頭；貝，飾以貝。三者懸于衡，備壞也。道車，文事之車。朝服，士朝服，玄冠緇衣。稾，草野之稱。簑笠，暑雨之具。將載，將祖奠，移柩降階閒，載于車。取起柩西之奠，立室户西，南向，以避載；東上，上柩也。束載畢，執奠者乃前，以奠降設于階間柩西。加巾幂，乃飾柩，設牆翣。抗木，壙上承土者。刊，削治之，不用雕繪也。茵，藉棺底。著，著茵内。荼，茅秀。實，充滿也。綏、綏通，柔貌。澤，滑軟也。茅著茵中，取其充實柔滑。葦，蘆也。編蘆爲苞。一編，一苞也。菅，草也。筲，飯器。其實，黍、稷、麥。皆瀹，謂熟之。祖，祖奠。還車，還柩車，以首向外，示將行。不易位，未成行也。披，解見前，外連引，左右各二人持之。凡贈死之幣，束帛、器用唯所有，無常制。糗，籩實，米豆粉爲之。不煎以膏脂，喪不貴味。垣，道也。柩在道，唯君命則止而受，其他不爲止也。車，即乘、道、稾車。至葬地，止于墓道左。北向西爲左，陰方也。東上，統于墓道。先至者東，以次而西。柩至于壙，謂既窆。柩窆，則載柩之車虚，乃斂三車所載皮弁、朝服、簑笠，載于柩車以歸，象形去神反也。歸不疾驅，所謂「其反如疑」也。

按：乘、道、稾三車，即所謂「遣車」。《禮器》〔一〕云：「諸侯七介，遣車七乘；大夫五介，遣車五乘。」然則士遣車三乘，是也。鄭以「遣車」爲載牢肉之偶車納壙中四隅者，據記葦苞〔二〕唯一編，與三車不合，遂以「一編」作「便易」解。一編何以成苞？苞長三尺，如國君七苞，大夫五苞，壙中何能容？「鹿淺」，鄭謂「鹿皮夏毛淺」。古者夏不田，皮毛爛脱不可用；皮唯冬良，故《詩》云「一之日于貉」，未聞夏也。又「綏澤」爲香草，亦無據。

〔一〕「禮器」，當作「檀弓」，下所引乃《禮記·檀弓下》篇之文。

〔二〕「苞」，原譌作「包」，今據記文改。下四「苞」字同。

君視斂，若不待奠，加蓋而出；不視斂，則加蓋而至，卒事。○既正柩，賓出，遂、匠納車于階閒。祝饌祖奠于主人之南，當前輅，北上，巾之。○弓矢之新，沽古功。有弭飾焉，亦可張也。有柲。設依、撻焉。有韣獨。猴矢一乘，骨鏃，短衛。志矢一乘，軒輖周中，亦短衛。

此雜記前文之未備。君視斂，視大斂，禮見前篇。加蓋，蓋棺也。奠在加蓋後，加蓋而出，是不待奠也。加蓋而後至，斂不及視矣。殯事卒而後出，則視奠矣。遂、匠，謂遂人、匠人。《周禮·遂人職》：「大喪，帥六遂之役而致之。」納車，納載柩之車。階閒，祖廟東西兩階間。柩在階閒，主人在柩東，奠在南，當柩車前。北上，上柩也，自北陳而南。弓矢，皆壙中所藏，用新不用故。沽功，不必精好也。弭，弓梢，骨飾之，令可張而已。柲，以竹爲弓檠，縛弓裏，防折傷也。依，以韋爲衣，纏弓弦。撻，沓通，韋爲之，彄沓右手中三指以放弦，通作「韘」，《詩》云「佩韘」，《大射禮》「朱極三」。韣，弓衣。猴、侯通，貫侯之矢，能殺物者。四矢曰乘。以骨爲鏃，不用金。衛，矢羽。凡矢長三尺，羽居五分之一。明器之矢，羽短也。志矢，習射者空發之矢。無鏃，故不言鏃。輖、輊通。《詩》云：「如輊如軒。」前仰曰軒，後俯曰輊。矢有軒輊不中，以前有鏃重；無鏃，故軒輊均。羽短無鏃，設而不用也。不用而設，所以生事之。

按：喪禮，何郁郁然文美之甚也！死者人所畏惡，聖人慮後世邪淫者之忘其親，而委曲鄭重，制爲斯禮。所謂「惟送死可以當大事」，故禮無如喪文矣。讀斯禮，悽然有不忍釋之懷焉，乃所謂臨喪之本，人皆有之，可以觀禮。子云：「喪與其易也，寧戚。」

儀禮節解卷十三終〔一〕

〔一〕「儀禮節解卷十三終」，此行原在書葉闕損處，今據《續修》本、《存目》本補。

儀禮節解卷十四

郝敬　解

士虞禮第十四

虞，憂也，安也。既葬之日，迎神而反，憂親魂無歸，祭以安之。《喪禮》云：「三虞。卒哭。」葬後凡三舉虞。虞死者魂散，殷懃妥侑，是以謂虞。

士虞禮：特豕饋食，側亨于廟門外之右，東面。魚腊爨亞之，北上。饎爨在東壁，西面。設洗于西階西南，水在洗西，篚在東。尊于室中北墉下，當户，兩甒醴、酒，酒在東。無禁，冪用絺布，加勺，南枋。素几、葦席，在西序下。苴刌寸，上聲茅，長五寸，束之，實于篚，饌于西坫上。饌兩豆菹、醢于西楹之東，醢在西，一鉶亞之，從獻豆兩亞之，四籩亞之；北上。饌黍、稷二敦對于階間，西上。藉用葦席。匜水錯于槃中，南流，在西階之南，簞巾在其東。陳三鼎于門外之右，北面，北上，設扃鼏。匕、俎在西塾之西。羞燔俎在内西塾上，南順。

此陳牲器也。特豕，一豕。酒醴曰祭，黍稷曰饋食。貴者主祼〔一〕，賤者主食。祭行于堂，饋行于室。士大夫祭，皆曰「饋食」也。側，特也。側烹一牲，即豕也。烹用鑊，煑于鑊而后升于鼎。于廟門外右，殊于吉也。吉鼎鑊在門東。東面，爨與烹者皆向東。魚，既刳者。腊，禽殺者。亦熟于爨后升于鼎。亞，次豕爨也。北上，豕爨在北。炊黍稷曰饎爨。東壁，東偏室。《特牲》云「主婦視饎爨于西堂下」，其記云「饎爨在西壁」，此在東壁，變于吉也。設洗，主賔盥手洗爵也。吉洗在堂下東，今在西階之西南。篚，竹器，盛爵。尊，酒尊。室在堂後。北墉，室中北牆。當户，室東北隅也。室户在東南隅，當之，向明也。兩甒，一醴一酒。酒在東，醴在西可知。室西爲上。醴、酒并用，醴饗神，酒飲尸，未盡變于奠也。禁以承尊。無禁，尊著地也。冪以覆尊。絺布，細布。勺以酌酒、醴。枋、柄通。加勺冪上，柄向南，便取也。几以依神，用素，變于吉也。葦席，神席。西序下，堂上西牆下也。苴，藉也。刌，斷也。茅以藉祭。饌，設也。西坫，閣物之具，在堂上西。兩豆，一菹一醢，設于堂上西楹之東。醢在西，菹在醢東可知。鉶鼎，和豕肉爲鉶羹。亞之，次于兩豆南。從獻豆，獻祝也。兩，亦一菹一醢。又次鉶南。四籩，主婦獻尸、祝者，又次于兩豆南。北上，豆以下在西楹東者，皆自北陳而南。敦，盛黍稷器。階間，東西階間。西上，自西陳而東，黍在西，稷在東。藉用葦席，豆以下，皆陳于席上。匜，

〔一〕「祼」，原譌作「裸」，今據文義改。

水匜，盛水以沃尸。槃，盥器。流，匜口。匜盛水置槃中，而匜口向南。槃設于西階下洗南，以簞盛拭手巾于槃匜東。三鼎，豕、魚、腊，陳于門外西塾南，北向直陳，以北爲上，序而南也。扃以移鼎，鼏以蓋鼎。匕以升肉，俎以載肉，在西塾西，統于鼎也。羞，猶進也。羞燔之俎非正俎。三鼎爲正，從薦爲羞。肉曰燔，肝曰炙，不言炙，可知也。在内，在西塾内。上，謂塾内之北。匕與俎皆向南直陳，取者北面縮執便也。

主人及兄弟如葬服，賓執事者如弔服，皆即位于門外，如朝夕臨位。婦人及内兄弟，服即位于堂，亦如之。祝免，澡葛絰帶，布席于室中，東面，右几；降，出，及宗人即位于門西，東面，南上。宗人告有司具，遂請句。拜賓，如臨句，入門哭；婦人哭。主人即位于堂，衆主人及兄弟、賓即位于西方，如反哭位。祝入門左，北面。宗人西階前北面。

此即位布神几、席。凡祭用吉服，而虞喪祭也，故主人喪服，助祭者弔服。兄弟，衆主人以下及内外兄弟也。葬服：主人髽，散帶垂；衆主人及兄弟免，大功以上皆散帶垂。賓，僚友助祭者。弔服：疑衰、素冠、麻絰帶。皆即位殯宫門外，如朝夕奠，主人西面，「外兄弟在其南，賓繼之」等位也。婦人，主婦以下。内兄弟，姊妹之屬。各以葬服即位堂上。祝與宗人，皆公有司，士之僚屬也。祝宜與賓同弔服，而以接神加免，澡治葛爲首絰、要帶，布神席于室西南隅，東向。几置席右，神道尚右，東面南爲右。

祝布席，降，出廟門外。宗人立門外西，東面；祝拜，立于其北，以南爲上。宗人告主人執事既備，請行禮。主人即門外拜賔，如朝夕臨，遂入門哭。初柩在堂，主人哭臨，位東階下，西面；既葬，不見親，主人登堂哀慕，故反哭位在堂上，由西階升，東面。衆主人及兄弟、賔客皆堂下，西方，東面。三虞皆與反哭位同。祝入門左，門内之西，祝之常位也。《特牲饋食記》云「公有司門西，北面，東上」，是也。宗人掌禮事，詔主人。主人在堂，故宗人西階前，北面向堂。若主人在室，則宗人升堂。記云「主人在室，宗人升，户外北面」，是也。

祝盥句，升取苴句，降洗之句；升句，入設于几東席上，東縮；降，洗觶，升，止哭。主人倚杖，入。祝從，在左，西面。贊薦菹醢，醢在北。佐食及執事盥，出舉句，長在左。鼎入，設于西階前，東面，北上。匕俎從設。左人抽扃鼏句，匕句，佐食及右人載句。卒句，杝者逆退復位。俎入，設于豆東；魚亞之；腊特。贊設二敦于俎南句：黍句，其東稷。設一鉶于豆南。佐食出，立于户西。贊者徹鼎。祝酌醴，命佐食啓會。佐食許諾，啓會，卻于敦南，復位。祝奠觶于鉶南，復位。主人再拜稽首。祝饗，命佐食祭。佐食許諾，鉤袒，取黍稷祭于苴，三；取膚祭，祭如初。祝取奠觶，祭，亦如之；不盡句，益句，反奠之。主人再拜稽首。祝祝句，卒，主人拜如初，哭，出復位。

此設饌饗神也。尸未入而先饗神，所謂「陰厭」也。歆氣曰厭。祝盥手于西階下槃内，升堂取苴茅于西坫上，降洗于西階下，復升堂入室，設于几東神席上。東縮，席向東，茅順東西直布。几在席南，苴在几東席前也。苴以藉祭，佐食祭黍、稷、豕、膚、醴，皆奠苴上，故先設。降，洗觶，升，將入室酌醴也。止哭，鬼神尚幽寂也。主人在西階，東向，將入室，以杖倚西序。《小記》云：「虞，杖不入于室。」主人先祝入室，祝從入，立于主人左，西面，向神席也。贊，助事者，取堂上西楹東兩豆菹、醢入薦。醢在北，則菹在南。佐食，佐神食者。執事，衆有司。盥手西階下，出門外舉鼎。鼎自門外入，西爲左，舉鼎，長者居西。鼎入由西，設于西階下，向東，神道尚西，殊于未葬前鼎設于阼也。北上，三鼎自北直陳而南。每鼎一人，執匕俎隨入，設于鼎東。俎東順，匕西柄。左人，即長在西者，抽扃啓鼏，執匕取鼎肉，而佐食與右人在鼎東，載肉于俎。匕載畢，匕者逆退，後進者前退，復西方賓位。俎入室，豕奠菹東；魚俎次豕北醢東；腊俎在魚東，無對曰特。二敦黍、稷，黍在豕南，稷在黍東。一鉶設于菹南。佐食設畢，出，立室户外之西。記云「佐食無事，則出户，負依南面」，是也。贊者徹鼎門外。祝酌醴于北墉下西甒，獻神用醴，貴初也。啓會，開敦蓋。郤，下而仰也。復位，反立于户西。祝奠觶于鉶南，復位，復立主人左西面也。主人再拜稽首，拜死者神靈。祝饗，告神饗。命佐食祭，祝命代神祭食也。鉤袒，捲衣袖露臂也。祭于苴，于几東茅上。三，三取以祭。純肉曰膚。如初，如祭黍稷于苴。取奠觶，取醴也。不盡，餘醴也。益，更酌也。反奠，反觶于鉶南。祝祝，陳辭告神，達孝子之意也。卒，祝畢。出，出室，主人復西階東面、祝復門左北面之位。

按：鄭云「苴以藉祭」，是也；謂「孝子爲神疑于其位，設苴以定之」，然何獨虞祭有神耳？凡祭皆用茅苴，禮文多互見。

祝迎尸。一人衰絰奉篚，哭從尸。尸入門，丈夫踊，婦人踊。淳尸句，盥句，宗人授巾。尸及階，祝延尸。尸升，宗人詔踊如初。尸入户，踊如初，哭止。婦人入于房。主人及祝拜妥尸；尸拜，遂坐。從者錯篚于尸左席上，立于其北。尸取奠，左執之；取菹，擩軟，平聲于醢，祭于豆間。祝命佐食墮妥祭。佐食取黍、稷、肺祭授尸，尸祭之句。祭奠句，祝祝句，主人拜如初。尸嘗醴，奠之。佐食舉肺脊授尸。尸受，振祭，嚌之，左手執之。祝命佐食邇敦。佐食舉黍，錯于席上。尸祭鉶，嘗鉶。泰羹湆泣自門入，設于鉶南；胾恣四豆，設于左。尸飯，播餘于篚。三飯，佐食舉幹，尸受，振祭，嚌之，實于篚。又三飯，舉胳格，祭如初。佐食舉魚、腊，實于篚。又三飯，舉肩，祭如初。舉魚、腊俎，俎釋三个。尸卒食。佐食受肺、脊，實于篚；反黍，如初設。

此迎尸入而九飯也。形死曰尸。死者不可見，以其親者一人象之曰尸。古祭必用尸，尸必以孫；無孫，取于同姓。祝迎尸，主人不迎者，尸尊于廟中，出廟，父不迎子也。既饗神，後迎尸，神降而後尸入也。一人衰絰，象尸從者，以衆主人充之。篚，尸受食之器。尸入門，男女踊，如見親至也。淳尸，猶沃尸。盥，尸盥手。尸自門左入，盥于西階下。巾以拭手。延尸，引尸升也。宗人詔踊，告丈夫、婦人踊也。尸入户，入室也。哭止，神尚寂也。婦人入于房，入東房，避執事者也。拜妥，拜尸使安也。尸拜，答拜也。從者，即「一人衰絰奉篚」者也。錯篚于席上尸左，席北也。尸取奠，取鉶南所奠醴觶，左手執之。擩、挪通，揉也。祭于豆間，祭先食也。饌始菹、醢，豆近席，尸自取；俎、敦遠，祝命佐食取之。品物降地曰墮。稷在黍東，黍在鉶東，肺在豕俎上，佐食併取授尸。祭奠，尸以左手所執奠觶祭也。祝陳辭，主人拜。尸嘗醴，奠觶于席前。佐食又舉肺併脊授尸。尸受而揮振以祭，遂嚌之，左手執肺脊，右手祭鉶，嘗鉶，乃飯。此以下，飯與祭，皆右手爲之。邇敦，移敦近尸。舉黍，即舉敦黍。泰羹湆，肉汁無和者。切肉曰胾。四豆，設于左，設于正豆菹、醢之北也。席東向，北爲左。尸飯黍，播放其餘于篚内。三飯，以手三取食。脅骨曰幹。又三飯，舉胳，後足骨曰胳。舉魚舉腊，皆嚌之，以其餘併實于篚。又三飯，舉肩，豕前肩。佐食乃取俎上魚與腊，實于篚，每俎各留三个，不盡取，以待改設陽厭。卒食，九飯畢也。尸九飯，皆以左手執肺、脊，食畢，以授佐食。佐食受，併實于篚；以所邇黍敦，仍置于鉶東。

按：《記》牲體七，而肺爲氣主，周以火德勝金，祭先肺。體脊爲正，幹爲中，胳爲後，肩爲前，故九飯舉之。陰厭，神既饗矣；尸食，餕神之餘也。九飯，卒食，與吉祭禮同，但其間無告飽、拜侑之事，所以爲喪祭。古祭用尸，事頗迂誕，子坐父拜，形迹亂常。禮以決嫌疑，此何但嫌疑之間而已？所以不能强世必行也。

主人洗廢爵，酌酒，酳印尸。尸拜受爵，主人北面答拜。尸祭酒，嘗之。賓長以肝從，實于俎，縮，右鹽。尸左執爵，右取肝擩鹽，振祭，嚌之，加于俎。賓降，反俎于西塾，復位。尸卒爵，祝受，不相爵。主人拜，尸答拜。祝酌授尸，尸以醋酢主人；主人拜受爵，尸答拜。主人坐祭，卒爵，拜句；尸答拜。

此主人獻尸，而尸酢主人也。爵無足曰廢，喪器不飾也。繼飯飲酒曰酳。賓長，賓客之長者。肝，豕肝。從，從主人薦。實于俎，賓以西塾之羞俎，載肝進，實于豕俎，而以羞俎降。凡羞俎不列于席。縮，直執也。正俎橫執，羞俎縮執。右鹽，鹽居肝右，便擩也。尸取肝揉鹽中，揮振之以祭，既祭，嚌之，以餘肝反豚俎上。賓執羞俎降，反門外西塾內，復西階下東面之位。祝受，受虛爵。不相爵，謂不命主人拜，而主人自拜，喪禮質也。《特牲饋食》：「尸卒爵。祝受爵，曰『送爵！皇尸卒爵』。主人乃拜。」彼所謂「相爵」也。尸酢主人不親酌，尸尊不降席。醋、酢同，後倣此。

筵祝句，南面。主人獻祝；祝拜，坐受爵；主人答拜。薦菹醢，設俎。祝左執爵，祭薦，奠爵，興；取肺，坐祭，嚌之，興；加于俎，祭酒，嘗之。肝從。祝取肝擩鹽，振祭，嚌之，加于俎，卒爵，拜；主人答拜。祝坐授主人。主人酌，獻佐食；佐食北面拜，坐受爵；主人答拜。佐食祭酒，卒爵，拜。主人答拜，受爵，出，實于篚，升堂復位。

此主人獻祝與佐食也。筵祝，將獻祝設席也。南面，室中北墉下向南。祝與佐食皆左右尸，因獻尸及，廣神惠也。祝拜，跪受爵，敬也。主人答拜，反室西面位答也。祭薦，祭菹醢也。祭肺必奠爵，離肺絶，須二手也。既嚌，反肺于豕俎上。肝從，次賓從薦也。加于俎，反肝亦于豕俎上。凡羞俎不列于席。佐食無豆、俎，禮殺也。主人受爵，出，以虚爵出室也。賓于篚，以獻尸、祝、佐食廢爵，納于西階下洗東篚内。升堂復位，主人取前所倚杖，復立于西階東面之位。

主婦洗足爵于房中，酌，亞獻尸，如主人儀。自反兩籩棗、栗，設于會南，棗在西。尸祭籩，祭酒，如初。賓以燔從，如初。尸祭燔，卒爵，如初。酌獻祝，籩燔從句；獻佐食，皆如初。以虚爵入于房。

此主婦亞獻尸及祝與佐食。爵用足，文于廢也。房中，東房内。酌，酌酒于室北墉下。亞獻尸，亞主人獻也。自反，主婦自還東房；取籩兩，一棗一栗。會，敦蓋。黍稷在鉶東，會卻于敦南，籩設于會南。棗在西，接黍；栗在東，接稷。尸祭，祭棗、栗于豆間。如初，如主人初獻之儀。賓，次賓。燔，燒肉。以虚爵入于房，主婦獻畢，反東房也。

按：《特牲禮》：主婦獻尸，兄弟長以燔從。此云「賓以燔從」，蓋喪祭，兄弟在哀戚中，無助奠之禮。房室不同處：室以事神，房以治饌；室在堂後，房在室東。據此儀曉然。鄭謂洗于房，即《昏禮》「洗在北堂」，然則主婦洗爵于堂，何以云「房中」？棗、栗自宜饌于東房，豈在堂上乎？

賓長洗繶爵，三獻，燔從，如初儀。

此賓三獻尸也。繶爵，爵口足間有紋，又文于足爵。

婦人復位。祝出户，西面告利成。主人哭，皆哭。祝入，尸謖速。從者奉篚哭，如初。祝前。尸出户，踊如初；降堂，踊如初；出門，亦如之。

此三獻畢，尸出。婦人復位，出東房，立于堂上位，西面，以尸將出也。祝出户，出室户。主人西階上東面，祝西面告利成。利，養也。成，畢也。言孝子養畢。皆哭，丈夫、婦人盡哭也。祝入，導尸也。謖，速意，神去謖然。從者，即始「一人衰絰」從尸入者也。尸出户、下堂、出廟門，男女哭踊，象親去哀慕也。

祝反，入徹，設于西北隅，如其設也。几在南，厞用席。祝薦、席，徹入于房。祝自執其俎出。贊闔牖户。主人降，賓出。主人出〔一〕門。哭止，皆復位。宗人告事畢。賓出，

〔一〕「出」，原譌作「入」，今據閩本改。按：注内云「出」不誤。

主人送，拜稽顙。

此尸既出，改設前饌，所謂「陽厭」也。尸未入，神先降，故有陰厭；尸既出，神未散，故有陽厭。陰厭在室西南深幽處，坤方；陽厭在室西北見明處，乾方。陰厭始，自陽入也；陽厭終，自陰出也。祝既送尸，反，入室徹饌，改設西北隅，以神席，不敢遂去之，亦猶喪奠改設于序西南，企其厭飫無已也。如其設，如始陳設之序。几在南，以席倚几，側隱之，使幽暗也。厞，隱也。祝薦，獻祝之籩豆；席，筵席。皆徹歸東房，初自東房出也。《公食大夫記》云：「筵出自東房。」既徹，主人降堂，賓、主俱出門外。哭者止，主賓以下，皆復門外之位，如始未入即位，成禮之終也。宗人告事畢，即告于門外之位也。

記○虞，沐浴，不櫛。○陳牲于廟門外，北首，西上；寢右。○日中而行事。○殺于廟門西，主人不視，豚解。○羹飪，升左肩、臂、臑猱、肫臀、骼各、脊、脅，離肺。○膚祭三，取諸左膉益上；肺祭一，實于上鼎句。升魚，鱄、鮒九，實于中鼎。升腊，左胖，髀不升，實于下鼎。皆設扃鼏，陳之句。載猶進柢，魚進鬐。祝俎：髀、脰、脊、脅，離肺，陳于階間，敦東。

此以下，雜記前文之未備。此一節，陳牲器之事。沐浴，將祭自潔清也。不櫛，凶事無容也。牲，豕兼魚、腊。北首，首向北。以西爲上，豕在魚、腊西也。寢右，右體側臥俎上，呈左胖也。葬以朝旦，反而行虞事，則日中矣。殺，殺牲。門西，陰方。凡始殺牲，離其前後脛、脊、脅曰豚解。孝子哀心甚，故不視殺。羹即肉。飪，熟也。升，升鑊肉于鼎。牲體貴右，喪祭用左，變于吉也。肩，前肩。肩下曰臂，臂下曰臑。肫、臀通。肫下曰骼。脊，背脊。脅，兩胉。正祭體九或十一，喪用七耳。離肺，離而不絶，所謂「舉肺」也。膚，純肉。膚祭三，神祭也。肺祭一，尸祭也。肺之祭者斷切之，所謂「刌肺」也。脰，脰肉。上鼎，北一鼎。鱄、鮒，二魚名。士正祭用魚十五，喪用九。中鼎，陳次上鼎。腊，乾禽，兎也。腊用左半體。髀，尻骨，不以升鼎。下鼎，居南。載，載俎。進柢，以骨向神。吉祭進腠，喪奠進柢，虞祭猶未吉也。鬐，魚脊。祝俎，薦祝之俎。髀，豕髀。脰，頸肉，即脰也。祝俎惟四體，不升鼎，殺于尸也。祝無黍稷，陳敦東，綂于神也。

按：牲殺，始薦七體謂豚解：脊骨、前後脛、左右脅，爲七。及薦熟，折爲二十一體謂體解：脊三，曰正脊，曰脡脊，曰横脊；兩肱各三，曰肩，曰臂，曰臑，爲六；兩脅各三，曰代脅，曰長脅，曰短脅，爲六；兩股各三，曰髀，曰肫，曰胳，爲六，共二十一。羊、豕皆然。體不言首，首升于室也。《郊特牲》云：「用牲于庭，升首于室。」《周禮·夏官·羊人職》：「祭祀，割羊牲，登其首。」然《少牢》《特牲》皆不及薦首，故禮文難盡合。腊不升髀，牲或升髀者，腊用全禽，惟兎。鄭知髀賤，而不知《内則》之兎本去尻也。如以賤，何獨牲髀不然？

淳尸，盥。執槃西面；執匜東面；執巾在其北，東面；宗人授巾，南面。○主人在室，則宗人升，户外北面。佐食無事，則出户，負依南面。○鉶芼，用苦，若薇，有滑；夏用葵，冬用荁（丸），有柶。豆實：葵菹；菹以西，蠃醢。籩：棗烝，栗擇。○尸入，祝從尸。尸坐不説屨。尸謖。祝前，鄉（向）尸（句）；還（句），出户，又鄉尸（句）；還（句），過主人，又鄉尸；還（句），降階，又鄉尸；降階（句），還（句），及門，如出户。尸出。祝反，入門左，北面，復位，然後宗人詔降。○尸服卒者之上服。男，男尸。女，女尸；必使異姓，不使賤者。

淳，猶沃也。「執槃」以下，皆執事之人。前文止言「宗人授巾」，故此詳之。宗人詔主人禮，主人在堂，則宗人在階前；主人在室，則宗人升堂，立室户外詔室事。佐食，以衆兄弟爲之，佐尸食者也。室中無事，則室户外負牖立。古廟制：堂北爲室，室户偏東，户西爲牖，皆南向，即北堂中也。佐食無事，依此立，曰「負依」。《特牲禮》尸將入，佐食中庭北面，故尸在室，佐食在堂南面。鉶，和羹。盛以鉶鼎曰鉶羹。羹菜曰芼。苦、薇、葵、荁，皆菜也。滑，若今和肉以粉，使滑利也。柶，匕也，以扱羹也。棗烝則熟，栗擇則潔，皆籩實也。尸入室，祝從尸，主人在祝後，與陰厭主人先祝入異也。禮事主敬，則坐不説屨。《少儀》云：「祭于室中、堂上，無跣。燕則有之。」尸謖，見上。祝前，導尸行。鄉、向同，轉面向尸。還、旋同，既向尸，復旋行也。主人立西階，東面，尸由西階降，過主人，主人致敬，尸答，故祝向尸；降西階，祝前降，又向尸；及廟門出，如出户，又向尸。既送尸，祝反，入門左，北面立。初祝即位此，今復位，成終也。詔降，祭事畢，告主人下堂也。卒者之上服，士爵弁服，死以襲，故尸服象之。必使異姓，謂女尸也。男以孫爲祖尸，同姓也；女以孫婦爲祖姑尸，異姓也。不使賤，不用庶也。無適而後用庶。

無尸，則禮及薦饌皆如初。既饗，祭于苴，祝祝卒。不綏妥祭，無泰羹湆、胾、從獻。主人哭，出復位。祝闔牖户，降，復位于門西；男女拾踊三；如食閒。祝升，止哭句；聲三句，啓户。主人入；祝從，啓牖、鄉向，如初。主人哭，出復位。卒徹，祝、佐食降，復位。宗人詔降，如初。

此無尸虞祭之禮。《曾子問》云「祭成喪者必有尸」，則無尸是殤祭也；又謂宗子殤陰厭，庶殤陽厭，則無尸是殤虞也。禮，謂自葬服即位至「主人哭，出復位」，及改設饌至「賔出」之禮；薦饌，謂神席前俎豆陳設之類，皆與有尸者同。既饗，謂祝告神饗，命佐食祭于苴，祝陳辭畢。此以後，有尸則有綏祭及從獻，無尸則不綏祭。綏、挼同。《曲禮》云：「大夫綏之。」綏祭即墮祭，解見前。無泰羹湆，無胾豆，無賔從獻。凡尸事始墮祭，終從獻，無尸則四事俱無，但祝祝卒，主人遂哭，出復户外東面之位。祝遂闔牖户，降，復門西之位。丈夫、婦人更迭踊三者三，如尸食九飯頃。祝復升堂，哭止，作聲三，乃啓户。主人先入室，祝從，乃啓牖、鄉。鄉、向同。[一]北窻曰鄉，南窻曰牖。如初，謂主人西面，祝在左，與有尸同。主人哭，出復堂上西面。祝降，復門西，北面；佐食降，復西方衆兄弟之位。宗人詔降，詔主人下堂也。如初，如初「贊闔牖户」，「告事畢」也。

始虞，用柔日，曰：「哀子某，哀顯相，夙興夜處不寧。敢用潔牲剛鬣、香合、嘉薦、普淖勞**、明齊**劑**溲酒，哀薦祫事，適爾皇祖某甫**句**。饗**句**！」再虞，皆如初，曰「哀薦虞事」。**

三虞，卒哭句**，他用剛日**句**，亦如初，曰「哀薦成事」。**

此記三虞之節與祝辭。凡葬用柔日。甲、丙、戊、庚、壬爲剛，乙、丁、己、辛、癸爲柔。奇剛偶柔。柔，陰也。葬之日中虞，用柔日，安神宜陰也。顯相，助祭者。《詩》云：「肅雍顯相。」哀，助祭者同哀也。剛鬣，豕也。香合，黍也。嘉薦，菹醢之屬。普，大也。淖，和也。大和則豐熟，故粢盛謂普淖。明齊，新水也，即玄酒。溲、醙通，醴也。合食于祖曰祫。尸柩已藏，神宜歸廟，恐寃未離舊寢，故虞于寢，告使適祖也。皇，美大之稱。皇祖，即死者所祔祖。某甫，祖字。饗，勸饗。再虞間一日，亦柔日。禮同，惟辭稱「哀薦虞事」爲異。三虞又間一日，卒哭又間一日，祭而卒哭也。三虞以前，葬哭如始死，晝夜無時；卒哭以後如既殯，惟朝莫一哭，夕莫一哭，曰「卒」，卒晝夜無時之哭也。他用剛日，

[一]「乃啓牖、鄉。鄉、向同」，「鄉」字原不重，今據文義補。

謂卒哭明日即祔祭也。卒哭柔日，則祔祭當剛日，禮與辭如初，但稱「哀薦成事」爲異。三虞皆喪祭，卒哭、祔漸成吉，故曰「成事」。始言「祫」，告親以所適；次言「虞」，俟親度其可否；終言「成」，乃成適祖。從容有序，事死如生然。

獻畢，未徹，乃餞。尊兩甒于廟門外之右，少南。水尊在酒西，勺北枋。洗在尊東南，水在洗東，篚在西。饌籩豆，脯四脡。有乾肉折俎，二尹縮，祭半尹，在西塾。尸出，執几從，席從。尸出門右，南面。席設于尊西北，東面，几在南。賓出，復位。主人出，即位于門東，少南；婦人出，即位于主人之北；皆西面，哭不止。尸即席坐。唯主人不哭，洗廢爵，酌獻尸；尸拜受。主人拜送，哭，復位。薦脯醢，設俎于薦東，朐（劬）在南。尸左執爵，取脯擩醢，祭之。佐食授嚌。尸受，振祭，嚌，反之；祭酒，卒爵，奠于南方。主人及兄弟踊，婦人亦如之。主婦洗足爵，亞獻，如主人儀，無從；踊如初。賓長洗繶爵，三獻，如亞獻；踊如初。佐食取俎，實于篚。尸謖；從者奉篚，哭從之。祝前，哭者皆從，及大門內，踊如初。尸出門，哭者止。賓出，主人送，拜稽顙。主婦亦拜賓。

此既虞卒哭，餞神祔祖也。卒哭明日，將以主適廟，故卒哭遂餞。飲行者曰餞。卒哭之祭，三獻既畢，俎豆未徹，餞尸于舊寢門外。「尊兩甒」以下，皆餞禮。廟門，即寢門，舊殯宮門也。餞行于寢門外，右，陰方；少南，尸席在北也。洗與水、篚皆統于尊，陳雖有東南、東〔一〕、西，總之門右。脯四脡，變于吉也。《鄉飲酒禮》：「薦脯，五脡。」乾肉，牲體之乾者，斷以爲俎。割肉方正曰尹。二尹，猶二片。縮，直也。以二尹直陳于俎，橫加半尹于上，以待祭。西塾，寢門西堂。尸出，祭畢自室内出。執几、席，皆贊者，從尸出寢門外。設神席于尊西北，東向，几在席右。賓出，復門外朝夕哭之位，繼兄弟西面北上也。婦人亦出門外，助餞也。皆西面，向尸也。唯主人不哭，將行禮也。朐，屈也。脯形中屈。《曲禮》：置脯脩，左朐右末。今朐在南，尚右，變于吉也。授嚌，以乾肉授。尸祭而嚌之，既嚌，以還佐食，佐食歸于俎。尸祭酒，卒飲，不酢主人，喪禮略也；奠于南方，奠爵薦右也。主婦亞獻，無從，無籩豆從薦也。佐食取俎，取乾肉；實于篚，爲尸實也。大門，寢宫門外之門。寢宫在大門内。凡尸尊于廟，大門外無事尸之禮，故至大門内止。不出大門，故不拜送。尸出，出大門。賓出，拜送，送于大門外。主婦拜賓，拜女賓。

丈夫説脱絰帶于廟門外。入徹，主人不與。婦人説首絰，不説帶。○無尸，則不餞，猶出几席，設如初；拾踊三。哭止，告事畢，賓出。○死三日而殯，三月而葬，遂卒哭。將旦而祔，則薦。○卒辭，曰：「哀子某，來日某，隮祔爾于爾皇祖某甫。尚饗！」女子，

〔一〕「東」，原無，今據文義補。

曰「皇祖妣某氏」。婦，曰「孫婦句，于皇祖姑某氏」。其他辭句，一也。饗辭，曰：「哀子某，圭蠲爲而哀薦之句。饗句！」明日，以其班祔。沐浴，櫛，搔爪翦。用專膚爲折俎，取諸脰膉益。其他如饋食。用嗣尸。曰：「孝子某，孝顯相，夙興夜處，小心畏忌，不惰其身，不寧。用尹祭、嘉薦、普淖、普薦、溲酒，適爾皇祖某甫，以隮祔爾孫某甫。尚饗！」○朞而小祥，曰：「薦此常事」。又朞而大祥，曰：「薦此祥事」。中月而禫。是月也，吉祭，猶未配。

此記餞祭以後至祥禫之事，喪禮之終也。丈夫，謂主人以下。親始死，男子麻絰帶，至卒哭脱麻帶，易葛帶。廟門外，餞畢，遂脱也。入徹室中祭饌與門内餞饌，皆衆有司。主人脱絰門外，故不與。婦人，主婦以下。婦人重要絰，男子重首絰。易服先輕者，故卒哭男子以葛易帶，婦人以葛易首絰；男不脱首絰，婦不脱要帶。至小祥，男子乃去首絰，而帶如故；婦人乃去帶，而首絰如故，所謂除服先除重也。無尸，謂殤不成喪者。無尸可餞，猶以室中神几與席，陳設寢門外行禮。拾踊三，丈夫、婦人、賓客更迭踊三者三也。將旦，謂卒哭之明旦。薦，即卒哭日祭餞也。卒辭，謂卒哭祭之祝辭。隮，升也，以死者主自殯宮升附祖廟。女子子附于祖母，子婦附于祖姑。凡祔，皆以孫祔祖，父子不同昭穆。他辭一，謂「來日」「隮祔」「尚饗」等辭同也。饗辭，勸侑神、尸饗食之辭。圭、蠲通，潔也。明日，即將旦也。班，昭穆之次。祔祭，則主人沐面浴體，櫛髮，搔翦手足甲，稍脩飾也。折俎，獻尸、祝外酢席之俎。人衆俎多，折骨爲之，吉禮也。今祔祭未純吉，主人以下之俎用專膚純肉，無體骨。俎貴骨賤肉，喪貶于吉也。脰膉，項肉。其他事神、事尸等禮，如《特牲》饋食，稍用吉也。嗣尸，虞、卒哭、祔相繼同尸也。「曰」以下，祔祭之祝辭。稱孝子，變于「哀」也。孝顯相，助祭者皆孝也。尹祭，割肉以祭。《曲禮》：「脯曰尹祭。」普薦，祖孫共薦，下辭云「爾祖」「爾孫」是也。尚，庶幾也。朞，滿十二月，一歲之期。小祥，十三月之祭。薦常事，小祥祭之祝辭也。又朞，二十四月。大祥，二十五月之祭。薦祥事，大祥祭之祝辭也。中月，間一月。大祥二十五月，間一月，則二十六月，禫祭則二十七月。禫，澹也，言哀慕平澹。是月，即禫月也。吉祭，即禫祭也。未配，新主猶祔祖，未入新廟與其配專祀也。夫妻合祀曰配。

按：親初喪，設主殯宫。三月既葬，卒哭，以主祔于祖廟。時新宫未作，無專祠，故不忍即以鬼神事之也。故練、祥等祭，皆無配。三年喪畢，新宫成，遷主禰廟，始有配饗。禫祭時，主猶在祖。鄭注未明。

儀禮節解卷十四終

儀禮節解卷十五

郝敬 解

特牲饋食禮第十五

特牲饋食禮，士祭祖禰也。特牲，一牲。卑者先飯曰饋食，尊者先灌曰祭祀。《曲禮》曰：「大夫以索牛，士以羊、豕。」《雜記》云：「上大夫卒哭成事〔一〕、祔皆大牢。」然則大夫亦時用大牢，士亦時用少牢也。《士喪禮》少牢遣奠，則大夫豈無用特牲時邪？鄭謂《曲禮》所言天子之士，是書爲諸侯之大夫、士，何據而别？夫禮有隆殺，牲有大小，通上下貴賤用之，天子郊天亦特牲也；謂大夫之祭隆于士則可，謂大夫專用少牢，士專用特牲，不盡然。蓋《士虞》後繼以《特牲》者，自凶趨吉也；《特牲》後繼以《少牢》者，自殺趨隆也，皆記禮之序。故是篇首云「冠端玄」與兄弟之服，辭曰「諏事」，「適皇祖」不言「配」，皆繼前篇虞後祥、禫等吉祭言，否則何爲反以士先大夫邪？

〔一〕「事」，原無，乃誤奪，今據《禮記·雜記下》篇原文補。

特牲饋食之禮：不諏日。及筮日，主人冠端玄，即位于門外，西面。子姓兄弟如主人之服，立于主人之南，西面，北上。有司羣執事，如兄弟服，東面，北上。席于門中，闑西閾外。筮人取筮于西塾，執之，東面受命于主人。宰自主人之左贊命，命曰：「孝孫某，筮來日某，諏此某事，適其皇祖某子。尚饗！」筮者許諾，還即席，西面坐。卦者在左，卒筮，寫卦。筮者執以示主人。主人受視，反之。筮者還，東面，長占，卒，告于主人：「占曰吉。」若不吉，則筮遠日，如初儀。宗人告事畢。前期三日之朝，筮尸，如求日之儀。命筮曰：「孝孫某，諏此某事，適其皇祖某子，筮某之某爲尸。尚饗！」

此筮日、筮尸。不諏日，不如大夫《少牢》與有司謀丁、己等日，但隨所暇日筮，食禮略也。冠端玄，謂冠與端色皆玄，用吉，變于前喪祭也。門外，廟門外，西面立，主位也。子姓，猶子孫。姓言生，子所生也。皆在五服内者。如主人之服，亦玄也。詳言服，承前篇喪禫除，服從吉也。立于主人南，西面，與主人并立，而統[一]于主人，故北上。有司羣執事東面北上，賓位也。席，筮席。闑西，即門中。閾，門限。《士冠禮》云：策[二]與席，具饌于西塾。故筮人取筮策于西塾。執之，執策也。

[一]「統」上原有「不」字，今據文義刪。

[二]「策」，《士冠禮》經文原作「筮」，郝氏以「筮策」解之，此處變換言之耳。類此者不悉校。

宰，有司之長。《少儀》云：「贊幣自左，詔辭自右。」喪禮命筮日，皆自右，此自左者，筮事祖考，不敢以卑禮詔之也。諏，謀也。某事，承上篇爲祥、禫，如「謀此禫事」之類。適皇祖，即所祔之祖，往祭于其廟。某子，皇祖字。尚饗，疑辭，言庶幾饗之。還、旋同。筮人東面受命畢，旋就門中席，西面坐。卦者，寫卦者。在左，在筮人之南。長占，占卦先長，以次及衆。占曰吉，告主人之辭。《曲禮》云：「吉事先近日，喪事先遠日。」此吉祭筮近日，若不吉，則改筮遠日也。宗人，公有司掌禮者。事畢，筮畢。祭日既定，于祭前三日筮尸。某之某，指尸父及子名。《曲禮》曰：「爲人子，祭祀不爲尸。」然則尸之父，死者也。

按：鄭注：「冠端」下言「玄」者，玄冠有不玄端者，則朝服也。鄭以玄端與朝服異，而朝服之緇衣即玄端。古者禮服皆稱朝服，玄端即禮服。又謂有司羣吏爲「士屬吏」，然士何必盡有官職者？禮不下庶人，庶人奠于寢，士無田不祭，而奠亦有禮，皆可質義而行，故士禮變通于上下貴賤之閒。有司羣吏，惟大夫能備，何但初命之士耳？

乃宿尸。主人立于尸外門外句。子姓兄弟立于主人之後，北面，東上。尸如主人服，出門左，西面。主人辟去聲，皆東面，北上。主人再拜，尸答拜。宗人擯辭如初，卒曰：「筮子爲某尸，占曰吉，敢宿！」祝許諾，致命。尸許諾，主人再拜稽首。尸入，主人退。宿賓。

賓如主人服，出門左，西面再拜。主人東面答再拜。宗人擯，曰：「某薦歲事，吾子將涖之，敢宿！」賓曰：「某敢不敬從！」主人再拜，賓答拜。主人退，賓拜送。

此宿尸與賓。越宿預戒曰宿，祭前二日也。北面，事神之禮。出門左，迎賓之禮。辟，卻避，致敬也。東面，朝尸也。主人先拜，尊尸也。宗人、祝，皆主人之黨。宗爲擯相禮，致辭于祝，如筮尸宰贊主人命筮之辭。卒，語末。以「筮子」至「敢宿」，易前「尚饗」語。祝受宗人辭，許諾，遂致主人命于尸。賓，僚友也。宿一人爲從獻之賓。歲事，每歲時祭之事。前言「諏某事」，此言「歲事」，義互備也。涖，臨也。

厥明夕，陳鼎于門外，北面，北上，有鼏。棜在其南，南順，實獸于其上，東首。牲在其西，北首，東足。設洗于阼階東南句。壺、禁在東序。豆、籩、鉶在東房，南上。几、席、兩敦在西堂。主人及子姓兄弟即位于門東，如初。賓及衆賓即位于門西，東面，北上。宗人、祝立于賓西北，東面，南上。主人再拜，賓答再拜；三拜衆賓，衆賓答再拜。主人揖入，兄弟從，賓及衆賓從，即位于堂下，如外位。宗人升自西階，視壺濯及豆、籩，反降，東北面告濯、具。賓出，主人出，皆復外位。宗人視牲，告充。雍正作豕。宗人舉獸尾，告備；舉鼎鼏，告絜。請期，曰「羹飪」。告事畢。賓出，主人拜送。

此省視牲器。厥明夕，謂宿尸、賓次日之夕，即祭之先夕。門外，北面，當門也。北上，三鼎自北陳而南。棜、鼏通，形如箱，以載獸，在鼎南，向南直陳。獸，腊也，野禽已殺者，兔屬。牲，豕。牲不在棜，以其生也。西，棜西。北首，東足，未殺，束縛之也。洗設于阼階東南，堂下也。壺有禁，在堂上東牆下。豆、籩、鉶在東房，虛器未實，皆自南陳而北。几、席，神座，與兩敦饋神之器，皆在堂上西。主人以下即位于門東，如筮位。賓及衆賓，皆主人所宿以助祭者。宗人掌禮，祝祝神，皆公有司，位退于賓，而近于廟。主人拜賓廟門外，賓尊者一人再拜；衆賓輩共三拜，衆賓答一〔一〕拜，答者衆也。主人既拜賓，導衆入，即位堂下，如門外之位，主東賓西。宗人省視壺洗濯及豆、籩，不言鉶、敦，可知。壺在東序，豆、籩在東房，宗人自西階升，一一往視，反降。告濯，告既洗也；告具，告既備也，皆告于主人。賓、主皆出門外，省牲與鼎。告充，告肥也。雍正，饔人之長，主烹飪者。作豕，作之使動，驗其生也。舉獸尾，視腊全也。啓鼎蓋，視其潔也。請期，請明日祭之早晏。羹飪，以羹肉熟爲節。

夙興，主人服如初，立于門外東方，南面，視側殺。主婦視饎爨于西堂下。亨于門

〔一〕「一」，據經文當作「再」，然敖繼公《儀禮集説》於此云「衆賓答一拜，言『再』者，字誤也」，郝注或參考敖説而作「一」歟？

外東方，西面，北上。羹飪，實鼎，陳于門外，如初。尊于户東，玄酒在西。實豆、籩、鉶，陳于房中，如初。執事之俎，陳于階間，二列，北上。盛兩敦，陳于西堂，藉用萑丸，几、席陳于西堂，如初。尸盥匜水，實于槃中；簞巾句，在門内之右。祝筵几于室中，東面。主婦纚笄、宵衣，立于房中，南面。主人及賓、兄弟、羣執事，即位于門外，如初。宗人告有司具。主人拜賓如初，揖入，即位，如初。佐食北面立于中庭。

此饌具，設神席，衆即位也。夙興，即祭日早起。主人服如初，冠端玄，如筮服。側殺，特殺一牲也。炊飯曰饎。爨，竈也。視于西堂下，饎爨在西壁也。亨，鑊煑肉也。豕、魚、腊各一爨，以北爲上。羹飪，肉熟也。實鼎，各自鑊升于其鼎。陳如初，如初陳北面北上也。尊設于室户外東，房户之西，堂北稍東也。設玄酒尊，在酒尊之西。實豆、籩、鉶，以脯、醢、和羹之類。房中，東房内。如初設，南上也。執事，助祭者，皆有俎，陳于兩階間，分爲二列，自北陳而南，先獻者居北也。盛兩敦，盛黍稷之饎也。萑，細葦席。几、席、兩敦，視濯時在西堂，今如初。簞，竹器，以盛巾，在廟門内右。内以西爲右，尸入于此盥手。祝筵几，設神几、席也。室在堂後。東面，即西南隅，奥也。纚以韜髮。笄，簪也。宵衣，黑色衣。詳見《士昏禮》。主人玄端，主婦衣色同，變于喪也。房中，婦人所有事。南面，向堂也。佐食，佐尸食者，以衆兄弟爲之。立于中庭，俟事也。尸將升堂，則佐食中庭北面；室中當事，則户外負依南面，不與衆有司混處，敬神事也。

按：古者廟制前爲堂，後爲室，室西南隅爲奥。室并東爲房，房與室同在堂北，故房室之外爲北堂。室户偏東近房，户西爲牖，當堂正中南向，即負依處。房亦有户有牖。自房南出爲東階，室西南爲西階。堂東西兩牆直下爲東西序。序外兩旁，東西相向，各有堂室，爲夾室。此其大較也。鄭謂夾室與堂并南向，則凡室在堂左右者，皆可名夾矣。

主人及祝升；祝先入，主人從，西面于户内。主婦盥于房中，薦兩豆：葵菹、蝸螺醢，醢在北。宗人遣佐食及執事盥、出。主人降，及賓盥，出。主人在右，及佐食舉牲鼎。賓長在右，及執事舉魚腊鼎。除鼏。宗人執畢先入，當阼階，南面。鼎西面錯，右人抽扃，委于鼎北。贊者錯俎，加匕。乃朼。佐食升肵俎，鼏之，設于阼階西。卒載，加匕于鼎。主人升，入復位。俎入，設于豆東，魚次句，腊特于俎北。主婦設兩敦黍稷于俎南，西上；及兩鉶芼設于豆南，南陳。祝洗，酌奠，奠于鉶南，遂命佐食啓會。佐食啓會，卻于敦南，出，立于户西，南面。主人再拜稽首，祝在左。卒祝，主人再拜稽首。

此設饌祝神，所謂「陰厭」也。主人及祝自門外入，升堂；祝先入室，主人從入，西面向神席，立室户内也。房中，東房中。薦兩豆，一菹一醢。取自東房，入薦于室。醢設席北，菹在南，南爲上，與虞祭同。宗人主詔禮事，遣佐食與執事者盥手、出門外舉鼎；宗人亦出。主人降，與賓皆盥手，出舉鼎。

自外入，東爲右，神事尚右也。每鼎二人舉，尊者在右，主人、賓長皆右。宗人執畢，畢，笏類，執以指。宗人先入，立阼階下，南向指錯鼎者，當東階西，直陳而南。右人在東，錯俎于鼎西，加匕俎上，左人枇肉，右人西載之。肵俎，載心、舌。《郊特牲》云：「肵之爲言敬也。」主人敬尸之俎。心、舌亦飪之鼎内，佐食載于肵俎。主人升堂入室，復户内西面之位。豕俎入，先設，并葵菹東，魚俎次豕東，腊俎獨在魚北，無并曰特。主婦設兩敦，黍在豕南，稷在黍東、魚南，黍在西爲上。兩鉶芼接葵菹而南。祝下堂洗爵，升堂酌酒于户東，入室，奠于兩鉶南。佐食啓黍稷敦蓋，出室，立于室户西牖下，南面，《士虞記》所謂「負依」也。主人再拜稽首，尸未入，拜神也。祝在左致辭，達主人之誠。卒祝，祝畢，主人又再拜稽首，敬之至，所謂「陰厭」也。

祝迎尸于門外。主人降，立于阼階東。尸入門左，北面盥；宗人授巾。尸至于階，祝延尸；尸升，入；祝先，主人從。尸即席坐，主人拜妥尸。尸答拜，執奠；祝饗，主人拜如初。祝命挼（墮）祭。尸左執觶，右取菹擩（輭，平聲）于醢，祭于豆閒。佐食取黍、稷、肺祭授尸。尸祭之，祭酒，啐酒，告旨。主人拜。尸奠觶答拜；祭鉶，嘗之，告旨。主人拜，尸答拜。祝命爾敦。佐食爾黍稷于席上，設大羹湆于醢北，舉肺脊以授尸。尸受，振祭，嚌之，左執之；乃食，食舉。主人羞肵俎于腊北。尸三飯，告飽。祝侑，主人拜。佐食舉幹；

尸受，振祭，嚌之。佐食受，加于肵俎；舉獸幹、魚一，亦如之。尸實舉于菹豆。佐食羞庶羞四豆，設于左句，南上句，有醢句。尸又三飯，告飽。祝侑之，如初；舉骼格及獸、魚，如初。尸又三飯，告飽。祝侑之，如初；舉肩及獸、魚，如初。佐食盛肵俎，俎釋三个；舉肺脊加于肵俎，反黍稷于其所。

此迎尸入而九飯。尸入廟門，自外入，西爲左。匜水在門内西，尸入北面盥。進至西階，祝延尸；升堂，入室。尸取祝所奠鉶南觶執之，祝勸饗。前篇記云「孝孫某，圭爲而哀薦之」〔一〕，即此也。主人拜，祈饗也。祝命挼祭，命佐食也。挼、墮通，詳見前篇。㨎、擩通，揉也。肺祭，肺刌切以祭者，與舉肺異。告旨，稱美也。主人拜，拜尸饗也。爾、邇同，移近也。佐食設大羹湆于蝸醢北，舉肺脊授尸。肺離不絶，連脊骨。手執曰舉。周人祭肺，肺爲氣主，脊爲正體，食所重，故尸左手執肺脊，右手食黍，兼食肺脊，曰「食舉」也。肵俎在阼階西。羞，進也。主人親取，進設于腊俎北，不假人，所以爲敬也。尸每三飯一告飽。祝侑尸，主人拜，拜侑也。脅骨曰幹。獸腊亦舉幹，魚全取一，皆佐食授尸。尸祭、嚌，皆授佐食。佐食受，皆加于肵俎，猶虞祭皆實于篚也。尸乃以左手所執肺脊，實于菹豆。不實于

〔一〕「孝孫某，圭爲而哀薦之」，《士虞記》實作「哀子某，圭爲而哀薦之」，鄭注此經而云「其辭取于《士虞記》，則宜云『孝孫某，圭爲孝薦之』」。

肵俎者，肵俎在腊北，遠也。庶羞，以豕肉和爲異味，凡四豆，設于大羹北。尸在西，以北爲左。南上，上大羹，自南陳而北也。有醢，二醢二羞也。《少牢》兩胾兩醢，此宜同。醢在胾南，四豆直陳不綪，故曰南上。三飯，舉骼，豕後足骨曰骼。獸亦舉骼，魚亦舉一。祭、嚌，加于肵俎，如初。又三飯，舉豕肩。九飯畢，佐食取衆俎之實，盛于肵俎。每俎但留三个，以待改設陽厭，其餘盡入肵俎以歸尸。肺脊在菹豆，亦取加于肵俎。反黍稷于其所，先爾于席上，今復置鉶東也。

主人洗角，升酌，酳尸。尸拜受，主人拜送。尸祭酒、啐酒，賓長以肝從。尸左執角，右取肝㨎于鹽，振祭，嚌之，加于菹豆，卒角。祝受尸角，曰「送爵句！皇尸卒爵」。主人拜，尸答拜。祝酌授尸，尸以醋酢主人。主人拜受角，尸拜送。主人退，佐食授挼祭。主人坐，左執角，受祭，祭之；祭酒，啐酒，進聽嘏假。佐食摶黍授祝，祝授尸。尸受以菹豆，執以親嘏主人。主人左執角，再拜稽首受，復位；詩懷之，實于左袂，挂于季指；卒角，拜。尸答拜。主人出，寫嗇于房；祝以籩受。

此主人獻尸、尸酢主人。角，觶屬。尸既卒角，祝受虛角。曰「送爵！皇尸卒爵」，命主人拜之辭。祝酌授尸，尸不親酌，祝不洗角。醋、酢同。主人受尸角，退復位。佐食授主人黍、稷、肺〔一〕祭。嘏、假通。尸傳神意以福假主人，主人進尸前聽神嘏。摶黍，揑黍飯成團，象福禄。獨摶黍，黍貴于稷，尸食惟黍。詩言志也。《詩序》云「詩者，志之所之」，《内則》云「詩負之」，言專志也。懷，藏也。袂，袖也。季指，小指。左手執角，以小指挂左袖口，恐拜而遺黍。出，出室。寫，傾也。嗇、穡通，即黍。房，東房。以籩受所寫黍，重神貺也。

筵祝，南面。主人酌獻祝，祝拜受角，主人拜送。設菹醢、俎。祝左執角，祭豆，興取肺，坐祭，嚌之，興加于俎，坐祭酒，啐酒，以肝從。祝左執角，右取肝擩于鹽，振祭，嚌之，加于俎，卒角，拜。主人答拜，受角，酌獻佐食。佐食北面拜受角，主人拜送。佐食坐祭，卒角，拜。主人答拜，受角，降，反于篚；升，入復位。

此主人獻祝與佐食。筵祝，設祝席。南面，室内當户。獻祝與佐食，皆因獻尸及之。角，即獻尸之角。獻祝之禮殺于尸，獻佐食殺于祝。角實于篚，在堂下，既獻，反之。升，入，升堂入室，復户内西向之位。佐食獨不設俎者，以兄弟爲之，其薦俎齒于兄弟中，于後獻衆兄弟時并設也。

主婦洗爵于房，酌，亞獻尸。尸拜受，主婦北面拜送。宗婦執兩籩，户外坐；主婦受，

〔一〕「肺」下原有「挼」字，蓋涉經文而衍，今據文義删。

設于敦南。祝贊籩祭。尸受，祭之，祭酒，啐酒。兄弟長以燔從。尸受，振祭，嚌之，反之。羞燔者受，加于肵，出。尸卒爵，祝受爵，命送，如初。酢，如主人儀。主婦適房，南面。佐食挼祭。主婦左執爵，右撫祭，祭酒，啐酒，入，卒爵，如主人儀。

此主婦亞獻尸、尸酢主婦。變角稱爵，更器也。北面拜送，室内北面，變于主人之西面也。宗婦，族人婦，執兩籩，跪于室户外；主婦受之，入設于黍稷南。祝贊尸以籩棗、栗祭于豆閒。兄弟之長者以燔肉實羞俎從。主婦薦尸，尸受燔，祭之，嚌之，反于羞俎。兄弟長以所反燔，加肵俎上，執虚俎出，反門外西塾。不備言，與前虞禮互見也。祝命送，命主婦拜也，即前云「送爵！皇尸卒爵」，命主婦拜如主人也。酢，尸酢主婦，亦「祝酌授尸」，尸授，主婦拜受，尸拜送，與酢主人儀同。主婦不祭于室，以爵適東房，南面。佐食代挼祭，置黍、稷、肺于席。主婦手撫之，遂祭酒，啐之；反入室，北面卒飲，如主人儀，「拜。尸答拜」也。

獻祝，籩、燔從，如初儀。及佐食，如初。卒，以爵入于房。

此主婦獻祝與佐食。以燔從者，兄弟之衆也。皆如主人獻祝之儀。主人豆而主婦籩，主人肝而主婦燔，其祭一也。獻畢，以爵入于房，婦爵自房出也。

按：主婦受尸酢卒爵，獻祝當更洗于房而后酌，男子不承婦人之爵。

賔三獻，如初；燔從，如初；爵止。

此賔三獻尸，尸奠爵，如初，如主人獻之儀。執事者以燔從，賔獻，尸受爵，不飲。蓋尸既受三獻，祝與佐食亦受三獻，主人、主婦僅受一酢，故尸止不飲，待主人、主婦交致爵而后神惠均也。

席于户内。主婦洗爵，酌，致爵于主人。主人拜受爵，主婦拜送爵。宗婦贊豆如初，主婦受，設兩豆、兩籩。俎入設。主人左執爵，祭薦；宗人贊祭。奠爵；興取肺，坐絶祭，嚌之；興加于俎，坐挩帨手，祭酒，啐酒；肝從。左執爵，取肝揳于鹽，坐振祭，嚌之。宗人受，加于俎。燔亦如之。興，席末坐卒爵，拜。主婦答拜，受爵，酌醋句，左執爵拜；主人答拜。坐祭，立飲，卒爵，拜；主人答拜。主婦出，反于房。主人降，洗，酌，致爵于主婦。席于房中，南面。主婦拜受爵，主人西面答拜。宗婦薦豆，俎、從獻，皆如主人。主人更爵，酌醋，卒爵，降；實爵于篚，入復位。

此主人、主婦交相獻，各自酢也。獻酒云「致爵」者，酒本主人物，致爵，體神意也。席于户内，設席于主人所立之位。宗婦贊豆，亦于户外坐。豆、籩皆宗婦贊，主婦受以設。設俎，則宗人也。肺離未絶，祭則絶之。主人、主婦一爵，肝、膰兩從，與尸、祝同者，體神意，重祭主也。席末坐，避尊也。主婦受爵，受主人虛爵。酌醋，承主人爵自酌〔一〕。主人避尸，不敢酢主婦，而主婦達其意也。主人自酢，倣此。主婦左執爵拜，不奠爵，婦人立拜也。主婦以爵反歸東房。主人降，更洗堂下之爵，升酌，致主婦也。席于房中，獻主婦不于室也。南面，向堂也，房在堂北。西面，主人之正位。從獻，亦肝與燔也。主人自酢必更爵，男女不襲器也。酌酢，主人酌自酢。卒爵不坐，夫飲婦爵，禮略也。

三獻作止爵。尸卒爵，酢句。酌獻祝及佐食。洗爵，酌，致于主人、主婦，燔從皆如初。更爵，酢于主人；卒，復位。

此賓獻祝與佐食及主人、主婦，遂自酢也。三獻，指其人，即賓也。初賓三獻尸，爵止，及主人、主婦致爵畢，賓乃作所止之爵，請尸飲。作，起也。尸卒飲，賓受爵，遂自酢。乃酌獻祝，獻佐食。又洗，酌，致主人、主婦，皆如前儀，徧終三獻之事也。燔從，無肝也。皆如初，一一如前禮，佐食無從，同也。更爵，不承主婦爵也。酢于主人，賓自酢也。復位，復堂下東面之位。

主人降阼階，西面拜賓，如初；洗。賓辭洗。卒洗，揖讓升，酌，西階上獻賓。賓北面拜受爵，主人在右，答拜。薦脯醢，設折俎。賓左執爵，祭豆，奠爵；興取肺，坐

〔一〕「酌」，據文義當作「醋」或「酢」，又據文注，字當作「酢」。

絶祭，嚌之；興加于俎，坐挩手，祭酒，卒爵，拜。主人答拜，受爵，酌酢，奠爵，拜。賓答拜。主人坐祭，卒爵，拜。賓答拜，揖，執祭以降，西面奠于其位；位如初句。薦、俎從設句。衆賓升，拜受爵，坐祭，立飲。薦、俎設于其位，辯。主人備答拜焉，降，實爵于篚。

此主人獻賓及衆賓也。拜賓，爲將獻也。如初，如視壺濯，「主人再拜，賓答再拜；三拜衆賓，衆〔一〕賓答再拜」也。洗，洗爵。西階上獻賓，主人就賓也。禮主祭，則賓不專階。主、賓皆北面，以東爲右，主人在東也。折俎，分折牲體實俎。主人酌自酢，賓不敢敵主人，而主人達其意也。酢畢，賓揖主人，自執所祭肺下堂，西面奠于其位，仍東面立，如初。其西階上所薦豆、俎，皆從設于位。此獻賓長之禮。其餘衆賓升西階受爵，坐祭，立飲，禮殺也。豆、俎即堂下本位設之。辯，徧通。衆賓拜受爵，主人皆答拜。獻畢，主人下堂，實爵于篚。

尊兩壺于阼階東，加勺，南枋，西方亦如之。主人洗觶，酌于西方之尊，西階前北面酬賓；賓在左。主人奠觶拜，賓答拜。主人坐祭，卒觶，拜；賓答拜。主人洗觶，賓辭；

〔一〕「衆」，原脱，今據上經補。

主人對，卒洗，酌，西面；賓北面拜。主人奠觶于薦北。賓坐取觶，還，東面拜；主人答拜。賓奠觶于薦南，揖，復位。

此旅酬設尊，主人酬賓。承上主人降，遂設兩尊于阼階下，加勺尊上，柄向南，便執也。西方，西階之下。將行旅酬，不敢用堂上户東神尊，而別尊于堂下也。兩壺皆酒，人衆也。先酌西尊，尊賓也。酬，導飲也，酌自飲而后酌飲賓。西階前，階下也。賓位西階下東面，主人酬之同北面，而賓在西。主人酌，西面，向賓也。奠觶，亦西面，奠于席前也。主人將酌，賓北面拜，以臣禮答主人。主人奠觶薦北，以客禮尊賓。賓不敢當，坐取觶，示親受，轉向東拜；主人答拜，亦西向也。奠觶于薦南者，東面南爲右，示將舉也。《鄉飲記》〔一〕云：「將舉者於右。」揖，揖主人。復位，復東向之初位。

主人洗爵，獻長兄弟于阼階上，如賓儀。洗，獻衆兄弟，如衆賓儀。洗獻内兄弟于房中，如獻衆兄弟之儀。主人西面答拜，更爵酢，卒爵，降，實爵于篚，入復位。

此主人獻内外兄弟，期功以下男女兄弟也。長兄弟，兄弟之長者。酬賓而后獻兄弟，獻禮成于酬，成賓禮而后及其私也。獻于阼階上者，酌堂上之尊，獻禮重于酬也。如賓儀，兄弟亦「執祭以降」，「奠于其位」，「薦、俎從設」，同也。衆兄弟分卑，如衆賓儀，「拜受，坐祭，立飲」，「薦、俎設于其位，

〔一〕「鄉飲記」，當作「鄉射記」，下所引乃《鄉射記》之文，《鄉飲記》則作「將舉，於右」，無「者」字。

徧」，同也。佐食在衆兄弟中，薦、俎亦設于此時。内兄弟，謂女賓及宗婦，獻于房中，亦如衆兄弟，「拜受，坐祭，立飲」，設薦、俎，同也。内兄弟房中東面拜受爵；主人西面答拜，更爵自酢，皆謂獻内兄弟也。入復位，入室户内西向，主人之位。

長兄弟洗觚爲加爵，如初儀，不及佐食句。洗致句，如初句，無從句。衆賓長爲加爵，如初，爵止。

此長兄弟及衆賓長加爵于尸也。三獻既備，而禮多爲貴，故于正獻外有加爵。洗觚，更器也。儀如正獻，尸拜受，主、賓拜送，自酢，同也。不及佐食，及祝也。佐食本兄弟輩，尚未及獻尸，故爵不及。洗致，洗爵致主人、主婦，如賓初致爵之儀，但無肝、燔從，異也。衆賓之中長者一人舉爵，如賓三獻之儀。尸受衆賓長爵，奠而不飲。蓋三獻外又受加爵，賓及兄弟僅得一獻，故尸止爵，俟旅酬行，神惠均于在庭，而后舉耳。

嗣舉奠句，盥入，北面再拜稽首。尸執奠句。進受句，復位，祭酒，啐酒。尸舉肝句。舉奠左執觶句，再拜稽首，進受肝，復位，坐食肝，卒觶，拜句。尸備答拜焉。舉奠洗酌入，尸拜受，舉奠答拜。尸祭酒，啐酒，奠之。舉奠出，復位。

此嗣子舉奠于尸，主人適嗣也。舉奠，酬尸也。奠，即初陰厭祝酌奠于鉶南之觶。自尸入，祭、啐酒，奠而未舉；至是嗣子入，舉以酬尸，曰「舉奠」。「盥入」以下，舉奠之儀。嗣子盥手，入室，户内北面。尸執奠觶授嗣子。嗣子進受觶，復北面之位，祭飲。尸舉肝，亦以授嗣子。舉奠，即嗣子。尸備答拜者，重繼體，每拜皆答也。嗣子卒飲，洗觶，更酌酒，入室，尸拜受，嗣子拜送。尸祭，啐之，奠之。嗣子出，復位，與子姓共立于堂下東，主人之後也。

按：嗣子舉奠，先自飲酌尸，尸啐而奠之。此旅酬之始，故下文兄弟即繼之。嗣子酬尸而言「舉奠」，弟子酬長而言「舉觶」，皆尊敬之辭，以别于酬衆也。

兄弟弟子洗酌于東方之尊，阼階前北面，舉觶于長兄弟，如主人酬賓儀。宗人告祭脀烝。乃羞。

此弟子舉觶于長兄弟也。兄弟弟子，謂衆子姓，各酬其父兄。酌東方尊，如主人酬賓儀，洗，酌，拜，坐祭，卒觶，更洗，酌，奠觶，長兄弟取觶奠于薦右，同也。脀、烝同。肉在俎曰脀。始獻衆賓及兄弟、内兄弟，薦、俎各于其位而未及祭，至是宗人告，使皆祭也。乃羞，進庶羞，即豕肉爲之。《王制》云：「庶羞不踰牲。」自尸以下至内賓，羞皆及。

賓坐取觶，阼階前北面，酬長兄弟；長兄弟在右。賓奠觶拜，長兄弟答拜。賓立卒觶，

酌于其尊，東面立。長兄弟拜受觶；賔北面答拜，揖復位。長兄弟西階前北面，衆賔長自左受旅，如初。長兄弟卒觶，酌于其尊句，西面立。受旅者拜受。長兄弟北面答拜，揖復位。衆賔及衆兄弟交錯以辯，皆如初儀。

此賔與長兄弟、衆賔、衆兄弟交相酬也。賔坐取觶，即前受主人酬觶奠于薦南者，至是舉以酬長兄弟。賔酬兄弟，就東階下北面，兄弟在右。以兄弟亦有主人之誼，賔常居西也。酌于其尊，于東尊也。堂下東尊，本爲兄弟設；西尊爲賔設。賔東面，向長兄弟也。揖復位，賔酬畢，復東向之位。長兄弟復就西階下，酬衆賔之長，其儀同。衆賔又酬衆兄弟，衆兄弟又酬衆賔，交錯以徧，其儀皆同。

爲加爵者作止爵，如長兄弟之儀。

此尸飲衆賔長之加爵也。初，衆賔長繼長兄弟加爵，尸飲長兄弟爵，不飲衆賔長爵，以已受加爵，而衆賔與兄弟酬未及。今既旅及衆賔與兄弟，尸可飲矣，故加爵之賔長作起其初止之爵，請尸飲。如長兄弟加爵之儀，尸卒爵拜，答拜，自酢，復位，同也。

長兄弟酬賔，如賔酬兄弟之儀，以辯。卒受者實觶于篚。

此賔與兄弟旅酬正爵徧，而奠觶也。如賔酬兄弟之儀，如「坐取觶，阼階前北面」等儀。前賔酬長兄弟之觶，是受主人之酬奠于薦南者；此長兄弟酬賔之觶，是弟子舉于其長者也。前賔酬長兄弟于阼階前，今長兄弟亦酬賔于西階前，奠觶、受觶、拜、答拜、復位等儀，同也。辯，徧也，謂賔亦東階前酬衆兄弟，復位，衆兄弟及衆賔亦交錯以徧也。卒受者，謂賔、衆賔與兄弟之衆酬終，各有卒觶者，各以所卒二觶，實于堂下之篚也。此交錯一終，旅酬之正數，以下則無算爵也。賔酬不言「實觶于篚」，互見也。禮終于此，故言之。

賔弟子及兄弟弟子洗，各酌于其尊，中庭北面，西上；舉觶於其長，奠觶，拜；長皆答拜。舉觶者祭，卒觶，拜；長皆答拜。舉觶者洗，各酌于其尊，復初位；長皆拜。舉觶者皆奠觶于薦右。長皆執以興，舉觶者皆復位答拜。長皆奠觶于其所，皆揖其弟子，弟子皆復其〔一〕位。爵皆無算。

此無算爵也。前賔與兄弟之衆，次第旅酬徧，而神人之懽，猶謂未盡洽。賔弟子與兄弟弟子各洗爵，再酬其長，是爲無算爵之始。各酌于其尊，賔弟子酌西尊，兄弟弟子酌東尊。中庭北面者，其長各在東西階前，其弟子各向之也。皆西上，上賔也。爵皆無算，謂賔取觶酬兄弟之黨，長兄弟取觶酬賔之黨，唯其所賜，交錯以辯，無復多寡限量之數也。

〔一〕「其」，原脱，今據閩本補。

利洗散，獻于尸句；酢句；及祝句；如初儀。降，實散于篚。主人出，立于户外，西面。祝東面告利成。尸謖速，祝前，主人降。

此佐食獻尸、祝，祭畢而尸出也。利，即佐食。利，養也。禮將終，告利成，故利終獻以成禮也。散，爵屬。變言散，明更器也。酢，利自酢。及祝，獻祝耳，不致爵主人、主婦也。如初儀，如長兄弟、衆賓長加爵之儀，其拜受、拜送、自酢，同也。户外，室户外。告利成，告孝子養禮終也。主人降，降堂下也。

按：佐食爲役室中，有事不得與衆同，加爵事畢，乃獻尸，亦加爵也。正獻三：主人、主婦、賓也。加爵三：長兄弟、衆賓長、佐食也。獻爲正，加爲從。嗣子舉奠爲酬，不在從獻之數。主人立户外，「西面」，坊本作「西南」，誤。

祝反，及主人入，復位。命佐食徹尸俎，俎出于廟門；徹庶羞，設于西序下句。筵對席，佐食分簋鉶。宗人遣舉奠及長兄弟盥，立于西階下，東面，北上。祝命嘗食養餕者句。舉奠許諾，升，入，東面。長兄弟對之，皆坐。佐食授舉，各一膚。主人西面再拜，祝曰：「養有以也。」兩養奠舉于俎，許諾，皆答拜。若是者三。皆取舉句，祭食句，祭舉；乃食句，祭鉶，食舉句。卒食，主人降洗爵，宰贊一爵。主人升酌，酳上養，上養拜受爵，主人答拜；

酳下養，亦如之。主人拜，祝曰：「酳有與也。」如初儀。兩養執爵拜，祭酒，卒爵，拜。主人答拜。兩養皆降，實爵于篚。上養洗爵，升酌，酢主人；主人〔一〕拜受爵。上養即位坐，答拜。主人坐祭，卒爵，拜。上養答拜，受爵，降，實于篚。主人出，立于户外，西面。

此祭畢而養也。養、餕同。食餘曰餕。既祭，尸食之餘，使子弟餕，示先澤，廣神惠也。祝反，送尸反。徹尸俎，出廟門以歸尸。徹庶羞，設于室中西序，使嗣子與長兄弟餕。筵對席，設東西席，二養相對。簋，敦也。分敦中黍稷與鉶中和羹，二養各一。舉奠，即嗣子。宗人遣嗣子與長兄弟盥手，立西階下俟。祝命嘗食養者，猶言命餕者嘗食。升，入，升堂入室。嗣子東面，尊繼體也。授舉，授俎肉。手執曰舉。尸俎有三膚，二養各一。養有以，以先澤享此，教嗣子、兄弟思先也。養者置所舉膚于俎，應且拜。許諾，應聲。主人三祝，二養三諾、三答拜，乃取舉以祭。祭食，祭飯也。次祭舉，祭肉也。乃食，食飯也。後祭鉶羹，乃食舉，祭皆畢，而後食肉也。食畢，主人降洗爵，宰以一爵助酳，二養用二爵也。上養，即嗣子。下養，即長兄弟。酳有與，與兄弟共飲，親親之意也。亦如初，亦三祝也。二養卒爵并降，獨上養升酢主人，重嗣子也。嗣子既授爵于主人，復户内北面之位，跪而答拜，答主人拜受虛爵也。主人出，户外，西面，俟徹俎陽厭也。

〔一〕「主人」，二字原無，乃誤奪，今據閩本補。

〇按：敦刻爲鬼形，遂名簋，與筥通。器圓曰筥。鄭謂敦有虞氏之簋，周曰簋，同姓之士得用之，異姓用虞敦，緣于《特牲》《少牢》皆言敦，此兼言簋，以爲同姓、異姓之别，鑿説也。「兩蕢執爵拜」，當作「奠爵」，男子拜，無執爵。

祝命徹阼俎、豆、籩，設于東序下。祝執其俎以出，東面于户西。宗婦徹祝豆、籩入于房，徹主婦薦、俎。佐食徹尸薦、俎、敦，設于西北隅，几在南，厞用筵，納一尊。佐食闔牖户，降。祝告利成，降，出。主人降，即位。宗人告事畢。賓出，主人送于門外，再拜。

佐食徹阼俎句。堂下俎畢出。

此徹俎改設陽厭也。祝命，命佐食。阼俎，主人室中俎，改設于室東牆下。不即出者，尸俎方厭，待也。祝自徹其俎出，重神惠也。立室户外西，待告利成也。徹祝豆、籩入于房，初自東房出也。獨徹祝者，主人豆、籩留東序，尸豆、籩留厭，主婦豆、籩在房也。徹主婦薦、俎，宗婦即房内徹也。佐食徹尸薦、俎與敦，移設西北隅，未知神之所在，庶其享之，所以爲厭。室西北隅通明曰屋漏，位乾方，故爲陽。几在南，席向東，几居右也。厞，隱蔽也。筵，亦席也。饌曰筵，坐曰席。以筵席蔽南牖，神尚幽也。户東兩尊，一酒一玄酒，納酒尊于室内。闔牖户，使神厭也。時主人立室户外，西面；祝立户外，東面。祝向主人告利成，遂降，出。主人亦降，即位堂下東；賓出，拜送。佐食乃升，入室，徹胙俎。胙俎在室東序，佐食改設，既陽厭，遂徹之。堂下俎，賓及兄弟以下之衆俎。畢出，各以歸也。不言尸俎，厭畢歸主，神棲于室，不遽徹，《少牢》送賓出，婦人乃徹室中之饌也。

記○特牲饋食，其服皆朝服，玄冠、緇帶、緇韠。唯尸、祝、佐食玄端玄裳，黄裳、雜裳可也，皆爵韠。○設洗，南北以堂深，東西當東榮；水在洗東，篚在洗西句，南順，實二爵、二觚、四觶、一角、一散。壺、棜禁，饌于東序，南順。覆兩壺焉，蓋在南；明日卒奠，冪用綌；即位而徹之，加勺句。籩，巾以綌也，纁裏；棗烝，栗擇。鉶芼，用苦，若薇，皆有滑；夏葵，冬荁桓。○棘心匕，刻。○牲爨在廟門外東句，南魚句，腊爨在其南，皆西面；饎爨在西壁。○肵俎心、舌，皆去本末，午割之；實于牲鼎句，載句，心立句，舌縮俎。

此以下至終篇，皆記前言所未備。朝服，玄冠、玄端玄裳、緇帶、緇韠，即篇首「主人冠端玄」，自主人以下同也。尸、祝、佐食亦朝服，玄端玄裳，但尸服宜少異；祝與佐食近尸，與尸同，或用黄、雜裳可也。韠皆爵色，黑而微赤，即玄也。南北以堂深，言洗在堂下，自堂下至洗，如堂北至堂下之遠。東西當東榮，謂洗在堂下東，與東檐相對。篚，盛爵、觚、觶、角、散，皆酒器。禁，承酒尊。棜禁，禁似箱。棜、輿通，車箱也。兩壺，一盛酒，一盛玄酒，皆虛壺。倒置棜上曰覆，以瀝餘水，未奠也。蓋，壺蓋。明日，即祭日，乃實酒、水，著禁，奠畢，加巾冪；俟主賓以下即位，乃徹巾加勺。覆籩巾用粗布，赤裏，玄表可知。棗用烝，栗用擇，以實籩。鉶，鉶羹。芼，羹菜。苦、薇，二菜。滑，和以粉，使滑利也。葵菜，夏可食，荁，芋屬，冬可食，皆芼也。棘心，棘木心，赤。匕，匙也，以取肉于鼎。刻，刻文。喪匕用桑，吉匕用棘，從音類也。爨，竈也。饎爨，以炊黍稷。西壁，堂西偏室。肵俎，尸食俎，實以牲心、舌，貴之也。午割，縱橫割，不斷也。實于牲鼎，從其類熟之。載于肵俎，心立，舌直。縮，直也。順俎爲直。

按：衣冠尚玄緇，古今同也。純黑曰緇。玄即緇微赤者，猶今皁色，亦緇也。黑爲北方正色，故士大夫以上朝服用緇衣。玄閒赤，故士庶人以上禮衣通用，曰玄端。要之，衣皆端，端即衣，通謂朝服。鄭説紛然。

賓與長兄弟之薦，自東房，其餘在東堂。○沃尸盥者一人句。奉槃者東面句，執匜者西面，淳沃句；執巾者在匜北。宗人東面取巾，振之三句，南面授尸句；卒句，執巾者受。○尸入，主人及賓皆辟位；出亦如之。○嗣舉奠，佐食設豆鹽。○佐食當事，則户外南面；無事，則中庭北面。凡祝呼，佐食許諾。○宗人獻與旅，齒於衆賓。佐食於旅，齒於兄弟。○尊兩壺於房中西墉下，南上。内賓立于其北，東面，南上。宗婦北堂，東面，北上。

主婦及内賓、宗婦亦旅，西面。○宗婦贊薦者，執以坐于户外，授主婦。○尸卒食句，而祭饎爨、雍爨。○賓從尸，俎出廟門，乃反位。

賓與長兄弟分尊，故其籩豆與室中之薦同陳于東房内，其餘衆賓、兄弟以下之薦席堂下者，皆設于堂上東，以待也。沃尸盥，酌水與尸盥手。槃盛水，匜沃水。澆灌曰沃，細瀉曰淳。振，謂揮振之，以致潔也。三，三振。南面授尸，尸入北面盥。卒，盥畢。執巾者受巾，實于篚也。嗣子舉奠于尸，尸授以肝。肝宜鹽，佐食以豆盛鹽，併授之。宗人獻，謂主人獻宗人。旅，旅酬。宗人獻、旅皆在衆賓之列。佐食，以兄弟輩爲之，旅酬在衆兄弟列。尊兩壺于東房内西牆，待主婦與内賓旅也。南上，統于堂也。内賓，女賓，外戚婦及主人姑、姊妹之屬。立于其北，房内北也。東向，自南并立而北也。宗婦，同姓婦。北堂，房户外，即堂北也，亦東向，自北并立而南也。房在堂東北，内賓多而房淺，宗婦分卑，故接户外，立于北堂，亦猶衆賓立于堂下也。男子旅于堂下，婦人旅于堂北與房内。主婦與内賓、宗婦相旅，交錯以徧也。西面，謂主婦旅内賓于房，旅宗婦于北堂，皆西面也。宗婦贊薦，助主婦薦豆籩也。尸卒食則爨事畢，執爨者祭爨，以報也。饎爨以炊黍、稷，雍爨以烹牲、魚、腊。佐食徹尸俎，送出廟門，賓皆送，終助祭之事也。反位，復入門内西向之位，與主人爲禮，而后去也。

尸俎：右肩、臂、臑猱、肫臀、胳格，正脊二骨、横脊，長脅二骨、短脅，膚三，離肺一，刌忖肺三；魚十有五；腊如牲骨。祝俎：髀，脡脊二骨，脅二骨，膚一，離肺一。阼俎：臂，正脊二骨、横脊，長脅二骨、短脅句，膚一，離肺一。主婦俎：觳折句，其餘如阼俎。佐食俎：觳折句，脊，脅句，膚一，離肺一。賓，骼。長兄弟及宗人，折句。其餘如佐食俎。衆賓及衆兄弟、内賓、宗婦，若有公有司、私臣，皆殽脅烝，膚一，離肺一。○公有司門西句，北面東上句，獻次衆賓句。私臣門東句，北面西上句，獻次兄弟句。升受，降飲。

俎實牲體，以骨爲本，因尊卑爲數多寡。吉牲尚右，故尸俎用右肩。肩下爲臂，臂下爲臑。肫作「臀」，股骨也。胳、骼同，脚骨也。正脊，脊領也，骨多，併二爲一。短脅，近肩骨，短也。肉無骨曰膚。離肺，肺割未絶者。刌肺，刌斷以祭者。此十一物，皆豕俎也。魚俎用魚十五尾。腊，野獸殺者。腊俎如牲骨，無膚與肺也。祝俎，祝豕俎。髀，尾骨。脡脊，即正脊。脡，直也。祝以下俎不言魚、腊，同也。阼俎，主人豕俎。觳，蹄尖。脛不足，用觳分折也。其餘，謂豕脊、脅以下及膚、肺與魚給足者，主婦俎與阼俎同也。佐食豕俎，觳折，共脊、脅二骨。賓豕俎，骼，即胳。長兄弟及宗人，皆胳分折。其脊、脅、膚、肺，與佐食同也。衆賓、衆兄弟以至私臣俎，豕體骨不足，雜餘體備數，不必右，曰殽脅。殽，雜也，非正體；脅言蒸，升也。其膚、肺同，令皆可祭而食也。公有司，謂公家有司。門西，北面東上，賓位也。獻次于衆賓，皆賓屬也。私臣，私家辟用之臣。門東，北面西上，臣位也。獻次于兄弟，皆主屬也。升堂受爵，下堂飲，通公有司以下皆然。

按：牲體數大較然爾，膠柱求合，則拘矣。古人借飲食行禮，不貴可食，貴以明義。《禮器》云：「羔豚而祭，百官皆足。」殺一牲而内外賔主、隆殺貴賤、多寡名數，井然辨于刀匕膚寸之微。禮義云爾，豈謂是足以充口腹乎？解者不講于禮義，而較骨體貴賤，以爲士與大夫牲牢之等，末矣。凡是書所謂士，非盡大夫以下初仕再命之士也。《冠》《昏》《相見》皆士兼大夫。此禮未嘗名爲士，而公有司與私臣，豈士家所能備？故夫三鼎、五鼎，士、大夫定分，其禮有小大。天子時乎用少牢，諸侯時乎用特牲，未仕之士饋食祖、禰皆特牲，非獨有位之士然耳。鄭氏拘牲體，謂士俎九體，今用十一，與《少牢》同，不可解，援《禮器》「放而不致」爲證，亦窮于辭矣。

儀禮節解卷十五終〔一〕

〔一〕「儀禮節解卷十五終」，此行原在書葉闕損處，今據《續修》本、《存目》本補。

儀禮節解卷十六

郝敬 解

少牢饋食禮第十六

少牢饋食者，饋食禮之盛于特牲者也。鄭氏謂「羊、豕爲少牢」，據篇中「刲羊」「擊豕」，則誠少牢矣。然牢本養牲之所，豕亦云牢。《詩》曰「執豕于牢」，何獨牛、羊稱牢乎？羊小于牛，曰少。豕獨用曰特。少則稱牲，多則稱牢，所由名耳。鄭定以少牢爲大夫，謂大夫用羊、豕，士用特牲，天子、諸侯用大牢，此甚拘也。其實三牲通上下，隆殺非定局。《曲禮》云「大夫以索牛」，是大夫亦大牢也，《聘》及《公食大夫禮》皆大牢以待卿大夫；而《王制》「諸侯社稷皆少牢」；郊而特牲，是天子亦有時乎用特牲。作者但叙禮隆殺，非定特牲爲士，少牢爲大夫也。賈氏謂儐尸爲下大夫，天子大夫用大牢，諸侯之大夫不得用，尤杜撰。大抵是書所載多大夫禮，何嘗分天子、諸侯？周衰禮壞，王祭不供，典籍湮滅不可考，而禮樂自大夫出，故其所傳儀節止此。然引伸觸類，差等而上下之，皆可知也。

少牢饋食之禮：日用丁、己紀，筮旬有一日。筮於廟門之外。主人朝服，西面于門東。

史朝服，左執筮，右抽上韇，兼與筮執之，東面受命于主人。主人曰：「孝孫某，來日丁亥，用薦歲事于皇祖伯某，以某妃配句，某氏句。尚饗！」史曰〔一〕：「諾！」西面于門西，抽下韇，左執筮，右兼執韇以擊筮，遂述命，曰：「假爾大筮有常。孝孫某，來日丁亥，用薦歲事于皇祖伯某，以某妃配，某氏。尚饗！」乃釋韇，立筮。卦者在左坐，卦以木。卒筮，乃書卦于木，示主人，乃退占。吉，則史韇筮，史兼執筮與卦以告于主人：「占曰從。」乃官戒句。宗人命滌，宰命爲酒，乃退。若不吉，則及遠日，又筮日，如初。

此筮祭日。用丁、己者，丁，當也；己，自也，取當自盡之義。《曲禮》〔二〕云：「内事用柔日。」宗廟事，内也。丁、己皆偶，爲柔。或丁或己，筮旬有一日，以前月下旬丁、己日，筮來月上旬丁、己日，是十又一日也。必用十一日者，一日祭，十日齋戒。朝服，即祭服。古公署通謂朝，其禮服通謂朝服。史掌策命，故筮事屬史。左執筮，執蓍策也。韇，藏策器。上韇，韇蓋。兼執，兩手共執。來日丁亥，則筮之日丁丑也。必用亥者，亥爲天倉，受福禄也。丁用亥，則己可知。己丑日筮己亥日，亦可也。歲事，

〔一〕「曰」，原譌作「内」，今據閩本改。

〔二〕「曲禮」，當作「表記」，下所引乃《禮記·表記》篇之文，《曲禮上》則作「内事以柔日」。按：鄭注此經云「内事用柔日」，賈疏釋之曰「云『内事用柔日』，《曲禮》文」，郝注直據賈疏也。

時祭也。皇，尊稱。伯，行次。某，謚號。妃，其妻也。某者，妻之謚號。配，合祭。某氏，妃之族姓，如姬、姜之類。妃必異姓，繫其氏以明之，致敬慎也。尚饗，問之辭。史西面，神道尚右也。下韇，韇底。初右手抽上韇，出策，今左手執策，右手抽下韇，兼執蓋，以叩蓍策，述主人命告之。特牲筮不述命，此述命，禮盛也。人鬼交曰假。大筮，尊稱。有常，信之也。釋韇，奠韇于地。立筮，不坐，蓍策長也。《大戴記》：天子蓍九尺，諸侯七尺，大夫五尺，士三尺。士策短，可坐筮；大夫以上策長，須立也。卦者，畫卦者也，就席寫卦須坐。在左，在史南也。木，板也。退占，卦者退而占也。占曰從，史告主人之辭。官戒，戒衆官，亦史戒也。宗人，公有司掌禮者。凡禮官稱宗，尊神也。滌，濯祭器。宰命爲酒，祭用酒。《周禮·天官·酒正》所謂「事酒」，有事新造者，即此也。不吉，謂上旬不從也。及遠日，謂至上旬丁亥，又筮中旬丁未〔一〕；不從，至中旬丁未〔二〕，又筮下旬丁巳〔三〕；又不從，則止不祭也。《曲禮》：「卜筮不過三。」

〔一〕「丁未」，乃誤數，當作「丁酉」。但郝氏原稿如此，非刻板之譌，姑仍之。

〔二〕「丁未」，當作「丁酉」，説見上。

〔三〕「丁巳」，當作「丁未」，説見上。

宿句。前宿一日句，宿戒尸。明日朝，筮尸如筮日之儀，命曰：「孝孫某，來日丁亥，用薦歲事于皇祖伯某，以某妃配，某氏。以某之某爲尸。尚饗！」筮、卦、占如初。吉則乃遂宿尸。祝擯，主人再拜稽首。祝告曰：「孝孫某，來日丁亥，用薦歲事于皇祖伯某，以某妃配，某氏。敢宿！」尸拜，許諾；主人又再拜稽首。主人退；尸送，揖，不拜。若不吉，則遂改筮尸。既宿尸反，爲期于廟門之外。主人門東，南面。宗人朝服北面，曰：「請祭期。」主人曰：「比於子。」宗人曰：「旦明行事。」主人曰：「諾！」乃退。

此筮尸也。宿，齋宿。凡祭，致齋三日。祭之前三日，齋宿于外。前宿一日，祭前二日也。宿戒尸，預告爲尸者。已擇其人，明日將筮，先告之。明日朝，謂祭前一日早。筮尸，筮男尸象祖考者。妃無尸。吉則乃遂宿尸，即筮吉之日往宿。宿，猶戒也。祝擯，祝相主人傳辭。「祝告曰」下，即擯辭。不吉，則遂改筮，即筮日改也。宿尸反，即祭之先夕，與諸執事爲期廟門外，約明旦行事之期也。宗人掌禮事，請于主人；主人聽于宗人。比，猶隨也。子，指宗人。旦明，平明也。

按：鄭謂祭前一日筮尸，與《特牲》前期三日異者，大夫避諸侯禮。夫用尸用筮既同，士可三日前筮，何獨大夫不可？禮文多錯舉，一日至三日皆可筮，有不虞則前一日亦可耳。豈特牲小禮從容，少牢反造次乎？

明日，主人朝服，即位于廟門之外，東方南面。宰、宗人西面，北上。牲北首，東上。司馬刲羊，司士擊豕。宗人告備。乃退。雍人概(槩)鼎、匕、俎于雍爨，雍爨在門東南，北上。廩人概甑、甗(言)、匕與敦(對)于廩爨，廩爨在雍爨之北。司宫概豆、籩、勺、爵、觚、觶、几、洗、篚于東堂下，勺、爵、觚、觶實于篚；卒概，饌豆、籩與篚于房中，放于西方；設洗于阼階東南，當東榮。

此祭之朝，殺牲、概器也。明日，即祭日。朝服，祭祀之禮服。古者大夫朝、祭皆皮弁、緇衣，《記》曰：「大夫弁而祭于己。」即位于廟門外，視殺牲也。司馬、司士，皆公有司。刲、擊，皆殺也。告備，告既殺也。雍人，掌割烹之事。概，拂拭也。爨，竈也。鼎、匕、俎皆設于廟門東，自北直陳而南，以北爲上。廩人，掌炊黍稷。甑以炊。甗，甑屬，有孔。匕，飯匙。敦，簋屬，以盛飯。廩爨在北，上穀食也。司宫，亦公有司，主陳設者。豆至篚，共九器，而篚即盛勺、爵、觚、觶者。卒概，拭畢也。房中之篚，盛主婦獻酢之易爵也。饌于房中，陳設于東房内。放，置也。西方，房内西。洗，以洗爵，設于東階下，直對東檐。

按：《特牲》禮殺，執事人寡，以預爲敬，視牲、視濯，先日爲之；《少牢》禮盛，執事者多，以敏爲敬，殺牲、概器，皆當日爲之，所以異也。疏云大夫避諸侯禮，附會鄭説也。

羹定，雍人陳鼎五，三鼎在羊鑊之西，二鼎在豕鑊之西。司馬升羊右胖，髀不升，肩、臂、臑、膊、骼，正脊一、脡脊一、横脊一、短脅一、正脅一、代脅一，皆二骨以并；腸三、胃三，舉肺一、祭肺三，實于一鼎。司士升豕右胖，髀不升，肩、臂、臑、膊、骼，正脊一、脡脊一、横脊一、短脅一、正脅一、代脅一，皆二骨以并；舉肺一、祭肺三，實于一鼎。雍人倫膚九，實于一鼎。司士又升魚、腊，魚十有五而鼎，腊一純而鼎，腊用麋。卒脀，皆設扃鼏，乃舉，陳鼎于廟門之外東方，北面，北上。司宮尊兩甒于房户之閒，同棜，皆有冪，甒有玄酒。司宮設罍水于洗東，有枓；設篚于洗西，南肆；改饌豆、籩于房中，南面，如饋之設，實豆、籩之實。小祝設槃、匜與簞、巾于西階東。

此陳鼎實、設器饌也。羹定，煑肉熟也。陳鼎五：羊、豕、魚、腊、膚也。魚、腊從羊爲三鼎，皆在羊鑊西；膚從豕爲二鼎，皆在豕鑊西。鑊，大釜，以煑肉。陳鼎就鑊，以便升也。凡牲肉，神俎由鑊升鼎，鼎入載俎，餘俎即自鑊載俎以入。此鼎皆由鑊升，而入載神俎者也。右胖，右半體。髀，股骨，近竅，不升于神鼎，餘俎不拘。肩，右肩。肩下爲臂，臂下爲臑。膊、骼，後腳骨也。正脊後爲脡脊。脡，直也。横脊，脊旁。脅，胷旁。短脅，近前骨短，次爲正脅，又次爲代脅，近要，前後相代也。正脊以下六體，骨多，故兼二。肩、臂五者不言一，無全骨也。腸、胃三，皆羊也。舉肺不斷以食；祭肺刌斷以祭，用三，尸〔一〕、主人、主婦各一，與羊同鼎，從其類也。君子不食豢腴，故豕不升腸、胃。豕食穀，近人也。倫膚，豕肉無骨者，比次方正，九片爲一鼎，與豕同鑊而鼎別。司士既升豕，又升魚、腊。魚用十五，一鼎。體全曰純。腊，麋已殺者。脅、烝同，升也。卒脅，升鼎畢也。陳鼎，自鑊西移近門東塾，北面，向廟也。北上，自北直陳而南也。甒，瓦酒尊。房戶之間，北堂也。棜以承尊。有玄酒，一酒、一水也。罍盛水。洗在東堂下，水在洗東。枓，匜屬，以沃水。篚盛觶，南肆，向南陳也。司宮始摡豆、籩，陳于房內西，今將實，改設于房內南面，如《特牲饋食》之豆、籩在東房，先陳之，後實之也。小祝設槃、匜、簞巾于西階下東，尸入盥也。

按：禮文多互見，如《特牲》〔二〕言腊髀不升，則豕髀可知；獨尸俎云不用髀，則是他牲俎猶用也，故祝俎有豕髀。《少牢》神俎言羊、豕「髀不升」，則《特牲》神俎可知。《少牢》腊用麋，《特牲》用兎可知。《少牢》尊兩甒，玄酒，棜禁，冪，不言「覆兩甒」「明日卒奠」，皆互見也。他可類推。鄭謂《特牲》士禮，《少牢》大夫禮，二禮絶殊不相通，未然。

〔一〕「尸」，原脱，今據文義補。按：鄭注云「祭肺三，爲尸、主人、主婦」，郝注當同鄭注。

〔二〕「特牲」，當作「士虞記」，《士虞記》有云「升腊左胖，髀不升」，此誤記耳。

主人朝服，即位于阼階東，西面。司宮筵于奧，祝設几于筵上，右之。主人出迎鼎，除鼏。士盥，舉鼎；主人先入。司宮取二勺于篚，洗之，兼執以升；乃啓二尊之蓋冪，奠于棜上，加二勺于二尊，覆之，南柄。鼎序入，雍正執一匕以從，雍府執四匕以從，司士合執二俎以從。司士贊者二人，皆合執二俎以相，從入。陳鼎于東方，當序（句），南于洗西，皆西面，北上，膚爲下。匕皆加于鼎，東枋。俎皆設于鼎西，西肆。肵俎在羊俎之北，亦西肆。宗人遣賓就主人，皆盥于洗（句），長（上聲）朼（句）。佐食上利升牢心、舌，載于肵俎。心皆安下切上，午割勿沒（句）；其載于肵俎，末在上。舌皆切本末，亦午割勿沒；其載于肵，横之。皆如初爲之于爨也。佐食遷肵俎于阼階西，西縮，乃反。佐食二人。上利升羊，載右胖，髀（比）不升，肩、臂、臑、膊、骼；正脊一、脡脊一、横脊一、短脅一、正脅一、代脅一皆二骨以并；腸三、胃三，長（平聲）皆及俎拒（句）；舉肺一，長終肺；祭肺三，皆切。肩、臂、臑、膊、骼在兩端（句），脊、脅、肺（句），肩在上（句）。下利升豕，其載如羊，無腸、胃（句）；體（句），其載于俎，皆進下。司士三人，升魚、腊、膚。魚用鮒，十有五而俎（句），縮載，右首，進腴。腊一純而俎（句），亦進下，肩在上。膚九而俎（句），亦横載，革順。

此迎鼎入而載肉于俎也。主人朝服，立阼階下東，西面。司宮掌陳設，布神席于室西南隅曰奧。

祝接神，設几于筵右。几以安神，神道尚右。出迎鼎，迎于廟門外。士，有司。司宫，即前「尊兩甒」者。勺以酌酒，用二，玄酒一也。蓋，尊蓋。冪，巾也。勺加尊上，覆向下；南枋，柄向南，便執也。雍正，饔人之長。雍府，雍正之屬。司士贊者，助司士執俎者也。二人，皆合執二俎，并司士執爲六俎。多一，肵俎也。相，助也。從入，從司士入。俎從匕，匕從鼎。鼎自門外入東階下，主人親視載也。陳鼎當堂東牆下，設洗之西南。鼎皆西向，自北直陳而南，以羊、豕、魚、腊、膚爲序。俎居鼎西，肵俎居五俎北，皆西向。宗人遣賓，即二佐食、三司士，就主人東階下，朼鼎肉載俎。長朼，謂長賓先朼。長，即上佐食。佐食二人，長爲上利。利，食也，佐食之别號。牢，即羊、豕也。心、舌，羊豕心、舌。安下切上，去本末也。安，猶平也。割下平，使立也。午割，一縱一横割。勿没，不斷也，猶「没階」「没霤」之「没」，盡也。舌皆切上下本末，欲整也。舌順俎横陳，故謂「横」，其在俎爲縮，與《特牲》所記非異也。心、舌無特鼎，皆烹于門外雍爨，羊、豕各自其鑊升于各鼎，今亦自各鼎載于肵俎，故曰「如初」。佐食獨遷肵俎于東階下西者，肵俎尊，不與衆俎同處也。西縮，南北直陳，俎面向西，未奠不横向南也。乃反，反阼階東，載衆俎也。牲體自門外鑊内升鼎時，髀已不升，此又重言者，明獨尸俎不用髀，非謂鼎中尚有髀也。俎足間横木曰拒。肩、臂、臑、膊、骼五體，居俎兩端，象首足横陳也；脊、脅、肺三體，居中央，便先舉也；肩居上，貴前，表其爲右也。此上皆羊俎。下利載豕，亦如羊。但豕無腸、胃，皆體也。其載于俎，皆進下，以骨末向神，執末食本，便也。如肩近臂爲下，臂近臑爲下，他可推。司士三人，升魚、腊、膚，三俎各一人。鮒，鯽魚，性相附，故名鮒，十五同一俎。縮載，順俎直載。右首，首向東。進腴，以魚腹向神。腊一純，見前。膚九共實一俎，亦如體之横陳。革，皮也。以肉皮向上，相順比也。

按：牲體骨十一，併腸、胃、肺十四，其數則二十有一也。鄭謂大夫祭十一體，是去腸、胃、肺也；謂士當九體，是又去膚與肺也。腸、胃、膚、肺不在數，何爲升于鼎俎？既在數，則所謂九與十一、二十有一者，皆未合也。況豕俎如羊，而少腸、胃，則止十二而已。大抵《特牲》以少爲禮，《少〔一〕牢》以多爲禮，槩大夫、士猶可，謂大夫定十九，士定十一，恐未然。

卒脀烝，祝盥于洗，升自西階。主人盥，升自阼階。祝先入，南面。主人從句，户内西面。主婦被錫，衣侈袂，薦自東房，韭菹、醓醢，坐奠于筵前。主婦贊者一人，亦被錫，衣侈袂，執葵菹、蠃醢，以授主婦。主婦不興，遂受，陪設于東，韭菹在南，葵菹在北。主婦興，入于房。佐食上利執羊俎，下利執豕俎，司士三人執魚、腊、膚俎，序升自西階，相句，從入。設俎，羊在豆東，豕亞其北，魚在羊東，腊在豕東，特膚當俎北端。主婦自東房執一金敦對黍，有蓋，坐設于羊俎之南。婦贊者執敦稷以授主婦。主婦興受，坐設于魚俎

〔一〕「少」，原作「大」，今據文義改。

南；又興受贊者敦黍，坐設于稷南；又興受贊者敦稷，坐設于黍南。敦皆南首。主婦興，入于房。祝酌，奠，遂命佐食啓會。佐食啓會蓋，二以重，設于敦南。主人西面，祝在左，主人再拜稽首句。祝祝曰：「孝孫某，敢用柔毛、剛鬣、嘉薦、普淖，用薦歲事于皇祖伯某，以某妃配，某氏。尚饗！」主人又再拜稽首。

此薦俎入室而陰厭也。卒脀，升俎畢。入，入室。被，著衣。錫，光澤也，如「錫衰」之「錫」。漢賦〔一〕云：「曳阿錫。」侈袂，大袖也。主婦薦豆，自東房出，親執韭菹、醓醢，并設于神席南。又取贊者所執葵菹、蠃醢陪設，韭菹在南，葵菹在北，醓醢在韭菹東，蠃醢在葵菹東，故曰「陪設于東」。羊在醓醢東，豕在羊北，陪居蠃醢東；魚陪居羊東，腊次魚，陪居豕東；膚次腊，無陪，獨居北末，故曰「特」。金敦，銅簋，以盛黍稷，各二。始設一黍于羊俎南；次設一稷于黍東，當魚俎南；次又設一黍于稷南；次又設一稷于黍西〔二〕，當前黍之南。敦南首，席以南爲上也。敦形似獸，首向南。祝酌酒，奠于薦南。啓敦蓋，兩兩相重，設于敦南。祝致祝辭于神，達主人之意。柔毛，羊也。剛鬣，豕也。嘉薦，菹醢也。普淖猶大和，黍稷也。無尸而饗，謂之陰厭。

〔一〕「漢賦」，《續修》本、《存目》本原作「漢人」，卷前《讀儀禮》亦仍作「漢人」。
〔二〕「西」，原作「東」，今據文義改。

〇按：鄭注「被錫」作「髲鬄」，以此禮專爲大夫，附合《周禮·追師》「副、次」之文，併其所解《周禮》亦非也。又謂敦飾象龜有上下甲，鑿也。

祝出，迎尸于廟門之外。主人降，立于阼階東，西面。祝先，入門右；尸入門左。宗人奉槃，東面于庭南。一宗人奉匜水，西面于槃東。一宗人奉簞、巾，南面于槃北。乃沃句，尸盥于槃上。卒盥；，坐奠簞，取巾，興，振之三，以授尸；坐取簞，興，以受尸巾。祝延尸。尸升自西階，入；祝從。主人升自阼階，祝先入；主人從。尸升筵，祝、主人西面立于户内，祝在左。祝、主人皆拜妥尸，尸不言；尸答拜，遂坐。祝反南面。尸取韭菹辯擩于三豆，祭于豆閒。上佐食取黍稷于四敦。下佐食取牢一切肺于俎，以授上佐食。上佐食兼與黍以授尸。尸受，同祭于豆祭。上佐食舉尸牢肺、正脊以授尸。上佐食爾上敦黍于筵上，右之。主人羞肵俎，升自阼階，置于膚北。上佐食羞兩鉶，取一羊鉶于房中，坐設于韭菹之南。下佐食又取一豕鉶于房中以從。上佐食受，坐設于羊鉶之南。皆芼，皆有柶。尸扱以柶，祭羊鉶，遂以祭豕鉶；嘗羊鉶。食舉。三飯。上佐食舉尸牢幹；尸受，振祭，嚌之。佐食受，加于肵句。上佐食羞胾兩瓦豆句，有醢，亦用瓦豆句，設于薦豆之北。尸又食，食胾。上佐食舉尸一魚；尸受，振祭，嚌之。佐食受，加于肵，横之。又食。上佐食舉尸腊肩；尸受，振祭，嚌之；上佐食受，加于肵。又食。上佐食舉尸牢骼，如初。又食。尸告飽。祝西面于主人之南，獨侑，不拜。侑曰：「皇尸未實句，侑句！」尸又食。上佐食舉尸牢肩；尸受，振祭，嚌之；佐食受，加于肵。尸不飯，告飽。祝西面于主人之南。主人不言，拜侑。尸又三飯。上佐食受尸牢肺、正脊，加于肵。

此迎尸入而十一飯也。尸入門左，將升西階也。坐奠簞者，奉巾之宗人也。尸不言，象神也。祝反南面，迎尸事畢也。祭食以下，皆佐食事。牢，即羊、豕。切肺三，取其一。兼與黍，兼肺也。豆祭，即先所挼韭菹之祭。尸牢，即尸俎羊、豕也。肺爲氣主，脊爲正體，故尸舉此二者，以終十一飯。祭食唯取黍，食重黍也。上敦黍，當羊俎之南者也。筵上，神席上。坐曰席，饌曰筵。主人親羞肵俎，敬也。置膚北，盡北端也。兩鉶，一羊一豕，羊在韭南，豕在羊南。皆芼，皆和以菜也。祭鉶、嘗鉶以下，皆右手爲之，左手執肺、脊，至十一飯畢，然後以授佐食也。食舉，食肺、脊也。三飯，尸三食黍。長脅曰幹。切肉曰胾。胾兩豆，醢亦兩豆，設于葵菹、蠃醢之北。尸又食，舉魚食胾，四飯也。又食，舉腊肩，五飯也。又食，舉牲骼，六飯也。又食，不舉，七飯也。祝至七飯，始自南面轉向西，侑尸食。獨侑，不共主人也。尸又食，舉牲肩，八飯也。主人拜侑，尸爲之三飯，十一飯也。祝侑言，主人侑不言；爲祝一飯，爲主人三飯，親疏異也。上佐食乃受尸所舉肺與正脊，同前所舉幹、魚、腊肩、牢骼、牢肩，併加于肵俎。

按：《特牲》尸九飯，每三飯必舉腊、魚，此十一飯，腊、魚惟一舉，何也？《特牲》體不足，故三鼎并舉；《少牢》牲倍，故重牲而略魚、腊。鄭謂「大夫之禮不過五舉」，今計始舉肺、正脊，次舉幹，三舉魚，四舉腊肩，五舉骼，六舉肩，是不止五矣；又嘗羊鉶，又食胾，是不止六矣。

主人降，洗爵；升，北面酌酒，乃酳尸。尸拜受，主人拜送。尸祭酒，啐酒。賓長羞牢肝，用俎，縮執俎，肝亦縮；進末，鹽在右。尸左執爵，右兼取肝㨎于俎鹽；振祭，嚌之，加于菹豆，卒爵。主人拜。祝受尸爵。尸答拜。祝酌授尸，尸醋主人。主人拜受爵，尸答拜。主人西面奠爵，又拜。上佐食取四敦黍稷；下佐食取牢一切肺，以授上佐食。上佐食以綏墮祭。主人左執爵，右受佐食，坐祭之；又祭酒，不興，遂啐酒。祝與二佐食皆出，盥于洗，入。二佐食各取黍于一敦。上佐食兼受，摶團之，以授尸；尸執以命祝。卒命祝句，祝受以東句，北面于户西，以嘏于主人，曰：「皇尸命工祝，承致多福無疆于女孝孫。來女孝孫，使女受禄于天，宜稼于田，眉壽萬年，勿替引之。」主人坐奠爵，興；再拜稽首，興；受黍，坐振祭，嚌之；詩懷之，實于左袂，挂于季指，執爵以興；坐卒爵，執爵以興；坐奠爵，拜。尸答拜。執爵以興，出。宰夫以籩受嗇黍。主人嘗之，納諸内。

此主人獻尸、尸酢主人也。肝，謂羊、豕肝。進末，以末向尸，使執末抰鹽也。尸兼取肝，兼羊、豕也。祝酌授尸，尸不親酌也。取四敦黍稷，各取少許也。取牢一切肺，祭肺有三，皆切。綏、挼通，即墮祭。右受佐食，受挼祭也。尸命祝，命嘏辭也。卒命祝，命祝畢也。祝受以東，尸在室西隅，祝席前受尸命，遂東就主人户内之位致嘏也。工，猶官也。云「宜稼于田」，禄自田出，周人重農也。詩，志也。詩懷，解見《特牲》。納諸内，藏于東壁也。

主人獻祝，設席南面。祝拜于席上，坐受。主人西面答拜。薦兩豆菹、醢。佐食設俎：牢髀、横脊一、短脅一，腸一、胃一，膚三，魚一，横之，腊兩髀屬于尻高。祝取菹抰于醢，祭于豆閒。祝祭俎，祭酒，啐酒。肝牢從。祝取肝抰于〔一〕鹽，振祭，嚌之；不興，加于俎；卒爵，興。主人酌獻上佐食。上佐食户内牖東北面拜，坐受爵。主人西面答拜。佐食祭酒，卒爵，拜，坐授爵，興。俎設于兩階之閒，其俎：折一膚。主人又獻下佐食，亦如之。其脀亦設于階閒，西上，亦折一膚。

此主人獻祝與佐食。獻尸而及祝、佐食，體神意也。拜于席上，坐受，變常禮也。蓋室中獻禮尊，

〔一〕「于」，原壞闕作「干」，《續修》本作「于」，今據正。

祝與佐食因神受賜，故拜席上，跪受之，示不敢當也。俎用髀，禮殺于神也。尻，尾骨。屬，連也。户内牖東，室户在牖東，皆南向，佐食拜于户内牖下，北向。云「牖東」者，對神席在牖西也。佐食室中受爵而不設俎，俎在堂下兩階之閒。《特牲記》云佐食「無事，則中庭北面」，俎即設于其所。折一膚，豕肉一片折分也。肉在俎曰脅。西上，上佐食在西也。

按：古者坐，以兩膝著地，兩股貼足，謂之宴坐，賓主席上之坐是也；兩膝著地，直身起，謂之危坐，賤者及罪人之坐，即今跪也。鄭解混爲一，故以祝、佐食受獻同尸坐，謂「祝拜席上，坐受」爲室中狹，非也。古室在堂北，爲事神、行禮、陳設之所，非狹也。禮豈因地狹遂廢？

有司贊者取爵于篚以升，授主婦贊者于房户。婦贊者受，以授主婦。主婦洗于房中，出酌，入户，西面拜，獻尸。尸拜受。主婦主人之北西面拜送爵。尸祭酒，卒爵。主婦拜。祝受尸爵。尸答拜句。易爵句，洗句，酌，授尸。主婦拜受爵，尸答拜。上佐食綏祭。主婦西面于主人之北受祭，祭之；其綏祭如主人之禮，不嘏；卒爵，拜。尸答拜。主婦以爵出。贊者受，易爵于篚，以授主婦于房中。

此主婦獻尸、尸酢主婦。有司司祭事，贊者助有司。主婦贊者，婦人也。有司不親，使贊者與主婦贊者相授，厚别也。有司贊者立堂下，即取堂下爵，承以篚，升授主婦贊者。《曲禮》〔一〕曰：「男女非〔二〕喪祭，不相授器。其相授，女以篚。」房，東房。户亦南向，在室户東。出酌，出房酌酒于房户閒之甒。入室户内，主婦肅拜，獻尸；尸拜受，主婦又拜送，所謂「俠拜」也。易爵，祝更取爵，房中洗，酌，男女不同器也。其綏祭如主人禮，二佐食，四敦黍稷，一切肺，同也。不嘏，統于主人也。有司贊者受，易爵于篚，受于祝也。贊者以授婦贊者，入授主婦。易爵本自房出，仍入于房。

主婦洗，酌，獻祝。祝拜，坐受爵。主婦答拜于主人之北。卒爵，不興，坐授主婦。主婦受，酌，獻上佐食于户内。佐食北面拜，坐受爵，主婦西面答拜。祭酒，卒爵，坐授主婦。主婦獻下佐食，亦如之。主婦受爵以入于房。

此主婦獻祝與佐食也。

賓長洗爵，獻于尸，尸拜受爵，賓户西北面拜送爵。尸祭酒，卒爵。賓拜。祝受尸爵，

〔一〕「曲禮」，當作「内則」，下所引乃《禮記·内則》篇之文。其文曰：「男不言内，女不言外。非祭非喪，不相授器。其相授，則女受以篚。」

〔二〕「非」，原作「凡」，乃形近而譌也，今據《内則》篇原文（參見上條校記）改。

尸答拜。祝酌授尸。賓拜受爵。尸拜送爵。賓坐奠爵，遂拜，執爵以興；坐祭，遂飲，卒爵，執爵以興；坐奠爵，拜。尸答拜。賓酌獻祝。祝拜，坐受爵。賓北面答拜。祝祭酒，啐酒，奠爵于其筵前。

此賓長獻尸及祝也。不獻佐食，將與賓餕也。有儐尸，故獻禮從簡。

主人出，立于阼階上，西面。祝出，立于西階上，東面。祝告曰：「利成。」祝入。尸謖。主人降，立于阼階東，西面。祝先，尸從，遂出于廟門。祝反，復位于室中。主人亦入于室，復位。祝命佐食徹肵俎，降設于堂下阼階南。

此祭畢尸出。主人降，立于阼階，如初入也。尸出于廟門外，俟儐也。徹肵俎，不出門，將燅以儐尸也。

司宮設對席，乃四人𩜁餕。上佐食盥升，下佐食對之，賓長二人備。司士進一敦黍于上佐食，又進一敦黍于下佐食，皆右之于席上。資黍于羊俎兩端句，兩下是餕句。司士乃辯舉句。𩜁者皆祭黍、祭舉。主人西面，三拜𩜁者。𩜁者奠舉于俎，皆答拜，皆反，取舉。司士進一鉶于上𩜁，又進一鉶于次𩜁，又進二豆湆于兩下。乃皆食，食舉，卒食。主人洗一爵，升酌，以授上養。贊者洗三爵，酌。主人受于户内，以授次養。若是以辯。皆不拜，受爵。主人西面，三拜養者。養者奠爵，皆答拜，皆祭酒，卒爵，奠爵，皆拜。主人答壹拜。養者三人興，出；上養止句。主人受上養爵，酌以酢于户内，西面坐奠爵，拜；上養答拜。坐祭酒，啐酒。上養親嘏，曰：「主人受祭之福，胡壽保建家室。」主人興，坐奠爵，拜，執爵以興；坐卒爵，拜；上養答拜。上養興，出。主人送，乃退。

此祭畢而餕尸之餘也。對席，室中東西對設席。乃四人養者，承前篇《特牲》止二人餕，此則兩佐食、兩賓四人。對，猶當也。佐食言「對」，賓長言「備」。佐食爲正，居右，而賓皆居左。蓋室中之事，佐食與尸周旋久，而闕一獻，神惠宜首及，賓長助獻，因得伴食也。席右爲上，左爲下。東席向西，以北爲右；西席向東，以南爲右。上佐食居西席之右，進一敦黍于前；下佐食居東席之右，亦進一敦黍于前，故曰「皆右之于席上」。資黍，以敦中黍分資兩賓。羊俎，即四人所餕之俎。一賓在上佐食北，一賓在下佐食南，坐于羊俎兩端，居二佐食之左，故謂之「兩下」。分黍于俎兩端，使二賓餕，明無專敦也。司士乃辯舉，舉羊體徧授四人。《特牲》餕以豕膚，《少牢》餕以羊俎。主人三拜養，旅拜也。湆，肉汁。又進二豆湆者，初薦尸止二鉶，故別進二豆湆于兩賓也。主人答壹拜，分尊也。上養止，獨留不出也。上養居尸位，不出户親酌，故主人自酢。胡壽，猶眉壽，老人頷下有胡。

按：鄭以「司士辯舉」爲「舉膚」，因《特牲》餕豕膚也。《少牢》重羊，舍羊取豕，非禮本意。

禮略于《特牲》，以別有儐也；賓獻獨不及佐食，以佐食得正餕也；賓長不得正餕，以賓將爲侑也。

此制禮損益之節。

儀禮節解卷十六終

儀禮節解卷十七

郝敬　解

有司徹第十七

有司徹，承上篇事畢，有司徹室中饌，儐尸于堂之禮。儐尸即繹。凡大祭，明日繹。《春秋》「辛巳，有事于大廟」「壬午，繹」。《少牢》之儐，即祭日也。此篇本合《少牢》爲一，昔人以簡扎繁析之，猶《既夕》于《士喪》也。鄭因謂有司儐尸爲上大夫，不儐尸爲下大夫。儐與不儐，事故適然，或祭有大小，禮有損益，未可據此分大夫之上下也。

有司徹。埽堂。司宮攝酒。乃燅尋尸俎。卒燅，乃升羊、豕、魚三鼎，無腊與膚；乃設扃鼏，陳鼎于門外，如初。

此將儐尸而新其饌也。承前篇既遂，執事者乃徹室中之饋。室外爲堂，埽堂，將儐尸也。既祭，又儐尸，答象神之勞，敬養無已也。司宮，司陳設者。攝酒，重益酒于尊。燅、燖同，以羊、豕、魚温于鑊，自鑊升鼎。門外，廟門外。

乃議侑于賓，以異姓。宗人戒侑。侑出，俟于廟門之外。

此擇侑也。侑以輔尸，陪賓也。議，擇人也。尸同姓，侑必異姓，故「于賓」。議既定，宗人遂戒之。賓已即位門内，出俟于廟門外，將與尸更入也。

司宮筵于户西，南面；又筵于西序，東面。尸與侑北面于廟門之外，西上。主人出迎尸，宗人擯。主人拜，尸答拜。主人又拜侑，侑答拜。主人揖，先入門右。尸入門左；侑從，亦左。揖，乃讓句。主人先升自阼階。尸、侑升自西階，西楹西，北面，東上。主人東楹東，北面拜至；尸答拜。主人又拜侑，侑答拜。

此設筵、迎尸與侑。户西，室户西。室在堂北，户稍東，筵于户西，則堂正中也；南面背室牖，此尸席也。西序，堂西牆，東面負序，此侑席也。尸與侑立廟門外，皆北面，賓禮也。西上，尸在西。主人先入，導行也。入門右，趨東階。尸、侑入門左，趨西階。揖，謂門内左右分首，及當塗、當碑三揖。乃讓，謂及階三讓。自主人出迎及拜至，皆用賓禮，與祭時尸入不迎異，所以爲儐尸，而尸稍卑矣。

乃舉。司馬舉羊鼎，司士舉豕鼎、舉魚鼎，以入。陳鼎如初。雍正執一匕以從，雍府執二匕以從；司士合執二俎以從，司士贊者亦合執二俎以從。匕皆加于鼎，東枋。二俎設于羊鼎西，西縮。二俎皆設于二鼎西，亦西縮。雍人合執二俎，陳于羊俎西，並句，皆西縮；覆二疏匕于其上，皆縮俎，西枋。

此舉鼎、俎入廟也。陳鼎如初，當東序西面，自北直陳而南，與始祭同也。雍正、雍府共執三匕，羊、豕、魚各一也。司士與贊者共執四俎，尸、侑、主人、主婦共四也。四俎亦自北横設而南，以二在羊西，尊羊也。豕、魚鼎西各一，欲鼎邊皆有俎，不嫌所載異。西縮，直西，順俎横設。雍人又合執二俎，并陳于羊俎西，共前爲六俎。蓋初獻尸用三俎：羊正俎、羊匕湆俎、羊肉湆俎；亞獻尸用二俎：豕匕湆俎、豕胥俎；三獻尸用一俎，湆魚俎也。疏匕，疏刻文飾之匕，蓋勺類，以盛湆。用二，羊、豕各一，魚不用，重在牲也。前二俎在羊鼎西者，爲實羊；此二匕俎在羊俎西者，爲薦湆，皆縮俎，疏匕皆順俎横覆其上，柄在西。

主人降，受宰几。尸、侑降，主人辭，尸對。宰授几；主人受，二手横執几，揖尸。主人升，尸、侑升，復位。主人西面，左手執几，縮之；以右袂推拂几，三；二手横執几，進授尸于筵前。尸進，二手受于手閒。主人退。尸還几，縮之；右手執外廉，北面奠于筵上；左之，南縮，不坐。主人東楹東，北面拜。尸復位，尸與侑皆北面答拜。

此授尸几。几以奉尸，非奉侑，尸升、降、拜，侑皆從，乃所以爲侑也。推拂，去塵也。拂几則直，順便也。授几則横，對便也。主人二手横執几，執外廉也。尸二手受，受内廉也。廉，邊也。主人二手執几兩端，尸併二手執几中間，授者極慎，受者極恭也。還、旋同。既横受，復旋轉直設。右手執外廉，執主人所執之方，設向東曰外。筵南向，故北面奠于筵上。左之，謂奠几筵東。神几尚右，賔几尚左。南縮，順南直設。不坐，立奠，几高不及地也。主人拜，拜送几。

按：《記》孫爲祖尸，祭用之，猶曰象神耳。既祭又賔，是父爲主人而賔客其子，獻酬坐拜，不一而足，雖古人制作有深意，于常情亦甚駭矣。所以不能使之百世不違也。故君子行禮義爲質。

主人降洗，尸、侑降。尸辭洗，主人對。卒洗，揖，主人升，尸、侑升。尸西楹西，北面拜洗。主人東楹東，北面奠爵答拜，降盥。尸、侑降，主人辭，尸對。卒盥，主人揖，升；尸、侑升〔一〕。主人坐取爵，酌獻尸。尸北面拜受爵，主人東楹東，北面拜送爵。主婦自東房薦韭菹、醢，坐奠于筵前，菹在西方。婦贊者執昌菹、醢以授主婦。主婦不興，受，陪設于南，昌在東方。興，取籩于房，麷、蕡，坐設于豆西，當外列；麷在東方。婦贊者執白、黑以授主婦。主婦不興，受〔二〕；設于初籩之南，白在西方；興，退。

〔一〕「尸，侑升」，三字原脱，今據閩本補。
〔二〕「受」，原奪，今據閩本補。

此主人初獻尸、主婦以豆籩從獻。正祭先薦後獻，繹祭先獻後薦。祭主食，儐主酒。豆籩，即《周禮・醢人》朝事之豆籩。韭菹、醢，謂韭菹、醓醢。昌菹、醢，謂昌本、麋臡，臡亦醢。此四豆也。麷，炒麥。蕡，炒麻子。白，炒稻米。黑，炒黍米。此四籩也。韭菹在筵西，醓醢在韭菹東。昌菹、醢陪設于南，接韭菹、醢之南也。昌在東，次醓醢南；麋臡在西，次韭菹南。麷、蕡在豆西，列于外，中空二列，避二鉶也。麷在東，在蕡東。蕡西麷東，皆對韭西也。白、黑設于初籩之南，接麷、蕡南也。白在西，蕡南也；黑在東，麷南也。白西黑東，皆對麋臡之西也。興，退，主婦起，退歸東房也。

乃升句。司馬朼羊，亦司馬載，載右體：肩、臂、肫、骼、臑，正脊一、脡脊一、橫脊一，短脅一、正脅一、代脅一，腸一、胃一、祭肺一，載于一俎。羊肉湆：臑折、正脊一、正脅一、腸一、胃一、嚌肺一，載于南俎。司士朼豕，亦司士載，亦右體：肩、臂、肫、骼、臑，正脊一、脡脊一、橫脊一、短脅一、正脅一、代脅一，膚五、嚌肺一，載于一俎。侑俎：羊左肩、左肫、正脊一、脅一、腸一、胃一、切肺一，載于一俎。侑俎：豕左肩折、正脊一、脅一、膚三、切肺一，載于一俎。阼俎：羊肺一、祭肺一，載于一俎。羊肉湆：臂一、脊一、脅一、腸一、胃一、嚌肺一，載于一俎。豕脀：臂一、脊一、脅一、膚三、嚌肺一，載于一俎。主婦俎：羊左臑、脊一、脅一、腸一、胃一、膚一、嚌羊肺一，載于一俎。司士枇魚，亦司士載：尸俎五魚，横載之；侑、主人皆一魚〔一〕，亦横載之；皆加膴祭于其上。卒升〔二〕。

此將進俎而升鼎肉于俎。上篇言俎實，此復歷言者，尸俎重燅，體變數更，用俎多也。司馬枇羊肩、臂以下共十四物，載于一俎，即司士所執之「二俎設于羊鼎西」之第一俎也。「正脊」以下不言「二骨並」者，折爲衆俎也。羊肉湆，羊肉連汁者。以其重燅，故肉有湆。臑折，以祭俎之臑折分也。南俎，即司士所執，「設于羊鼎西」之第二俎。上首爲北，次爲南。司士枇豕肩、臂以下十七物，載于一俎，即贊者設于豕鼎西之俎也。此以上三俎，與後「枇魚」一俎，皆尸俎，皆升自阼階下之鼎，故皆言枇。羊肉湆不言枇者，從上「枇羊」之文也。又雍人所執二俎，「陳于羊俎之西」者，亦不言枇：一爲羊枇湆俎，一爲豕枇湆俎。湆無肉，故不與牲體同敘，下文獻尸乃詳。自「侑俎」以下，侑羊、豕俎，阼羊、豕俎，主婦羊俎，侑與主人魚俎，皆不在前所設六俎之數。其俎實，亦不在司馬、司士所舉入三鼎之内，皆别燅之而升，自門外以入，因尸俎并及耳。其以侑、阼、主婦俎併尸言者，因羊、豕類及，猶下文魚俎，亦以侑、主人從尸言也。侑俎三：一羊、一豕、一魚。阼俎，主人俎，四：一羊、一羊肉湆、一豕脅、一魚。主婦俎一：羊。司士枇魚，是尸之魚俎。尸以下，俎不一，設于堂上者，皆止

〔一〕「皆一魚」，三字原脱，今據閩本補。按：注内明言侑俎「一魚」，主人俎「一魚」，此偶脱。

〔二〕「卒升」，二字原誤奪，今據閩本補。按：注内有釋「卒升」之文，知作者所據經文必有「卒升」二字。

一羊俎。其豕、魚等俎，皆以其實併于羊俎，而各執虛俎降，詳見各節。横載之，謂五魚横陳于俎。取一大臠加其上曰膴，以待祭也。卒升，升肉畢。凡尸俎實，皆自鼎升。

按：上文司士、贊者與雍人所執六俎皆尸俎，文義曉然。鄭以十二俎分配，淆亂不可讀。牲體貴賤多寡，禮曲而殺，不得不詳。然祭後重燅，肉已糜爛，欲于階下臨薦之頃，一一如法布置，以登于俎，亦煩且瑣矣。用禮者，識其義可耳。

賓長設羊俎于豆南，賓降。尸升筵自西方，坐；左執爵，右取韭菹換于三豆，祭于豆間。尸取麷、蕡，宰夫贊者取白、黑以授尸。尸受，兼祭于豆祭句。雍人授次賓疏匕與俎。受于鼎西，左手執俎左廉，縮之，卻右手執匕枋，縮于俎上，以東面受于羊鼎之西。司馬在羊鼎之東，二手執桃匕枋以挹湇，注于疏匕，若是者三。尸興，左執爵，右取肺，坐祭之；祭酒，興，左執爵。次賓縮執匕俎以升，若是以授尸。尸卻手受匕枋，坐祭，嚌之；興，覆手以授賓。賓亦覆手以受，縮匕于俎上以降。尸席末坐啐酒，興，坐奠爵，拜，告旨，執爵以興。主人北面于東楹東答拜。司馬羞羊肉湇，縮執俎。尸坐奠爵，興取肺，坐絶祭，嚌之；興，反加于俎。司馬縮奠俎于羊湇俎南，乃載于羊俎；卒載俎，縮執俎以降。尸坐執爵以興。次賓羞羊燔，縮執俎，縮一燔于俎上，鹽在右。尸左執爵，受燔，換于鹽；

坐振祭，嚌之；興，加于羊俎。賓縮執俎以降。尸降筵，北面于西楹西，坐卒爵；執爵以興，坐奠爵，拜；執爵以興。主人北面于東楹東答拜。主人受爵。尸升筵，立于筵末。

此賓以俎從主人獻尸也。賓長，上賓。羊俎，即司馬所杫羊鼎西第一俎，設于主婦所薦四豆之南。賓既設羊俎，降。尸自西楹西升户西南面之筵，坐；以左手執主人所奠爵。韭菹、醓、蕡在北，近筵，尸自取；白、黑在南，遠，宰夫贊者取授尸，以併祭于韭菹之祭閒。次賓，亞于賓長。疏匕，即雍人「陳于羊俎西」之第一俎，覆疏匕于上者。受于鼎西，就鼎取湆也。左廉，俎左邊。縮，直也。卻，仰手向後。匕中有湆，直設俎上，以左手前執俎左邊，右手向後仰執匕柄。桃言淘，桃匕亦勺，似匕，以淘取羊湆于鼎，注于疏匕。若是者三，三挹三注，俎載以進。尸興，執爵，祭肺，接上祭白、黑，遂祭肺、祭酒。次賓乃以羊湆進。若是以授，謂以疏匕與俎授尸，如前儀不變也。尸卻右手仰執匕柄，左手猶執爵，坐而瀉湆于地以祭，乃嘗羊湆，以匕授賓。覆手，手向下。初受匕湆，將祭，仰手執之；既祭，既嚌，覆手執匕以授也。賓受虛匕，并俎下堂。凡加俎不設于堂，則直執之。蓋儐尸唯羊俎爲正，奠于堂上，其羊肉湆、羊匕湆、豕脀、湆魚俎，皆以其實併載于羊俎，而以虛匕、俎降，不與羊俎同設也。既進羊匕湆，復進羊肉湆者，匕湆清汁，肉湆有肉，用匕同也。尸既奠爵，祭肺，嚌肺，反肺于羊俎。司馬乃以羊肉湆俎升，奠于羊俎南；取肉湆，併載于羊俎畢，縮執虛俎降。尸坐執爵興。次賓又進羊燔。燒肉曰燔。以羊燔一片，直陳俎上。此俎之末陳者，以載燔進。尸執燔祭、嚌，反加于羊俎。賓亦執虚俎降。此以上主人獻尸，從薦者五：主婦設籩豆一，賓長設羊俎二，次賓羞羊匕湆三，司馬羞羊肉湆四，次賓羞羊燔五。

按：「司馬縮奠俎于羊俎南」，坊本作「羊湆俎南」，多一「湆」字，誤，當删。

主人酌獻侑。侑西楹西北面拜受爵。主人在其右，北面答拜。主婦薦韭菹、醓，坐奠于筵前，醓在南方。婦贊者執二籩麷、蕡以授主婦。主婦不興，受之，奠麷于醓南，蕡在麷東。主婦入于房。侑升筵自北方。司馬横執羊俎以升，設于豆東。侑坐，左執爵，右取菹抨于醓，祭于豆閒；又取麷、蕡，同祭于豆祭句；興，左執爵，右取肺，坐祭之，祭酒；興，左執爵。次賓羞羊燔，如尸禮。侑降筵自北方，北面于西楹西；坐卒爵，執爵以興；坐奠爵，拜。主人答拜。

此主人獻侑也。主人酌獻侑，不洗爵者，承獻尸爵，無酢也。爵自尊來卑無洗，自卑適尊，雖獻閒無酢亦洗。主婦以韭菹、醓從薦，醓常并菹，今醓在南、菹在北直陳者，尸在北，統于尸也。麷奠于醓之南，是蕡屈而東，麷在西，兩籩相并也。司馬執羊俎，執前所設侑俎「羊左肩」以下七物共載者也。横執正俎也。儐尸羊俎爲正横執，其羊肉湆、羊匕湆、〔一〕豕脀、湆魚以下加俎皆縮執。羊俎設于豆東，韭菹之東也。此以上主人獻侑，從薦者三：主婦薦籩豆一，司馬薦羊〔二〕俎二，次賓羞羊燔三，降于尸二等，無羊匕湆與羊肉湆也。

尸受侑爵，降洗。侑降，立于西階西，東面。主人降自阼階，辭洗。尸坐奠爵于篚，興對句。卒洗，主人升，尸升自西階。主人拜洗。尸北面于西楹西，坐奠爵，答拜，降盥。主人降，尸辭，主人對。卒盥，主人升，尸升，坐取爵，酌。司宫設席于東序，西面。主人東楹東北面拜受爵，尸西楹西北面答拜。主婦薦韭菹、醢，坐奠于筵前，菹在北方。婦贊者執二籩麷、蕡。主婦不興，受，設麷〔三〕于菹西北，蕡在麷西。主人升筵自北方。主婦入于房。長賓設羊俎于豆西。主人坐，左執爵，祭豆籩，如侑之祭；興，左執爵，

〔一〕「羊肉湆、羊匕湆」，原作「羊肉、羊湆」，今據文義改。上節經文下郝注有云「凡加俎不設于堂，則直執之。蓋儐尸唯羊俎爲正，奠于堂上，其羊肉湆、羊匕湆、豕脀、湆魚俎，皆以其實併載于羊俎」，句義與此略同，故敢改訂如此。

〔二〕「羊」，原無，今據文義補。

〔三〕「麷」，原脱，今據閩本補。

右取肺，坐祭之，祭酒，興。次賓羞匕湆，如尸禮。席末坐啐酒，執爵以興。司馬羞羊肉湆，縮執俎。主人坐奠爵于左，興，受肺，坐絶祭，嚌之，興，反加于湆俎。司馬縮奠湆俎于羊俎西，乃載之，卒載，縮執虚俎以降。主人坐取爵以興。次賓羞燔，主人受，如尸禮。主人降筵自北方，北面于阼階上，坐卒爵，執爵以興，坐奠爵，拜，執爵以興。尸西楹西答拜。主人坐奠爵于東序南。侑升。尸、侑皆北面于西楹西。主人北面于東楹東，再拜崇酒。尸、侑皆答再〔一〕拜。主人及尸、侑，皆升就筵。

此尸酢主人也。祭則主人獻尸，尸即酢主人；儐則俟主人獻侑，尸乃酢。蓋祭尸尊，儐尸卑，俟主人先伸其敬，而后伸敬主人也。下文賓長獻尸，致爵主人，而后尸酢賓，亦此意。主人與尸升，侑不升者，避尸酢主人也。司宫設主人席堂東牆下，與侑席對。主人東楹東北面受爵，尸于席前東南面酢主人。主婦薦韭菹、醓于主席，菹在北，醓在南。麷在菹西北，蕡在麷西，當韭菹之北也。長賓設羊俎，即前阼俎，羊肺、祭肺同載者。于豆西，于韭菹西。主席籩豆之設，變于侑席也。祭則主人之席待致爵乃設，此尸酢即設者，主愈尊，故從獻之數與尸同，惟豆籩少一。次賓羞匕湆、司馬羞羊肉湆之俎，皆即羞尸之匕俎，雍人所設于羊俎西者也。肉有湆，皆用匕。主人嚌肺，反加于羊俎。司馬乃載羊肉

〔一〕「再」，原脱，今據閩本補。

湆于羊俎，執虚俎降，與前獻尸同。尸酢終，主人奠爵。將拜崇酒，侑乃升，陪尸答拜。此以上尸酢主人，從薦者五：主婦薦籩豆一、賓長設羊俎二、次賓羞羊匕湆三、司馬薦羊肉湆四、次賓羞羊燔五，與尸同，主人所以尊也。

按：主人嚌肺，「興，反加于俎」，坊本作「加于湆俎」，多一「湆」字，誤，當删。

司宫取爵于篚，以授婦贊者于房東，以授主婦。主婦洗于房中，出實爵，尊南，西面拜獻尸。尸拜于筵上受句。主婦西面于主人之席北，拜送爵；入于房，取一羊鉶，坐奠于韭菹西。主婦贊者執豕鉶以從；主婦不興，受，設于羊鉶之西；興，入于房，取糗與腶脩，執以出；坐設之，糗在蕡西，脩在白西；興，立于主人席北，西面。尸坐，左執爵，祭糗脩，同祭于豆祭；以羊鉶之柶挹羊鉶，遂以挹豕鉶，祭于豆祭，祭酒。次賓羞豕匕湆，如羊匕湆之禮。尸坐啐酒，左執爵，嘗上鉶，執爵以興；坐奠爵，拜；主婦答拜。執爵以興。司士羞豕脀。尸坐奠爵，興受，如羊肉湆之禮；坐取爵，興。次賓羞豕燔。尸左執爵，受燔，如羊燔之禮；坐卒爵，拜。主婦答拜，受爵。

此主婦亞獻尸。司宫取爵承于篚，授婦贊者，以授婦，不親授也。尊，即祭時尊于房户閒者。主婦洗爵，出尊前酌酒，即尊前西面拜獻尸。尸即筵上拜受。禮變于主人，殺也。主婦退，就主人席北西向又拜，婦人俠拜也。羊鉶，羊羹之和者，奠于韭菹西，即前云豆西之外列，醴、蕡之内也。豕鉶，在羊鉶西，是醴之東也。糗，乾米餅。腶脩，即脯也。糗在蕡西，脩在白西，南北直陳也。二鉶用贊者，糗、脩皆親執，鉶鼎重故特執，脩脯輕故并執也。豕匕湆，豕肉汁，盛以疏匕，載以俎，即羊俎西之第二匕俎也。嘗上鉶，嚌羊鉶也，羊左爲上。司士羞豕脅，即前司士所朼載豕右肩以下十七物共載者也。受如羊肉湆之禮，亦奠于羊俎西，併于羊俎，縮執虚俎以降等禮同也。

酌獻侑。侑拜受爵，主婦主人之北西面答拜。主婦羞糗、脩，坐奠糗于醴南，脩在蕡南。侑坐，左執爵，取糗、脩兼祭于豆祭。司士縮執豕脅以升。侑興取肺，坐祭之。司士縮奠豕脅于羊俎之東，載于羊俎，卒，乃縮執俎以降。侑興。次賓羞豕燔；侑受如尸禮，坐卒爵，拜。主婦答拜，受爵。

此主婦獻侑也。主婦尊前拜獻，侑筵上拜受，與獻尸同。無薦鉶，不祭酒，殺于尸也。司士執豕脅，即前侑俎「豕左肩折」以下七物共載者也。縮〔一〕奠于羊俎東，載于羊俎，縮執虚俎降，與前同。以上主婦獻侑，從薦者三：主婦羞糗、脩一，司士羞豕脅二，次賓羞豕燔三，亦降于尸二等，無鉶、無豕匕湆也。

〔一〕「縮」下原有「執」字，蓋涉上下文而衍，今據經文及文義删。

酌以致于主人。主人筵上拜受爵，主婦北面于阼階上答拜。主婦設二鉶與糗、脩，如尸禮句。主人其祭糗、脩，祭鉶，祭酒，受豕匕湆，拜啐酒，皆如尸禮；嘗鉶不拜。其受豕脀，受豕膰，亦如尸禮；坐卒爵，拜。主婦北面答拜，受爵。

此主婦致爵主人。致，送也。主婦以受尸虛爵，酌酒送主人。主人筵在東序，西向拜受。主婦阼階上北面答拜，于主人之西南也。前尸啐酒，嘗上鉶，興，拜，今主人嘗鉶不拜，凡拜，爲啐酒也。尸拜啐酒在嘗鉶後，此嘗鉶不拜，爲不拜啐酒。上文「拜啐酒」之「拜」，當是衍字。此主婦致爵于主人，從薦亦五：設二鉶一，設糗、脩二，豕匕湆三，豕脀四，豕膰五，與獻尸同。

按：鄭謂「嘗鉶不拜」爲「不告旨」，夫尸告旨惟主人初獻，主婦亞獻，尸亦不告旨。告旨與啐酒同拜，既云「拜啐酒」，又云「不拜」，何以其明爲「不告旨」也？

尸降筵，受主婦爵以降。主人降，侑降，主婦入于房。主人立于洗東，北面，〔一〕侑東面于西階西南。尸易爵于篚，盥，洗爵。主人揖尸、侑句。主人升。尸升自西階，侑從句。主人北面立于東楹東，侑西楹西北面立。尸酌。主婦出于房，西面拜受爵。尸北面于

〔一〕「洗東，北面」，據閩本「北」下當有「西」字，讀作「洗東北，西面」，然郝注有云「主人立洗東」，是其所據經文如此，今亦不敢爲之補。

侑東答拜。主婦入于房。司宮設席于房中，南面。主婦立于席西。婦贊者薦韭菹、醢，坐奠于筵前，菹在西方。婦人贊者執麷、蕡以授婦贊者；婦贊者不興，受；設麷于菹西，蕡在麷南。主婦升筵。司馬設羊俎于豆南。主婦坐，左執爵，右取菹㨎于醢，祭于豆間；又取麷、蕡兼祭于豆祭。主婦奠爵，興取肺，坐絶祭，嚌之；興，加于俎，坐挩帨手，祭酒，啐酒。次賓羞羊燔。主婦興受燔，如主人之禮。主婦執爵以出于房，西面于主人席北，立卒爵，執爵拜。尸西楹西北面答拜。主婦入，立于房。尸、主人及侑皆就筵。

此尸酢主婦。必待主婦致爵主人而後酢者，尊主人，使先受獻也。尸降筵，受主婦致主人之虛爵，下堂洗。主人與侑從降，主婦避于房。主人立洗東，侑立西階下。尸以所受爵，易篚中爵洗，男女不襲器也。主人揖，先升東階，尸、侑升西階。主人立楹東，侑立楹西。尸酌酒。主婦出房，西面立于主人席之北。尸就酢主婦，主婦受爵，入。司宮設席房中。初主人設席而后受爵，主婦先受爵而后設席，禮降也。婦贊者，宗婦助祭者。薦韭菹、醢于房中筵前，菹在西，醢在東，并設也。婦人贊者，助主婦者也。麷在菹西，蕡在麷南，二籩直設于豆西。司馬設羊俎，即前主婦俎「羊左臑」以下七物共載者也。豆南，當菹醢南、蕡東也。主婦受爵、卒爵，則于堂；薦、祭以至啐酒、羞燔，皆于房。執爵拜，婦人立拜也。以上尸酢主婦，從薦者三：婦贊者設豆籩一、司馬設羊俎二、次賓羞羊燔三。主婦與侑同三，尸與主人同五，尊卑之等也。

上賓洗爵以升，酌，獻尸。尸拜，受爵。賓西楹西北面拜送爵。尸奠爵于薦左。賓降。

此賓三獻尸也。尸奠爵不舉者，三獻禮成，欲神惠均于庭也。奠于左，示不舉也。俟主人獻衆賓以下，乃作止爵。

主人降，洗爵，尸、侑降。主人奠爵于篚，辭，尸對。卒洗，揖；尸升，侑不升。主人實爵酬尸，東楹東，北面坐奠爵，拜。尸西楹西北面答拜。坐祭，遂飲，卒爵拜。尸答拜。降洗。尸降辭。主人奠爵于篚，對。卒洗，主人升，尸升。主人實爵，尸拜受爵。主人反位，答拜。尸北面坐奠爵于薦左。尸、侑、主人皆升筵。乃羞，宰夫羞房中之羞于尸、侑、主人、主婦句，皆右之；司士羞庶羞于尸、侑、主人、主婦句，皆左之。

此主人酬尸也。蓋體尸止爵之意，將飲賓而先自尸始。然不曰獻曰酬者，獻終于三，酬繼之。《特牲》尸無酬，此酬者，尸既爲賓矣。主人揖，尸升，侑不升者，酬禮殺于獻，不陪也。尸奠爵于薦左，未即舉也。異味曰羞。羞從酬，賤味也。房中之羞，婦工所脩，餅餌之類，穀物也；庶羞，雍人所脩，胾醢之類，牲物也。内羞爲陰，故右；庶羞爲陽，故左，尸、侑、主人、主婦同也。

主人降，南面拜衆賓于門東，三拜句。衆賓門東北面，皆答壹拜。主人洗爵，長賓辭。

主人奠爵于篚，興對，卒洗，升酌，獻賓于西階上。長賓升，拜受爵；主人在其右，北面答拜。宰夫自東房薦脯、醢，醢在西。司士設俎于豆北：羊骼一、腸一、胃一、切肺一、膚一。賓坐，左執爵，右取脯擩于醢，祭之；執爵興，取肺，坐祭之；祭酒，遂飲，卒爵，執以興；坐奠爵，拜，執爵以興。主人答拜，受爵。賓坐取祭以降，西面坐委于西階西南。宰夫執薦以從，設于祭東。司士執俎以從，設于薦東。衆賓長升，拜受爵；主人答拜。坐祭，立飲，卒爵，不拜既爵。宰夫贊主人酌，若是以辯。辯受爵。其薦脯、醢與脀，設于其位。其位繼上賓而南，皆東面。其脀體，儀也。

此主人獻長賓及衆賓也。主人拜，將獻也。門東，主位。賓門東北面，臣禮，不敢居賓也。主三拜，旅拜也。賓答一拜，賓衆，且不敢均禮也。主人洗爵，先升酌，後長賓升，禮殺于尸也。獻賓西階上，賓在堂下也。脯爲籩，醢爲豆，醢在西，則脯在東。一豆一籩，俎設于豆北，醢之北也。羊骼以下五物爲一俎。前敘尸、侑、主人、主婦俎，不及賓，于此詳之。賓祭脯，祭肺，祭酒，卒爵，拜，皆在西階上。既成禮，乃取所祭脯、肺降西階下西南，坐委于地，不敢以賓禮終，且避衆賓獻位也。賓執所祭降，而宰夫代爲執豆、籩從降，設于西階西南所委祭之東。司士代爲執俎從降，設于豆籩之東。衆賓次賓，其長先升受爵，餘各以序升受。宰夫助主人酌酒，主人親獻不親酌，如此以徧。其籩豆皆一脯一醢。脀，即俎也。設于西階下之位，繼長賓而南，皆東面。其脀體隨宜。儀，宜也，度也。

尊體盡，度餘骨可用者用之。脀與膚皆豕也，俎漸降，則無羊。

乃升長賓句。主人酌，酢于長賓，西階上北面，賓在左。主人坐奠爵，拜，執爵以興；賓答拜。坐祭，遂飲，卒爵，執爵以興；坐奠爵，拜。賓答拜。賓降。

此主人爲賓自酢也。賓卑，受獻而不敢酢。主人達其意，而升長賓，自酌以酢也。

宰夫洗觶以升。主人受，酌降，酬長賓于西階南，北面，賓在左。主人坐奠爵，拜；賓答拜。坐祭，遂飲，卒爵拜；賓答拜。主人洗，賓辭。主人坐奠爵于篚，對，卒洗，升酌，降復位。賓拜受爵，主人拜送爵。賓西面坐，奠爵于薦左。

此主人酬長賓也。觶在堂下，酒在堂上，賓位堂下，故宰夫洗觶升堂授主人。主人受，酌酒以降，酬長賓于其位。主人先自飲導之，洗觶，升酌，復降至賓位。賓拜受，主拜送。賓奠于薦左，未即舉也。

主人洗，升酌，獻兄弟于阼階上。兄弟之長升，拜受爵。主人在其右答拜。坐祭，立飲，不拜既爵。皆若是以辯。辯受爵，其位在洗東，西面，北上。升受爵，其薦、脀設于其位。其先生之脀：折脅一、膚一。其衆，儀也。

此主人獻兄弟。兄弟至親，同爲主，故獻于東階上，而主人在東階東。衆兄弟皆若是以徧。兄弟位在阼階下洗東，西面，北上，以序立而南。升受爵，下而飲，其豆、籩與俎，即設于東階下。先生，兄弟之長者。其俎：折脅一、膚一。衆兄弟隨宜也。

主人洗，獻内賔于房中。南面拜受爵，主人南面于其右答拜。坐祭，立飲，不拜既爵。若是以辯，亦有薦、脀。

此主人獻内賔，謂姑、姊妹及宗婦之屬。賔、主皆南面，統于堂也。主人在右，尊賔也。

主人降洗，升獻私人于阼階上。拜于下，升受，主人答其長拜。乃降，坐祭，立飲，不拜既爵。若是以辯。宰夫贊主人酌。主人于其羣私人不答拜。其位繼兄弟之南，亦北上，亦有薦、脀。主人就筵。

此主人獻其私人，凡家臣輩執事在廟者也。《特牲》有公有司，此唯私人。卿大夫私人，亦在公者。私人拜堂下，而後升堂受爵。主人惟答其長拜，羣私人不答也。其位繼兄弟之南，亦東階下西面。

主人獻畢，由階上就東序之筵。

尸作三獻之爵。司士羞湆魚，縮執俎以升。尸取膴祭祭之，祭酒，卒爵。司士縮奠俎于羊俎南，横載于羊俎，卒，乃縮執俎以降。尸奠爵拜。三獻北面答拜，受爵。

此衆獻既徧，尸卒三獻之爵也。前上賓三獻尸，尸以爵未徧，奠而不舉；今自賓至私人均受獻，尸乃起三獻之爵。將祭以飲，司士乃羞湆魚，即前所杝尸俎「五魚横載」者也。大臠曰膴，即前所「加膴祭于其上」者也。司士以五魚併于羊俎，執虚俎降。三獻，即上賓。

酌獻侑。侑拜受，三獻北面答拜。司馬羞湆魚一句，如尸禮。卒爵拜。三獻答拜，受爵。

此賓獻侑也。三獻即賓。「司馬」當作「司士」。前「司士杝魚」，「侑、主人皆一魚」，即此。司馬所主，惟羊俎。

酌致主人。主人拜受爵，三獻東楹東北面答拜。司士羞一湆魚，如尸禮。卒爵拜。三獻答拜，受爵。

此賓致爵于主人，即酌其獻侑之爵。不言「獻主人」，酒自主人出也。

尸降筵，受三獻爵，酌以酢之。三獻西楹西北面拜受爵，尸在其右以授之。尸升筵，南面答拜。坐祭，遂飲，卒爵拜。尸答拜。執爵以降，實于篚。

此尸酢賓也。尸受賓致主人之虚爵，酌以酢賓。賓既飲，自執虚爵降，實于堂下篚中。

二人洗觶，升實爵，西楹西，北面東上，坐奠爵，拜，執爵以興；尸、侑答拜。坐祭，遂飲，卒爵，執爵以興，坐奠爵，拜；尸、侑答拜。皆降洗，升酌，反位。尸、侑皆拜受爵，舉觶者皆拜送。侑奠觶于右。

此二人舉觶于尸、侑，爲旅酬始也。二人，一酬尸，一酬侑。侑受爵，奠于薦右，俟尸行酬，而後舉以酬長賓。

尸遂執觶以興，北面于阼階上酬主人；主人在右句。坐奠爵，拜；主人答拜。不祭，立飲，卒爵，不拜既爵；酌，就于阼階上酬主人。主人拜受爵，尸拜送。尸就筵。

此尸酬主人，即執所受二人舉之觶，先自飲，遂酌主人，酬畢，尸就户西南面之筵。

主人以酬侑于西楹西；侑在左。坐奠爵，拜，執爵興；侑答拜。不祭，立飲，卒爵，不拜既爵；酌，復位。侑拜受，主人拜送。主人復筵。

此主人酬侑，以尸酬己之爵。主人筵在東序，尊在房户閒，侑在西楹西。主人即筵自飲，往尊酌酒，之西楹西酬侑畢，復東序西面之筵。

乃升長賓句。**侑酬之，如主人之禮。**

此侑酬長賓。長賓在西階下，侑升長賓，舉所奠薦右之觶酬之，如主人酬己之禮。

至于衆賓，遂及兄弟，亦如之；皆飲于上。遂及私人，拜受者升受，下飲句**；卒爵，升酌**句**，以之其位**句**，相酬辯**句**。卒飲者實爵于篚。**

此衆賓及兄弟、私人徧相酬也。皆于西階之上。惟私人受爵，先拜堂下，然後升受，下堂飲；既飲，又升堂酌，就所酬者位酬之徧。末受酬一人，實爵于篚。

乃羞庶羞于賓、兄弟、内賓及私人。

此加羞于堂下及房中，不及尸、侑、主人者，前三獻畢，主人酬尸，宰夫羞内羞、庶羞于尸、侑、主人、主婦，而此則賓以下及私人，有庶羞，無内羞，禮殺也。

兄弟之後生者，舉觶于其長，洗，升酌，降，北面立于阼階南；長在左。坐奠爵，拜，

執爵以興；長答拜。坐祭，遂飲，卒爵，執爵以興；坐奠爵，拜，執爵以興；長答拜。洗，升酌，降。長拜受于其位，舉爵者東面答拜。爵止。

此兄弟之幼者舉觶于其長，爲無算爵之始。旅酬畢，主人慇懃未已，兄弟之幼者，爲主人達其意。洗，升酌，降，爵行于堂下。爵止者，奠于薦右，待賓爵行而后交錯也。

賓長獻于尸，如初；無湇，爵不止。賓一人舉爵于尸，如初，亦遂之於下。賓及兄弟交錯其酬，皆遂及私人，爵無算。

此無算爵也。上賓舉爵獻于尸，如三獻尸之初，但三獻「司士羞湇魚〔一〕」，此無湇；三獻則尸奠爵薦左，俟衆獻徧而後作，此受爵即行酬，不止也。次賓一人又舉爵于尸，如二人洗觶之初；亦遂之于下，如前及賓、兄弟、私人也。其賓長獻尸之爵及于長兄弟，長兄弟亦以其後生之爵及賓長；次

〔一〕「湇魚」，原倒作「魚湇」，今據上經「司士羞湇魚」云云乙正。按：經皆止云「湇魚」，不云「魚湇」，郝注言「魚湇」亦僅此一例，顯然誤倒。上經「羊肉湇……載于南俎」下賈疏云：「『魚何以不言『魚湇』而云『湇魚』者，羊先言肉，後言湇，使肉前進匕湇，明是湇從肉來可知；魚前無進匕湇，故先言湇，以明魚在湇可知。魚無匕湇者，鄭下注云『不羞魚匕湇，略小味也。』』」。是知無所謂「魚湇」者也。此或寫者因下文云「此無湇」，而倒「湇魚」爲「魚湇」以順之歟？

賓一人獻尸之爵及于衆兄弟，衆兄弟以其爵徧及私人，故曰「交錯」。唯意所適，故爵無算。

尸出，侑從。主人送于廟門之外，拜，尸不顧；拜侑與長賓，亦如之。衆賓從。司士歸尸、侑之俎。主人退，有司徹。

此尸出禮畢也。有司乃徹堂上、堂下之薦俎。

若不賓尸，則祝侑亦如之。尸食，乃盛俎：臑、臂、肫、脡脊、横脊、短脅、代脅，皆牢；魚七；腊辯，無髀。卒盛，乃舉牢肩。尸受，振祭，嚌之。佐食受，加于肵。佐食取一俎于堂下以入，奠于羊俎東。乃摭于魚、腊俎，俎釋三个，其餘皆取之，實于一俎以出。祝、主人之魚、腊取于是。尸不飯，告飽。主人拜侑，不言；尸又三飯。佐食受牢舉，如儐。

此以下申言不儐尸之禮，此一節不儐尸而尸食之事。凡饋食于室，儐尸于堂。《少牢》儐尸，故室中之事比《特牲》爲簡，至儐尸而後禮備；若有故不得儐尸，則室事加詳矣。自迎尸入室以後，至祝侑尸食以前，禮與儐尸同，故曰「亦如之」。尸食以後，其禮稍異。盛俎，謂佐食取衆俎之實盛于肵俎，祭畢歸尸。《特牲》尸九飯畢則盛俎，《少牢》儐尸則俎重㪉，故不盛，若不儐尸，盛俎如《特牲》。臑以下至代脅，皆盛于肵俎者。羊、豕皆七體。牢，即羊、豕。魚俎十五魚而取其七。腊俎左右體全而徧取其半，如牢。辯、徧通，猶全也。但無髀，尸俎本無髀也。盛畢，佐食舉牢肩授尸。尸祭，嘗之。體貴肩，故後舉，加于肵，居衆體之上，并前牢爲八體，而羊、豕俎各餘三體，以待陽厭。此上皆盛于肵俎者也。佐食又取堂下一虚俎入室。摭，分取也。盛肵俎之外，魚俎餘八，今摭其五；腊餘左半體，今摭取外，與魚各畱三个于本俎，待改設，其餘盡取之。以出，出室也。「尸不飯」以下，儀與儐同。受牢舉，謂受尸所舉肺、脊，加于肵俎也。

按：「奠于羊俎東」當作「魚俎東」。《少牢》：魚俎在羊東。

主人洗，酌，酳尸，賓羞肝，皆如儐禮。卒爵，主人拜，祝受尸爵，尸答拜。祝酌授尸，尸以醋主人，亦如儐。其綏墮祭，其嘏，亦如儐。其獻祝與二佐食，其位，其薦、脀，皆如儐。

此不儐尸而主人獻尸、尸酢主人，與主人獻祝、佐食儀，皆與儐同。

主婦其洗獻于尸，亦如儐。主婦反取籩于房中，執棗、糗，坐設之，棗在稷南，糗在棗南。婦贊者執栗、脯，主婦不興，受，設之，栗在糗東，脯在棗東。主婦興，反位。尸左執爵，取棗、糗。祝取栗、脯以授尸。尸兼祭于豆祭，祭酒，啐酒。次賓羞牢燔，用俎，鹽在右。尸兼取燔抨于鹽，振祭，嚌之。祝受，加于肵。卒爵。主婦拜。祝受尸爵。尸答拜。祝易爵，洗，酌授尸。尸以醋主婦，主婦主人之北拜受爵，尸答拜。主婦反位，又拜。上佐食綏祭，如儐。卒爵拜，尸答拜。

此不儐尸而主婦獻尸、尸酢主婦。主婦洗爵于房中，出酌，入室，拜送，與儐同。其薦籩以下，與儐異。儐則室中黍稷設于未迎尸先，二黍二稷，在五俎南，至尸入，主婦亞獻無籩；不儐則主婦于送爵後，設棗、糗、栗、脯四籩，尸祭籩，次賓又羞燔俎，尸祭膰，加于肵，爲異也。尸卒爵，主婦受爵，祝更爵，尸酢主婦，上佐食綏祭，皆與儐同。主婦反位，反户内主人立之北，西向之位。

主婦獻祝，其酌如儐。拜，坐受爵。主婦主人之北答拜。宰夫薦棗、糗，坐設棗于菹西，糗在棗南。祝左執爵，取棗、糗祭于豆祭，祭酒，啐酒。次賓羞燔，如尸禮。卒爵。主婦受爵，酌獻二佐食，亦如儐。主婦受爵，以入于房。

此不儐尸而主婦獻祝與佐食。主婦洗酌，祝拜坐受，主婦答拜，卒爵坐授等儀同。其宰夫薦棗、糗，祝祭棗、糗，次賓羞膰，祝祭燔，爲異耳。獻二佐食亦然。

賔長洗爵，獻于尸。尸拜受，賔户西北面答拜。爵止。

此不儐尸而賔長三獻尸也。儐尸，則賔長三獻，卒爵，酢賔長，賔長又獻祝，而主人出，尸遂起。不儐尸，則賔長獻，尸受，奠而不舉，待主人、主婦交致爵而后舉，與《特牲禮》同，與《少牢》儐尸異。户西，室户内西。

主婦洗于房中，酌，致于主人。主人拜受，主婦户西北面拜送爵。司宫設席。主婦薦韭菹、醢，坐設于席前，菹在北方。婦贊者執棗、糗以從；主婦不興，受，設棗于菹北，糗在棗西。佐食設俎：臂、脊、脅、肺皆牢，膚三，魚一，腊臂。主人左執爵，右取菹㨎于醢，祭于豆閒；遂祭籩，奠爵；興，取牢肺，坐絶祭，嚌之；興，加于俎，坐挩手，祭酒；執爵以興，坐卒爵，拜。主婦答拜，受爵；酌以醋，户内北面拜；主人答拜。卒爵，拜。主人答拜。主婦以爵入于房。

此不儐尸而主婦即室中致爵于主人，遂自酢也。儐尸，則主婦致爵于堂矣。司宫設席于室户内，主人立之南。其薦二籩、二豆、五俎，主婦受爵自酢，皆與儐尸異。

按：自此以下之禮，儐尸皆行于堂，不儐尸皆行于室，所以異也。

尸作止爵，祭酒，卒爵。賓拜。祝受爵。尸答拜。祝酌授尸。賓拜受爵，尸拜送。坐祭，遂飲，卒爵拜。尸答拜。

此不儐尸而尸卒賓長之獻爵，因酢賓長也。尸作止爵，謂主人、主婦既卒爵，尸始飲賓長所獻爵。賓拜，拜受虛爵。祝酌授尸，代尸酢賓也。不儐，則此禮皆行于室。

獻祝及二佐食。洗，致爵于主人。主人席上拜受爵，賓北面答拜。坐祭，遂飲，卒爵，拜。賓答拜，受爵，酌，致爵于主婦。主婦北堂；司宮設席，東面。主婦席北東面拜受爵，賓西面答拜。婦贊者薦韭菹、醢，菹在南方。婦人贊者執棗、糗，授婦贊者；婦贊者不興，受，設棗于菹南，糗在棗東。佐食設俎于豆東：羊臑，豕折，羊脊、脅，祭肺一，膚一，魚一，腊臑。主婦升筵，坐，左執爵，右取菹㨎于醢，祭之；祭籩，奠爵，興取肺，坐絕祭，嚌之；興加于俎，坐挩手；祭酒，執爵興，筵北東面立卒爵，拜。賓答拜。賓受爵，易爵于篚；洗酌〔一〕，醋于主人，户西北面拜，主人答拜。卒爵，拜，

〔一〕「酌」，原譌作「爵」，今據閩本改。按：注內云「洗而後酌」，知其所據經文必作「酌」不作「爵」，蓋手民之誤耳。

主人答拜。賓以爵降，奠于篚。

此不儐尸而賓獻祝、佐食，致爵主人、主婦也。洗，賓受佐食虚爵洗也。致主婦，承主人虚爵則不洗。獻祝、佐食，致爵主人，則于室；致爵主婦，則于北堂，堂之北，即房户之外，室户之東也。儐尸于堂，則主婦席在房中南面；今尸在室，則主婦席在北堂東面。主婦拜于席北東面，向室也。婦贊者，宗婦之助祭者。婦人贊者，主婦之姪娣。其薦二豆、二籩、五俎，皆爲主婦設也。易爵于篚，賓將自酢，男不承女爵也。洗而後酌，達主人意也。

乃羞。宰夫羞房中之羞，司士羞庶羞于尸、祝、主人、主婦，内羞在右，庶羞在左。

主人降，拜衆賓；洗，獻衆賓。其薦、脀，其位，其酬醋，皆如儐禮。主人洗，獻兄弟與内賓，與私人，皆如儐禮。其位，其薦、脀，皆如儐禮。卒，乃羞于賓、兄弟、内賓及私人，辯。賓長獻于尸，尸醋句。獻祝句。致句。醋句。賓以爵降，實于篚。賓、兄弟，交錯其酬，無算爵。

此不儐尸而羞尸、祝、主人、主婦，及主人獻賓以下，賓長獻尸以下。賓與兄弟旅酬、無算爵，皆與儐尸同。房中之羞，内羞也。主人降，拜衆賓，將獻而拜也。獻祝，亦賓長獻也。致，謂賓長致爵于主人。醋，謂賔長受尸酢爵。

利洗爵，獻于尸。尸醋。獻祝。祝受，祭酒，啐酒，奠之。主人出，立于阼階上，西面。祝出，立于西階上，東面。祝告于主人，曰：「利成。」祝入。主人降，立于阼階東，西面。尸謖。祝前，尸從，遂出于廟門。祝反，復位于室中。祝命佐食徹尸俎。佐食乃出尸俎于廟門外；有司受，歸之。徹阼薦俎。乃蓑，如儐。

此不儐尸而佐食獻尸，祭畢徹俎以蓑也。《特牲禮》無算爵畢，佐食即獻尸，命蓑，徹俎，陽厭。《少牢》儐尸，則佐食不獻尸，遂蓑，掃堂，儐尸終，佐食乃獻尸，告利成，尸出，徹俎；今不儐尸，則亦無算爵終，佐食獻尸，與《特牲》同，但先徹俎，後命蓑，與儐尸異耳。

卒蓑，有司官徹饋句，饌于室中西北隅，南面，如饋之設，右几，厞用席。納一尊于室中。司宮埽祭。主人出，立于阼階上，西面。祝執其俎以出，立于西階上，東面。司宮闔牖户。祝告利成，乃執俎以出于廟門外，有司受，歸之。衆賔出。主人拜送于廟門外，乃反。婦人乃徹，徹室中之饌。

此不儐尸而改設室中之饋，以陽厭也。儐尸則禮備而神厭足，可無改設；不儐尸，于是有改設之禮。官徹饋，謂有司各徹所主之饋，如司馬主羊徹羊，司士主豕徹豕之類。婦人乃徹室中之饌，即有司改設者也。必婦人徹者，歸于房也。

儀禮節解卷十七終

萬曆丁巳孟夏京山郝氏刊刻〔一〕

〔一〕「儀禮節解卷十七終萬曆丁巳孟夏京山郝氏刊刻」，此行原在書葉闕損處，今據《續修》本、《存目》本補。